"十三五"普通高等教育汽车服务工程专业规划教材

U0649064

汽车文化

（第 3 版）

宋景芬　主　编

人民交通出版社股份有限公司
China Communications Press Co.,Ltd.

内 容 提 要

  本书全面系统地介绍了汽车文化的各个方面及对人类社会的影响。本书首先在明确了汽车文化的概念、特征、构成的基础上，从车和汽车的发展历史入手揭示了汽车文化的起源和内容，进而细致阐述了汽车文化的各个方面。

  本书介绍全面、内容丰富、言简意赅、图文并茂、通俗易懂、取材新颖，具有很强的历史性、知识性和趣味性，读者既可以全面掌握汽车的基础知识、发展历程，又能充分了解汽车文化的方方面面，培养其对汽车的兴趣和爱好，提高其对汽车的鉴赏能力，并享受汽车带给人类的物质文明和精神文明。本书不仅可以作为汽车类专业公选课的教材，也可作为广大汽车爱好者了解汽车文化的读物。

图书在版编目(CIP)数据

汽车文化/宋景芬主编. —3 版. —北京：人民
交通出版社股份有限公司,2018.8
ISBN 978-7-114-14820-0

Ⅰ.①汽…　Ⅱ.①宋…　Ⅲ.①汽车—文化　Ⅳ.
①U46-05

中国版本图书馆 CIP 数据核字(2018)第 136130 号

书　　　名：汽车文化(第 3 版)
著 作 者：宋景芬
责任编辑：曹　静　李　良
责任校对：尹　静
责任印制：张　凯
出版发行：人民交通出版社股份有限公司
地　　　址：(100011)北京市朝阳区安定门外外馆斜街 3 号
网　　　址：http://www.ccpress.com.cn
销售电话：(010)59757973
总 经 销：人民交通出版社股份有限公司发行部
经　　　销：各地新华书店
印　　　刷：北京市密东印刷有限公司
开　　　本：787×1092　1/16
印　　　张：15.25
字　　　数：345 千
版　　　次：2007 年 10 月　第 1 版
　　　　　　2012 年 8 月　第 2 版
　　　　　　2018 年 8 月　第 3 版
印　　　次：2018 年 8 月　第 3 版　第 1 次印刷　累计第 6 次印刷
书　　　号：ISBN 978-7-114-14820-0
定　　　价：38.00 元

"十三五"普通高等教育汽车服务工程专业规划教材编委会

主任委员:许洪国(吉林大学)

副主任委员:

张国方(武汉理工大学)　　　　储江伟(东北林业大学)

简晓春(重庆交通大学)　　　　王生昌(长安大学)

李岳林(长沙理工大学)　　　　肖生发(湖北汽车工业学院)

关志伟(天津职业技术师范大学)　付百学(黑龙江工程学院)

委员:

杨志发(吉林大学)　　　　　　杜丹丰(东北林业大学)

赵长利(山东交通学院)　　　　唐　岚(西华大学)

李耀平(昆明理工大学)　　　　林谋有(南昌工程学院)

李国庆(江苏理工学院)　　　　路玉峰(齐鲁工业大学)

周水庭(厦门理工学院)　　　　宋年秀(青岛理工大学)

方祖华(上海师范大学)　　　　郭健忠(武汉科技大学)

黄　玮(天津职业技术师范大学)　邬志军(皖西学院)

姚层林(武汉商学院)　　　　　田茂盛(重庆交通大学)

李素华(江汉大学)　　　　　　夏基胜(盐城工学院)

刘志强(长沙理工大学)　　　　孟利清(西南林业大学)

陈文刚(西南林业大学)　　　　王　飞(安阳工学院)

廖抒华(广西科技大学)　　　　李军政(湖南农业大学)

程文明(江西科技学院)　　　　鲁植雄(南京农业大学)

钟　勇(福建工程学院)　　　　张新峰(长安大学)

彭小龙(南京工业大学浦江学院)　姜连勃(深圳大学)

陈庆樟(常熟理工学院)　　　　迟瑞娟(中国农业大学)

田玉东(上海电机学院)　　　　赵　伟(河南科技大学)

陈无畏(合肥工业大学)　　　　左付山(南京林业大学)

马其华(上海工程技术大学)　　王国富(桂林航天工业学院)

秘书处:李　斌　李　良　曹　静

前 言

Qianyan

　　五千年前,车诞生了,颠簸的车轮承载着人类改造世界的梦想跌跌撞撞地前进着,在漫漫长夜中不断摸索着。直到一百多年前,汽车问世了,它把人类引入到一个飞速旋转的世界,世界变小了,人与人更近了,生活节奏更快了。汽车彻底改变了人们的生活,使世界以风驰电掣的速度变化着。汽车对于人类不仅是一种交通工具、一项科技,更是一种象征、一种理想的寄托,从"操吴戈兮被犀甲,车错毂兮短兵接"的肆意疆场,"公车千乘,朱英绿縢,二矛重弓"的极尽奢华,"彼路斯何,君子之车"的芳心暗许,到"车到山前必有路"的达观态度,"还似旧时游上苑,车如流水马如龙"的追忆似水流年……汽车文化已经深深植入了人类的文化底蕴,很难想象没有汽车的世界会变成什么样子。汽车工业是国民经济的支柱产业,汽车文化也在人类的历史文明中谱写了浓墨重彩的一笔。

　　2017年,我国的汽车产销量已超过2888万辆,成为了名副其实的汽车大国,伴随着汽车工业的腾飞,我国的经济发展与社会地位稳步提高,人们的生活状态和文化素质也被汽车改变了。汽车时代的到来,随之而来的是人们对汽车的喜爱、依赖和人们对深深扎根于民族文化中的汽车文化的眷恋。编写《汽车文化》的目的,不仅仅是对汽车知识的介绍和普及,更是对浓郁的汽车文化氛围的提炼和升华,愿越来越多的读者通过《汽车文化》爱上汽车,享受汽车文化带给我们的精神熏陶。

　　参加本书编写的人员有(按章节顺序排列):李江天(第一章的第一节至第三节)、宋景芬(第二章、第三章第三节、第四章)、闫树(第三章的第一节和第二节)、张国方(第一章第四节、第五章)、肖礼彬(第六章)、杨瑞(第七章),宋景芬对全书进行了统稿。

本书在编写过程中,参考了大量有关汽车文化与汽车相关的书籍,除了书末参考文献列出的外,还包括其他的一些资料。在此,我谨代表本书全体编写者向参考文献的原作(著)者们,表示真诚的谢意。最后,还要感谢所有支持本书编写和出版的各界人士。由于编写者的水平有限,书中定有不当之处,诚请广大读者指正。

编 者
2018 年 1 月于武汉

目 录
Mulu

第一章 绪 论

汽车是人类在改造世界的过程中创造的一项非常重要的科技结晶。汽车使世界变小了，使人与人的距离变短了；它融入我们的生活和文化中，使这种离开地面、风驰电掣的感受成了一种生活的必需；它激起了人们对速度、超越的向往，成为一种激情和活力的象征；它融合了机械、化工、能源、电子、信息等重要工业最尖端的科技，是现代化的体现；拥有一辆高贵豪华的汽车甚至成了身份的象征……汽车文化已经成为人类文明中的重要组成部分。

第一节 汽车文化的概念与构成要素

一、汽车的概念及功用

谈到汽车，自然离不开"车"这个话题。车，作为一种对人类社会生产、生活产生着深远影响的技术发明，在几千年的发展中，其影响早已不仅限于一种物质的生产、生活工具。车的设计、生产和使用，处处与当时的主流社会文化和价值判断相联系，蕴含着深厚的文化内涵。为了更好地理解汽车的概念及其在社会发展过程中的地位和作用，我们就有必要了解车的内涵及功用，通过对车的深入理解以映射到对汽车的理解上。

车自发明以来，经过数千年的发展，衍生出很多形式。今天，我们可以看到各式各样的车：

从自身不带动力的自行车、手推车、脚踏三轮车、马车等各类人畜力车，到自身具备动力的拖拉机、汽车、火车等可自行驶的车。

从各种适于道路行驶的轮式车，到用于非道路条件越野行驶的履带式车。

从我们常见的轿车、客车、货车等通用运输车辆，到具备专门用途(非运输使用)的各种专用、特种车辆，如翻斗车、水泥搅拌车、洒水车、垃圾车、清扫车、救护车、消防车、吊车、机场加油车、高空作业车、工程机械等。

从汽油车、柴油车等以石油为燃料的车，到电车、电动车、天然气车、石油液化气车、氢燃料车等不以石油为燃料的车。

从民用汽车，到坦克车、装甲运兵车、火炮发射车、军事指挥车等军用车辆。

从无线路约束"自由"行驶的车，到有轨道、有架线的火车、无轨电车、有轨电车、轻轨客车等。

从驾驶室和车厢装备完整的车，到只有驾驶室的牵引车，或无牵引车的挂车、半挂车。

从户外移动从事运输或专项作业的车，到主要在室内或场站使用的叉车、珩车、起吊车。

从在地球表面行驶的水陆两用车，到在月球表面行走的月球车。

从具有生产或生活实用价值的商用车，到不具有实际使用价值的模型车、玩具车、童车等。

……

除此以外，生活中还有完全不具有运输意义的"车"，如纺车、水车、风车；有与"车"字相关的生产设备、工艺、工种，如车床、车削、车工；在安装、调试产品或成套设备后，试一试产品或设备能否正常运转，人们也管这个过程称为"试车"。还有游戏中的"车"，如象棋中的"车（jū）"。当然，这些场合所说的"车"，早已不是什么行驶或移动的工具了。

以上形形色色的车，其造型、功能和使用领域各不相同。那么，到底什么是车呢？

这个问题有点类似于"什么是人？"。要说清什么是车，还真的不容易。例如，我国国家标准《汽车和挂车的术语和定义——车辆类型》（GB/T 3730.1—2011），对汽车定义为"由动力装置驱动，具有4个或4个以上车轮的非轨道承载车辆"。那么照此定义，四轮拖拉机也属于汽车了，显然这不符合人们对汽车的习惯认识和理解。由此可见，现实生活中，我们越常见、越熟悉的东西，有时候却越难以对其进行定义。

《新华字典》对车的解释：①陆地上有轮子的交通工具；②用轮轴来转动的器具；③用旋床加工东西；④用水车打水。

《辞海》对车的解释：①陆地上用轮子转动的交通工具；②泛指用轮子转动的器具和机器。

由此可见，车，可能是也可能不是交通运输工具（如专门作业车辆）。这一点，在以上车的列举中也可以得到例证。

但在人类发展史上，车最广泛、最普遍的意义还在于它是一种交通运输工具或专门作业工具。在这个意义上，广义地讲，大凡借助于轮，可以在地面上行驶或移动的人造物件，都可以称之为车或车辆。狭义地讲，车特指道路交通工具或道路运输工具。

当今社会，由于汽车使用更为普遍，对社会和经济发展的作用也更为突出，因此本书提到的车是狭义的，尤指作为交通运输工具的汽车，即以动力装置驱动或者牵引，无轨道、无架线，在道路上行驶，用于运送人员或者运送物品的轮式车辆。

车是人类在历史发展中，为了解放生产力、提高劳动效率而发明和不断改进的一种生产、生活工具。它自诞生之日起，其种类和功用就不断地获得发展。关于这一点，我们可以从"车"的原始文字中得到印证。

在我国的汉字甲骨文、金文中，"车"字的形体有几十种，图1-1、图1-2所示列出了"车"的原始字形的部分写法。根据汉字发展的一般规律，字形不同反映了造字者所描绘的实物或功能的差异。"车"的原始文字的多样性，说明我国古代不同区域和不同时代的人们依据不同的用途，造出了种类繁多、功能各异的车。

图1-1　汉字甲骨文中的"车"字

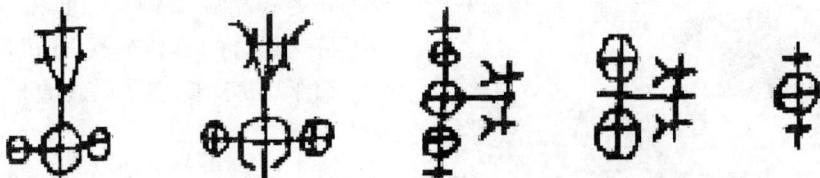

图1-2　金文中的"车"字

那么,车到底具有哪些功能呢?

归纳起来,车的主要用途有以下几个方面。

1. 车是一种交通或运输工具

我们的先祖们之所以"见飞蓬转而知为车",是因为在他们生产、生活中发现,车通过将滑动变为滚动,大大降低了运动的阻力,能大大提高人或货物转运的效率。因此,载人、运物便成为车最广泛和最基本的用途。

在我国几千年的发展历史中,对载人、运货的车辆,依其使用范围、结构形式的不同,赋予了不同的名称和使用场合。例如,对载运货物的大车,人们称之为輂(jú);而将小巧轻便的载运货物的车,称之为轺(yáo)、輶(yóu)。

对于载人的车辆,可坐可卧的车称之为辎(zī)、辒(wēn)、辌(liáng)、站、輚(zhàn);有轴用两木接起来的车称之为轲(kē);专供妇女乘坐的,四周屏蔽的牛车,称之为軿(píng)。

有趣的是,车作为一种方便、快捷的交通工具,在长期的使用过程中,人们慢慢将其异化成为一种身份、地位的象征。如《说文》一书中提到"轩,曲辀(zhōu)藩(fān)车";徐锴在《说文系传》中更进一步说明:"轩,大夫以上乘车也"。说的是,"轩"这一种车辆,有着弯曲的辀,车厢前高后低,四周罩有帷幕,专供大夫以上的人士乘坐。秦汉以后,由人拉的"以人挽(wǎn)以行"的车,则发展为专供帝王所乘之辇。

今天,人们出行,坐什么车,在选择和利用道路交通工具时,虽然不再与其身份和地位相联系,打破了古代的那些清规戒律,但由于受到经济实力或其他因素的影响,人们坐车依然表现出一定的差异性。乘坐高档轿车还是普通汽车,乘坐专车还是公共交通工具,尽随个人情况而异。

以上所述,车虽然被异化为身份和实力的象征,但车作为交通工具的属性不可能发生根本改变。

经过几千年的发展,车在现代社会,更是已经发展成为一种门类齐全、功能完备的交通或运输工具。载运货物的车,有各种吨位和结构形式的货车;载运人员的车,则有各种轿车和客车。

综上所述,载人、运货是车的最主要、最基本的用途。

2. 车是一种专门作业工具

车因其独特的承载能力和工作方式,在其发展过程中被广泛应用于社会生产、生活的各个方面,衍生出各种各样的作业车辆和作业工具。

相传早在5000多年前,黄帝时代就已经发明了指南车,当时黄帝曾凭着它在大雾弥漫的战场上指示方向,战胜了蚩尤。后来,为了方便帝王出行和行军打仗辨别方向的需要,三国魏马钧于青龙三年(公元235年),再次发明创制了指南车。东晋时期,为了测量出行的距离,又出现了"记里鼓车"。到现代,作为专业作业工具的各种专用车更是层出不穷,有用于装卸货物的叉车、铲车,用于建筑施工的混凝土搅拌车(图1-3),用于特殊货物转运的冷

图1-3 用于建筑施工的混凝土搅拌车

藏车和各式罐式车辆。除此以外，还有大量用于特殊场合的改装车辆，如机场摆渡车、城市清扫车、洒水车、电视转播直播车、救护车、消防车等。

以上各种专门作业车辆，都是车与一定的专业作业装置相结合的产物，将车辆的应用领域和服务范围大大拓展，成为社会经济建设不可缺少的专业工具。

3. 车是一种军事装备

车发明后，因其速度快，机动性好，具有一定的防护力和冲击力，而被作为军事装备广泛应用于军事活动中。

在我国，商代就已出现小规模的战车。《吕氏春秋》中记载，成汤以"良车70乘"击败夏，描述的就是早期车辆用于战争的情形。这里，"乘"指的就是战车的编制。古时，"一车四马"为一乘。随后，车战或车轮战，就逐渐成为古代作战的主要方式之一。到周代，车战不仅战术日益成熟，而且规模不断扩大，参战车辆动辄数以百计，甚至以千计。《诗·大雅·大明》中提到："牧野洋洋，檀车煌煌，驷(sì)騵(yuán)彭彭……肆伐大商。"描述的就是周武王率大批战车讨伐商的景象(图1-4)。《史记·周本纪》的记载更为详细："周武王率戎车300乘，虎贲(bēn)3000人，甲士45000人……诸侯兵会者4000乘，陈师牧野"。

此后，大规模兵车交战的记载更是数不胜数，如公元前632年的"城濮(pú)之战"，晋国一次出动战车700乘；公元前607年"大棘之战"，郑国仅缴获宋国的战车就达460乘；公元前505年，秦楚联军与吴国交战，三国投入战车总数估计超过两千乘。到后来，战车的数量更发展成为衡量各诸侯国国力、军力大小的标志，有所谓"千乘之国""万乘之国"的说法。一些古籍在记述各诸侯国力时常常详细描述其兵车的数量，如"齐桓公4年，齐国有甲兵10万，兵车5000

图1-4 牧野之战

乘"；鲁昭公8年，鲁国在红地举行大检阅，自根牟至宋、卫两国的边境线，"布兵车千乘"。

历史发展至近现代，战车再次兴起，并与各种主战装备(武器)相结合而演变成坦克车、装甲车、自行火炮车、导弹发射车等陆战装备。部队为了提高机动性和战斗力，充分发挥军事后勤的潜力，大量的摩托车、汽车被广泛用于装备部队。车，成为现代军事装备的重要组成部分。

4. 车是一种祭祀等重要活动的礼器

《国语·周语》中说道："夫祀，国之大节也"。历朝历代的天子、诸侯都视祭祀祖先、神明为重要的国事活动，是维护政治权力的必要保障。而车在祭祀活动中，不仅是代步的交通工具，更是礼制和尊卑等级的标志。

相传，虞舜氏开创了将车用于祭祀活动的先河。传至周代，车制有演变，《礼记·明堂位》记载："鸾(luán)车，有虞氏之路也。钩车，夏后氏之路也。大路，殷路也。乘路，周路也。"这段文字说的是，饰有鸾铃的车，是虞舜氏时代的祭车；车箱有曲形前栏的车，是夏后氏时代的祭车;木制的"大路"车,是殷商时代的祭车;"玉饰的乘路"车,是周代的祭车。

在《礼记》中,详细记有周代祭祀活动的规定,涉及车的有"祭之日……乘素车,贵其质也"(《礼记·郊特牲》);"大路繁缨一就""大路素而越席"(《礼记·礼器》)。指说天子祭祀用"大路"车("大路"是车名),去掉装饰,敷设草席,"此以素为贵也"。祭祀活动用车规格严明,(《礼记·郊特牲》)记载"乘大路诸侯之礼也"。即指诸侯用车违制,是不允许的。由此可见,关于用车的规制,在我国很早就出现了。

不仅在国事活动中,在其他的一些重要场合,车也扮演着重要的角色。例如,在周代,王公贵族死后,作为葬礼的一部分,一般要将本人生前所用的礼器等物随葬,以供其在阴间所用。作为礼器的车,是当时王公贵族的主要随葬品之一,且贵族等级越高,随葬车的数目也越多,车的规格也越高。这在考古发掘和出土的文物中,可以得到充分的证明。如西周晚期到东周早期的河南浚县辛村卫侯墓,其车马坑内发掘的车达到12辆,马72匹,一车六马,这个规格正是国君身份的车仗。该墓还出土有九鼎,也是国君一级规格,可以看出墓主将自己的地位看得很高。

年代同上相近的河南三门峡上村岭虢(guó)太子墓,其车马坑中有车10辆,马20匹,表明比国君级稍逊一级。而到战国时期,群雄争霸,礼制无循,车马随葬规格、数录尽随主便。20世纪90年代初在山东临淄发掘的战国墓车马坑(图1-5),其墓主身份是田齐王族的一位贵族,其车马坑随葬车马多达22辆,种类有乘车、战车、栈车等,可见礼制不循之一斑。尔后,随着历史的发展和人类文明的进步,车用于祭祀的功能逐渐淡化,但在一些特殊场合,依然被用以作为身份和社会地位的象征。

图1-5 山东临淄发掘的战国墓车马坑

二、汽车文化的概念

作为陆地交通或运输工具的车,特别是运输效率最高、运送对象最广、周转速度最快、社会贡献最大的汽车,对推动社会经济的发展发挥了不可估量的作用,并直接导致人们生产、生活方式发生变革。其使用和普及程度已经成为衡量一个地区、一个国家文明程度的标尺,成为现代化的重要标志。对如此普及的汽车,相信今天的人们,大概没有人会否认汽车文化的存在。

人们还常常从不同的视角,对汽车文化进行不同的诠释。如艺术家认为汽车是流动的雕塑;文学家认为摇滚乐在世界范围的流行,是因为各国年轻人都习惯了汽车带来的快速和喧闹;科学家认为汽车是网络的流动节点,是改变世界和推动全球化的机器;经济学家认为汽车产业体系超越了国籍、人种和疆界,实现了各种生产和消费资源的快速流动,开创了无国界经营时代;社会学家认为汽车改变生活方式,而拥有汽车已被全球普遍视为现代生活方式的标志;政治学家认为汽车的尾气污染,造就了真正的全球政治;历史学家认为汽车发展的过程,就是实现现代化和现代化走向全球的过程;未来学家认为通信手段的发展和汽车的运用,迟早会将地球村的居民统一起来。

人类对文化的关注和研究,早在19世纪中叶就已展开,西方"人类学之父"泰罗尔1871年在其《原始文化》一书中将文化定义为人们所掌握的"全部的知识、信仰、艺术、道德、法律、风俗以及作为社会成员的人所掌握和接受的任何其他的才能与复合体"。

在其后的200多年的发展中,不同的学者分别从描述性的角度、历史性的角度、规范性的角度、心理性的角度、结构性的角度等方面对文化的内涵进行了界定。

最有代表性的是美国著名文化人类学家克罗波和克拉克洪提出的观点,他们认为:"文化是由外显的和内隐的行为模式构成;这种行为模式通过象征符号而获知和传递;文化代表了人类群体的显著成就,包括他们在人造器物中的体现;文化的核心部分是传统(即历史地获得和选择的)观念,尤其是他们所携带的价值;文化体系一方面可以看作是活动的产物,另一方面则是进一步活动的决定因素。"

马克思主义的文化学将文化更深刻定义为一种社会现象,这种社会现象是人类社会形成以后才出现的一种社会形态。它是社会存在的反映,是社会经济、政治、思想的反映。同时它反过来又为社会经济、政治和意识形态服务。抽象地讲,文化就是人类精神文明和意识形态的客观表现,通常它要借助物质形式来表示或以物质为载体。

综上所述,可以看出,"文化"大体上可以分为广义和狭义两种。广义的文化是指人类在社会历史发展过程中所创造的物质财富和精神财富的总和。它主要包括风俗习惯、行为规范、宗教信仰、生活方式、价值观念、态度体系以及人们创造的物质产品等。狭义的文化是指社会的意识形态以及与之相适应的制度和组织机构。

文化一般是相对于经济、政治而言,但有时又不限于此。文化本质上是人类在历史发展和传承中所形成的一种价值体系,它一方面以一定的物质和文化形式为载体,另一方面又对人类社会相应的活动起着决定性的作用。

汽车,作为一种对人类社会生产、生活产生着深远影响的技术发明,在其几千年的发展中,其影响早已不仅限于一种物质的生产、生活工具。汽车的设计、生产和使用,处处与当时的主流社会文化和价值判断相联系,蕴含着深厚的文化内涵。

汽车文化,就是人类在长期的历史过程中,在汽车的发明、设计、生产、流通和使用的过程中以汽车为载体所表达的价值取向与精神内涵,是人与车、人与人以及人与社会的一套行为方式、习俗、法规、价值观念,是汽车的设计者、制造者、运用者和管理者在长期的与车"打交道"的活动中逐步形成的共有的价值观、信念、行为准则,以及具有与汽车有关的行为方式、物质表现的总和。当代的汽车文化,蕴含着以人为本、安全实用、舒适便捷、品质美学、诚信服务、竞争创新、经济环保、生态和谐等核心精神理念。

广义上看,现代汽车文化涉及汽车产业、交通产业等以车为生产作业对象的领域。人们在与汽车"打交道"的过程中所积累和沉淀的价值偏好,涉及汽车的制造、消费、营运、运用以及其他有关的社会生产、生活领域。从汽车涉及的产业部门来看,包括制造业、交通运输业和建设产业等行业;从其应用范围来看,涉及人们的日常出行、交通运输以及国防等。

由此可见,汽车文化包括在汽车生产制造过程中产生的汽车公司文化、在汽车造型设计过程中产生的汽车美学文化、在汽车购买和使用过程中产生的汽车大众文化、在汽车完成客货运输过程中产生的汽车营运文化和在规范汽车使用中产生的汽车交通文化,这五个方面的内容,并从物质、制度和精神这三个层次上表现出来,反映着一个社会的文明和现代化程度。

三、当代汽车文化的内涵

当代的汽车文化,蕴含着以人为本、人车和谐的核心精神理念,并以安全实用、舒适便捷、诚信服务、竞争创新、经济环保、生态和谐等精神理念为基本内涵。

1. 创新文化

穿越历史的时空,我们不难发现,车的发展史就是一部人类围绕造车、用车和管车的创新史。轮的发明,从轮到车,从人畜力车辆到自行式车辆(尤其汽车),从早期简陋的汽车到当代的更人性化的汽车,车的每次变革都是人类征服和改造自然的伟大创举,是人类交通运输工具向着正确方向发展的创新。创新,推进了以车为代表的社会物质文明的进步;创新,造就了人类敢于面对困难,勇于挑战的豪迈气概;创新,铸就了人类不惧失败,执着不渝的精神灵魂。先辈们的创新精神,是后人最宝贵的财富,成为激励后人奋勇前进的不竭动力。

在产品和技术领域的一次次创新,特别是关键技术的一次次突破,使得车的品种更丰富、功能更扩展、用途更广泛、使用更方便、操纵更简单、行车更安全、作业更高效,今天的汽车已经成为灵活方便、高效快捷、经济实用的陆上交通运输工具。在产品设计和造型领域的创新,使得车的布局更合理、乘坐更舒适、性能更上乘、造型更美观,使得现代的汽车融合了技术美学和艺术美学。在生产制造和营销服务领域的创新,使得车的价格更低廉、质量更可靠、服务更周到、竞争更充分、用户更实惠,今天的汽车用户对汽车越来越满意。在汽车营运服务领域的创新,使得营运汽车的运输服务更优质、服务区域更广泛、人们出行更方便,在交通管理领域的创新,使得交通秩序更规范、交通环境更人性。

今天,"节能、减排、降耗、安全"又成为当代汽车创新的主题,车辆的清洁化、智能化、网联化、轻量化、生态化、共享化成为汽车的创新方向。随着汽车保有量的持续增长,智能网联汽车是解决日益严重的交通阻塞、道路安全及环境污染等问题的关键技术手段之一,谷歌的无人驾驶技术、苹果公司的 iOS7 汽车版、沃尔沃汽车公司的"公路列车"这些既体现着人们的创新创造能力,也表现出人们对于生态环境的重视。可以说,创新永无止境,创新文化是汽车文化最核心的组成部分。没有创新,就没有汽车文化的生命力。

2. 竞争文化

对竞争性的产品或服务而言,创新与竞争从来都是一对孪生兄弟,创新可以使厂商或服务商,赢得市场竞争的主动;反过来,竞争又驱动创新,它是创新的推进器。无论是车的生产销售,还是营运车的运输服务,竞争无处不在,所以竞争也是汽车文化最重要的内涵。

汽车在其诞生后的早期阶段,由于产品与技术的不成熟,因此提高汽车的实用价值,便成为当时的竞争焦点。这个阶段,欧洲汽车厂商占据竞争优势。随着汽车变得实用,汽车便成为一种奢侈消费品,进入了上层社会。1910 年后,福特采用流水线生产汽车,降低了生产成本和售价,使得汽车成为普通百姓的消费品,在竞争中福特将欧洲汽车厂商甩在了后面。1927 年后,通用公司抓住市场机遇,创新管理模式,并以产品的多样化和价格的差异化,满足了市场需求,成功地实现对福特的超越,成为世界上最大的汽车公司。福特和通用的实践,使得成本、企业管理和市场细分成为厂商竞争的重要手段。第二次世界大战后,欧洲在引入福特流水线生产方式后,充分发挥其技术和设计上的传统优势,完成了汽车的普及进程,世界汽车呈现欧美分庭抗礼的竞争局面。20 世纪 70 年代的世界石油危机,日本厂商的精益管理方式及其汽车的经济、省油、性价比高的优势得到彰显,后来居上,实现对欧美汽车的赶超,形成今天世界车坛欧、美、日三足鼎立的竞争态势。由此可见,竞争使得世界汽车厂商你追我赶,而消费者则在这个过程中获得最大的实惠。

在当今的国际汽车市场上,为了赢得竞争,汽车厂家必须充分展示自己的整体实力,综合运用竞争手段,除用好质量、成本、销售网络等传统竞争要素外,重点在产品研发、风格塑造、售后服务、信息手段、响应速度、品牌管理、顾客忠诚度、消费心理研究等方面下功夫,努力带给消费者超值感受。当然,汽车厂商的竞争,使得市场供给更丰富,产品价格更便宜,消费选择更自由,客观上有利于增加消费者福利。

以创新求竞争,以竞争求发展,已经成为当代汽车的基本经营哲学。竞争出效率,竞争出质量,竞争出优势,竞争也出文化。

3. 共享文化

随着共享单车这一新型出行方式风靡城市以后,共享文化愈发流行,共享汽车呼之欲出,纷纷亮相于各大城市。汽车共享是指多个人使用一辆车,使用者对车只有使用权,而没有所有权,这种方式不仅可以省钱,而且有助于缓解交通堵塞,以及公路的磨损,减少空气污染,降低对能量的依赖性,发展前景极为广阔。

共享汽车借助于计算机网络、电子钥匙和卫星定位系统,可以方便人们使用手机完成注册,并在指定的地点提车,使用完后将汽车停到就近的停车点,极大地方便了人们的出行。共享汽车一般采用纯电动汽车,以实现零排放和无污染。

共享汽车无疑将共享的理念发挥到极致,人们在共享的过程中体现着人们的品德素质,需要用规章制度去规范人们对公共物品的使用。在这个过程中人们也会逐渐重视共享的内涵,相信共享文化融入每一个人的心中后会构建出一个和谐的社会。

4. 服务文化

随着汽车运输地位的提高和作用的加强,以方便旅客、爱岗敬业、诚信营运、温馨舒适、优质服务、创新服务和打造品牌为主要内容的营运汽车运用文化或服务文化,逐渐成为道路运输业的基本价值观,也是汽车精神文化的重要内涵之一。

5. 福利文化

随着汽车走向了普通百姓家庭,为了满足消费者多层次的需要,以福特流水生产线、丰田精益生产方式为代表的福利文化,成为汽车制造企业市场竞争的基本导向。流水生产线作业方式和精益生产方式实现了汽车生产方式的变革,提高了生产效率,降低了生产成本和售价,而且还提高了产品质量,从而推进了百姓福利的增长。

6. 安全文化

随着汽车使用数量的增加、车速的提高和人们对生命价值的关注,汽车的安全性越来越受到公众的重视,形成汽车的安全文化。它以保障驾驶者、乘客和行人的人身与财产安全,以及保障运送货物的安全为基本内容。"以人为本,安全第一",成为人们在造车、用车和管车等活动中遵循的基本行为准则。正如沃尔沃的创始人所言,"我们所做的一切都必须始终立足于一个指导原则——安全第一。"

在当今的汽车市场上,缺乏安全保障的产品,绝对是没有竞争力的,产品的安全性成为消费者购买汽车考虑的首要因素之一。汽车良好的安全性能,是市场竞争的焦点,也是汽车厂商宣传的重要卖点。为了满足消费者对产品安全性的需求,达到安全法规的要求,汽车厂商不惜投入大量的人力、物力和财力,进行汽车安全技术的研究和开发,安全技术的装车率也日益提高。汽车的安全性能,在安全技术的不断创新中日趋完善。

汽车使用的安全观,也已经深入人心。如保障旅客和货物的安全,成为衡量营运汽车运输服务质量的基本标准。在安全理念指导下,道路及其设施变得更为安全,人们安全驾驶和规范行驶的意识不断增强等。

由于汽车的安全,事关人民群众生命财产的保障,涉及面广,关系到社会的稳定,因此,世界各个国家在汽车产品、汽车使用和交通管理等方面的安全立法越来越完善、越细致,执法的力度越来越严格。

随着人们安全意识的提高,便产生了"安全就是责任义务,安全就是以人为本,安全就是经济效益,安全就是社会和谐""安全隐患恶于事故,安全防患胜于救灾,安全责任重于泰山"等安全理念,并形成了安全文化。

7. 美学文化

当代的汽车(特别是轿车和客车),已经脱离纯粹的交通运输工具特性,演变为集功能设备、精神感染和美学享受于一体的结合体。它是技术与美学的结晶,是流动的艺术品,有着独特的技术美学特征。诚如法国作家福楼拜(Gustave Faubert)所言,"越往前进,艺术越要科学化,同时科学也要艺术化。两者在山麓分手,回头又在山顶汇合。"可见,科技与艺术融合,二者相互渗透,是当代科技和艺术的发展方向。

汽车之美,阴柔或者阳刚,圆润或者挺拔,内秀或奔放,时尚或保守,浓妆艳抹还是淡妆素雅,风格简约还是风姿绰约,彰显的都是一个时代、一个区域、一个企业、一个群体或一个民族对技术与艺术的理解,体现技术与实用,也展现美学与浪漫。这样的汽车技术美,是汽车美学文化之魂。美国的辽阔,资源的丰沛,生活的富有,造就了美国车"大就是美"的风格,多样、豪华、宽大的美国车,展现的是美国人张扬自由的个性和豪迈奔放的情怀。欧洲文化悠久、街道狭窄、文艺复兴、工业革命,然而不可避免又遭受战争摧残,造就了欧洲紧凑、实用的经典车,如大众的甲壳虫、雪铁龙的2CV、菲亚特的500P、英国的奥斯汀和迷你(Mini)等,也使得欧洲车趋于理性、内敛、严谨,强调实用功能性、技术先进性和高度的安全性。欧洲的多民族性、多语言性,使得其汽车风格也存在一定差异,法国汽车着重线条形象,强调实用和技术先进的同时,也洋溢着法兰西式的浪漫不俗,就像巴黎女郎时尚而不失优雅的风格;意大利汽车如同其足球氛围热烈而有序,又犹如罗马女人的热情火辣,红色经典的法拉利跑车折射出亚平宁半岛理智下的奔放和风情万种;奔驰、宝马、奥迪的外观高雅端庄,做工精细,品质深藏不露,别具神韵,讲究实际功能和科学合理,没有多余装饰和雕琢,浓缩了日耳曼人的冷静、严谨、持重和积极进取;英国车稳重富有内涵,捍卫劳斯莱斯、宾利、兰德路虎等世界顶级品牌,体现了英伦略显保守、绅士和崇尚自然的性格;瑞典的沃尔沃车始终突出其卓越的安全性,充满了高科技,但又不显山露水,造型典雅端庄,也与其民族尊重生命、气候寒冷、人的性格不会过分张扬的文化有关;日本汽车则善于把国际先进技术与本国造型艺术结合起来,灵活实用,造型活泼,注重细节设计,廉价省油,质量上乘,这与日本人善于"拿来"但不照搬,性格细腻,工作态度严谨,岛国忧患意识浓厚,鄙视浪费等民族性格分不开。

汽车美学文化的正确方向,是在以技术和实用为基本前提的基础上,根据时代流行的审美倾向实时创新,推陈出新,满足社会的心理需求,并在变化的过程中,坚持民族的传统审美基因,才能引起消费者的心灵震撼。那种脱离功能纯粹"唯美主义"的造型,或者丢掉民族文化基因灵魂的造型,都是不符合汽车美学文化的。

8. 生态文化

时代发展到今天,以节能减排、环境友好、资源循环、安全生产和科学发展为核心内容的和谐文化,正成为当今汽车文化最活跃的因素。

汽车的普及,在给百姓带来福利增长的同时,也增加了尾气的排放,污染了人们的生存环境,消耗了大量的石油资源和其他物质资源,增加了交通事故。汽车普及后的这些负面影响非常严重,这迫使人类社会空前关注交通问题。在这样的背景下,20 世纪 80 年代末 90 年代初,产业生态学应运而生。它从根本上转变传统的基于污染末端治理的环境保护观念,全面、系统地将环境因素纳入产品、服务的设计开发过程,通过资源充分循环和能源高效利用,来实现经济与环境兼容、人与自然和谐共处的可持续发展目标。

汽车产业生态工程,以汽车产业和经济社会可持续发展为目标,以循环经济和清洁生产为基础,在产业发展过程中坚持"低消耗、高利用、再循环"的原则,在原材料、制造装配、使用与服务、产品报废与回收的整个循环周期内,最大限度地减少对资源的浪费和引起的环境负荷,并在寿命终结后最大限度地使废弃物质回到循环的源头,以减少资源的浪费。

在设计环节,要采用对环境无害的绿色材料,为回收和再生利用而采用可拆卸设计、可回收设计等新型设计方法。在制造环节,采用由"原料—生产—使用—报废—回收"的闭环制造模式。这种模式特别注重整个生命周期内产品的环境属性,如可拆解性、可回收性、可维护性、可再生性以及对人类健康的安全性等。

在生产制造环节,建立汽车生态产业园区是未来汽车产业的重要发展趋势。生态产业园区是依据产业生态学、循环经济理论以及系统科学思想而设计的一种新型产业组织形态,其运行模式依照生态系统物质循环方式进行,遵从循环经济的减量化、再使用、再循环的"3R"原则,在生产和消费过程中形成一个"资源—产品—再生资源—再生产品"的物质循环生产过程,尽量减少直接废物,将园区内一个企业的投入或原材料通过废物交换、循环利用、清洁生产等手段,使整个生产过程不产生或少产生废物,最终实现园区的污染物"零排放"。生态产业园区通过组织间的互相合作,使能源、水、材料、环境和资源的管理达到整体最优,并利用生态系统整体性原理,将各种原料、产品、副产物乃至所产生的废物,利用其物理、化学成分间的相互联系、相互作用,互为因果地组成一个结构与功能协调的共生系统,把保护环境融于经济活动过程中,实现环境与经济的统一和协调发展。汽车产业是综合性产业,所需的装备、原材料、零部件种类极多,数量巨大,根据汽车产业的发展状况,可以组建以汽车制造业为核心的生态产业园区。这样的园区聚积了大量的相关产业企业,包括汽车制造的前端和后端产业企业,如石化、塑料、钢铁、机械加工、热电、建材、轻工业、汽车拆解等企业,它们形成共生体系,形成供应群落、再生产品群落、可更新能源群落等,共同实现可持续发展。

在使用环节,通过基于对使用环境的设计,努力削减或降低在产品使用、修理与维护过程中的废弃物。在报废回收环节,尽可能依靠科技方法加以回收,不产生回收污染。对于实在无法回收的材料,可以焚烧回收其能量。

利用生态学的原理,对汽车产业进行管理和指导,是汽车产业实现可持续发展的必然选择。只有以全新观念和长远目光,统筹道路交通与资源环境和社会经济的协调发展,汽车文化才不会成为"夕阳文明"。只要人们坚持可持续发展的科学发展观,汽车社会实现人与自然、车与自然、人与车、车与车的和谐共进的目标,是完全能够实现的。

9. 伦理文化

当今汽车无可辩驳地成为全球第一产业,规模广、类型多、影响大。现代汽车不仅仅是作为一种载人运物的传统交通工具,随着汽车产业的发展,在其由摇篮到报废的生产使用周期与社会各个利益层面关联日益密切,影响日渐深远。

但伴随着该产业给社会带来预期的美好，其涉及的伦理议题和潜在的危害也日益彰显。一方面，汽车行业需要在其发展的同时重新审视该行业面临的经济、社会和环境压力，以确保未来更可持续的发展。另一方面，伦理问题日趋复杂，新的问题层出不穷，如自动驾驶设计中安全伦理问题的考虑。为此需要审视行业发展新的需求，提高该行业从业人员的伦理意识和敏感度，注入人伦等哲学的理念，赋予他们无限正义的能量。

但汽车行业的伦理问题不能单纯地从技术、环保等领域考虑其发展。1978 年，美国亚利桑那州公路上一辆福特 Pinto 汽车被追尾后油箱起火，车内三姐妹因车门受热变形无法打开而被活活烧死。实际上，从福特汽车公司后来流出的一份内部备忘录来看，福特汽车公司早就发现了 Pinto 车型油箱设计存在的问题，但出于成本考虑，管理层决定不对该设计缺陷进行处理。商业利益在人的生命面前，从来没有显得如此冷酷无情，由此也敲响了汽车伦理的警钟。也使世人的眼光在热切地投向汽车行业展露的美好时，开始惊骇地关注其背后更深层次的伦理问题。

大众汽车公司的柴油车门作假事件再次挑战了汽车伦理这个问题，而这只是浮出水面的冰山一角。没有了伦理的束缚，就如同脱缰的野马和反戈的利器。高科技给汽车行业带来了无限的繁荣与发展的同时，由于正义、良知、人伦、道德的缺位，也导致了这些引以为豪的科技受到利益的驱使反而作为利器给人类造成巨大的伤害。由于其隐匿性，危害更大。人们只是被动而惊恐地在血腥事故和挥之不去的雾霾后发现一例又一例以不同形态出现的伦理丑闻。

故此，汽车行业各个层面需要了解企业伦理道德价值观，了解各级利益相关者，承担相应的社会责任，识别具有行业特色的伦理议题，如汽车生命周期及绿色供应链等，处理好人与人、人与社会、人与自然和谐共生应遵循的规则。同时，汽车行业的从业人员也应结合本行业在哲学伦理之光的照耀下前行，增强对于责任、公平、正义与美德的培养与敏感度，提高伦理判断和意志力，助力于人类追求苏格拉底所提出的美好生活，构建一种高度自律、自上而下的汽车伦理道德文化。

科技发展有其模糊性无法预知更伦理的决策，企业发展利益与责任难以权衡轻重，有时面对伦理困境人类似乎无以依仗。幸运的是，正义、公正、德性的传统已然存在。他们如同盲人的拐杖，如将这些伦理道德思想在实践中自我完善，注入日常思维，结合行业实际和国情，必将成为人类最好的应对途径。相信汽车行业会在其伦理文化的引领下获得更持续更繁荣的发展，带领人类走向另一个全新的美好文明的高度。

四、汽车文化的构成要素

汽车文化，作为一种以汽车为载体所表达的价值取向与精神内涵，在历史发展中，积累了人文、美学、服务、技术和社会等方面的丰富内容，这些要素相互联系，相互支撑，共同推动着汽车文化的丰富与发展。

1.汽车文化的人文要素

回顾汽车的发展历史，自其发明的那一天起，就处处体现着以人为本的价值观和积极进取的创新精神。

车的诞生，就是为了把人类从繁重的体力运输中解放出来，这一恒久的追求，经历几千年的发展演进，其重视人、尊重人、关心人、爱护人的理念精髓已渗透到现代的汽车的设计、研发、制造、使用过程中的各个环节。这在我们日常生活中对车的讨论中都可以感觉得到，从基本的汽车内装饰材料、可调节座椅、车内音响的出现到现在的车载 DVD、车载电脑、卫星导航、安全气囊、清洁燃料动力技术等,无不体现现代汽车对人类生命安全、生存环境和生活品质的重视。

"以人为本"已经成为现在汽车、交通业界的一种共同的文化,是世界上所有汽车厂商品牌内涵中最基础也是最核心的精神沉淀。另一个不容忽视的方面是,汽车的发展离不开前人一代代的努力探索与创新,像亨利·福特、威廉·杜兰特、孟少农等对中外汽车工业的发展有过巨大影响的汽车巨匠,在其事业发展中无不经历过一而再、再而三的曲折,但他们在不折不挠、开拓创新的精神支撑下,创造了一个又一个的成功奇迹,为人类社会的发展做出了不可磨灭的贡献,这些汽车英雄传奇所蕴含的进取与创新精神,均是汽车文化中人文要素的重要组成部分。

2. 汽车文化的美学要素

美是一种可以唤起人的心灵和精神愉悦的特质,它反映的是审美主体与审美对象之间,由审美对象作用于审美主体的一种心理感受。

人类社会生产的发展过程中,技术和艺术本来就具有密切的关系,汽车文化中也处处反映着技术美学的要素。在人类社会早期,尽管没有技术美学的思想,但各种形式的车在造型、功能上却处处体现了技术与美,或实用性与艺术性的结合。

步入近代社会以后,在激烈的市场竞争中,如何提高产品的美学质量、开发款式新颖而美观的汽车就成为企业成功的关键因素之一。现代任何一个汽车产品,都是科技与美学相互作用、相互结合的产物,它一方面积累着人们的审美经验,同时也是人们的审美创造,引领着人类的审美能力,并且促进着科学技术新的发明创造。

不同于一般文化艺术形式的是,汽车文化中所蕴含的美学要素,是科学与艺术的结合,形式与功能的统一。它不仅反映在汽车的外观与造型上,也渗透到产品结构、材料、工艺等方方面面,产品形式的审美创造,是以功能为价值基础的,产品美的体现是在不与实际功效分离和矛盾的前提下的自然流露,它不是脱离实际功效而单独用来取悦消费者的手段。

在近代汽车的发展史上,汽车的外形经历了马车型、方箱型、流线型、三箱型(船型)、梯型和当代造型。这些形状的演变都是随着当时人们审美观念的改变和科技的进步为依据的,不同的造型代表当时的科技水平和人们的审美观念,福特公司的 T 型车以及后来德国大众公司的经典车型"甲壳虫",都是那个时代技术与艺术的完美结合。

3. 汽车文化的服务要素

汽车的核心功用是为人们或货物提供方便的空间位置的转移,即服务于人们的生产生活,这一实质性的属性贯穿于几千年车的发展历史之中。

现代生活中,汽车作为运输生产工具所体现的服务属性,更在人性化关怀、优质服务等方面获得了发展,世界各国的交通运输企业都纷纷从服务理念、服务语言、服务行为和服务设施上,充分考虑服务对象的需要,以人性化的服务为重点提升管理水平和经营绩效。

在我国,交通部门提出"人便于行、货畅其流""更安全、更便捷、更可靠、更经济、更环保、更和谐"等发展理念,并将其贯彻到行业的方方面面。在此背景下,交通行业广泛开展了车厢文化建设、服务质量评比等旨在不断改善服务环境、提升服务品质的活动,各地的道路运输营运企业及其行业管理部门都针对本企业、本地区的服务特点,制定了各种服务质量标准和服务规章,并将企业的服务质量与行业管理相结合,涌现出李素丽、于凯、顾庆泰等一批服务明星。这些都充分反映了人们在利用汽车,满足自身生产、生活需要的过程中对服务的关注与认同。

4. 汽车文化的技术要素

汽车文化的技术要素是指汽车文化所体现的技术可靠性、功能性和进步性,即人们在汽车的生产和使用过程中所反映出来的科技进步。

车的发展历史就是一部技术创新的历史,从轮的发明到人、畜力车,从蒸汽车到现代清洁能源汽车,车在技术性能上的每一次突破都反映和应用了当时最新的科技成果。随着时代的发展和科技的进步,现代车辆的设计、生产涉及冶金、材料、能源、机械等众多学科领域和大工业部门,仅造型设计就涉及机械工程学、人体工程学、空气动力学、工业设计学等学科,糅合了动感、流线、前卫、浪漫等区域和民族文化元素。可以说现代车辆是一个反映制造者的综合技术水平的高科技产品。

汽车文化中的技术要素不仅限于工程技术,现代管理科学和手段也是汽车文化中技术要素的重要组成部分。福特公司的 T 型车之所以能够进入家庭,一个不容忽视的原因就是亨利·福特应用了当时科学管理的最新成果,将流水线生产方式应用于现代化工业生产,极大地提高了生产效率。20 世纪中叶以后,精益生产、企业文化、全面质量管理等众多新兴管理理论与方法,也在汽车产业和道路运输行业获得了广泛的应用,并在应用中不断创新和发展,对后来的世界经济发展带来了巨大的积极促进作用。

5. 汽车文化的社会要素

汽车文化作为交通文化的一个方面,是现代工业文明的重要组成部分,是社会主流价值在与汽车相关的产业、行为和物质载体上的体现,汽车文化的形成与发展总是与一定时期中的社会思潮与价值判断相联系。

在我国,交通行业围绕着如何让车辆更好地服务于社会,适应各个不同时代的社会条件和需要,先后提出了"交通行业发展要服务于恢复国民经济"(20 世纪 50 年代)、"依靠地方、依靠群众、以普及为主"(20 世纪 60~70 年代)、"人便于行、货畅其流"(20 世纪 80 年代)、"依靠科技、振兴交通"(20 世纪 90 年代)等价值理念,对交通行业用好车、管好车起到了很好的指导作用。到 21 世纪,随着人类对人、车、社会三者关系的认识日益深入,关注环保、节约能源、构建和谐社会,实现人类自身的可持续发展成为社会和经济建设中的主旋律,交通部门把创新、协调、绿色、开放、共享的发展理念贯穿交通运输发展各领域和全过程,引领交通运输的发展。社会对车辆和相关产业的价值判断也拓展到从社会整体和长远利益的角度来衡量,"节能减排、经济环保、和谐创新"成为当代车文化中最科学、最具活力、最具有行业特色和时代特征的社会要素。

6. 汽车文化的经济要素

从车的发明,人类放飞快速交通的梦想开始,车就是一种为了实现人和货物方便转运的运输工具,就是为了降低人们的生产生活成本,提高交通运输的效率,促进社会与经济的发展,这一价值核心始终贯穿于车的几千年的发展历史。

现代生活中,汽车工业对国民经济的发展有很大的辐射效益,对劳动就业有巨大的带动效应。因此,汽车文化中的经济要素,已不仅仅是指在客货运输中的成本和效益,也不仅仅是指车辆在设计、制造和运用过程中追求经济上的效率,而是同时从社会整体经济发展的角度来看,涉及整个产业对众多相关产业的拉动和生态环境的改善,将对经济效率的追求建立在社会长久福祉的基础之上,更多地考虑节约、环保、和谐与可持续发展。

第二节　汽车文化的特征与表现形式

一、汽车文化的特征

汽车文化既然包含着作为文化载体的车和使用车的人,就必然具有其物质技术和社会两个方面的属性。归纳起来,作为一种文化现象,汽车文化具有以下几个方面的特征。

1. 附着性

人类文化学家倾向于将文化分为"现象的"和"意识的"两个方面。但同时指出现象的文化和意识的文化之间不是可以截然分开的。马凌诺夫斯基就指出,诸文化现象之间是相互联系的,孤立地分析某一现象或习俗不能理解其真正作用,必须放入和它共存的场景中加以解释。

作为人们在社会历史发展中形成的交通文化中的一种专业文化,汽车文化凝聚着人类以汽车为工具、为载体,改造自然、征服自然过程中所形成的精神理念和价值体系。无疑,汽车文化的形成与发展离不开其物质载体——车,所有的精神理念和价值体系都附着在车这种鲜活的物质之上。

汽车作为人类社会重要的生产生活工具,它在被制造之初就已经打上了"某种意识的印记"。无论是车辆的造型、色彩还是装饰都反映了社会主流审美价值,其生产制造更是与当时社会的知识以及制造技术之间有着千丝万缕的联系,在营运和使用过程中更是表现出社会的文明程度和人文关怀。汽车文化可以说是人们在制造和使用车的过程中,所融入的情感和共同体验的升华,是一种以车为载体的价值体系与文化"符号"(或象征)。

2. 社会性

文化是同一文化群体的成员所共享的信念和价值体系,这种群体共享性,使得个人的行为能为社会其他成员所理解,使人们能够预见其他人在特定环境下的行动倾向,以及对外界刺激的反应,并通过共同的生活经验代代相传。

汽车文化存在于社会文化大环境之中,必然具有社会文化的一般价值属性。同时,作为社会文化中围绕"车"这一载体的亚文化,汽车文化广泛存在于不同的地区、民族和社会阶层之中。因此,民族区域、风俗习惯、交通意识与行为规范、经济发展水平、基础设施、地理环境、特殊人群等各种因素,都会在汽车文化中表现出各自的影响。这些影响,有的体现在审美取向上,有的体现在价值判断和消费偏好上,也有的反映在运用与规制上。例如,美系车以宽大舒适为特点,欧系车以强调安全、做工精良和技术先进而著称,而日系车则以经济实用和性价比高而闻名,这些特点都是各国汽车产业在发展历程中,受各自地域特征与历史文化传承的影响形成的。

另一方面,现代汽车极大地拓展了人们的活动半径和社交范围,大大丰富了人们的社会交往,作为社会交往中的"钢铁名片",在人们的社会活动中往往具有一定的象征意义,反映一定社会习俗与文化传统。在我国,社会组织购买的车辆倾向追求宽大和稳重,反映了在儒家文化影响深远的条件下人们对中庸和从善如流的重视;而商务人士购车则注重豪华、舒适,以此作为实力的象征。

3. 时代性(动态性)

汽车文化形成于人类的生产生活实践,并随着社会发展而不断演进。不同时代的汽车文化,在审美判断、价值判断和表现形式上,总是与当时的社会主流价值相一致的。同时,它又随着不同时代的社会发展而在精神内核、价值理念和行为规制等各个方面不断演进。

汽车文化,一方面,从社会文化中充分吸收一切有效的营养成分,推动自身的丰富和发展;另一方面,又通过对与车相关的生产生活方式的改变而在一定程度上影响着社会文化的发展。汽车文化的这种时代性,从我国汽车的命名中就可以获得例证。如:"解放"牌汽车,是新中国成立后不久我国生产的第一个汽车品牌,反映了全中国人民在推翻帝国主义、封建主义和官僚资本主义"三座大山"后,人民群众当家做主的喜悦社会心态;"跃进"牌汽车,诞生于"大跃进"运动后不久,具有鲜明的时代政治色彩;"东风"牌汽车,取自毛泽东主席的一句话"不是西风压倒东风,就是东风压倒西风",由于资本主义列强长期对我国实行经济封锁,"文革"期间苏修帝国主义也对我国实施敌视政策,"东风"则很好地表达了中国人民的大无畏气概;20世纪80~90年代,党中央提出建设小康社会,又出现了"富康"这一家喻户晓的家用轿车品牌,等等。这些具有鲜明时代特征的汽车品牌,见证了我国社会政治经济的变迁,成为我国汽车文化历史演进中富有特色的组成部分。

4.群众性

当今社会,汽车早已不再是少数人独享的奢侈品。随着现代工业和交通行业的发展,各种车辆已渗入到人类社会生产生活的各个方面,作为事关人类出行的基本需求的交通工具,车与人们的日常生活息息相关。从远古时期人们"见飞蓬转而知为车",到现代人们在购买、使用车辆的过程中,不断创新各种技术和产品,不断创新以车为载体的各种文化活动,如车展、汽车运动、汽车旅游、汽车广告等。今天,人们将车广泛地应用于生活休闲、娱乐、商务交往等方方面面,不断丰富和发展着汽车文化的内涵和表现形式,这充分说明人民群众是汽车文化的真正创造者。

从另一个方面看,汽车本身也是服务于广大人民群众的,其设计、制造和使用,无不处处反映人民群众的需要和价值取向,反映人民群众对自身生活品质、生存环境的关注,汽车影院、汽车杂志等文化形式,不仅以汽车为载体深入到普通大众的日常生活中,同时也在不断地影响和改变着人们的生活方式。可以说汽车已成为人们生活的一个重要组成部分,汽车文化也发展成为影响最为广泛、最深入人心的一种物质文化形式。

5.创新性

汽车文化是一种开放创新的文化,车的历史就是一部技术创新的历史,人们在使用和改进车辆的时候,总是凭借开放、广阔的视野,广泛吸收当时人类在工程、技术和管理上的最新成果,将其应用在车辆的设计、制造和使用当中。特别是近代以来,从蒸汽机到现代信息技术,从石油到新能源技术,任何人类最新的技术创新,无不在车上得到应用。同时,汽车产业的能工巧匠和工程技术人员在其工作中也不断创新,创造出一项又一项可以广泛应用于人类社会经济生活的新技术、新工艺。

与此同时,在汽车的运营服务中,为了更好地服务社会生产生活,人们也不断围绕着车、车载设施、车辆的运营方式和车上服务进行着持续不断的创新。新中国成立以后,交通行业适应不同历史时期的经济社会条件,先后提出了不同的交通发展理念,充分反映了行业管理部门与时俱进、持续创新、实事求是的工作作风。在运输生产一线,广大职工立足本职工作,不断摸索干好本职工作的方法和技巧,在服务理念、服务意识和服务技能上不断创新,在平凡的岗位上做出了不平凡的事迹。

无论是汽车的设计制造部门，还是交通运输等车辆运用部门，创新已经成为公认的生存法则和竞争利器。各个厂商或者运输服务主体，无不在其品牌沉淀与企业文化中刻意营造个性张扬、放飞理想的创新精神，并将这一理念反映在汽车产品和服务之中。

6. 民族性

任何文化从来就是与人休戚相关的，离开了文化的主体——人，也就根本不存在文化；离开了人的参与，文化就会失去活力。作为创造文化的主体，人类的行为和价值取向，受到风俗、习惯、宗教、历史等因素的影响和制约，表明文化具有鲜明的民族性。

汽车文化源于人民大众的生产生活，在其形成、发展和表现形式上，同样受民族地域文化的深远影响，表现出鲜明的民族特征。

尽管当前全球化的进程会使人们的精神消费日益趋同，人类的心灵结构也会日益相似，但一个民族的核心精神——作为每个民族千百年历史传承下来的价值精髓，却始终具有各自的特色。这种民族性依旧会在传统、风俗的传承中沿袭下去，并对相应民族地域的汽车文化的发展、演进产生深远的影响。

在汽车刚刚传入我国的时候，慈禧太后就因为无法容忍驾驶人坐在她的前面，而将袁世凯敬献给她的奔驰第二代汽车弃之不用。这一方面反映出慈禧太后的因循守旧，同时也充分表明汽车厂商或汽车运用者，必须充分重视特定的民族文化在车的设计、运用上所具有的举足轻重的影响，要么让汽车适应民族或区域文化，要么就去影响和改变人们固有的某些文化观念，因为先进的、进步的文化终究会战胜落后的、愚昧的文化。

7. 生态性

车作为一种人类在改造自然、征服自然过程中的一种发明创造，其发展演进处处反映着人与自然的互动。

人类社会发展的早期，人们改造自然和征服自然的能力还比较低下，生态环境一定程度上制约着人们的劳动生产率。在此背景下，为了更好地与自然环境相斗争，人类发明了包括车在内的各种生产工具。历史发展到近代，工业革命带来了人类生产力的飞跃，汽车也逐步走入家庭，限于人类当时对生态环境认识的局限，汽车生产使用中的污染一度对环境造成了极大的冲击。20 世纪 70 年代以后，人类逐渐认识到环境对可持续发展具有重要意义，那么汽车文化所包含的价值理念就日益体现出对环境、对生态的关注。

今天，无论是汽车的设计、制造还是使用，处处都反映出人类追求"人、车、环境"和谐统一的价值理念。以节能、减排、资源循环、环境友好、可持续发展等为基本内容的科学发展观，已经深入人心。因此，可以说，当今的汽车文化，应当且必须将人类与环境的友好关系纳入其中，充分关注生态性。

二、汽车文化的表现形式

汽车文化在其几千年的发展历程中，不仅内涵随着社会变迁而不断变化，在表现形式上也日益丰富。大体上讲，在当代社会中，汽车文化主要通过规制、语言、行为、视觉、品牌和延伸演化等形式予以表现。

1. 规制表现

车辆自发明以来，围绕着如何安全、有效地使用以及更好服务于社会经济发展，人们制定了一系列的法律、法规，以规范和协调各类社会成员的行为。这些制度，不仅涉及汽车的产业发展政策,如《汽车产业发展政策》《二手车流通管理办法》《汽车贸易政策》《汽车贷款管理办法》《汽车金融公司管理办法》《汽车产品外部标识管理办法》等,还涉及车辆运营、使用和管理的规定,如《中华人民共和国道路交通安全法》《中华人民共和国公路法》《中华人民共和国道路运输条例》《中华人民共和国道路旅客运输管理办法》《中华人民共和国出入境汽车运输管理规定》《集装箱汽车运输规则》《车辆购置附加费征收业务规定》《收费公路车辆通行费车型分类》《道路货物运输企业经营资质管理办法》《道路旅客运输企业经营资质管理规定》《道路运输车辆维护管理规定》《道路危险货物运输管理规定》《高速公路旅客运输管理规定》《公路监督检查专用车辆管理办法》《道路大型物件运输管理办法》《收费公路管理条例》《新能源汽车生产企业准入条件及审查要求》《机动车维修管理规定》《车船税管理规程(试行)》等。这些法律和政策法规,处处反映着汽车文化的价值取向与价值判断,成为汽车文化重要表现形式。

2. 语言表现

语言,是人类文化的重要载体与表现形式。

在车的发展历史中,随着车与人类生活的关系日益密切,与车有关的成语、警示语、格言、商业用语等,已经成为社会文化的一个有趣的分支。从历史的角度看,丰富多彩的与车有关的成语,反映了车辆在功能与使用上的发展,如:安车蒲轮、车马辐辏、造车合辙、获隽公车等;从车的运用上来看,现代以汽车为工具的陆上交通运输行业,在服务顾客的过程中,大量使用"请、您好、请慢走、下车请注意安全"等礼貌、规范并且温馨、体贴的服务用语,反映了服务文化舒适温馨、以人为本、追求和谐的精神内涵。在涉及汽车的消费领域,诸如:"你的世界,从此无界"(福特汽车广告语)、"平稳征服人生曲折"("欧美佳"汽车广告语)、"动静皆风云"(奇瑞"风云"牌汽车广告语)等精彩绝伦的广告语,不仅文字简洁、华丽,更深刻地反映了行业、企业对汽车文化的理解和寓意拓展。

3. 行为表现

文化总是通过对人们价值观的影响而影响着人们的行为。

汽车文化同样影响着人们的出行和工作方式,对行人的礼让,对乘客的关心,安全文明行车,运输生产的"又好又快",客运服务的"温馨、舒适""安全、正点",道路交通安全管理的"以人为本",运输经营与服务中对效率的追求等,这些在车辆运用过程中所表现出来的行为取向,无一不体现着汽车文化先进的价值理念。

4. 视觉表现

汽车既是现代的交通工具,又是流动的"艺术品"。汽车视觉要素(包括造型、内饰、色彩以及图文标识等),其发展演变总是以当时社会的审美取向为基础,反映现代技术美学所追求的形式与功能的统一。例如,在外形上,汽车演变的每个时期都在不断地开拓着汽车的新的造型,传达出新的视觉效果。100多年来,汽车设计师在不断改善汽车的空气动力学性能的同时,也使得汽车的视觉效果越来越佳,适应并引领人们的审美观。

各类营运客车,不断装备先进的服务设备设施(如舒适座椅、影音设备、车载厕所、垃圾袋、"老弱病残孕"专席、IC 卡缴费仪器、车载电台、报站器、计价器等),车内车外整齐、干净的车容车貌,司乘人员统一的服务着装、服务仪容、服务动作、服务流程、服务用语、服务规范等,无疑会对旅客(乘客)产生强烈的视觉冲击效应,强化他们对优质服务的深刻记忆,通过这些视觉表象,表现的是营运者先进的服务文化和促进社会文明进步的先进风尚,传达的是先进的汽车文化。

现代生活中,涌现出越来越多与汽车有关的图片、文字和标识,一方面丰富了人们的文化生活,同时也将汽车文化的精髓,传播和渗透到社会的每一个角落。

5.品牌表现

在各种车辆大量生产和使用的今天,我们同样可以看到众多的品牌。各种品牌是相关企业在历史发展中积累的精神财富的集中反映,它蕴含着品牌产品的市场定位、产品品质、品牌联想、企业传统、创业精神、企业价值观等多方面的内容。

著名的福特公司,其商标设计者将英文 Ford 设计成"奔跑白兔"的形象(图1-6)。在蓝色背景的衬托下,被艺术化的"Ford"形似活泼可爱、充满活力的小白兔在温馨的大自然中向前飞奔,它象征令人爱不释手的福特汽车将行驶于世界各地。而宝马公司起初是一家航空发动机制造企业,所以商标中的蓝色代表天空,白色代表螺旋桨(图1-7),这是宝马品牌标识的一大特点,蓝天、白云和运转不停的螺旋桨,喻示宝马公司的渊源和悠久的历史,既象征该公司过去在航空发动机技术方面的领先地位,又象征公司的一贯宗旨和目标。

图1-6　福特汽车商标　　　　　　　图1-7　宝马汽车商标

6.延伸表现

随着各类车辆走进寻常百姓的家庭生活,汽车文化已不再局限于汽车的制造和使用领域,而是不断与现代的公众文化相融合,衍生出许许多多新的文化表现形式,如激烈、惊险、浪漫、刺激的汽车运动,作为商业文化传播载体和社会精神文明窗口的汽车广告,综合展示汽车厂商技术文化、品牌文化、服务文化、驾乘文化等内涵的汽车展览。汽车文化延伸表现的形式,还有彩车、车的模型与玩具、车的收藏、车模特、汽车精品、汽车影院、汽车旅馆、自驾游、车友俱乐部、汽车美容、汽车内饰、汽车改装、汽车杂志等。这些新型的汽车文化表现形式,作为现代汽车文化最具活力的载体,都很好地将现代丰富多彩的汽车文化,以人们喜闻乐见的形式向社会进行了传播。

第三节　汽车文化的形成标志与构成体系

一、现代汽车文化的形成标志

汽车文化的形成是以 20 世纪 60～70 年代汽车在欧美日国家的普及、汽车大众消费时代的到来为标志的。汽车时代的到来、汽车文化的形成标志着车文化的形成。而在汽车出现以前,车文化一直处于萌芽、发生、发展和逐渐形成阶段,文化属性已经具备,但文化氛围尚未形成。在汽车产生之后,随着汽车的普及、汽车赛事的广泛开展、世界五大车展的确立及汽车相关衍生产业的涌现,汽车融入了人们的生活,汽车文化形成了。具体说来,汽车文化形成的标志如下。

1. 汽车的普及

20世纪60~70年代,世界经济进入了高速增长阶段,汽车产量急剧增加,1969年,世界汽车年产量突破3000万辆,1970年,日本成为世界第二大汽车生产国;在1972年,甲壳虫汽车累计产量达到1500万辆,打破了福特T型车单一车型产量的世界纪录;1977年,世界汽车年产量突破4000万辆。汽车在欧美日国家已整体迈入汽车进入家庭的门槛,汽车产业已经进入了以大众消费为基础的快速增长阶段,汽车社会已经形成。当一种消费品达到一定数量,它自然就会在人们生活中发挥使用价值之外的作用,从而形成自身的一种文化,汽车也不例外。

2. 汽车赛事的广泛开展

由于世界汽车工业飞速发展,从而推动汽车运动水平不断提高,各种汽车竞赛项目如方程式汽车赛、越野赛、拉力赛、耐力赛、场地赛、竞速赛、驾驶技巧赛、爬坡赛、卡丁车赛等蓬勃开展,国际汽车联合会先后设立了多项世界锦标赛,推动了各国汽车工业的技术革命,促进了汽车的大众化。多姿多彩的汽车运动的激烈、惊险、浪漫、刺激,使得成千上万的观众为之痴迷。

3. 五大车展的确立

在此期间,世界五大车展逐渐走向成熟,形成各自特色,影响力日增,引领着世界汽车发展的趋势和潮流:日内瓦车展享有"国际汽车潮流风向标"的美誉;法兰克福车展则有"汽车奥运会"之称,它也是世界规模最大的车展,在1951年,就吸引了57万名现场观众参加;东京车展由千姿百态的小型汽车唱主角的,同时各种各样的汽车电子设备和技术也是展会的一大亮点;北美车展则充满着年轻人的激情与活力;巴黎车展概念车云集、商业味浓厚,它还保持着1460803人次的参观记录。

4. 汽车俱乐部与汽车相关衍生产业的大量涌现

20世纪60~70年代,汽车在美日欧发达国家进入大众消费时代,随着私人购车比例的大幅增加,私家车主的不断涌现,汽车俱乐部发展迅猛,据统计,在60~70年代,汽车俱乐部的会员总数至少超过1亿人,70%以上的车主加入了各种类型的汽车俱乐部。同时,汽车旅馆、汽车餐厅、汽车影院及各种汽车相关的各类报纸、杂志、影视剧等如雨后春笋般大量涌现,汽车已经融入人们的日常工作和生活,而汽车文化已成为社会文化的重要组成部分。汽车的普及为汽车文化的形成奠定了基础,汽车运动、汽车展览、汽车俱乐部等汽车活动使汽车文化成为一种时尚文化,吸引着越来越多的人参与其中,这些活动充分表明了在20世纪60~70年代社会上已形成了一种较高层次的汽车文化氛围。

随着汽车行业的迅速发展,汽车已经成为人们不可缺少的出行工具,汽车行业衍生出来的相关产业更加广泛,例如汽车美容、汽车装饰、汽车改装、二手车、汽车回收等已经随处可见。这些年互联网的发展使汽车和网络密不可分,滴滴打车、优步等这类打车软件早已融入人们的生活,人们不用出门在网上直接预约汽车,汽车就会开到家门口,极大地方便了人们的出行。

二、现代汽车文化的层次体系

文化,作为一种包含人类丰富的物质与精神内涵的概念,在构成体系上具有鲜明的层次特征。在文化研究中,对于文化的层次分类,有只包含物质文化、精神文化的"两层次说",也有物质文化、制度文化、精神文化的"三层次说",还有物质、制度、风俗习惯、思想价值的"四层次说"等不同的层次分类方法。

汽车文化作为一种现代工业文化与交通文化融合所形成的特定的社会文化,今天从构建和谐交通与和谐社会的视角分析,我们认为将汽车文化分为物质、制度和精神三个层次,是比较符合当今时代特征与社会需求的。汽车文化的三个层次是相互依赖、相互促进、共同发展的一个有机整体。

1. 物质文化

汽车文化的三个层次中,物质文化是指汽车文化中以物质或物化形态表现出来的文化。物质文化因人类克服自然并借以获得生存而产生,是人与自然关系的反映。在考古学家的研究中,物质文化也指相对于自然物而言的各种人工制品的总和。

由于在"人化"自然的过程中,人类必然把自己的生活、理想、追求、信念、智慧、规范、信仰、习俗等精神的印记指向自然界和自然物。所以,人造物就是人类利用自然资源按照自己的精神指向所创造的物质产物,是人类精神世界的凝聚物。换句话说,人造物就是人类精神世界的反映。物质文化的内容包括生产工具、生活用具以及为满足人的物质和精神生活需要而创造或加工过的产品,从衣食住行所需乃至现代科技均涵盖在内,内容丰富而多样。其中尤以生产工具最为重要,因为人类借助先进的生产工具,可以更好地按照自己的精神意愿创造更丰富的物质成果。

从文化发展的视角来看,汽车不仅仅是简单的交通运输的物质设备,它的发明与发展反映了人类物质文明的成果。汽车的存在服务于社会的生产和人们的生活,在其发展过程中又被人类赋予了一定的意义和价值判断。因此,汽车在一定程度上脱离了物的纯粹物理特性,而体现了社会的精神文化内核,其背后凝聚着人类丰富的实践经验、思想、智慧和观念,这就是汽车的发明者、设计者、制造者和运用者世世代代积累下来的宝贵财富,体现着他们的知识和智慧,传递着人类的思想和观念,是人类实践活动中核心文化价值的物化表现。它反映了在汽车的发展过程中所溶入的人类的创意、知识、技能、价值取向和精神理念,是人类在征服自然、改造自然过程中所形成、构建的与自然之间关系的反映。所以,汽车的物质文化是人类在车的发明、改进、制造、使用和管理活动中,所采用的一切物质手段和全部物质成果。它是汽车文化中的表层文化。

2. 制度文化

汽车的历史发展,从来都是离不开相关规制的。事实上,文化与制度之间永远都是一种蕴含与互动的关系,文化中蕴含着制度,制度也体现了文化,没有文化的制度和没有制度的文化都是不可想象的。文化形成制度,即文化观念是制定制度的导向,制度反映文化的要求;制度强化文化,即制度对文化观念特别是对新文化的巩固与发展有着重要作用。

制度文化则是指在汽车的发展历史中逐步形成的一套规范体系以及在制定这些法律法规、规章制度、行为准则时所体现出的精神理念,它包括与汽车相关的各种制度、章程、习惯、条例、奖惩办法以及汽车的设计者、制造者和运用者的行为模式与行为习惯等。例如规范车的制造行为的技术标准、设计规范和工艺流程,规范车辆交通行为的道路交通规则、安全管理法规,规范车辆安全状况的公安车管制度,规范车辆维护和维修作业的企业制度和服务标准,规范营运车辆司乘人员服务行为的各类办法、守则和奖惩制度,等等。

制度文化规范着人们关于汽车的创新、生产、使用和管理中的各种行为,反映人类行为对自然、社会以及相互间的关系的认识与期许,作为一种制度要求而与社会主流价值显现出一致性,无论是汽车的总体管理制度,还是政策的制定和演变,抑或是汽车的设计者、制造者和运用者的具体行为,在很大程度上都受到当时的文化和理念的制约。与此同时,汽车的任何宏观和微观的管理机制或体制的变革,都会在很大程度上对造车者、用车者和管车者的行为文化和精神文化的传承和创新产生重要的规范和导向作用。具体而言,制度层面的汽车文化包括诸如汽车运输营运规制、汽车运输营运企业的管理制度、道路交通管理规制、汽车产品的技术标准与法规以及汽车生产、制造和销售相关的政策法规等一系列有关汽车的所有社会建制与操作规范,是一个包括伦理规范、法律规范、政策规范和组织规范在内的完整的系统,是当前和未来规范和引导汽车与汽车文化发展的最主要形式。汽车的制度文化,可以起到从思想和行为上对造车、用车和管车的人群起到引导、规范、警示、告诫等作用,随着汽车的发展和应用范围的变化而不断发展和进步。

3. 精神文化

精神文化是人类在创制和使用汽车的过程中所形成和发展的精神内核与价值理念,集中表现为汽车的设计者、制造者、使用与运营者在与汽车"打交道"的过程中所反映出来的价值观念、生命理念、思想意识和情感态度,这是汽车文化的核心和灵魂。这种精神超越时间和空间的限制,而成为影响新一代的汽车的设计者、制造者、使用与运营者的隐性力量,一旦形成,就会以强大的影响力规范着他们的精神气质,并最终影响每个人的行为。历史上,汽车的每一次创新都会促进社会生产、生活的巨大进步,对人们的思想观念、思维模式、生活方式、价值取向和行为规范带来深远的影响。可见,汽车文化中的精神内核虽然看不见、摸不着,却发挥着重要的作用,它凝聚着车的发明者、制造者、科学家、政治家、使用者、管理人员以及广大的人民群众在对汽车的设计、制造和使用的创新实践中所形成的精神气质与精神品格,是推动汽车的设计、制造和运用模式不断发展创新的动力之源,是汽车文化中的核心文化,支配着制度和物质层面的汽车文化。

从物质文化到精神文化是由浅入深的过程。汽车文化精神层面的内容,是从汽车的设计者、制造者、使用者和运营者的生产生活中逐渐形成和提炼出来的,是汽车文化的核心价值,在社会的生产、生活实践中,指导和支配着他们的工作。物质层面的汽车文化是车文化精神内核的外在物化形式。制度层次上的汽车文化是汽车文化发展演进的制度表现,它既是对汽车文化中物质层面文化的规范,也是对精神层面文化的总结。总体上看,汽车文化的三个层次中,汽车的制度文化和物质文化是精神文化的基础和载体,精神层次的汽车文化是汽车文化的核心价值。

三、现代汽车文化的内容体系

汽车文化也包括广义文化和狭义文化等多种层面的意义。

从广义角度看,凡是涉及与车有关的文化都属于汽车文化。它不仅包括物质层面、制度层面和精神层面的汽车文化,而且更是人们在造车、用车和管车等活动中普遍认同并遵守的价值理念,即各类车辆设计研发、生产制造、销售服务、购买消费、使用维修、交通营运、报废回收、行业管理等人员群体及其组织,在长期与车"打交道"的社会实践过程中,逐步凝练出来的价值系统。例如,现代汽车文化的安全可靠、方便实用、高效快捷、性价比高、环境友好就是各类人群共同的价值观。

在当今社会,由于车的类型品种繁多,车的用途多种多样,车的使用数量海量增长,导致车文化衍生出丰富多彩的亚文化,而且各种亚文化之间也明显存在一定的区别,各具自己的特色和内涵,因此分门别类地研究车文化,即从狭义角度研究车文化,更具有现实意义和实践价值。

首先,从车的实物构成看,尽管车的类型和用途多样,但由于汽车的应用最为广泛,数量也最多,因此现代车文化的主体应该属于汽车文化,其他非汽车的车文化就处于从属地位。正因为如此,本书的研究范围也就主要限于汽车文化范畴。

其次,从与车"打交道"的人群看,主要包括"生产者"和"用户"两类人群,至于各类管理者和相关服务者(如维修人员),要么为生产者服务或者代表生产者的利益,要么为用户服务或者代表用户的利益,可以划入两类人群之中。由于汽车的设计研发、生产制造、销售与售后服务等工作都是由"生产者"完成的,所形成的文化属于汽车公司文化及美学文化范畴;而汽车的购买、消费、使用、应用、营运等,都是由"用户"完成的,所对应的文化属于汽车的大众文化和运用文化范畴。除此之外,汽车在运用过程中还必须遵守一定的规则,受行业管理的制约和交通参与者的影响,对应于汽车交通文化。因此,大体上就可以将汽车文化划分为"汽车公司文化""汽车大众文化""汽车运用文化"及"汽车交通文化"等几个部分。

对于汽车,进一步分析用户的构成,可以知道,现代的汽车用户包括普通居民消费者、机关团体或企事业单位、道路运输营运者三大群体。居民将汽车作为个人交通的代步工具使用,汽车属于个人消费资料;机关团体和企事业单位将汽车作为公务活动或通勤交通工具使用,汽车属于集团消费资料;道路运输营运者将汽车作为运输服务工具使用,汽车属于生产资料。反映到汽车文化领域,就分别对应于汽车私人消费文化(私家车文化)、汽车集团消费(单位自备车文化)和营运汽车文化(汽车运用文化),其中前二者又可以统称为汽车的消费文化。而赛车、汽车俱乐部、车展、婚车、汽车美容装饰等则是在汽车使用的过程中衍生出的文化,可以看成是汽车消费文化的衍生文化,汽车消费文化连同其衍生文化一起可被视为汽车大众文化。因此,现代的汽车文化,其构成可以用图1-8表述。

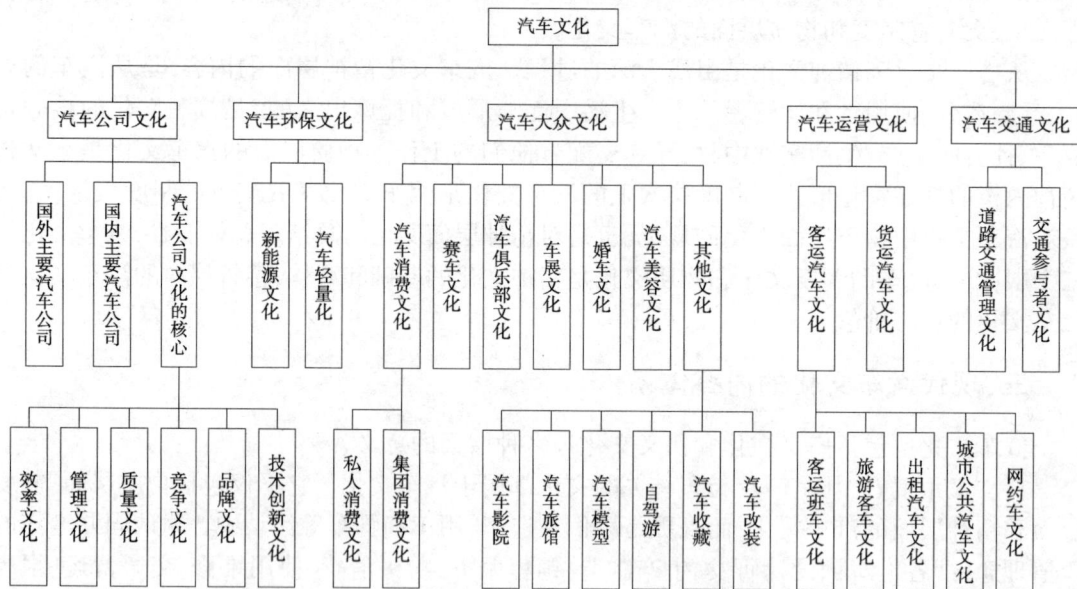

图1-8　汽车文化的构成体系

第四节　汽车引领文明

一、汽车改变物质世界

汽车是人类史上最伟大的物质发明,在其诞生后的短短100多年间,世界的物质生产格局发生了天翻地覆的变化,人类有了这种既可以独立担负运输职能,又可作为与其他运输方式进行衔接运输的唯一工具,使得社会生产与分工更广泛、更充分、更富有效率,极大地促进了社会物质文明的发展。另一方面,人们借助于汽车,方便了出行,彻底改变了落后的交通面貌,汽车成为人们不可或缺的重要消费品。

1.汽车促进经济发展

1)促进相关产业的发展

汽车是高价值、批量大的产品,是世界上唯一的一种零件数以万计、年产量以千万计、保有量以亿计、售价以万元计的商品,能够创造巨大的产值,有力地拉动一个国家国民经济的综合发展。

世界发达国家汽车工业发展都与国民经济发展直接相关,并基本保证与 GDP 的同步增长。日本经济高速发展的 15 年间,国民生产总值增长了 6 倍,而汽车工业的产值却增长了 57 倍。美国、德国、法国、意大利和英国的汽车工业在国民生产总值中所占比重为 4% ~ 9%。汽车经济拉动了国民经济的增长,汽车工业已成为各主要汽车生产国的支柱产业。

从工业总产值看,1998 ~ 2012 年,我国汽车工业总产值从 2787.3 亿元增加到 3.58 万亿元,占全国工业总产值的比重从 4.1% 提高至 4.5%;从工业增加值看,1996 ~ 2014 年,汽车工业增加值在全国 GDP 中所占比例由 1996 年的 0.85% 上升至 2014 年的 1.44%,年均增速达到 1.34%。

2009 年,中国汽车市场占全球汽车市场比重从 2008 年的 14% 增至 21%,目前中国在全球汽车市场的占比达到 27%。从 2009 年开始到 2016 年,中国已连续多年汽车销量排名世界第一。2005 ~ 2015 年,中国汽车市场销量及全球销量变化如图 1-9 所示。

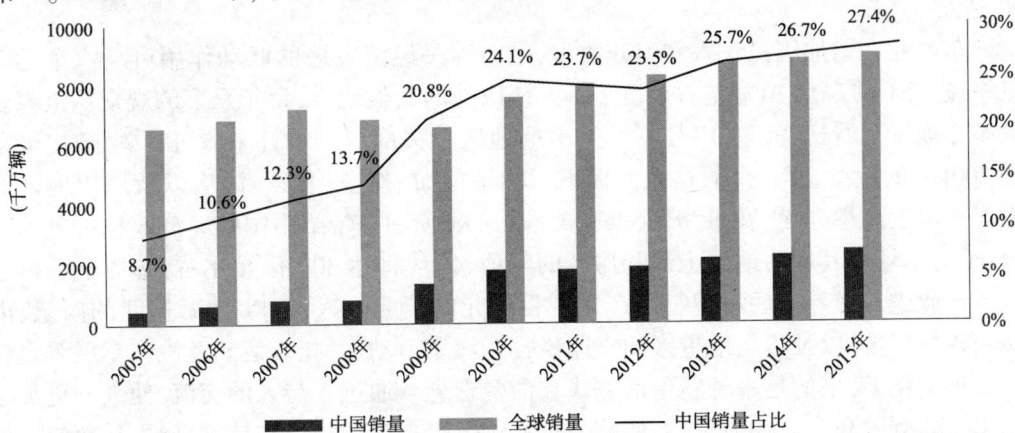

图 1-9　中国汽车市场变化趋势

汽车工业是一个高投入、高产出、集群式发展的产业部门。汽车工业自身的投资、生产、研发、供应、销售、维修;前序的原材料、零部件、技术装备、物流;后序的油料、服务、报废回收、信贷、咨询、保险,直至广告、租赁、驾驶人培训、汽车运输、汽车救援、汽车美容、汽车运动、加油站、基础设施建设、汽车旅游、汽车旅馆、汽车影院、汽车餐厅等构成了一个无与伦比的长链条、大规模的产业体系。汽车产业链长,辐射面广,能带动钢铁、机械、电子、橡胶、玻璃、石化、建筑、服务等 150 多个相关产业的发展,汽车消费的拉动作用范围大、层次多,已经成为社会经济的主导产业。

2)提高出口和外汇收入

汽车工业是资金和技术密集的大批量生产产业,并不是任何国家都有条件发展的。但世界上所有的国家都需要大量汽车,这就决定了汽车工业成为强大的出口产业。同时,汽车工业也成为世界制造业中创汇最高的产业之一。第二次世界大战后,汽车"国际贸易第一大商品"的地位从未被撼动。2006年世界汽车产品贸易额突破万亿美元,其中,日本汽车出口连续第五年实现增长,出口量达到596.67万辆,自1987年以来再次超过国内总产量的五成。德国的汽车出口业是欧洲最大的对外经济贸易,在2006年出口达到390万辆,出口总值达1700亿欧元,比上年增长8%,占德国出口总额的17%。在一些发展中国家,如巴西、墨西哥、马来西亚,都把汽车作为出口创汇的重要手段。

加入世界贸易组织后,我国汽车出口快速增长。2005年,我国的汽车国际贸易首次实现顺差,汽车产品出口创汇197亿美元。其中,汽车零部件、附件及车身出口额达85亿美元,占汽车产品出口的43%。2013年,汽车产品出口总值655.09亿美元;汽车出口数量达119.54万辆,出口金额491.67亿美元。2015年,汽车产品出口总值800.46亿美元;出口金额为4840.61亿元。

3)增加国民收入和财政收入

汽车工业由于广泛地采用先进技术,带来了较高的劳动生产率,并且在工业化发展阶段中,始终以较高的增长速度发展,为社会创造了大量财富。据国际统计数据测算,汽车工业人均创造的附加价值是全部平均额的2.57倍。2010年日本全国汽车各项相关税收总金额为76948亿日元,占本国全部税收的10.7%,是仅次于个人所得税和企业法人税的第三大财源。在我国,汽车也是主要税种,2008年、2009年,汽车工业全年产品销售税金分别达到474.3亿元、529.2亿元,2009年我国汽车工业产值3.2万亿元,直接和间接的税收达到4000亿元。

汽车产业在增加国民收入和财政收入,带动国民经济发展的联动作用可从汽车运动中窥见一斑。F1的观众70%左右来自于举办地以外的其他地方,每年众多的观众从世界各地赶到举办地区观看比赛。从以往举办赛事的地区相关部门的统计来看,F1举办时,可以使方圆200km的旅馆全部爆满,这大大促进了当地旅游、航空、餐饮、酒店以及周边地区商业的发展。以上海举办F1赛事为例,据有关部门的测算,F1带给中国的经济效益可分为三个部分:①赛车场及其周边地区土地和房产的升值,估计将达300亿元左右;②赛车场核心辐射区各产业进入成熟期后可望每年产生上百亿元的营业收入;③F1大赛期间的门票、电视转播和赛场广告,以及给当地带来的丰厚税收。汽车运动、摩托车运动及汽车车展等宣传的是一种车文化,带来的是一种新生活方式和消费理念。通过车与人的交流,使人们更加领略汽车车速的刺激和车的魅力,让人们感受车文化带给自己的快乐和精神享受,从而使人们产生购车的愿望和冲动,因而提高汽车消费,进而拉动经济增长。

4)创造就业机会

汽车产业的升级,可以创造大量的就业机会。有统计数字表明,汽车工业每提供一个就业岗位,上下游产业的就业人数是10~15个。在几个主要汽车生产国和消费国的发达国家,与汽车相关的工业和服务业都拥有较高的就业人数,尤其是汽车服务业的就业人数自20世纪80年代以来大幅度增长,就业比重明显提高。据德国汽车工业协会统计计算,1997年德国汽车产业的直接和间接就业人数达到500万人,其中汽车产业直接就业人数为67万人,配套工业行业间接就业人数为98万人,与汽车销售和使用有关的间接就业人数为335万人,汽车产业间接就业人数为直接就业人数的6.5倍。

由于我国存在着大量剩余劳动力,就业矛盾突出,汽车产业对于多方面扩大就业途径,带动间接就业特别是服务业就业的增长,具有比其他国家更大的作用。据有关投入产出分析提供的资料,2007年,汽车产业直接就业人数为265万人,带动间接就业人数高达3000万人,与直接就业人数之比达11倍之多,占全国城镇就业人数的11.2%。2008年,汽车产业、与汽车产业相关的上游产业及主要服务业带来3700万人就业,占全国城镇就业人数的12%。

目前,世界主要汽车生产国汽车产业提供的就业机会,占全国总就业机会的20%左右。在我国,2005年汽车产业就业人数已达4215万人,占全国就业人数的10%,有专家预测到2030年,将达1亿人以上。汽车产业对于多方面扩大就业途径,带动间接就业特别是服务业就业的增长,具有非常重要的作用。

5)带动社会产业结构升级

汽车消费的扩大促使汽车进入家庭,由此带动了消费的升级,从而带动产业的升级,汽车工业能够通过带动相关产业而促使整个国家产业结构向高级化转换。发达国家在产业结构转换中,汽车工业的发展起到了极为重要的作用,正如前述,冶金、能源、制造、化工、交通、电子等一大批相关产业的发展,无不是由汽车工业的发展带动起来的。20世纪60年代初,日本产业发展政策规定,汽车工业为重要战略产业,其实施结果是汽车工业的发展带动了相关工业的发展,从而推动整个产业结构向高级化产业结构发展。

汽车是综合性、高密度的技术密集型工业产品,汽车工业的发展促进了先进生产方式的产生与完善。汽车工业是世界上第一个全球化的工业。目前,全球汽车工业在国民生产中的比重增加,对促进产业结构由粗放型向深加工型及高附加值型的转变,具有重大的战略意义。

2. 汽车推动科技进步

车的发展史本身就是一部科学技术进步史。车的发明发展是随着科技的进步而实现的,从古车的出现到现代车辆的普及,科学技术的发展与进步功不可没。同时,车的发展,尤其是现代汽车工业的发展,又刺激和促进了科技进步。

1)汽车是科学与技术密切结合的产物

汽车真正的发展,归功于内燃机的出现。内燃机为人类进入工业革命提供了新的动力,汽车由此才真正得到发展和普及,使人类告别了马车,进入汽车时代,人类的工业文明得以在更深层次上继续发展。汽车是科学与技术的结晶,是现代技术发展的产物。汽车诞生100多年来,各种有关汽车的技术及生产方式,使得汽车的面貌日新月异,汽车工业日益强大、成熟。内燃机技术、变速器技术、底盘/驱动技术、汽车轮胎技术、车身技术和现代科学技术紧密结合,都已经发展到了相当高的水平。汽车发动机功率大大提高,燃油消耗率大大降低,实现了汽车高功率、高速度和高经济性的相互协调。

20世纪70年代以后,汽车在安全、节能和环保方面又有了新的突破和进展。蓄电池、各种电机性能的改进推动了新能源汽车的诞生。特别是电子技术与汽车技术的结合,使得汽车技术又有一个新的飞跃。计算机辅助设计、计算机辅助制造、机器人等高新技术,都已广泛应用于汽车工业,大大减轻了汽车制造过程中的繁重劳动,缩短了设计制造时间,并达到了更高的设计精度。

现代汽车是一个集多学科、高技术于一体的现代化机电产品,它涉及空气动力学、人机工程学、结构力学、机械工程学、热力学、流体力学、材料学、工业设计学等多个学科,机械、电子、化学、材料、光学等众多学科技术领域取得的成就都在汽车上得到了体现。如今各种先进技术和装备,如先进驾驶辅助(ADAS)、车-车/车-路协同(V2X)、GPS 全球定位系统技术、GIS 地理信息系统(Geographic Information System)技术、ITS 智能交通系统(Intelligent Transport System)技术和无线通信技术广泛应用于汽车工业中,汽车正在走向电子化、网络化、智能化、轻量化、共享化、能源多样化。同时汽车的能耗、噪声和污染等公害也日将减少,安全性、经济性、舒适性、使用方便性将日益提高。

2)汽车的发展推动科技进步

人们对汽车功效、安全、环保的不断追求,使得各大汽车生产厂家均投入大量的资金进行开发和研制,都建立了自己的技术开发中心,每年在技术开发方面都要投入相当于销售额3%~5%的开发费用。此外,各国的高等院校、科研机构和与汽车有关的企业,都承担了大量与汽车相关的科研课题。

汽车工业的发展还促进了先进生产方式的产生与完善。福特汽车公司开创的流水线生产、通用的多样化生产、日本丰田汽车公司的"精益生产方式"等这几项工业生产管理的变革,改变了所有工业中的生产形态,包括生产组织和管理组织以及传统观念,至今还在各行各业广泛运用。汽车大工业的发展,还形成了最先进、最有组织纪律的产业工人。汽车工业还是首先带头应用最新技术的行业。通过新技术在汽车行业的试验、研究和完善,最后推广和运用到其他工业。组合机床、自动生产线、柔性加工系统、机器人、全面质量管理等新技术、新工艺、新方法,都是在汽车工业最先得到推广和广泛应用。

汽车技术的进步,直接推动了一些行业的技术更新和技术改造。各种专用汽车的发展,促进了煤炭、石油、电力、矿山、地质等部门的现代化。大型集装箱货运汽车,也改变了公路运输部门的面貌。限制汽车的公害,也推动了交通科学和环境科学的发展。

汽车工业的发展,不仅带动了相关工业的发展,而且也不断对相关工业提出新的要求,从而促进了相关工业的技术进步。例如,高性能燃料和润滑油、特种钢材和有色金属、子午线轮胎、工程塑料、夹层玻璃和钢化玻璃、汽车电子设备等,就大大推动了石油工业、冶金工业、橡胶工业、化学工业、玻璃工业、电子工业的技术进步。

未来汽车的发展,还将推动各种高新技术和边缘学科的发展。如材料科学、人机工程、电子技术、能源科学、汽车空气动力学、车辆地面力学、汽车轻结构学、汽车轮胎学等。

汽车是最强大的科技产业,它与许多相关技术紧密相连、相互依附、相互促进。现代汽车市场的竞争实质上是现代科技的较量,是技术创新的竞争。而汽车技术的发展也将继续推动科技的不断进步。

3. 汽车催生了现代交通

现代交通诞生的标志是现代化交通工具的发明和普及,以及现代交通理念的形成和规章制度的建立。在过去的千百年中,交通工具虽然一直处在不断的变化发展之中,也有了一定的进步,但是这种进步并非本质上的:马车作为重要的交通工具存在了数千年,且一直在发挥着不可替代的作用;尽管从轿子发展到人力车,速度快了不少,依靠的依然是人力。这种情况一直到了近代晚期,当出现新的动力机械即蒸汽机和内燃机时才得以改观,也宣告了现代交通时期的到来。100 多年来,交通运输发展日新月异,铁路、公路、航空、管道等运输方式相继出现,水运也因动力装置变革而空前活跃。5 种运输方式的产生和发展,为社会经济发展提供了强有力的基础保障。

现代交通能够很好地满足人们出行的需求,包括快捷、方便、舒适的程度。快速列车、高速公路、立交桥、地铁、轻轨、空运、海运构筑的现代交通网遍布全球,它与现代人们的生活密切相关。汽车,作为公路交通中的主要工具,是现代交通最重要的组成部分。

现代交通结构由火车、汽车、飞机、船舶等现代交通工具组成,各自在交通结构中发挥着重要作用。其中,汽车既可以作为公共交通工具,又可以用作家庭和个人的交通工具,另外还适用于大、小批量的客货运输,具有普遍性;汽车不同于其他交通工具的线性移动,属于平面交通工具,只要有道路(甚至无道路条件)即可行驶,它既可通向各个城市,又可通向广大农村,实现"门对门"的服务,具有灵活性。正是由于汽车具有这两大特性,才使得现代交通结构实现了公共交通和个人或家庭相结合,大批量客货运输与小批量客货运输相结合。火车、飞机、船舶运输也需要与汽车运输相结合,以汽车作为其终端运输工具,从而使现代交通能够彼此协作、功能更加完善。

4.汽车是现代物质文明的平台和象征

车辆作为人们调度本地区和整个世界物质资源的一种工具,在经济生活中的重要性随着时代的进步而日益显著。在没有车辆运输的时代,每一狭小的地区必须生产当地人民所必需的一切,由于自然条件的限制,这样生产的成本较高、种类有限,制约着人类生活的消费,人们生活水平低下,经济发展缓慢。随着车辆的出现,远距离的运输成为可能,每一地区开始生产自己比较具有优势的若干货物,然后相互交换,促进了劳动的地域分工。马车是人类历史上使用时间最长、最有影响力的陆地交通运输工具,但随着人类社会生产力的不断提高,其有限的速度和运量已无法满足人类的需求和生产力的发展。多拉快跑的自动车辆进一步扩大了物资交换的范围,促进了经济的发展。

现代化大工业生产的发展,要求社会生产更加专业化,各个生产环节之间的协作、行业之间的协作日益加强,这就需要及时地把原材料、半成品运往工厂,把产品运往消费地,以此来保证社会生产得以顺利地进行。汽车运输以其机动灵活、运输方便,实现"门到门"的直达运输,运送速度快,原始投资少、资金周转快、经济效益高等优点成为国民经济的重要组成部分。通过汽车运输使经济活动的生产、分配、交换、消费环节和生产活动的产、供、销环节得以联系和成为整体,使经济系统得以循环运转,起到了纽带和桥梁的作用。另外,汽车的"门到门"运输加强了城乡之间的交流,活跃了商品市场,推动了市场经济的发展。现代汽车运输网络的高速发展,不断地缩短时间和空间的"距离",改变了人们的时空观念。发达的汽车运输能大量节省时间和缩小空间,减少在途积压资金,提高社会效益和企业经济效益。

汽车工业是资金密集、技术密集、人才密集、综合性强、经济效益高的产业。汽车工业可以带动的行业和产业面之宽,能包容和吸收各种新技术、新材料、新工艺、新装备之广,可形成的生产规模、市场规模之大,可创造的产值、税收和就业岗位之多,对国民经济拉动作用之大、之持久,对改善人民生活质量作用之显著,是其他产业所难以相比的。在很多发达国家及发展中国家,汽车工业已成为一个非常重要的支柱产业。在居民享受汽车文明的同时,汽车工业将成为经济增长的动力,实现工业化的重要载体,制造业产业结构升级的领头羊,增加就业的生长点和社会进步的车轮。

总之,汽车已经成为现代物质生产和社会运转的平台,汽车是否广泛使用成为衡量一个地区或国家是否发达的标志,汽车是现代社会物质文明的重要象征。

二、汽车引领精神文明

车及其车文化为人类架起了通向文明的桥梁。汽车改变了人们的工作和生活方式,改变了人们的思想和价值观念,丰富了人们的文化生活,促进旅游发展和文化融合。在这个过程中,道路运输服务自身追求优质服务的结果,客观上对促进社会精神文明的进步,发挥了不可低估的作用,并引领社会文明前进的方向。

1. 汽车改变工作方式

现代车辆特别是汽车,缩短了人们上下班的时间,让人们延伸了工作的空间距离。自行车将人类的工作距离增加到 10km 以内,而摩托车、汽车则将工作地点与居住地扩展到 50km 以上。这样,就有利于人们在更大的地理区域内,选择更多的满意工作的机会。

在国外,汽车的普及给人们选择不同的工作带来了很大的方便。在美国,成年人几乎没有不会开车的,驾驶汽车已成为求职的一个基本条件。小孩从 14 岁就开始学汽车,中学里有汽车驾驶课和汽车维护课。在假日里,可以用家用的车在父母兄长的陪同下练车,到 16 岁就可轻而易举地通过考试拿到驾驶执照。国外的单位里很少有公车和专职驾驶人,一般的政府官员、公司经理,都是自己开自己的汽车上下班、办事、接送客人。

我国是"自行车大国",自行车保有量超过 6 亿辆,在绝大多数的城市,自行车的交通出行率大于 50%,远远大于公共交通、私人轿车和摩托车的出行率,是我国最普遍的交通工具。然而,伴随着城市化进程,交通距离不断扩大,全部依靠人力的自行车交通耗费了大量的时间和体力。随着城市基础设施的建设,交通条件的改善,城市公共交通服务更为完善,私家车也开始大幅增加,这样就全面改变了人们工作和日常生活的交通条件,很大一部分自行车交通群体转变为汽车用户或城市公共交通的利用者,中国人驾驶自己的爱车、乘坐公共交通工具上下班已经极为普遍。

汽车的方便、灵活、机动、快速和"门到门"交通的特点,提高了人们公务活动的效率和工作节奏;汽车上的通信、办公设备的装车率越来越高,人们在出行的过程中,在汽车上就可以进行工作上的联系、沟通、指挥和决策,改变了人们的办公和工作方式。

2. 汽车改变生活方式

衣食住行中的行,作为人们日常生活中最基本的需求之一,与人民群众的生活息息相关,在人们的生活半径不断扩大的今天,汽车在人们的出行上扮演着越来越重要的角色。

汽车作为一种方便的交通工具,促进了各国的城市化进程,改变了城市交通的落后面貌,实现了城市的交通现代化,促进了城市经济繁荣。由于汽车能实现"门到门"的交通,意味着人们可以自如、快捷地出行,对于住宅区域的选择可以更加宽泛。过去郊区发展依赖铁路和电车,郊区住宅只能沿铁路和电车线路建造,郊区的规模和布局受到限制。汽车的普及使居民出行不再完全依赖公共交通,到任何喜欢的地方工作和生活居住成为现实。在我国,汽车的发展也正在改变着城市的结构布局,中心城区周边诞生了众多热闹的卫星城。城市和郊区的界限越来越模糊,中心城区昂贵的房价,使人们可以选择"在中心城区工作、在卫星城居住",大幅度提高了郊区的城市化速度。汽车进入家庭也有力地推进了城市的郊区化和郊区的城市化,城市功能将因此而重新界定,有些区域成为商贸、金融或行政中心,而在市区周围形成许多以居住功能为主的卫星城或小城镇,人们在那里可以呼吸更新鲜的空气、享受郊区的田园风光或更雅致、更绿化的环境,生活质量得以改善或提升。

与此同时,因为有了汽车,围绕着汽车衍生出高速公路、汽车旅馆、汽车餐厅、汽车商店、汽车电影院、加油站、洗车店、汽车美容店、网约车出行方式等,它们已经成为人们生活不可缺少的一部分,并改变着人们的生活方式。在美国,人们习惯用汽车购足一周生活所需的食品,大部分人在周末开车去郊游,享受大自然的美景,心旷神怡。在国外,加油站买饮料、买快餐食品越来越常见。目前国外的加油站已经对小便利店、小型超市等产生了巨大的威胁。在欧美发达国家,每到周末公路上的旅行车辆川流不息,这已经成为现代人们生活休闲的一个标志性场景。

在中国,当汽车进入家庭后,人们的周末生活、夜间生活已经和过去有了很大的不同,周末郊区游越来越普遍,晚间在外逗留的时间也大大延长。汽车餐厅、汽车电影院、汽车旅馆也相继在中国出现。汽车增加了人们的出行频率和时间,所有能够吸引出行者的服务内容都有可能催生新的消费形式,像超大型购物中心"摩尔"就是汽车社会的产物。汽车还为人与人之间的交流提供了便利,结伴旅游、朋友聚会的概率增加。"自驾游"作为一种既方便舒适又自由的旅游方式已经成为一种时尚。共享汽车的出现使得那些没有车的人们只需交上少许的押金就可以开车出行,体验道路文化、共享文化带来的方便快捷。

3. 汽车丰富文化生活

随着现代车辆的飞速发展和汽车文化的兴起,汽车在创造物质文明的同时,也通过丰富人类文化来创造精神文明。

在影视屏幕中,许多警匪、侦察片都少不了精彩的"汽车追逐戏"、摩托车飞车特技等。间谍片"007"中,功率强劲、功能神奇的汽车已经成为电影的主要角色。近几年,美国电影《汽车总动员》风靡全球,里面的汽车不仅性能先进,而且还能思维,能交流,有自己的思想和语言,这种将汽车人格化的电影,虽然只是虚构幻想,但它也表明了汽车和人类之间的密切关系,反映了汽车对人类文化生活的深刻影响。

汽车恋爱已不鲜见,汽车已成为人类爱情生活的一部分。在美国,男孩子请女孩子约会,必要的条件是有一辆漂亮的汽车(哪怕是借来的)。开车出去兜风,成为青年男女约会的最好方式。汽车,就是爱巢,就是情侣的两人世界。

如今,还有各种各样的自行车运动、摩托车运动及汽车运动,有各种车展和车博物馆,有车迷俱乐部和各类汽车报纸杂志网站等媒体,有各类车模的收藏制作等,极大地丰富了人们的文化生活。

运动赛事使得人们在直接或间接参与的同时,得到了精神上的享受。车展给人们带来了更多的概念车型、新车型、展会风格和文化氛围。博物馆里,人们通过近距离接触实物,观看影像资料等,了解现代车辆的过去、现在和未来。进入博物馆就如同经历一次神奇的车之旅,增长人们文化知识的同时也带给人们无尽的精神享受。伴随相关的一系列需求应运而生的各类俱乐部,将一些有着共同爱好的车迷们聚集在一起,成为人们加强联系、增进了解、联络感情、交流信息的桥梁和纽带,从而极大地丰富了人们的闲暇生活。可以说,汽车已经成为人们生活的一部分,而汽车文化已经是人们文化生活的一部分。

4. 汽车加强了文化融合

车的出现使得人类从"徒步"跨入"代步"时代,人类的活动半径因此扩大,流动能力得到提高。一方面使人口大量集中,从原来的小规模部落到如今的大规模城市,生活质量得到很大提高;另一方面又可以使人口向各地疏散,使人类能够选择适合自己生存的最佳区域,生活环境得到很大改善。

汽车的出现和普及,不断扩大了人们的活动半径和传统生活空间,以往受地域空间限制所形成的城乡差异、种族差异和等级差异等观念,随着人们在扩大了的、相互重合的生活空间中的交流与互动,得到不断改善,跨地域的人才招聘、就业和房产贸易在现代交通的帮助下才能真正得以发展起来,人才的自由流动成为现实。汽车的大量使用,在促进社会分工和商品交换的过程中,带动了乡村和落后地区生产的商品化和社会化,打破自给自足的封闭状况,极大地促进了不同区域、不同民族的文化融合。

更加鲜活的例子表现在近年在我国日益流行起来的旅游和"自驾游"上。今天,汽车直接促进了旅游业的发展,人们出门旅游的机会越来越多,旅游地越来越远;同时,汽车进入家庭后,一些有车的家庭或个人,为了满足自身求知、好奇和休闲的精神需要,自己驾车,深入到山区乡间的各个角落,让自己在全新的生活环境下放飞自我,同时又把城市家庭的生活方式带到了乡村,增加了乡村社会消费需求,更重要的是将发达地区的现代意识和文化带到了社会的各个角落。作为最便捷、舒适的陆地交通运输工具,汽车的使用沟通了人类思想,从最初的浅层次贸易交流开始到如今深层次的民族文化交流,从单一的形式到如今丰富多彩的形式,汽车及其车文化架起了通向人类文明的桥梁。

5. 汽车改变价值观念

汽车大大地缩短了空间的距离,改变了人们的时空观念和效率观念,而且这种改变将随着汽车性能的不断完善而继续深化。

在汽车出现之前,人类的出行和物品的移动主要依靠人力和畜力,当远距离移动时,通常要花费较长时间。大家都知道,古代贫寒学子上京赶考,千里之遥通常要提前三个月甚至半年离家。随着汽车的普及,汽车已成为人们出行和货物运输的重要选择。而空间的距离随着车辆的高速度发展而逐渐缩短,今天在人们心目中,100km的距离已经以时、以分来计。以汽车行驶的时间来衡量距离的远近,已成为现代人的普遍思维。时空距离的缩短,无形中增强了人们的效率观念。在汽车货物运输中,业主通常综合消费者、车辆、货物等因素,以高效率的运输计划来达到低成本的目的。如今共享汽车的出现,不仅使得人们的生活变得低碳、方便、快捷,而且也是对人们诚信的一种考验。共享汽车的发展离不开制度的监管和引导,只有这样才能普及共享汽车观念,促进人们的道德素质达到一个新的境界。综上所述,可以认为汽车是人类文明的一种体现,尤其是汽车的使用。

汽车的使用是人们个性权利的延伸和个人主动性的象征,而汽车文化的形成创造了崭新的社会形态、文化知识和道德因素,整个社会人类的思想和价值观念等都因此发生巨大的变化,汽车载着人类进入新文明。

复习思考题

1. 从古至今,车的功能有哪些? 车的名称有哪些?
2. 车文化是怎么形成的? 包括哪些部分?
3. 车文化主要是从人类生活的哪些方面表现出来的? 其中福特和宝马是怎样在品牌上表现的?
4. 交通文化包括哪些部分? 和车文化各有什么关系?
5. 根据教材和自己的生活经历谈谈汽车对人的生活有哪些改变?
6. 什么是智能网联汽车? 汽车共享有哪些优势?

第二章 汽车文化的形成与发展

历史的车轮驶出了一道深深的印记,驶过了人类数千年的征程,也见证了汽车文化发展的足迹。从节省力气的车轮的出现、所向披靡的战车的登场、威风凛凛的马车的诞生,到轻便的自行车问世、具有划时代意义的蒸汽汽车、内燃机车和电动汽车的发明,人类正踏着越来越坚实的步伐向前方迈进,汽车也随着科技的进步而日新月异。人类对汽车的感情从最开始的陌生、不解,到后来的熟悉、利用,直到现在的喜爱、唇齿相依,变得越发亲切了,汽车文化已经融入每个人的生活中,扩散到世界的每一个角落。

第一节 古车的诞生与发展

一、远古人类最伟大的创举——轮的发明

轮被视为人类最古老、最重要的发明。轮的发明,改变了人类在陆地运动的方式,实现移动由滑动到滚动的飞跃。从轮到车,是人类交通方式的第一次伟大革命,它放飞了人类对快捷交通的梦想。

轮的发明不是偶然的,是人类长期生产劳动的结果。原始社会,人类一直依靠自身的力量生产和生活,通过手提、肩扛、头顶、人拉滑橇搬运货物。在这个过程中,人类逐渐发现,在货物托板下面垫有圆木时拉起来比较省力,再将圆木锯断,形成滚轮,在滚轮中心安装上一个木轴,用木轴支撑托板或货物,这样搬运货物既方便,又特别有效率。后来人们又发现用直径大的木轮,运输速度更快,于是木轮的直径就变得越来越大。这种带轴的轮子就是早期车轮的雏形(图2-1)。公元前3500年,美索不达米亚(希腊文,意为河间地区,又称两河流域,即西南亚底格里斯河和幼发拉底河两河流域,今叙利亚东部和伊拉克境内)已能使用轮。

车轮很早就用于战车制造上(图2-2)。这种战车先是用来冲入敌阵,在短兵相接的过程中,形成所向披靡的优势,迫使敌人溃散;后来又被当作战台使用,士兵可以站在战车上朝敌人投掷标枪,打败敌人。

图2-1 实心木制车轮(摄于上海汽车博物馆)

图2-2 古希腊战车

初期制造的车轮虽然十分简陋,但却骤然增强了人类在地面上搬运物品的本领。车轮可以帮助人们将物品更方便地从一处运到另一处,而且运送物品的质量越来越大,运送速度也越来越快。

总之,车轮的出现,是远古人类最伟大的发明。它不仅节省了人们的体力,而且大大提高了交通运输工具的移动速度。

二、中外古车

1. 外国的古车

公元前1900年,埃及人就学会用滑橇(图2-3)来搬运重型物体。这种运送物品的方式,无疑是人类车前时代最省力和最有效率的物品搬运形式。

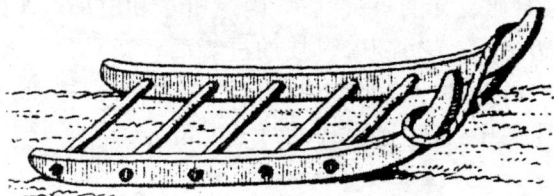

图 2-3 滑橇

为了省力,人们将轮装在滑橇下面,于是就产生了车(二轮车或四轮车)。作为地面移动的运输工具,最初的车辆,都是借助人力推动的,形成人力车。后来人们开始用牛、马等牲畜拉车,产生了畜力车,人们通常称为马车。马车一般比人力车的车轮更大,车板高度更高,载质量更大,车速更快,因此其运输效率也更高。

马车的历史极为久远,它几乎与人类的文明一样漫长。公元前1650年,美索不达米亚和中国两个文明发源地都出现了两轮马车。

公元前1世纪,罗马的制车工匠,采取转动前轴的方式,控制马车的行驶转向;用整片的轮辋与轮箍,增加车轮的强度;将金属片镶在轮毂中间,减少车轴与车轮的摩擦。这样就使马车的性能大为提高。到公元200年时,坚固的罗马四轮马车,可以实现长途跋涉,只需途中停车更换马匹,就可以继续前进。

此后的1000多年时间里,这种长途运输马车,成为世界各国主要的运输车辆。它不仅拉货运物,同时也载人远行。载人四轮马车,将出行的人们从一个地方快速地运送到另一个地方,让人真切地感受到了马车带来的便利。同时,人们发现平坦的大道更适宜于马车行驶,于是开始建造公路,从而拉开了人类的道路建设史。

载人四轮马车的乘坐厢,最初只是一个"带窗的箱子",箱子用皮带捆绑安装在车架上。由于车架与车轴或车轮之间没有弹簧连接,所以厢内的乘客不免需要忍受马车行驶的颠簸之苦。

中世纪的欧洲,大量地发展了双轴四轮马车,这种马车安置有转向盘;车身方面,出现了活动车门和封闭式结构,并且在车身和车轴之间,实现了弹簧连接,提高了乘坐舒适性。到了17世纪,欧洲的四轮公共驿车(图2-4),承担了几乎所有的长途客运任务,为人们的陆上旅行带来繁荣。那个时代,精致的私人马车成为车主身份的象征,其中,最豪华的镶金的英国皇室马车(1763年为英皇乔治三世而建造),被称为"有史以来最壮丽和华丽的马车"。

一直到 19 世纪,马车仍然是城市交通十分重要的交通工具。人们喜欢马车的优雅和诗意,喜欢乘坐马车从容地穿过乡村大道或古旧的城区街巷去走亲访友。

图 2-4　长途客运马车

当然,随着火车和汽车的出现,车轮转动的速度越来越快,世界的交通运输呈现出崭新的面貌。

2. 中国的古车

据英国科学史家李约瑟考证,在 4500～3500 年前(大约相当于夏朝期间),中国出现了第一辆"车"。当然,我们无法知道李约瑟考证的依据。

根据《左传》记载,在我国,车是夏代初年的奚仲发明的,他发明的车由两个车轮架起车轴,车轴固定在带辕的车架上,车架附有车箱,用来盛放货物。《说文》一书也这样记载:"车,舆轮之总名。夏后时奚仲所造。"《墨子·非儒下》中也提到:"奚仲作车,巧垂作舟。"因此,我国就普遍认为奚仲发明了车。

事实上,奚仲并非车的真正发明者,我们的祖先很早就"见飞蓬转而知为车",即通过对轮的认识而发明了车。奚仲因为是"夏禹时车正",掌管有关车辆的诸多事宜,对车的改进做出过杰出贡献,故被后人称为车的发明者。

其实,"黄帝时已有车服,故谓之轩(xuān)辕(yuán)"。传说中"轩辕"黄帝是华夏民族的始祖。那个时代,中华民族也许就发明了"车",说明中华民族也是一个善于造车和用车的民族。

早在 3000 多年前的商朝,车的象形文字已经粗略勾画出车的结构(图 1-1)。周朝时期,我国在商业、交通、打猎和作战等方面,用车已经相当普遍,也出现了用于耕作、运输的农用牛车。到西周时期,马车已经很盛行了。春秋战国时期,孔子出行就乘坐马车(图 2-5)。这一时期,各诸侯国之间由于频繁的战争,马车不仅作为军事装备,而且还是一个国家强盛的标志。所谓千乘之国、万乘之国,"乘"指的就是"车"。陕西临潼秦始皇帝陵出土的战车(图 2-6),代表了 2200 年前车辆的制造水平。

图 2-5　孔子列国行(摄于山东曲阜)

东汉时期,我国出现了一个人推的独轮车,如图 2-7 所示。因它行驶时"叽咯叽咯"响个不停,西南汉族俗称"鸡公车"。因它前头尖,后面两个推把如同羊角,江南汉族又俗称"羊角车"。独轮车既可载人又可载物,适应平原和山区的各种道路。有些独轮车为了推行省力,还装有风帆。三国时代诸葛亮发明的木牛流马就是独轮车。

图 2-6　秦始皇陵出土的铜马车

图 2-7　独轮车

在我国古代车辆的发展过程中，有重要技术价值和应用价值的车，还要数指南车和记里鼓车。

三国时期，技术高超的马钧发明了指南车（图2-8）。指南车是一种双轮独辕车，车上站立着一个伸臂南指的木人。只要一开始行车，不论车向何方行驶，木人的手臂始终指向南方（类似指南针）。

东晋王朝，中国最先发明了记录里程的"记里鼓车"，但由于其结构和制造方法很快失传，到宋代才由燕肃重新制造成功。记里鼓车上有两个击鼓木人，车每行一里，木人就挥臂击鼓一次（图2-9），可以说这是世界上最早的计程车。记里鼓车是指南车的姊妹车，它们通常作为帝王出行的仪仗车辆。

图 2-8　指南车

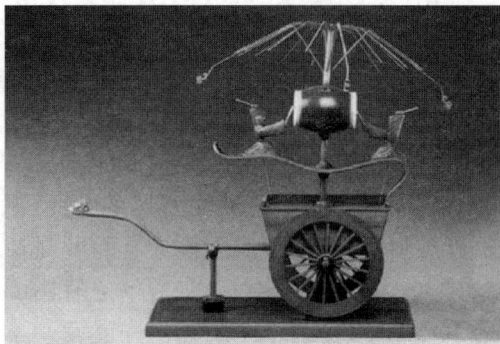

图 2-9　记里鼓车

指南车和记里鼓车都是利用齿轮机构差动原理工作的。记里鼓车是近代里程表、减速器的先驱，是科学技术史上的一项重要贡献。它们的出现，体现了700多年前我国车辆制造技术已达到了很高的水平，是我国古代车辆技术的卓越成就。

到了魏晋以后，由于牛车走起来比较缓慢，车的行驶颠簸较轻，车厢封闭，内部空间较大，乘车时可坐可躺，加之那个时代江南牛多马少，因此牛车就逐渐时兴开来。

到了唐代，唐高宗连牛车也不愿坐了，而是喜欢乘坐依靠人拉的辇车和人抬的轿子（图2-10）。而曾经盛极一时的马车、牛车更多地用于货物运输。

到南宋以后，坐轿就越来越多了。到了明朝，无论是文官还是武官都坐轿。直到19世纪，中国人依然方靴长袍，垂辫而轿行。

由此可见，唐宋以后，车主要被用于运送货物，下官和商贾富人也有乘坐两轮人力车的，但达官贵人出行主要是坐轿。有意思的是，轿子的出现和使用，不但没有让中国的制车业寻找到应有的发展方向，相反在一定程度上抑制了车的发展。中国的古车始终以两轮车为主，四轮车始终没有发展起来。古车的技术水平基本停留在13世纪那个阶段，此后由于技术创新不够，一直没有太大的变化。

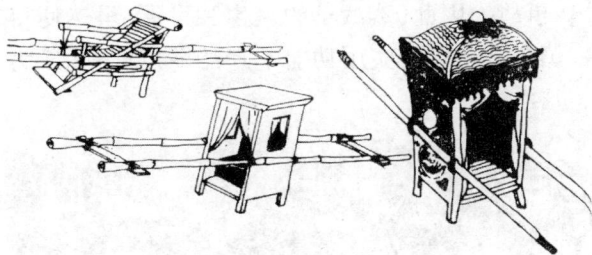

图 2-10　中国的轿

第二节　汽车的诞生与发展

人类由于一直没有找到更合适的动力,使得马车延续了近 4000 年的历史。在这漫长的岁月中,马车在技术上变得非常成熟。除了动力系统和传动系统以外,马车具有了制动系统、转向系统、悬架系统、充气轮胎和考究的车厢。人类制造和使用马车的许多技术和理念,为汽车诞生和发展提供了必要条件。

一、蒸汽车的诞生

1712 年,英国铁匠托马斯·纽科门(Thomas Newcomen),出于矿井抽水的需要,发明了驱动抽水机的蒸汽机。这种蒸汽机,被后人称为纽科门蒸汽机。纽科门蒸汽机耗煤量大,效率低,当时只限于煤矿抽水使用。

1763 年,詹姆斯·瓦特(James Watt)在修理纽科门蒸汽机时,找到了蒸汽机效率低的主要原因,并下决心对纽科门蒸汽机进行改进。1769 年,瓦特与博尔顿合作,发明了装有冷凝器的蒸汽机。1774 年 11 月,他俩又合作研制出世界上第一台真正意义上的动力机械——蒸汽机(图 2-11)。

蒸汽机的诞生,无疑是人类利用动力机械的一大突破。从此,人们靠燃料的燃烧就可以得到源源不断的动力,并为蒸汽汽车、蒸汽摩托车、蒸汽火车、蒸汽轮船的发明提供了动力源。

1769 年,法国的一名炮兵工程师,尼古拉斯·古诺(Nichoals JosePS Cugnot)大尉,将一台简陋的蒸汽机装在一辆木制的三轮车上,并用它来牵引大炮,这就是世界上的第一辆蒸汽车(图 2-12)。

图 2-11　瓦特发明的蒸汽机

古诺的尝试,给后来者以极大的启发和激励,在欧洲和美国出现了研究和制造蒸汽车的热潮。各种用途的蒸汽车相继问世,蒸汽车的车身和其他机构也得到一定的发展。到了 19 世纪中叶,出现了一个蒸汽车的鼎盛时期。

当时的蒸汽车,为达到一定的输出功率和行驶里程,需要很大的锅炉和汽缸,同时要备足水和煤。这样,蒸汽车的自重就很大,十分笨重,操纵与制动非常困难,转向也不灵活,路面常遭到破坏。同时,锅炉离车上人员很近,热辐射总是令人很不舒服;而且,锅炉的压力也难以控制，经常发生爆炸事故。因此，蒸汽车的诞生和发展，虽然使得车不再依靠人畜力作为动力源，但总体来讲，蒸汽车还存在实用功能不强的缺点，不能成为大量而广泛使用的交通运输工具。

图 2-12 第一辆蒸汽车

另一方面，蒸汽车的发展，引起了马车营运商人的不满。他们对蒸汽车横加指责，利用各种势力，使得政府不支持蒸汽车的发展。1861 年，英国政府制定了"红旗法"。该法规定：凡两名乘客以上的载人车辆，应在车站前方 55m 处，由手持红旗或红灯的人警告行人前方将有来车。该法限定，市区的车速不得大于 8km/h，郊区的车速不得大于 18km/h。可以说，这是世界上最早的针对机动车的交通法规。也正是该法，限制了英国蒸汽车的发展，使得作为工业革命发源地的英国，在汽车技术领域一直落后于同在欧洲的德国和法国。

1869 年，法国人米肖父子将一台小型蒸汽机装在自行车上，以蒸汽机驱动自行车，制成了蒸汽自行车。虽然，这种蒸汽自行车笨重，不易驾驶，行驶不稳定，实用价值不大，但它毕竟是一个创举，拉开了摩托车发展的序幕。

到 20 世纪，随着内燃机汽车、电动汽车的大量涌现和性能的改善，蒸汽车开始退出历史舞台。1916 年，随着英国肯特郡肖特兰市的皮尔逊 – 考克斯股份有限公司生产的最后一辆蒸汽车驶出厂门，蒸汽车时代也就宣告结束了。

一个旧时代的结束，另一个新时代也就开启。或者说，正是一个新时代的来临，使得旧时代得以结束。人类社会结束了蒸汽车时代，迎来了崭新的充满魅力的汽车时代。

二、内燃机汽车的诞生

探索自走式车辆的关键问题，就是要在动力技术上获得突破，找到合适的动力机械或动力源。人类为了获取更灵巧、更方便、更经济的原动力，许多科学家和工程师终身献身于这一伟大而崇高的事业。

基于蒸汽机技术，人们开始联想：如果让燃料在汽缸里燃烧，利用燃烧气体产生的膨胀力直接推动活塞做功，就可大大提高汽缸的工作压力和热效率。于是，人类便开始探索内燃机。

1794 年，英国人斯垂特（Street）首次提出了燃料与空气混合成可燃混合气的原理。

1801 年，法国化学家菲利浦·勒本，采用煤干馏得到的煤气和氢气做燃料，制成一台活塞发动机，从此内燃机迈出了开拓性的一步。

1824 年，法国人萨迪·卡诺（Sadi Carnot），提出了热机的循环理论。

1860 年，法国技师雷诺尔（Etienne Lenoir），利用电火花点火，使得燃料在汽缸内燃烧，研制了第一台二冲程的实用煤气机。

1862年,法国铁路工程师罗彻斯(AlPSonse Beaude Rochas),发表了四冲程发动机的工作原理,即一个工作循环由进气、压缩、做功、排气四个过程组成,并指出压缩混合气是提高热效率的重要措施。1862年1月16日,他的发明获得法国专利,遗憾的是他并没有造出实物来验证他的理论。

1866年,德国工程师尼古拉斯·奥托(Nicolais August Otto)研制出具有划时代意义的立式活塞式四冲程内燃机,人们将这种内燃机称为奥托内燃机。翌年,此物荣获巴黎博览会金质奖章。1876年,奥托对四冲程内燃机又作了改进,试制出第一台比较实用的活塞式四冲程内燃机(图2-13)。1877年8月4日取得专利,并成批投入生产。不过,奥托的内燃机以煤气为燃料,体积和质量仍然较大,还不能直接安装在马车上。

图2-13　奥托的内燃机

1879年,卡尔·本茨(Karl Benz)首次试验成功了一台二冲程发动机。1883年,本茨创建了奔驰汽车公司和莱茵煤气机厂,生产固定式的大型煤气机。

1881年,戈特利布·戴姆勒(Gottlieb Daimler)和威廉·迈巴赫(Wilhelm Maybach)合作开办了一家车厂,研究"轻便、快速"发动机的设计方案。

1883年8月15日,戴姆勒和迈巴赫在奥托的四冲程发动机的基础上,通过改进开发出了第一台用汽油代替煤气作为燃料的卧式发动机(图2-14a)。他们再接再厉,把发动机的体积尽可能缩小,终于制成了世界上第一台轻便小巧的化油器式、电点火的小型汽油机。这也是世界上第一台立式发动机,取名为"立钟"。他们在1885年4月3日取得德国专利(图2-14b)。

a)1883年的水平高速发动机　　　　　　b)1885年的"立钟"

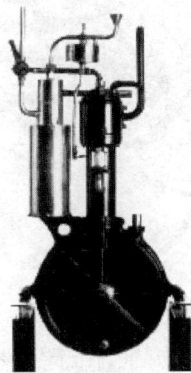

图2-14　戴姆勒的发动机

戴姆勒立即把这台发动机装在一辆自行车上,1885年8月29日取得了德国专利(图2-15)。这实际上是世界上的第一辆摩托车。

1897年,德国人鲁道夫·狄塞尔(Diesel)成功地试制出了第一台柴油机(图2-16)。

至此,内燃机的基本技术趋于成熟和实用,内燃机的工作原理也一直延续至今。

图 2-15　世界上第一辆摩托车

图 2-16　狄塞尔的柴油机

内燃机的成功发明，为汽车的诞生奠定了坚实的基础。

1885 年，本茨制成了一台四冲程单缸汽油机，并装在一辆皮带传动的三轮车上，使其成为一辆三轮汽车（图 2-17）。这是世界上最早的汽车雏形，至今这辆车还完好地陈列在德国慕尼黑科技博物馆内，旁边挂着"这是第一辆汽车"的说明牌。本茨于 1886 年 1 月 29 日取得德国专利。因此，1886 年 1 月 29 日被世界公认为是汽车的诞生日。

1886 年，戴姆勒和他的助手迈巴赫制成了一台高速四冲程汽油机。戴姆勒为了庆祝妻子埃玛 43 岁的生日，花了 795 金马克买来一辆美国产的四轮马车，将自己研究的发动机装在这辆马车上，并增添了传动、转向等必备机构，这就是世界上的第一辆四轮汽车。这辆车以 18km/h 速度，从斯图加特开到了康斯塔特，当时人们称之为"无马之车"（图 2-18）。至此，真正的实用汽车终于诞生了。

图 2-17　世界上第一辆三轮汽车

图 2-18　戴姆勒的四轮汽车

本茨和戴姆勒，由于发明汽车的时间很接近，前者造出了第一辆三轮汽车，后者造出了第一辆四轮汽车，他们是世界公认的以内燃机为动力的现代汽车的发明者，都被世人尊称为"汽车之父"。他们的发明创造，成为人类车辆发展史上最重要的里程碑。

三、电动汽车的诞生

如果追溯电动汽车的发展历史，就会发现电动汽车的历史并不比内燃机汽车短，它甚至比第一辆内燃机汽车的诞生时间还要早，它也是最古老的汽车之一，电动汽车是以电气为主体的第二次科技革命的产物。

1796年，意大利科学家沃尔兹发明了世界上第一个蓄电池，这项发明为电动汽车的诞生和发展带来了历史性的转折。

1821年，法拉第发明了电动机，是第一台使用电流将物体运动的装置。电动机的发明成为第二次科技革命的起点，从此开创了电力广泛应用的新时代，推动了生产技术由一般的机械化到电气化、自动化转变，产生了一系列对人类社会生活具有重大影响的技术发明。

1835年，美国一位铁匠达托马斯·达文波特（Thomas Davenport）制作出世界上第一台能驱动小电车的应用马达。

1842年，罗伯特和托马斯合作，给四轮马车装上了电池和电动机，将其成功改造为世界上第一辆靠电力驱动的车辆，这是研制的电动车首次使用不可充电电池，使电动车进一步具有实用价值，自此开创了电动车的历史。物理学家普朗特在法国研发出性能更好的蓄电池，加上同是法国人的卡米尔·福尔在1881年对电池进行的改进，使电池有了更高的容量，从而为电动车的发展奠定了基础。

1873年，英国人罗伯特·戴维森（Robert Davidson）用一次电池作动力发明的电动汽车，成为世界上最初可供实用的电动汽车，但由于其他原因并没有列入国际的确认范围。

1881年，法国巴黎出现了第一辆铅酸蓄电池三轮车，发明人为法国工程师古斯塔夫·特鲁夫。随后西欧各国相继生产出各类电动汽车，到19世纪末，电动汽车在欧洲已相当普及。

1890年，美国诞生了第一辆蓄电池电动车，时速达23km/h。蓄电池汽车由于噪声低、易起动、运转平稳、操作简单，在美国发展很快。

1897年是电动车开始商用的一年。美国费城电车公司研制的电动车成为了纽约的出租车。自此之后，安东尼电气、贝克、底特律电气、爱迪生这些公司都相继推出了自己的电动车，而电动车也开始成为主流的交通工具。

1898年，美国人冉尼和杰纳齐驾驶电动汽车，在法国举行的爬山竞赛中击败了参赛的所有蒸汽汽车和内燃机汽车，引起了世界汽车界对电动汽车的关注。

1899年4月29日，比利时工程师卡米乐·热纳茨（Camille Jenatzy）用自己研发的名为"从不满意"（La Jamais Contente）的铝质车身蓄电池电动车（图2-19）在汽车大赛中，还创造了时速106km/h的世界汽车车速记录。

图2-19　1899年的电动车

1900年，英国人哈特制造的电动汽车，每个车轮上都装有一个电动机来驱动，车速达80km/h，这是世界上第一辆四轮驱动的汽车。

在20世纪初，蒸汽汽车、电动汽车和内燃机汽车基本上是三足鼎立的。1900年美国汽车的产量为4195辆，其中电动汽车为1575辆，蒸汽汽车为1684辆，燃油汽车为936辆，电动汽车占38%，蒸汽汽车占40%，而内燃机汽车仅占22%。到了1911年，就已经有电动出租汽车在巴黎和伦敦的街头上运营，到了1912年在美国更有至少3.4万辆电动汽车运行，图2-20所示为20世纪初的电动汽车。

然而，电动车在诞生之后虽然辉煌一时，但是在发展中却几经沉浮。

随着大量油田的发现、各地公路网络的建立、内燃机汽车技术的成熟及流水线大批量生

图 2-20　20 世纪初的电动汽车

产,速度更快、续航里程更长,而且价格更加便宜的汽油车便开始了一统天下的局面。1915 年的福特汽车售价 440 美元,而 1912 年的一辆电动双座敞篷车的售价却是 1750 美元。1919 年的美国电动汽车的产量达到 5000 辆的最高峰,但同年燃油车的产量却是 160 万辆,到 1920 年以后,在美国公路上已看不到电动车了。市场做出了选择,于是电动车在 20 世纪 30 年代彻底消失。

但是,当时的人们并没有因为电动汽车在市场上的消失而停止改进电动车关键技术的脚步。1947 年,点接触晶体管的发明带来了现代电控技术并改进了电池组。1961 年,Henney 车身设计公司和国家联合电子公司合资组建一个基于晶体管技术的电动汽车公司,这家公司通过改进电动车的性能,研制出了世界第一款现代电动车 Henney Kilowatt(图 2-21)。

20 世纪 70 年代,石油危机和环境问题引发人们对电动汽车的再一次重视,世界各主要发达国家的政府和各主要汽车公司,投入巨大的人力、物力来研究、试验、试用电动汽车。1996 年量产了自己的电动汽车,命名为雪佛兰 EV1(图 2-22),以出租的形式推向市场。这款汽车是第一款量产的电动汽车,也拉开了电动汽车量产的序幕。这款汽车车身结构采用玻璃纤维,能源来自于 32 块铅酸电池,两台 42kW 的三相感应电动机负责驱动车辆。

图 2-21　世界第一款现代电动车 Henney Kilowatt

图 2-22　第一款量产电动车——1996 年的雪佛兰 EV1

进入 21 世纪,电动汽车已不仅仅指由单一电池供电的纯电动汽车,还包括混合动力电动汽车和燃料电池电动汽车,世界正掀起电动车的研究和开发热潮。

四、当代汽车的发展展望

迄今为止,汽车仍然是人类可以利用的最便捷的陆上交通运输工具。当今世界,汽车的使用越来越广泛,保有量越来越多,车速越来越快,人类在享受汽车文明带来的便捷、舒适等成果的同时,不可避免地也遭受到汽车负面效应的影响。汽车尾气中的有害成分成为城市大气污染的主要来源,排放的二氧化碳加剧了地球的温室效应,汽车交通事故给人们造成巨大的经济财产损失和心灵创伤,汽车消耗的材料资源和石油能源威胁着人类社会的持续发展,以环境污染和交通事故为代表的汽车公害成为传统汽车的诟病。

节能、减排、安全成为当代汽车发展需要解决的几个突出课题。从某种意义上讲,它们也是当今世界政治的主题。节能,意味着需要提高单位能源消耗的产出效率,需要综合和合理利用多种能源,需要突破单纯依赖传统石油的能源利用格局;减排,意味着要减少污染环境的排放物或废弃物,减少温室气体的排放,要解决利用清洁能源的技术,以及低排放、甚至零排放的技术;安全,意味着要保障所有交通参与者的人身和财产的安全。

此外,当代汽车发展还需要减少对自然资源和材料的消耗,提高资源的利用效益,适应信息社会条件下人们的新型生活方式,以满足汽车消费者和利用者的日益提高的需要。

以上背景情况表明,当代汽车必须充分吸收电子信息科学、能源科学和材料科学等相关学科的发展成果,才能不断促进自身的技术进步。

具体地讲,当代汽车将继续向着以下方向发展。

1. 汽车电子化

传统汽车在现阶段仍是道路交通运输的主流工具。对于传统汽车,电子技术是综合解决节能、减排、安全、舒适等课题最有效的技术手段,当代汽车电子是汽车科技最活跃的因素,成为影响汽车发展的核心技术。汽车电子化包括的主要技术有:

(1)改善汽车排放和节能性能的电子技术。这类技术,往往可以同时起到降低排放和节约能源的效果,如电子燃油喷射技术、发动机增压技术、全可变气门技术、废气能量回收技术、发动机电控系统或发动机综合管理系统等。目前,这类技术发展相对比较成熟,在汽车上的装车率较高。

(2)提高汽车安全性的电子技术。由于汽车安全包括主动安全和被动安全,因此相应的电子技术也可以分为两类。其中,主动安全电子技术有 ABS 防抱死制动控制系统、BA 制动辅助控制系统、ASR 驱动轮防滑转控制系统、DSC 车身动态稳定性控制系统、VDIM 车辆动态综合管理控制系统、VGRS 车辆稳定性可变传动比转向控制系统、TPMS 轮胎气压监测和报警控制系统、PCS 预碰撞控制系统、EPS 电动助力转向系统、ACC 自适应巡航定速控制系统、AFS 自适应前照灯控制系统等;被动安全电子技术有电控/智能安全气囊系统、电控/智能自动收紧安全带系统、主动头部保护系统、侧翻乘客保护系统等。

(3)提高汽车舒适性的电子技术。包括自动空调控制系统、座椅位置调节与记忆系统、自动变速器控制系统、电子控制悬架系统、车内噪声控制系统等。

(4)其他电子技术。如驻车辅助系统、驾驶辅助系统、电子防盗系统、车身附件电子控制系统、车载信息系统、电源控制系统、电子仪表等。

2. 汽车网络化

随着汽车采用的电子控制系统和控制器数目的增加,在整车控制系统中连接的传感器和分布的控制信号也越来越多。如果仍采用常规的布线方式,将导致车上电线数目急剧增加。为了减少汽车电器线束,保证各电子控制系统的电子控制单元(控制器)之间能够快速准确地进行大容量的数据通信,从 20 世纪 80 年代中期开始,汽车采用了车载局域网 CAN(Controller Area Network)技术,利用计算机总线技术进行数据通信和数据传输,使汽车用电器与电子控制系统各控制器实现信息共享和多路集中控制,从而改变汽车电气系统传统的布线方式和单线制控制模式。

20 世纪 90 年代以后,车上媒体网络、线控系统网络和智能交通系统网络的研究开始兴起,在网络协议、软硬件支撑技术和元器件等方面进入试制阶段。

随着汽车视听设备、通信设备和信息服务设备的广泛应用,1998 年汽车媒体网络 MOST(Media Oriented Systems Transport)诞生。现代汽车的网络由车载局域网 CAN、局部连接网络 LIN(Local Interconnect Network)、面向媒体的系统传输网络 MOST 以及 Flex Ray 构成。

其中,局部连接网络简称 LIN(Local Interconnect Network),是由国际上的几大汽车公司和通信设备公司共同组成的 LIN 联合体,提出的一个汽车底层网络协议。LIN 网络及其开发应用,将会降低车上电子系统开发、生产、使用和维护的费用。MOST 是在汽车制造商和供应商中越来越受推崇的一种网络标准。它提供了一个可以管理所有多媒体设备的单个界面,能够处理针对不同目标的多个数据流,而不失和谐。FlexRay 是继 CAN 和 LIN 之后的最新研发成果,可以有效管理汽车的多重安全和舒适功能。Flex Ray 是一个为车载应用系统高层网络和"线控"系统开发的通信标准,它的最大特点就是在提高数据传输率的条件下,能够满足汽车安全要求的可靠性指标。FlexRay 车载网络标准已经成为同类产品的基准,将在未来很多年内,引导整个汽车电子产品控制结构的发展方向。

3. 汽车智能化

智能汽车是一个集环境感知、规划决策、多等级辅助驾驶等功能于一体的综合系统,它集中运用了计算机、现代传感、信息融合、模式识别、通信、人工智能及自动控制等技术,拥有相互依存的价值链、技术链和产业链,是典型的高新技术综合体。它也是智能交通系统(IntelligentTransport Systems,ITS)的核心组成部分,是车联网体系的一个结点,通过车载信息终端实现与人、车、路、互联网等之间的无线通信和信息交换。目前对智能车辆的研究主要致力于提高汽车的安全性、舒适性,以及提供优良的人车交互界面。近年来,智能车辆已经成为世界车辆工程领域研究的热点和汽车工业增长的新动力,很多发达国家都将其纳入到各自重点发展的智能交通系统当中。

从发展的角度,智能汽车将经历两个阶段。第一阶段是智能汽车的初级阶段,即辅助驾驶;第二阶段是智能汽车发展的终极阶段,即完全替代人的无人驾驶。美国高速公路安全管理局将智能汽车定义为以下五个层次:

(1)无智能化(层次0):由驾驶人时刻完全地控制汽车的原始底层结构,包括制动器、转向器、加速踏板以及起动机。

(2)具有特殊功能的智能化(层次1):该层次汽车具有一个或多个特殊自动控制功能,通过警告防范车祸于未然,可称之为"辅助驾驶阶段"。这一阶段的许多技术大家并不陌生,比如车道偏离警告系统(LDW)、正面碰撞警告系统(FCW)、盲点信息(BLIS)系统。

(3)具有多项功能的智能化(层次2):该层次汽车具有将至少两个原始控制功能融合在一起实现的系统,完全不需要驾驶人对这些功能进行控制,可称之为"半自动驾驶阶段"。这个阶段的汽车会智能地判断驾驶人是否对警告的危险状况做出响应,如果没有,则替驾驶人采取行动,比如紧急自动制动系统(AEB)、紧急车道辅助系统(ELA)。

(4)具有限制条件的无人驾驶(层次3):该层次汽车能够在某个特定的驾驶交通环境下让驾驶人完全不用控制汽车,而且汽车可以自动检测环境的变化以判断是否返回驾驶人驾驶模式,可称之为"高度自动驾驶阶段"。谷歌无人驾驶汽车基本处于这个层次。

(5)全工况无人驾驶(层次4):该层次汽车完全自动控制车辆,全程检测交通环境,能够实现所有的驾驶目标,驾驶人只需提供目的地或者输入导航信息,在任何时候都不需要对车辆进行操控,可称之为"完全自动驾驶阶段"或者"无人驾驶阶段"。

从现实方面来看,智能汽车较为成熟和预期可实现的功能及系统,主要包括智能驾驶系统、生活服务系统、安全防护系统、位置服务系统、用车服务系统等,各个参与企业也主要是围绕这些系统进行研发。这些系统实际上还包括一些细分的系统和功能,比如智能驾驶系统就是一个大的概念,也是一个最复杂的系统,它包括了:智能传感系统、智能计算机系统、辅助驾驶系统、智能公交系统等;生活服务系统包括了影音娱乐、信息查询以及各类生物服务等功能;而像位置服务系统,除了要能提供准确的车辆定位功能外,还要让汽车能与另外的汽车实现自动位置互通,从而实现约定目标的行驶目的。

智能汽车是在普通汽车的基础上增加了车载传感系统(机器视觉检测:激光测距系统、红外摄像、雷达)、控制器、自动操纵系统(执行器)等装置,它们相当于汽车的"眼睛"、"大脑"和"脚"。"眼睛"能识别车前 5~20m 之间的台形平面、高度为 10cm 以上的障碍物。如果前方有障碍物,"眼睛"就会向"大脑"发出信号,"大脑"根据信号和当时当地的实际情况,判断是否通过、绕道、减速或紧急制动和停车,并选择最佳方案,然后指挥汽车的"脚"进行停车、后退或减速。总而言之,使汽车按照人的意愿到达目的地,最终实现替代人来操作的目的。

对智能化的汽车研究不断完善,相当于延伸扩展了驾驶人的控制、视觉和感官功能,用技术弥补人为因素的缺陷,使得在很复杂的道路情况下,也能自动地操纵和驾驶汽车绕开障碍物,沿着预定的道路轨迹行驶,极大地促进道路交通的安全性。

4. 汽车轻量化

汽车轻量化对于合理利用各种材料、降低汽车自重、提高能源的有效利用率、降低油耗、减少排放、均具有重要意义,因此它是当代汽车的又一个重要发展方向。汽车轻量化同时又促使汽车制造业在成型方法和连接技术上不断创新。汽车轻量化的途径主要包括优化结构设计、选用轻量化材料、采用先进的制造和连接工艺。

结构优化设计,可以使得汽车的结构布局更加合理,结构尺寸更小,结构更为紧凑,在保证结构强度、刚度满足力学性能要求的前提下,降低非结构件的质量,减少材料的使用,从而实现汽车的轻量化。在结构设计方面可以采用前轮驱动、高刚性结构和超轻悬架结构等来达到轻量化目的。借助计算机进行辅助设计,利用 CAD/CAE/CAM 一体化技术,用有限元法和优化设计方法进行结构分析和结构优化设计。

选用轻量化材料,包括减少使用自重较大的铸铁、铸钢等传统汽车材料,提高使用高强度钢板的比例,推广使用轻质的、高强度的铝合金、镁合金、钛合金等有色合金材料,增加工程塑料、碳纤维增强树脂基复合材料、有机纤维复合材料、精细陶瓷等非金属材料的使用率等。

轻量化的材料需要先进的制造和连接工艺。在制造方面可以使用内高压成型、热冲压成型、激光拼焊技术、辊轧技术、注射成型、电磁成型、等温精密塑性成型及旋压成型等方法。在连接方面可以使用先进高强钢磁控电阻点焊技术、轻金属及异种金属电弧点焊技术、异种材料自冲摩擦铆焊技术、异种金属电致塑性自冲铆接技术、异种材料胶接变形控制技术等技术。

5. 能源多样化

能源多样化和开发利用新型能源,对于汽车节约传统石油资源,合理利用现有的各种能源形式,解决能源危机,降低汽车有害废气(主要包括一氧化碳、碳氢化合物、氮氧化合物、硫化物、铅化物等)、颗粒物和温室气体(CO_2)排放,具有十分明显的意义。

汽车能源多样化的途径,主要是开发利用除传统汽油、柴油以外的油气资源,可再生的生物燃料资源和其他清洁能源等。

作为适合汽车使用的油气资源,主要包括天然气和液化石油气(LPG)。其中,天然气来自地表下的矿物层或海洋中的可燃冰，其利用形式包括压缩天然气（CNG）、液化天然气（LNG）和吸附天然气（ANG）；而液化石油气则是从石油中提炼出来的。CNG 和 LPG 是理想的点燃式发动机燃料，燃气成分单一、纯度高，与空气混合均匀，燃烧完全，一氧化碳（CO）和微粒物的排放量较低；燃烧温度较低，氮氧化合物（NO_x）的排放也较少；稀燃特性优越，低温起动及低温运转性能好。使用这两类燃料的汽车，既可采用单燃料系统，又可采用双燃料系统。所谓双燃料系统，系指汽车上同时具有一个汽油或柴油燃料系统和一个压缩天然气或液化石油气系统，汽车可由其中任意一个系统提供燃料，并能容易地由一个系统过渡到另一个系统。目前，天然气汽车和液化石油气汽车，技术已经成熟，作为城市公共汽车和出租车已经在很多地方广泛使用。

生物燃料的常见种类包括乙醇（又称酒精）和生物柴油等。由于乙醇来自各种植物的发酵处理，而生物柴油则是由植物油经过脱甘油处理而来，因此，生物燃料属于可再生的能源。以乙醇为例，其来源就非常广泛，制取技术也比较成熟，最新的利用纤维素原料生产乙醇的技术，可利用的原料几乎包括了所有的农林废弃物、城市生活有机垃圾和工业有机废弃物。目前，乙醇与汽油或柴油以任意比例掺和的灵活燃料，基本不需要改造现有发动机结构，已经在汽油汽车上得到广泛使用，起到良好的节能、降污效果。而生物柴油，其制取技术也日臻成熟，成本迅速下降，正在作为矿物柴油的替代品，将越来越多地用于载货汽车。

其他清洁燃料包括甲醇、二甲醚（DME）、燃料氢等。它们都可以从煤炭资源中提炼，如用煤直接提炼甲醇，利用甲醇再合成二甲醚，从焦炭厂或化工厂生成的伴随气体中提取氢气等。当然，以上清洁燃料也可以从植物等有机物质中提取。当出现电力富余时，也可以将富余的电力用于电解水而获得氢气。这表明，我们可以更合理地利用各种能源形式，为汽车寻找到更充裕的燃料。这对于煤炭资源和水电资源相对比较丰富，而石油资源相对比较贫乏的我国而言，具有非常重要的现实意义。

以上各种燃料，均被用于内燃机缸内燃烧。发动机的工作原理与矿物汽柴油内燃机完全一样，相应的汽车尚不能做到零排放（即使氢燃烧也不可避免会产生 NO_x）。

燃料电池电动汽车、蓄电池电动汽车或太阳能电动汽车才是真正的零排放汽车。燃料电池电动汽车，主要依靠燃料（如氢）和氧气，通过电化学反应（而不是燃烧方式），产生电能，进而驱动汽车；而蓄电池电动汽车，则主要依靠蓄电池储存的电能驱动汽车。太阳能电动汽车，依靠太阳电池作电源，当太阳照射到电池板时，通过光电转换产生电能，驱动汽车行驶。目前，电动汽车成为中外汽车界研发的热点，汽车大国甚至将其作为重要的国家战略。其研究成果已经在一些特定类型的车辆上得以应用。当然，受当今人类整体科技水平的限制，电动汽车的实用性还不够好，离广泛使用尚有一定的差距。如果说蒸汽车、内燃机汽车是自走式车辆历史上的两次革命，那么电动汽车有可能引起第三次革命。

为应对碳排放目标，目前，多个国家已经相继完成了传统燃油车禁止生产时间表的制定。英国将于 2040 年起全面禁售汽油车与柴油车；法国计划从 2040 年开始，全面停售汽油车和柴油车；德国联邦参议院通过了 2030 年后禁售传统内燃机汽车的提案；挪威的四个主要政党一致同意从 2025 年起禁售燃油汽车；荷兰劳工党提案要求 2025 年开始禁售传统的汽油车和柴油车；印度到 2030 年将只卖电动汽车，全面停售以石油燃料为动力的车辆。中国已经开始研究制定禁售传统燃油汽车时间表。全球汽车产业生态正在重构，各传统主流汽车企业都在积极布局电动汽车领域。

6.法规严格化

对汽车而言,世界上第一个排放法规《汽车尾气排放规定》,诞生于 1968 年的加州。此后,世界各国对汽车排放的要求越来越高,法规越来越严格。第一次世界石油危机后,美国便立即颁布实施了限制汽车油耗的法规。随着交通事故的日益严重,各国纷纷制定了汽车安全交通法规。这些法规对于推进汽车的技术进步,发挥了积极的作用。

当今世界各国,尤其发达国家,围绕全社会的节能、减排、安全、降耗等主题的法律、政策法规、技术标准越来越丰富和完善,技术要求越来越高,执法力度越来越大,这已经成为势不可挡的发展趋势,未来的汽车必须实现进步和超越。

第三节　世界汽车的发展

汽车问世后,因其具有新奇、刺激、实用的特点,很快引起了有钱人和求新者的关注,激起了商人投资的热情;也很快从欧洲向世界各国发展、蔓延,从而形成了汽车生产制造和运用的争奇斗妍的局面,汽车的设计、制造、运用等领域的发展日新月异,取得的发展成就令人目不暇接。

一、欧美汽车的发展

19 世纪的最后十几年,是汽车逐渐成长的时期。强大的社会需求促使汽车技术得到了空前的发展。

1888 年,奔驰汽车公司开始批量生产汽车,法国的艾米尔·罗杰尔(Emile Roger)是最早购买这批车的人,并成为奔驰在法国的代理商,汽车开始成为商品。

1889 年,法国工程师埃米尔·勒伐索(Emile Levassor)和路易·斯雷内·本哈德(Lonis Rene Pauhart),采用戴姆勒的发动机,阿尔芒·标志(Armand Peugeot)提供钢材和机械加工,开始小批量生产汽车。

1891 年,勒伐索重新设计汽车,发动机装在汽车前部,踏板控制给油,通过离合器、变速器、锥形主减速器及链条将发动机的动力传到汽车后轮,从而使汽车脱离了马车的设计,奠定了现代汽车设计的雏形(图 2-23)。后来,本哈德在汽车驾驶室前方加装了风窗玻璃,并设计了后箱和车篷。

1895 年,法国科学院正式把汽车命名为"Automobile",意思就是"自己移动的车",日本人将其写成为"自動車(自动车)"(日本人将火车写为"汽車(汽车)",想必也是看到早期的火车由于采用蒸汽机驱动,火车头会经常释放蒸汽的缘故吧)。

图 2-23　1891 年勒伐索的汽车

1898 年,法国人路易斯·雷诺(Louis Renault),完成了"小马车"的制作,通过传动轴将变速器输出的动力传给驱动轮取代了齿轮和链条,提高了传动效率。1899 年,雷诺使用传动轴的汽车获得专利。同年雷诺在两个哥哥的资助下创立了雷诺兄弟汽车公司。随着雷诺传动轴的出现,现代汽车的基本结构即已确立。

1901 年,在汽车诞生 15 周年的时候,汽车和汽油发动机在实用化方面已基本成熟。戴

姆勒公司在法国汽车商埃米尔·杰里克(Emile Jellink)的支持下,开发了以杰里克10岁女儿的名字命名的"梅赛德斯"(Mercedes,图2-24)牌汽车,成为早期汽车的代表作。"梅赛德斯"对汽车总体发展产生了重大影响,全世界的汽车公司都在拷贝它的外形和技术。从此,"梅赛德斯"就作为戴姆勒公司高级汽车的品牌延续下来。

图2-24　梅赛德斯和"梅塞德斯"汽车

汽车文明从欧洲传到美国后,这个年轻而富有创造性的国家对它表示了极大的兴趣。

1893年,查尔斯·杜里埃制成了美国第一辆汽车,在美国引起了极大的轰动,引来不少厂商开始进行汽车的生产。

1899年,兰索姆·厄利·奥兹(Ransom Eli Olds)成立了奥兹莫比尔汽车公司。1901年,奥兹制造出一款大众化汽车,1902年生产了2500辆,从而拉开了汽车大批量生产的序幕。

图2-25　亨利·福特和他的T型车

1903年,亨利·福特(Henry Ford,图2-25)创办了福特汽车公司。1908年,福特推出廉价的T型车,T型车因其结构简单、功能实用、性能优良、物美价廉、便于维修,一面世就受到美国人民和代理商的欢迎,供不应求。

1913年,福特吸收了凯迪拉克广泛采用的零件标准化方法,引入罐头食品工业、铸铁业普遍使用的传动带,根据泰勒的工作流程对生产过程优化,建成世界上的第一条汽车流水生产线,开创了汽车步入普通百姓家庭的新时代。

1914年,T型车的年产量达到30万辆;1916年,达到50万辆,售价降为360美元。从此,福特汽车公司开始控制美国乃至世界各地的汽车市场,当时世界上行驶的汽车几乎有一半都是T型车。因此,福特被世人誉为"汽车大王",他的公司被称为"汽车王国"。

然而,1926年T型车严重滞销。因为到了20世纪20年代中期,美国人民的生活有了普遍的提高,人们不满足千篇一律的黑色T型车了,开始要求汽车具有更多的款式和更鲜艳的色彩。这时,通用汽车公司不失时机地抓住了市场需求的变化,及时开发了功能更多、款式新颖、颜色多样的"雪佛兰"轿车,从福特的手中夺取了市场,一跃成为美国最大的汽车生产厂家。1927年5月,福特T型车终于停止了已持续19年的生产。

直到第一次世界大战,由于欧洲汽车生产在此期间仍然停留在手工作坊单件生产的阶段,加上战争对生产的破坏,欧洲的汽车生产远远被美国甩在了后面。

第一次世界大战结束后,法国的雪铁龙汽车公司才把福特的大批量生产方式首次引进到欧洲。随后欧宝、莫里斯、奥斯汀、菲亚特等公司,也仿照福特生产模式进行汽车批量生产。到20世纪30年代,欧洲汽车的生产方式逐步跟上了美国的流水生产。此后,汽车在欧洲各国开始普及。德国开始大量修建高速公路,反过来又促进了汽车工业的发展。

从汽车的技术进步方面看,20世纪20年代,欧洲的汽车公司非常重视发动机功率和可靠性的进一步改善;30年代则致力于底盘、车身设计水平的提高。

1924年,奔驰和曼(MAN)推出柴油载货汽车,标志着柴油汽车的制造水平实现了突破。

1933年,奔驰380型汽车使用螺旋弹簧独立悬架,改善了汽车的舒适性,同时也使汽车底盘变低,人员上下车更为方便。

1936年,弗灵根研制的液力变速器装在奔驰汽车上。

1934～1957年,雪铁龙公司的阿文特,完成了车骨架到承载式一体化车身的过渡,这不仅减轻了汽车的质量,也降低了成本。

20世纪30年代,出现为豪华汽车配置12缸的发动机,甚至16缸发动机。

1939年,第二次世界大战爆发。欧洲各国的汽车工业几乎全部转为生产军用载货汽车、吉普车、坦克、轰炸机以及各种军火,美国也减少了民用汽车的生产,增加生产军用车辆和装备,支援世界的反法西斯战争。

第二次世界大战后,饱受战争破坏的欧洲汽车工业,逐渐得到了恢复。当时,美国和欧洲的汽车仍然都采用发动机前置、后轮驱动的布置形式,车身采用高车身、内部空间大、长轴距的舒适结构,比较讲究汽车的安全和做工的精细。这样的产品特点,与欧美人身材高大,比较注重舒适性,地大物博几无资源和能源之虞等特定的经济和社会文化环境密切相关。

战后几十年内,欧洲汽车工程师在汽车产品开发上继续贡献着他们的卓越才能。例如,目前已被广泛采用的子午线轮胎、前轮驱动、盘式制动、独立悬架、汽油喷射等先进技术,都是在欧洲发展起来的。各厂家开发出的各种经济节油的微型车和小型车,做工与装饰考究的豪华车,各种新款的跑车,都成为世界各国人民喜爱的产品。

总体上看,从汽车诞生到20世纪70年代,在几乎长达一个世纪的时间里,欧洲汽车在产品结构和技术性能上领先于世,而美国人则在变革生产方式,提高生产效率,降低产品成本,推进汽车走向百姓消费等方面,做出了杰出贡献。

二、日本汽车的发展

从全世界范围看,20世纪50年代末,汽车才真正从一种工业产品转变为消费品。技术细节对汽车公司经营的影响固然重要,但不再具有决定成败的意义,汽车产品能否打开市场,技术因素已经让位于经营运作等综合因素。从60年代初,到70年代末的20年时间里,欧美各国经历了汽车公司优胜劣汰的过程,日本汽车公司因为经营得当,开始在世界上迅速崛起。

日本由于国土面积狭小,资源和能源相对贫乏,日本汽车非常注重经济实用,强调产品良好的性价比,汽车的生产和使用比较讲求节约资源和降低石油消耗,因此日本先于欧美,成为节能、降耗的先觉者。1973～1974年,在世界经历首次能源危机后,日本便一跃成为世界汽车工业的巨人。1980年,日本改变了世界汽车工业的格局,终结了美国和欧洲称雄世界的霸主地位,成为世界汽车舞台的新主角。

日本汽车的起源,可以追溯到明治维新时期。那时的日本造船公司已初具汽车生产能力,开始模仿生产汽车。

1907 年,日本制造出第一辆汽油车。1923 年的大地震,破坏了铁路和有轨电车网,使得运输工具缺乏,福特、通用(1924 年)和克莱斯勒(1927 年)先后获得许可在日本建立汽车厂,进而很快形成汽车生产能力。为此,日本政府于 1936 年立法禁止散件进口,以保护国内汽车厂商的利益。

1961 年,日本结束了仿制时代。他们更新和扩展生产设备,在国内市场强力推出自己设计的轿车。

1966 ~ 1967 年,日本汽车产量连续超过英国和原西德,跃居世界第二;1968 年,产量突破 400 万辆大关,并以物美价廉的优势开始出口,打进了美国市场。

20 世纪 70 年代的石油危机,日本小型汽车经济省油的优势得以彰显,在引进、消化基础上,不断开发新车型,日本车成了美国人的抢手货。1980 年,日本汽车产量超过 1100 万辆,超过美国当年的产量,坐上了"世界第一"的宝座。

由于日本汽车大量吞食欧美市场(如 20 世纪 80 年代,在美国的市场占有率一度高达 40% 以上),美、欧洲各国为了保护本国利益,不断向日本政府施加压力,要求日本主动减少汽车出口。从 80 年代,日本政府被迫做出了汽车出口的"自我限制",日本各厂家开始变换经营战略,采取在国外建厂或合资办厂等形式,以便减少日本本土的直接出口。随着厂商实力的增强,日本为了改变低档、价廉的产品形象,汽车厂家纷纷推出了自己的豪华汽车品牌,如丰田的雷克萨斯(Lexus)、日产的无限(Infiniti)和本田的阿库拉(Acura)。

日本汽车工业的迅速崛起,主要得益于汽车制造商独创的两种汽车生产管理体系。一是"全面质量管理";二是"准时供应(JIT)",即精益生产方式。它保证了日本汽车工业可以快速响应市场,保证了产品的性能、质量以及价格的低廉。当然,日本汽车的崛起,也离不开其他产业的强力支持,如日本先进的电子科技产业和雄厚的材料工业等。

三、中国汽车的发展

我国最早出现汽车是在 1901 年。当时,匈牙利人李恩时(Leinz)将两辆汽车(图 2-26)带入上海。

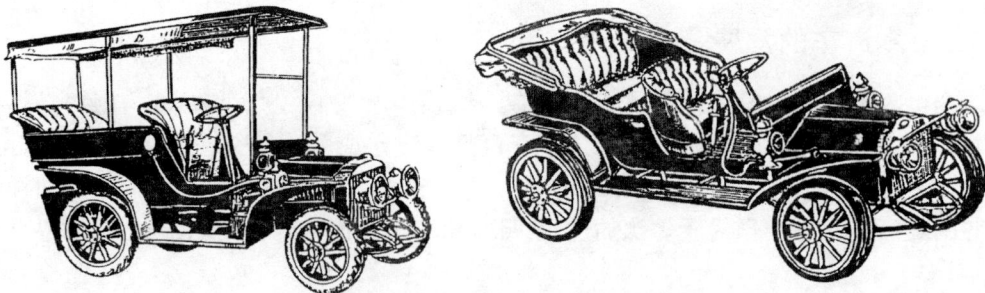

图 2-26 清光绪二十七年(公元 1901 年)输入上海的两辆汽车

1902 年,袁世凯从香港获得一辆奔驰二代车(图 2-27),敬献给慈禧太后。当时,慈禧太后因不满驾驶人坐在她的前方,要求驾驶人跪着开车,显然这种要求是不切实际的,因而慈禧太后也就不再乘坐汽车了。可见,当时中国的封建保守势力是多么的愚昧无知。

1913 年,北洋政府成立全国经济委员会,督导公路建设,拨款地方修路,鼓励民办汽车运输。

1917 年,中国第一条汽车运输线路张库公路(张家口 – 库伦,今蒙古乌兰巴托)通车。

1934 年,国民党政府成立公路委员会,统一路政,开展省际联运。

到抗日战争爆发之前,每年平均大概进口汽车 5000 辆左右,所用燃料、轮胎和维修零件也依靠进口。

1931 年,张学良在辽宁造出民生牌 75 型载质量为 3t 的载货汽车,这是中国人自己造的第一辆汽车。由于不久后,爆发"九·一八"事变,东北沦陷,工厂落入日寇之手。

图 2-27 袁世凯送给慈禧太后的奔驰汽车

1932 年,阎锡山的山西汽车修理厂试制出三辆山西牌载质量为 3t 的载货汽车,对社会公众影响颇大,可惜没有留下图片资料。

抗日战争期间,国民党政府资源委员会也曾筹办并由中央机器厂生产过汽车,成立过中国汽车制造总公司。但由于日本发动侵华战争,使当时的中国从根本上丧失了生产汽车的条件,我国始终没有形成汽车生产能力,累计也没有生产几辆汽车,中国人创建民族汽车工业的夙愿始终未能实现。

至新中国成立时,我国共进口汽车 7 万余辆,能够勉强使用的汽车,保有量只有 5 万辆,相应的汽车配件和燃油也都需要进口。人们编了一首打油诗"一去三四里,停车四五回,抛锚六七次,八九十人推",对当时破旧的汽车面貌作了真实写照。

我国的汽车工业是在新中国成立后的几十年内才逐步发展起来的。

新中国成立后,中央就开始了我国汽车工业的筹划工作。从 1953 年兴建第一汽车制造厂开始,发展到今天,我国汽车工业的发展总体上经历了三个阶段。

第一阶段为 1953～1978 年,是我国汽车工业的基本建设阶段。

这一时期,我国汽车工业在高度集中的计划经济体制下运行。由于经济基础薄弱,国家采取了集中力量重点建设的方式,先后建成了一汽和二汽等主机厂及一批汽车零部件厂,为我国汽车工业的发展奠定了基础。当时的汽车产品主要是中型载货汽车,全部由国家计划生产、计划销售。由于缺乏竞争机制和其他种种原因,在长达近 30 年的时间内,我国汽车工业的发展比较缓慢。

这一阶段我国汽车工业的发展大体上又可分为两个历史时期,即:

1953～1967 年为我国汽车工业的初创时期。

第一汽车制造厂(简称"一汽")于 1953 年开始在长春市兴建(图 2-28),仅用三年时间建成,并于 1956 年 10 月开始批量生产载质量为 4t 的解放 CA10 系列货车(图 2-29),从而结束了中国不能生产汽车的历史。

1958 年,一汽又试制出我国第一辆轿车——东风牌轿车(图 2-30),毛泽东主席在乘坐后表示赞赏,并勉励一汽人继续为振兴我国汽车工业作贡献。之后,一汽又开始试制并小批量生产红旗 CA770 型高级轿车(图 2-31)。

图 2-28　1953 年 7 月 15 日，一汽在长春市开工建设

图 2-29　我国第一辆解放牌载货汽车下线

图 2-30　东风牌轿车

图 2-31　红旗 CA770 型高级轿车

　　在一汽逐步扩大生产的同时，我国各地相继建成了一批汽车制造厂，并生产汽车。例如济南试制并生产了黄河牌重型载货汽车（图 2-32），南京试制并生产了跃进牌轻型载货汽车（图 2-33），北京试制并生产了吉普车车型（图 2-34）。同期，全国各地也纷纷试制轿车，但由于技术和条件限制，产品质量经受不了使用考验而被迫停产。

图 2-32　1960 年 4 月生产的 JN150

图 2-33　2.5t 跃进载货汽车

　　1968～1978 年为我国汽车工业自主建设时期。

　　这一时期由于一汽投产已经 10 年，我国汽车工业蕴藏着一定的发展潜力，而汽车产品在品种和数量上都满足不了当时经济发展和国防建设的需要，于是国家决定在内地再新建一批汽车工业骨干企业。

　　1968 年，在湖北省十堰市开始动工兴建我国规模最大的第二汽车制造厂（简称"二汽"）。1975 年，二汽的第一个车型 EQ230（图 2-35）诞生并生产。1978 年 7 月，又开始投产其主导产品 EQ140。

　　同期,我国又建成了生产重型汽车的四川汽车制造厂和陕西汽车制造厂。这批企业的建成,标志着我国汽车工业进入了自己进行产品设计和工厂设计的新阶段。

　　这期间,一些省、市、自治区利用本地的工业基础,开始发展地方汽车工业,有的地方汽车企业还形成了一定的生产能力,成为地方汽车工业的生产阵地。但这些地方企业主要是仿制当时汽车产品的主要车型,并采用各类汽车底盘开发各类变型汽车、专用汽车、改装汽车,有的企业还独立开发了重型载货汽车、矿用自卸车和微型客货车等。与此同时,国民经济各部门,如交通部、商业部等,也组织布点了一批汽车制造厂、改装厂,从事本部门所需各类汽车的生产与改装。

图 2-34　BJ212 轻型越野汽车

图 2-35　1975 年 6 月,二汽第一个基本车型——2.5t 载重越野汽车问世

　　经过第一阶段的发展,我国汽车工业实现了零的突破,到 1978 年,汽车生产能力达到近 15 万辆的规模。但相对来讲,汽车工业发展还存在着生产增长速度慢、产品品种"缺重、少轻(即缺重型车、少轻型车),轿车近乎空白"的事实,不能满足国家进一步发展的需要,汽车工业尚待大发展。

　　第二阶段为 1979～1993 年,是我国汽车工业的快速增长阶段。

　　这个阶段,随着国家经济体制改革的不断深入,计划经济模式被逐步打破,市场配置资源的作用被加强,竞争被强化。我国汽车工业开始走出自我封闭发展模式,开始与国际汽车工业合作,汽车产量迅速增加,汽车产品结构也由单一的中型货车,变为中型汽车与重、轻、微型货车多品种同时发展,基本上改变了"缺重、少轻"的面貌,整个汽车工业有了明显进步。

　　与此同时,汽车工业受市场需求的巨大拉动,在中央和地方两个积极性的推动下,一批地方性和行业性的汽车企业应运而生。汽车生产能力获得了快速增长,1978～1993 年汽车生产保持年均 15.4% 的增长速度,1992 年产销量首次突破 100 万辆大关,我国首次成为世界汽车生产排名前十名的国度。

　　特别值得一提的是,这一期间以上海轿车工业的大规模建设为标志,拉开了我国现代化轿车工业建设的历程,并先后在全国形成了数个轿车生产基地。轿车生产量从 1986 年的 1.25 万辆发展到 2007 年的 500 万辆,轿车产量在汽车总产量的比例相应地从不足 3% 提升到 55% 以上。

　　第三阶段从 1994 年开始至今,直到目前,是我国汽车工业与国际接轨的阶段。

　　这个阶段,以我国全面进入市场经济建设和 1994 年国家颁布实施《汽车工业产业政策》为标志,其基本背景是我国经济全面实现"两个转变"(即国家经济体制向市场经济体制转变,企业经营从粗放经营向集约化经营转变),中国经济开始全面参与国际经济大循环(以2001年12月11日中国正式加入WTO为标志)。至2006年,中国的汽车进口管理完全达到WTO规定的发展中国家的平均水平,开放了汽车市场,我国汽车工业开始全面面临国际竞争与合作。

经过这个阶段的发展,我国汽车工业的质量素质得到提高,汽车生产稳步增长,国际合作更加广泛,私人资本进入汽车领域,汽车工业整体实现由货车工业向轿车工业和汽车零部件工业的转变,汽车市场也实现从单一的公费购车向多元化市场结构转变,私人购车比例迅速上升,汽车企业开始注重积蓄参与国际竞争的实力,逐步加大自主品牌开发的力度。

2002年以来,我国汽车市场在私人购车拉动下,出现井喷行情,每年新车销售数量净增100万辆左右。2006年,我国的汽车产销数量均超过720万辆,超过德国成为全球第三大汽车生产国。同时,超过日本,成为全球第二大新车销售市场。中国作为世界汽车生产和消费大国的地位已经确立。2009年,我国汽车产销量首次突破1000万辆,全年产销量为1379.1万辆和1364.48万辆,中国正式跃居世界第一大汽车产销国。2009~2016年,中国已经连续8年蝉联全球汽车产销量第一。

2016年中国汽车产销呈现较快增长,产销总量再创历史新高,汽车产销分别完成2811.9万辆和2802.8万辆,占全球汽车总产量的29.6%,占全球汽车总销量的29.9%。与此同时,中国新能源汽车生产51.7万辆,销售50.7万辆,其中纯电动汽车产销分别完成41.7万辆和40.9万辆,插电式混合动力汽车产销分别完成9.9万辆和9.8万辆。新能源乘用车中,纯电动乘用车产销分别完成26.3万辆和25.7万辆,插电式混合动力乘用车产销分别完成8.1万辆和7.9万辆。新能源商用车中,纯电动商用车产销分别完成15.4万辆和15.2万辆,插电式混合动力商用车产销分别完成1.8万辆和1.9万辆。

在应对世界汽车工业挑战的过程中,我国汽车产业取得了质的飞跃。入世后,我国汽车出口快速增长,几乎每年都有接近100%的增长。2006年全年,汽车出口数量达到34万辆,出口市场也由以前的中东、拉美和俄罗斯等新兴市场,扩展到了欧美市场。2016年,汽车出口70.8万辆,其中乘用车出口47.7万辆,商用车出口23.1万辆。

目前,我国汽车保有量大幅上升。据公安部交管局统计,截至2016年底,全国汽车保有量达1.94亿辆,小型载客汽车达1.6亿辆,其中,以个人名义登记的小型载客汽车(私家车)达到1.46亿辆,占小型载客汽车的92.60%,每百户家庭拥有36辆,汽车驾驶人口超过3.1亿人。

可以说,几代中国人的"汽车强国"之梦,正在实现。当前,我国汽车产业正按着"中国制造2025""互联网+""双创"和"工业4.0"展望和规划在行动中。为实现《巴黎协定》目标,中国已经开始研究和制定停止生产和销售传统能源汽车的时间表,这一举措将对中国环境与汽车产业增长产生深远影响,并促使各汽车公司加速进入电动汽车市场。归纳起来按汽车产业发展规律看就是一种"大规模定制的商业模式"的年代的来临,通俗地讲汽车产业要实行的是"量体裁衣"办法,成为新世纪汽车产业竞争与合作的新态势的一种结晶体。正如国际著名管理大师彼得·德鲁克所说那样:"21世纪的竞争不再是产品与服务了,而是商业模型的竞争。"

1.最早的车是怎么发明出来的？有哪些表现形式？当时的主要用途是什么？

2.从蒸汽机车到内燃机车,汽车的性能有了哪些提高？

3.汽车科技的进步里程有什么特点？目前的主要汽车科技进步集中在哪些领域？

4.如今汽车新技术的主要发展方向是什么？

5.外国汽车业的发展对我国有什么借鉴(启发)意义？从我国汽车发展的历程中你有什么体会？

6.如何理解汽车文化的形成标志和内涵？

第三章 汽车公司文化

130多年前,随着汽车的问世,公司,这个为全球提供81%的工作、90%的经济力量、94%的生产总值的组织开始了与汽车的完美结合,发动机公司、零部件公司、整车公司及其品牌如雨后春笋般不断涌现,又如秋风扫落叶般优胜劣汰,虽然大多数公司已经湮没在历史中,仍有众多经典汽车公司和品牌历久弥坚,成为汽车行业的传奇,如高贵的劳斯莱斯、典雅的法拉利、威猛的布加迪、严谨的大众、时尚的宝马、精致的迷你……各具特色的汽车公司和品牌催生出浓郁的汽车公司文化,这种文化深深融入了社会的方方面面,甚至成为特定消费群体地位和性格的写照,是一种与时俱进的、自然而真实的文化,是汽车公司在人们生活中挥洒的绚丽画卷。

第一节 国外主要汽车公司发展概况

一、通用汽车公司

1. 概述

通用汽车公司(General Motor Corporation, GM)于1908年秋成立于美国的汽车城底特律,是美国最早实行股份制和专家集团管理的企业之一,1928年之后一直是全世界最大的汽车公司。

图3-1 通用汽车公司创始人威廉·杜兰特

自从威廉·杜兰特(William Crapo Durant,图3-1)创立公司以来,通用公司先后联合或兼并了别克、凯迪拉克、雪佛兰、奥兹莫比尔、庞帝克、克尔维特、悍马等公司,曾与菲亚特、五十铃、富士重工汽车公司结成合作伙伴关系。其在世界几十个国家都设有子公司、装配厂、零部件厂和销售中心,主要产品覆盖了几乎所有轿车、载货汽车、大客车、发动机和汽车零部件市场,是一个大规模的跨国公司。2014年,通用汽车旗下多个品牌全系列车型畅销于全球120多个国家和地区,包括电动车、微车、重型全尺寸货车、紧凑型车及敞篷车。

通用汽车公司的标志取自其英文名称"General Motor Corporation"前两个单词的首字母(图3-2)。通用汽车公司的汽车是美国汽车豪华、宽大、内部舒适、速度快、储备功率大等特点的典型代表,而且通用汽车公司尤其重视质量和新技术的采用,因而其产品始终在用户心中享有盛誉。

2009年6月1日,通用汽车申请破产保护,并于2009年7月10

图3-2 通用汽车公司标志

日成立新通用汽车有限公司,结束破产保护。目前由美国联邦政府注资而持有其60.8%的股权,新公司标志保持不变,只保留"雪佛兰""凯迪拉克""别克"和"GMC"4个核心汽车品牌。

2. 公司发展历程

1886年,年仅25岁的威廉·杜兰特成为全美第一马车制造商,拥有资本达200万美元。1904年,他投资陷入困境的别克汽车公司并当选为董事长,1908年,别克公司销售了8847辆汽车,一跃成为美国最大的汽车公司。杜兰特分析了汽车市场,认为美国每年销售50万辆汽车是完全有可能的。为了在将来的汽车市场上占据重要地位,他于1908年秋在新泽西州发起成立了由20多个制造和销售汽车与汽车零部件的公司合并而成的通用汽车公司。

由于杜兰特片面追求公司规模的扩张,加上公司只是一个由一些汽车零部件生产和销售商组成的松散联合,管理混乱,公司总部难以控制整个公司的生产和经销,公司很快就遇到了资金困难。为了渡过难关,杜兰特向银行家求助并答应了苛刻的条件:一是杜兰特辞职,二是采用股票信托方式控制通用汽车公司。1910年9月,通用汽车公司11名董事退休,杜兰特辞去总经理职务,从此通用汽车公司以股票信托方式落入了银行家之手。

杜兰特退出通用以后并不罢休,同路易斯·雪佛兰(Louis Chevrolet,图3-3)组建了雪佛兰汽车公司,并获得巨额利润。利用雪佛兰汽车公司的资金,加上美国化工大王杜邦家族的支持,到1916年4月,杜兰特已取得"通用"普通股的50%以上。他东山再起,再次出任通用汽车公司的总经理。1916年10月13日,杜兰特在特拉华重新成立了"通用汽车股份有限公司"并以这个公司的股票调换原通用汽车公司股票的办法,取得了原通用汽车公司的全部财产,从而取代了原通用汽车公司。

图3-3 路易斯·雪佛兰

由于杜兰特缺少治理大公司的才干,忽视公司的经营管理和工作效率,分公司各自为政,产品重复,只强调筹资扩充,导致了通用汽车公司1920～1921年最严重的危机。杜兰特一蹶不振,通用的幕后老板皮埃尔·杜邦决定

图3-4 阿尔弗莱德·斯隆

换人。1920年11月30日,杜兰特再次离开了通用,杜邦再次担任通用汽车公司的董事长。经过1920～1921年这次大危机,他认识到:只有对通用汽车公司进行大整顿、大改组,才能避免过去不断发生的那种危机,才能使通用汽车公司发展成为现代化的大型汽车公司。于是杜邦作了人事上的重大调整:选择阿尔弗莱德·斯隆(A.P. Sloan,图3-4)担任董事长。

1897年,斯隆从麻省理工学院毕业后,在海厄特滚珠轴承公司当了一名绘图员,后在父亲的资助下购买了海厄特公司的控股权。1916年,斯隆以1350万美元的价格将该公司卖给了通用汽车公司,他仍然留在海厄特,被杜兰特任命为该公司的总经理。1918年,斯隆被选为通用汽车公司的副总经理。1923年5月,48岁的斯隆正式担任美国通用汽车公司的总经理。

斯隆一上台,就在皮埃尔·杜邦的支持下提出了改组通用汽车公司管理体制的计划。

计划的核心是用制度上的控制代替个人控制。管理原则只有两条:①每一经营活动的总执行经理所负的责任不受任何限制;②公司最高管理机构不仅要对公司活动进行适当控制,而且要促使其合理发展。该计划的具体组织机构如图3-5所示。董事会是决策机构;执行委员会由董事长、财务主管、业务主管、顾问4人组成,拥有全权;业务委员会由轿车、载货汽车等部门的总经理,零配件部门的代表组成,负责处理日常经营事务。

```
                    ┌─────────┐
                    │  董事会  │
                    └─────────┘
                         │
        ┌────────────────┼────────────────┐
   ┌─────────┐     ┌─────────┐       ┌─────────┐
   │财务委员会│     │执行委员会│       │业务委员会│
   └─────────┘     └─────────┘       └─────────┘
```

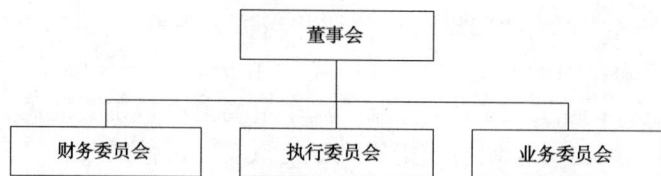

图 3-5 斯隆领导下的通用汽车公司组织机构

这项新的管理体制的特点表现在:①政策制定和行政管理分开;②分散经营与协调控制相结合。公司经营方针政策的制定和控制是集中的,方针政策的执行和应用是分散的。在分散经营、协调控制的管理体制下,公司的各个经营部门是公司的基层执行单位,是利润责任中心,独立性很强。整个公司的生产经营活动实际上是在各经营部门的分工协作下分散完成的;而各经营部门的分散经营活动,又是在总公司及各职能部门的协调控制和支援下进行的。

新计划于1923年1月3日推行,公司同时决定凯迪拉克汽车公司专门生产高档汽车,奥兹莫比尔和别克生产中高档汽车,雪佛兰和庞蒂克生产中低档汽车,从3500美元的高价到450美元的低价,以多档次、多品种、多样式的产品向品种单一的福特汽车发起挑战。

斯隆还提出了著名的"四条销售原则",即分期付款,旧车折价,年年换代,密封车身。分期付款和折价车减轻了客户买车时的经济负担;年年换车型,使每年秋季新车型的推出吸引了大量的媒体与大众的注意。

经过3~4年的不懈努力,斯隆的改组计划取得了成功,它被喻为"企业管理上的一次划时代的革命",它使通用汽车公司获得了持续的发展。1928年其汽车产量超过福特汽车公司,并在以后一直位居美国汽车行业首位。

通用汽车公司成功的秘诀在于:不搞单一品种生产,而要生产从最廉价到最豪华的多品种不同档次的汽车以适应不同档次客户的需要。杜兰特的失误和斯隆的成功表明:没有现代化的企业管理手段,就不可能有立于不败之地的现代化企业,管理是企业的生命!

3. 公司主要品牌及标志

1)别克

别克是通用旗下的入门级豪华轿车品牌,是通用的台柱,它设计生产的诸多产品成为业界的一个个代表之作,带动了整个汽车工业水平的进步,并成为其他汽车公司追随的榜样。图3-6所示是别克汽车的标志,三颗颜色不同并依次排列在不同高度位置上的子弹,给人一种积极进取、不断攀登的感觉;它表示别克采用顶级技术,刃刃见锋;也表示别克培养的人才个个游刃有余,是无坚不摧、勇于登峰的勇士。

图 3-6 别克(BUICK)

2)凯迪拉克

100多年来,凯迪拉克在汽车行业创造了无数个第一,缔造了无数个豪华车行业标准,可以说凯迪拉克的历史代表了美国豪华车的历史。在韦伯斯特大词典中,凯迪拉克被定义为"同类中最为出色、最具声望事物"的同义词;被一向以追求极致尊贵著称的伦敦皇家汽车俱乐部冠以"世界标准"的美誉。2003年,凯迪拉克汽车采用新设计的标志(图3-7),它再次勾画出凯迪拉克品牌中同时呈现的经典、尊贵和突破精神。

图3-7 凯迪拉克(CA-DILLAC)

3)雪佛兰

"棒球,热狗,苹果派和雪佛兰",这是当年最流行的一句广告语,折射出雪佛兰在美国公众心目中的地位。雪佛兰最富创新精神的产品理念和品牌文化已经深深地融入美国人的生活中。在美国,雪佛兰轿车被人们亲切地称作"Chevy"(Chevy在英文中有"追逐"的意思),就像对待朋友和家人,昵称最能表达他们的爱。很少有其他的品牌能让消费者感到如此亲切,雪佛兰已经成为美国人民生活的一部分,

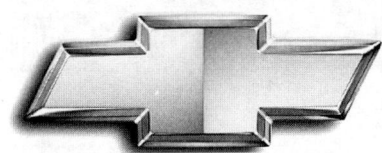

图3-8 雪佛兰(Chevrolet)

没有人会怀疑,Chevy和棒球、热狗、苹果派一样是美国人的最爱。雪佛兰汽车不仅让人们可以时刻依赖,其品位和出色表现更让人引以为豪,超越了其本身的价值。图3-8所示为雪佛兰汽车的标志,其图案象征性地变形化成了蝴蝶结,它是人人喜爱的饰物,不但体现着雪佛兰汽车的大众化,更标志着贵族气派与优质的服务精神。

二、丰田汽车公司

1.概述

丰田汽车公司(Toyota Motor Corporation)由丰田喜一郎于1933年创立,隶属于日本三井产业财团,是日本最大的汽车公司。丰田的产品范围涉及汽车、钢铁、机床、农药、电子、纺织机械、纤维织品、家庭日用品、化工、化学、建筑机械及建筑业等。自2008年起,丰田汽车公司开始逐步取代通用成为全世界最大的汽车公司,在全世界开设的工厂总计已达56家。

丰田汽车公司有很强的技术开发能力,而且十分注重研究顾客对汽车的需求,因而在它发展的各个不同历史阶段都创造出不同的名牌产品,而且以快速的产品换型击败美欧竞争对手。早期的丰田、皇冠、光冠、花冠、克雷西达汽车名噪一时,近来的普拉多、凯美瑞、雷克萨斯汽车也极负盛名。

今天,丰田已经发展成为拥有数个车系,数十个车型和车款的庞大家族。它所涵盖的车型从最低端的民用经济小汽车,一直到最高级的豪华轿车和SUV。不管在世界上哪个地方制造的丰田车,都会尽力做到全球统一的丰田高质量品质。

2.公司发展历程

丰田喜一郎(Kiichiro Toyoda,图3-9)从东京帝国大学毕业后,有机会去欧美国家考察了10个月之久,亲眼目睹了汽车工业的发展和汽车普及的状况,深受触动。他先买了一台通用汽车公司生产的雪佛兰发动机,又买来一辆最新款的雪佛兰轿车,在丰田自动织机制作所成立了汽车部,开始潜心研究汽车。1933年,丰田喜一郎开始制造汽车。从制定规划、募集人才、筹措资金、购地建厂,到设计、制造、试验、总结、改进,直到组装成整车,他无不亲自参与,和设计师、工程师、技术工人一起拼命。丰田汽车从散件组装起步,1935年8月,造出A1型轿车样车;1936年5月,以福特汽车为样车,生产出GI型载货汽车。1936年6月,丰田自

行设计生产了第一款轿车 AA 型(图 3-10)。

1937 年 8 月 28 日,汽车部从丰田自动织机制作所独立出来,成立了丰田自动车工业株式会社,丰田喜一郎就任副总经理。公司决定取其家族的姓 Toyota(丰田)为商标,如图 3-11所示。

图 3-9　丰田喜一郎

图 3-10　丰田第一款 AA 型轿车

丰田公司成立之时,适逢席卷世界的经济危机强烈地冲击着日本经济,公司急需大量资金。由于侵华战争的爆发,丰田被纳入了战时军需工业生产,汽车销量大增,这才摆脱了第一次危机。1938 年,丰田每月生产 1500~2000 辆轿车、载货汽车和客车。

1945 年 8 月 15 日,日本宣布无条件投降,国内到处是一片凋败景象,公路上几乎看不到什么汽车。经盟军批准,从当年 12 月起汽车可以作为民用产品重新开始生产。1945 年 10 月,为了重新发展,公司实施改革,确立了"用低成本、大批量的生产方式生产高质量汽车,进而进入世界第一流汽车工业的行列"的建设方针。由于战后道路状况极差,公司将生产重点放在客货两用车和四轮驱动车上,1946 年开始试制符合当时日本经济发展需要的轻型载货汽车。

当丰田靠债台高筑发展汽车生产刚有起色时,"道奇方案"(美国专为日本经济而制定)的实施使日本开始实行通货紧缩,又使丰田陷入了第二次危机。1949 年底,为了使丰田公司起死回生,喜一郎毅然辞职。1950 年 4 月,丰田汽车销售公司成立。7 月,石田退三(图 3-12)接替喜一郎出任丰田总经理。

图 3-11　丰田汽车公司标识

图 3-12　石田退三

1950 年 6 月,朝鲜战争给丰田带来了发展的良机,美军 46 亿日元的巨额订货为其带来了丰厚的利润,帮助公司渡过难关。美国《纽约时报》当时曾载文指出"日本汽车工业由于战争需要而搞起来,又由于战争而复苏过来。颇具意味的是,这两次机会可以说是美国无意识之中扶植了日本的汽车工业,美国可能会因此招来报应。"

战后的日本汽车工业正处于起步阶段,1952～1953年,日产、日野、五十铃、新三菱等汽车公司都选择了与外国企业合作的方式,唯独丰田汽车公司一家高举汽车国产化的大旗。1955年1月1日皇冠轿车驶下生产线,该车命名为皇冠RS,1966年,丰田又推出了花冠,在日本销售极好。皇冠和花冠是丰田的经典,目前皇冠已经生产到第14代,花冠已经生产到第11代,中文名称已改为卡罗拉。

1982年2月1日,丰田汽车工业株式会社与分开32年之久的丰田汽车销售公司合并,正式改名为丰田汽车工业公司(Toyota Motor Corporation)。

1983年,为了与本田雅阁系列轿车争夺北美市场,丰田推出了佳美车系,从此便一发不可收拾,几乎成了丰田除了花冠以外最受欢迎的车型,发展到今天,已经是第9代了。

1989年,丰田成立了专门在国外销售豪华轿车的凌志(Lexus,2005年后译为雷克萨斯)分部,负责把丰田生产的轿车挂上凌志的品牌销售出去并提供售后服务。2002年又发布了新的品牌赛恩(Scion)。赛恩以一个独立的、极具特色的产品阵容以及新的销售理念来迎合未来新车用户的胃口。同样,它的名字还有一个含义,亦是作为丰田品牌的后代来继续丰田汽车的造车理念。

2000年,丰田公司作为一只独立的车队进入了F1赛事,这是世界上除了法拉利车队之外,仅有的一家发动机和底盘全部自己生产的车队,并且作为一只F1的新军,取得了不错的成绩,图3-13所示是丰田汽车公司生产的F1赛车。

图3-13　丰田F1赛车

丰田汽车公司取得成功的主要经验如下。

1)推行看板生产方式

所谓"看板生产方式",即所有零部件的投放必须在下一步生产流程立即需要时正好供应上,协作厂生产的零部件按小时间隔直接送到总装线,每个工位只有1h的零部件储备。当工人在组装过程中发现有缺陷的零件时,立即拴上标签,送到质控室换取合格的零件。有缺陷的零件一旦进入质控室,就必须按照制度,系统地追溯产生问题的原因,寻根求源。然后制订相应的对策,杜绝差错再次发生。这种生产方式被誉为"丰田生产模式",在世界普遍使用。精益生产方式的实行大大提高了汽车生产流水线的效率,并使劳动力的浪费和物资的库存降到最低限度,这是继福特汽车公司发明生产流水线之后,是汽车工业的又一次革命。

2)实施主动销售方式

主动销售方式是丰田章一郎创新的一种销售方式。在丰田汽车公司的任何一个汽车经销点里,经销人员是不会坐等顾客上门的,他们深入到销售点所在地区的用户中搞调查。了解哪一家经济状况如何,什么时候需要添一部新车,哪种车型最适合,用户对汽车有什么意见和建议等,并将调查得来的信息一一输入计算机,并迅速反馈到生产厂。通过这一信息系统,经销人员能准确地掌握市场需求情况,一旦用户有购车的意向,经销人员会迅速为你办理一切手续。新车交付之后,车主就成了这个大家庭的一员。经销人员会经常通过各种方式询问和了解汽车的使用情况,研究车主碰到的任何问题,随时随地提供服务,以保证汽车的正常运行。这样就在厂商和用户之间建立起一种相当牢固的关系,培养起用户对品牌的忠诚。

3）加强岗前培训

进入丰田公司任职的大学毕业生用一个月时间在一家工厂工作,用三个月时间学习推销汽车,还要听公司最高管理人员讲课,提高解决实际问题的能力和制订解决问题方案的能力。从时间上看,丰田公司培训职工的时间比欧洲厂家多一倍,但丰田职工在工作中的差错比欧洲厂家职工的差错要少得多,提出的合理化建议却要多得多。据粗略统计,丰田公司造一辆豪华型轿车只需19h,而有的公司仅纠正装配线上出现的差错就要花这么多时间;丰田公司工人平均每人每年提出60条左右的合理化建议,而欧洲厂家工人平均每人每年才提出一条改进建议。

3. 公司主要品牌及标志

1）丰田

图3-11所示是丰田汽车的标志,标志中的大椭圆代表地球,中间由两个椭圆垂直组合成一个T字,代表丰田公司。它象征丰田公司立足于未来,对未来的信心和雄心。丰田自成立以来,已经推出了皇冠、花冠、佳美等系列轿车,深受广大家庭用户喜爱。

2）雷克萨斯

雷克萨斯是丰田汽车公司的豪华品牌,它以无与伦比的性价比和令人惊讶的低噪声受到消费者的青睐,今天,雷克萨斯已经成为全美最畅销的高级轿车。雷克萨斯汽车标志(图3-14),采用车名"Lexus"字母"L"的大写,"L"的外面用一个椭圆包围的图案。椭圆代表着地球,表示雷克萨斯轿车遍布全世界。

3）皇冠

皇冠轿车的标志是一顶象征王位的皇冠(图3-15),它象征着该车是日本国产车中的王者。

4）塞恩

塞恩是丰田于2002年根据对消费者的调查推出的品牌,运作路线从3个基本点出发:时尚,多功能,惊奇。塞恩的车标如图3-16所示,Scion(塞恩)的含义从英文意思上就可以理解出来,意为子孙后代的意思。它以一个独立的,极具特色的产品阵容以及新的销售理念来迎合未来新车用户的胃口。同样,它的名字还有一个含义,亦是作为丰田品牌的后代来继续丰田汽车的造车理念。2016年10月,丰田塞恩官方账号在社交媒体上正式宣布塞恩品牌退市。

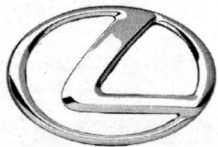

图3-14　雷克萨斯(LEXUS)　　　图3-15　皇冠(CROWN)　　　图3-16　塞恩(SCION)

三、福特汽车公司

1. 概述

福特汽车公司是世界最大的汽车企业之一,1903年由亨利·福特创立于美国底特律市。现在的福特汽车公司是一个以生产汽车为主,业务范围涉及电子、航空、钢铁和军工等领域的综合性跨国垄断工业集团。

目前,福特汽车公司拥有世界著名的汽车品牌:福特(Ford)、林肯(Lincoln)、水星(Mercury)、马自达(Mazda)。原福特公司的品牌沃尔沃(Volvo)被中国吉利汽车收购,捷豹(Jaguar)、路虎(Land Rover)被印度塔塔汽车收购,阿斯顿·马丁(Aston Martin)品牌被英国投资公司收购。福特还拥有世界最大的汽车信贷企业——福特信贷(Ford Credit)、全球最大的汽车租赁公司——赫兹(Hertz)以及汽车服务品牌(Quality Care)。

2. 公司发展历程

亨利·福特从小就喜欢机械,在梦中都在想如何设计一种可以烧汽油的发动机,而且它可以驱动四轮车。他在新兴的爱迪生电厂工作了11年,一直在如痴如醉地研制自己的汽车。他先把家里的厨房当作实验室,后来又搬到屋后的一个小工棚中,大部分零部件全凭手工制作。福特33岁时,他的第一辆汽车终于研制成功了。准备试车时,他才发现工棚的门太小,车子无法开出去。他干脆拿斧头砸掉了一部分砖墙,车才开了出去。到1899年,福特还受到了发明家爱迪生的热情祝贺,这使他名声大振。

1903年,经验丰富的福特决定成立自己的公司。1903年6月16日,由12位股东集资2.8万美元组建的福特汽车公司宣告成立了。1904年1月起,福特公司开始推销一种实用价廉的A型车,售价850美元,由于经营有方,前15个月就售出1500多辆,净赚红利10万美元。不久,亨利·福特担任了公司总裁。

经过长期的摸索和不断改进,1908年初,亨利·福特作出了他一生中最重要的决定:福特公司从此将用尽可能标准化的工艺只制造一种更多、更好、更便宜的汽车,这就是T型车(图2-26)。1913年,福特把T型车组装改为流水线生产,不仅大幅度降低了制造成本,也大幅度提高了劳动生产率,公司生产规模迅速扩大。这使得美国在20世纪20年代就成了一个庞大的汽车工业大国,世界汽车生产重心也从欧洲转移到了美国。

但是,生产技术的改进并没有给工人们带来益处,亨利·福特清楚地看到了劳工队伍的不稳定给公司造成的巨大经济损失,因为新工人进厂后需要一段时间培训,平均每人的培训费用在50~100美元。往往等到这些新工人技术熟练后,他们就要跑掉。1913年,福特公司由于工人离厂所造成的直接经济损失达到了300万美元。

经过审慎考虑,1913年底,福特初步制定了5美元工作日的方案,并于1914年1月5日向全世界宣布推行。这个数额比当时的平均工资高出7倍,引得数以万计的人才踊跃到福特公司报名工作,这震惊了全世界,也使亨利·福特在一夜之间成为全世界最著名的人。

金融界对亨利的激进政策愤怒不已,还诅咒福特汽车公司会因为5美元工作日而破产。然而,在不到一年的时间里,新的工资制度不仅没有使福特公司赔本,反而大赚特赚,不得不为亨利付出较小代价换来巨大利润的事实而惊叹。亨利采取的这种所谓加薪政策,一方面搜集了劳动力中的精英,使生产大大加速;但另一方面又是非常阴险的,它表明凡是被招进福特厂的工人,只有驯服地去适应机器的新要求,否则只能被解雇,而且被解雇之后,再也找不到比福特公司更加丰厚的服务处所,高工资等于打消了工人另谋高就的念头。

5美元8小时工作日薪政策的推行,总装流水线的诞生,加速了T型车的成功,而T型车的成功,又使福特公司的发展进入了一个辉煌的时代。

1919年,洛杉矶时报登出爆炸新闻:"亨利·福特正准备成立一个巨大的新汽车公司。"福特汽车公司的股东们开始焦虑不安了。一个月后,一位神秘的客人逐一拜访了各位股东,包括持有福特公司 10% 股份的道奇兄弟，说各位股东要卖福特汽车公司股份的话，他愿意做中间人。股东们表示，如果价钱好的话，他们愿意出卖他们的股份。其实真正的股份买主就是福特汽车公司的最大股东——亨利·福特。1919 年 7 月，福特汽车公司终于成了亨利·福特的家族企业。

20 世纪 20 年代中期，美国汽车消费市场发生了明显的变化，顾客对汽车的要求不再仅仅是经济实惠，而且要有漂亮的颜色、四轮制动、减振器、变速器、低气压大轮胎和流线型车身。而福特汽车公司却停滞不前。亨利·福特变了，变得保守固执，变得不相信别人，甚至变得对工人特别苛刻。他的汽车公司不再研制新的汽车，十几年间只生产单一的 T 型车。在路面条件改善后，美国人要求提高汽车车速，T 型车是依据马车时代的路面设计的，很显然不能满足这一要求，所以 1926 年，T 型车的好运走到了尽头。1927 年，T 型车停止生产，完成了它的历史使命。促使 T 型车走向灭亡的是市场销量陡然下降，而使其遭受致命打击的根本原因则是制造者不愿满足消费者的要求更新产品。

图 3-17　福特 A 型车

在这个生死攸关的时刻，公司面临的问题是必须重新设计一种崭新车型。1927～1928 年，在没有任何准备的情况下，围绕所设计的新车型，全面改装福特汽车工厂。经过 16 个月的紧张奋战之后，A 型车终于出笼了（图 3-17）。

1929 年 1 月，A 型车在麦迪逊广场花园公开展出时，来宾人数打破了室内展出的历史最高纪录，从颇为轰动的车展可以看出人们对新面世的 A 型车的欢迎程度。

就当时情况而言 A 型车应该算是优质车，但由于它结构连续 5 年不变，不久就被通用汽车公司的雪佛兰和克莱斯勒汽车公司的普利茅斯夺走了市场。

1932 年，亨利不得不抛弃 A 型车，再一次更新自己的产品，决定开发新一代产品 V8 型汽车。这次改产使福特汽车公司的鲁日厂和其他几个分厂又停工 5 个多月，也使亨利·福特丢掉了美国汽车业第二巨头的地位。在此情况下，70 岁高龄的亨利觉得自己越来越难以适应这个世界。时代的飞快发展，汽车业日益激烈的竞争，福特厂面临的重重危机，使他觉得力不从心，考虑让儿子爱德塞·福特（图 3-18）接班。由于爱德塞性格温和，老福特为了使儿子早日成才，想让爱德塞在残酷无情的竞争中成长，先后让亲信索伦森和贝内特与自己的儿子作对。爱德塞有着与父亲完全不同的性格，只能委曲求全，老福特的良苦用心反而对儿子造成深深的伤害。长期的忍受及羞辱使爱德塞精神崩溃了，染上了胃溃疡。1943，年仅49 岁的爱德塞离开人间。80 岁的亨利·福特痛彻心扉。在爱德塞葬礼过后的第三天，老亨利重新担任福特汽车公司的总裁。因为老福特最信任的贝内特已经在公司上下拉帮结派，妄图篡权，所以这不得不让所有的人担心公司会落入他人之手。老福特的妻子及儿媳，通过关系把正在部队服役的亨利二世（图 3-19）召回公司，逼迫亨利退位。1945 年 9 月中旬，28 岁的亨利二世正式接班。

亨利二世接班后，他面临的形势十分严峻。一方面他是光杆司令，也缺少经验；另一方面公司每年亏损 900 万美元。而与之形成鲜明对照的是通用汽车公司和克莱斯勒汽车公司，这时已经夺去了福特公司的大部分生意。

图3-18 爱德塞·福特

图3-19 亨利·福特二世

亨利二世经过冷静的分析,他开始清醒地认识到,单靠他自己和家族的几个人是不可能把庞大的福特汽车公司管好的。他挖来通用汽车公司的杰出经理欧内斯特·布里奇担任副总裁,又在战后的军队中招来一批骨干,撤销了贝内特的所有权力。布里奇能力非凡,在汽车界一直被认为是通用汽车公司总裁的继承人。1946年,布里奇在福特汽车公司任职的第一年就使公司扭亏为盈,而到了1950年,公司的利润高达25851万美元。但由于布里奇的管理方法和福特公司的家族企业之间的矛盾,他于1960年被辞退了。

之后,亨利二世又任用了几位才干卓越的总经理,但由于他的家长制管理,使公司有才干的人最终纷纷另觅新主或独创伟业。公司无所发展,推向市场的符合顾客需求的新汽车很少,产品跟不上潮流,市场占有率一年低于一年,1978年占美国市场的23.6%,1981年跌至16.6%。1980年3月,63岁的亨利二世忍痛割爱,把由他掌管长达35年之久的经营大权让给福特家族以外的管理专家菲利普·卡德威尔。这意味着78年的福特王朝结束了,也是福特家族对美国企业发展的又一开创性贡献。

2003年6月16日,福特汽车公司庆祝了百年华诞。2009年7月,由于主要竞争对手通用汽车公司破产重组,出售了8个品牌中的4个,市场份额下降,福特汽车公司成为全美最大的汽车制造商,但和全球最大的丰田仍有较大差距。福特公司在2008年爆发的国际金融危机中坚决拒绝了美国联邦政府的注资援助。

3. 公司主要品牌及标志

1)福特

福特汽车公司于1903年创立,一贯秉承以提升顾客价值作为福特汽车追求的最高宗旨,福特在质量和追求提升质量的解决之道上从不妥协。福特自始至终都在为用户提供可靠而且价格适宜的汽车。从第一辆大众汽车T型车到21世纪的畅销车福克斯(Focus),福特始终处于全球最受欢迎的轿车和货车品牌的行列。福特汽车标志(图1-6)采用蓝底白字,英文Ford设计成形似奔跑的小白兔形象,犹如在温馨的大自然中,一只活泼可爱的小白兔矫捷潇洒地正在向前飞奔,象征福特汽车飞奔世界各地,令人爱不释手。

2)林肯

1907年由亨利·利兰(Henry Leland)创立,于1922年被福特公司收购,并由此进入豪华车市场。由于林肯车杰出的性能,高雅的造型和无与伦比的舒适,它一直是美国车舒适和豪华的象征。林肯车也是第一个以美国总统的名字命名的汽车。自富兰克林罗斯福总统以来,它一直被选为总统用车。林肯汽车标志(图3-20)由一颗闪闪发光的辰星和一个近似矩形的外框组成,它表示林肯总统是美国联邦统一和废除奴隶制的启明星,也喻示林肯轿车珍贵气派,前途无量,有光辉灿烂的明天。

3)水星

水星创立于 1935 年,是福特汽车公司唯一自创的品牌,是定位于经济型福特车与豪华型林肯车之间的中档轿车,水星一直是创新和富于个性的美国车的代表。水星汽车采用太阳系的水星作为标志图案(图 3-21),在一个圆中有 3 条行星轨道,使名车寓意更加贴切,表明水星汽车具有太空科技和超时空创造力。

4)马自达

马自达汽车公司创立于 1920 年,1931 年正式开始在广岛生产小型载货汽车,20 世纪 60 年代初正式生产轿车,1979 年被福特汽车公司收购,之后采用图 3-22 所示的标志。它意味着马自达要展翅高飞,不断实现技术突破,以无穷的创意和真诚的服务,勇闯车坛顶峰。

图 3-20　林肯(LINCOLN)　　　图 3-21　水星(Mercury)　　　图 3-22　马自达(Mazda)

四、大众汽车集团

1. 概述

大众汽车集团是欧洲最大的跨国汽车公司,其产品销售遍布世界 150 多个国家和地区。1999 年,大众汽车集团成为欧洲第一个累计产量达到 1 亿辆的汽车制造商。这 1 亿辆车中包括约 8100 万辆大众汽车、1200 万辆奥迪、500 万辆西亚特和 200 万辆斯柯达轿车。宾利、布加迪、兰博基尼等自归属大众汽车集团后,也生产了大约 2000 辆,它们共同撑起了大众汽车集团的一片蓝天。

大众汽车集团的核心是大众汽车公司,总部设在德国沃尔夫斯堡,又称狼堡。虽然德国是世界第一辆汽车的诞生地,但大众汽车公司并不是德国最早的汽车公司,约比美国汽车公司起步晚 30 年,这与德国的资源条件有着密切的关系。德国汽车的普及,主要是大众汽车公司的功劳。

现在大众汽车集团拥有很多著名品牌:大众(Volkswagen Passenger)、奥迪(Audi)、布加迪(Bugatti)、西亚特(Seat)、兰博基尼(Lamborghini)、斯柯达(Skoda)、宾利(Bentley,又译为本特利)、保时捷(Porsche)、大众商业汽车(Volkswagen Commercial Vehicle)、杜卡迪(Ducati)。2016 年 12 月,大众成立新品牌 Moia 进军移动出行。大众目前产品系列宽、跨度大。

从 2002 年起,大众汽车集团分为两大品牌集团:大众品牌集团和奥迪品牌集团。前者包括大众、斯柯达、宾利和布加迪,后者包括奥迪、兰博基尼和西亚特。两大品牌集团各自负责集团在全球的业务,而作为大众汽车集团旗下的 10 大品牌在国际市场上代表各自的品牌形象。

2. 公司发展历程

1898 年,年仅 23 岁的费迪南德·波尔舍(图 3-23)试制出一种直接驱动的电动汽车样车,充一次电可行驶80km,并命名为"洛纳—波尔舍"(图3-24)。1900年,波尔舍将该车送到巴黎博览会上展出,并获得了大奖。随后波尔舍又设计出混合动力电动汽车,很快博得上流社会的喝彩,订单纷至沓来。由于洛纳满足于现状,不重视产品的改进,所以无事可做的波尔舍于1903年跳槽到奥斯特—戴姆勒公司,只用一年的时间就升任公司的技术部长,并进入公司董事会。

图3-23 费迪南德·波尔舍

图3-24 "洛纳—波尔舍"电动汽车

奥斯特—戴姆勒公司生产高档汽车,产销量很小,经营难以维持,于是波尔舍向董事会提出生产像福特T型车那样的大众汽车。然而董事会置若罔闻,坚持生产高档豪华汽车。于是波尔舍辞职去了维也纳斯泰尔汽车公司,但不久斯泰尔被戴姆勒公司吞并了。几次挫折使他明白了一个道理:要想实现自己的梦想,不受人摆布,必须自己当老板。于是,1930年12月1日,波尔舍在斯图加特开设了一间"发动机、陆用车辆、航空与海军车辆设计室",开始设计大众汽车的探索。

1933年1月30日,希特勒上台并建立了一个国家至上的政府。受德国纳粹哲学家汉纳·阿伦特思想影响(极权主义国家应该大量生产汽车以激起人们的爱国热情、建立国家信誉),为收买人心,希特勒决心推行"国民车"计划,要让每个德国人和每个德国家庭都拥有自己的汽车。这对费迪南德·波尔舍来说是进入这一领域的极好时机。

1935年,第一辆样车出炉。1936年10月,波尔舍的3种不同型号的原型车,在斯图加特和柏林两所技术学院的监督之下,经过了5万km的严酷测试。测试的结果:新车坚固可靠,结构良好;汽油消耗量达到标准;驾驶操纵性能良好,这批车被称作VW30(图3-25)。不久,波尔舍设计出新型高效率风冷发动机,发动机散热窗口可以缩小很多,后窗也有了。带后窗车型的编号为VW38。到此为止,甲壳虫已经完全达到事先计划的设计要求,在技术上也成熟了,只等选址建厂大量生产了。

图3-25 VW30样车

1938年5月26日,大众汽车公司最终选定德国中部的沃尔夫斯堡为厂址,并举行了奠基仪式。在典礼上,费迪南德·波尔舍的儿子费利·波尔舍驾驶着一辆即将成批生产的敞篷车,希特勒坐在前排,老波尔舍坐在后排。1938年9月16日,公司正事命名为"大众汽车有限公司"。由于公司的建设需要资金,纳粹政府发动了一次全民集邮换车专项储蓄计划:每个德国人,不论阶级、地位和财产,只要每周最低购买5马克的KdF邮票,贴在专用的邮票册上,集满一整本邮票册(990马克),即可得到一辆大众汽车(图3-26)。由于是政府号召,德国人踊跃认购,纳粹政府从社会筹到了一大笔资金。于是,在沃尔夫斯堡的土地上迅速耸起了一座规模庞大的汽车城,也就是大众汽车公司,费迪南德·波尔舍出任总工程师。

图3-26 集邮换车专项储蓄计划广告

最初,德国工会倾向于把新车取名为Kdf(Kdf是Kraft Durch Freude的缩写),德文意思是"愉快而有力"(即因享受而愉快,因愉快而生力量)。但公众把它取名为"大众"。有趣的是1938年7月3日在纽约时报上第一次把它称为"甲壳虫"(Beetle)。不久,"甲壳虫"一词就成为人们对该车充满深情的爱称,并由此揭开了汽车工业发展的新篇章。1939年8月15日,"甲壳虫"汽车正式投产,当时预计年生产80万~100万辆。但是,由于第二次世界大战爆发,"甲壳虫"只生产了630辆,德国法西斯政府就把汽车制造厂改成了军工厂,生产坦克等军事机械。

大众甲壳虫真正辉煌的时期是在第二次世界大战后。1945年8月至1949年,大众汽车公司由英国军事当局控制,并指派前欧宝汽车厂厂长海因里希·诺尔霍夫(Heinrich Nordhoff,图3-27)负责经营公司,生产很快恢复,汽车产量直线上升。1946年,"甲壳虫"年产量达1万辆(图3-28)。1947年8月,"甲壳虫"开始向外出口(图3-29)。最先是荷兰,随后是比利时、丹麦、卢森堡、瑞典、瑞士和非洲。1948年1月,2万辆"甲壳虫"进入德国国内市场,马上就销售一空。德国汽车工业的车轮开始滚动起来,并创造出奇迹。

图3-27 海因里希·诺尔霍夫

图3-28 1947年甲壳虫生产线

随着战后世界经济的复兴,人们对汽车的需求如饥似渴,但购买力又很有限。甲壳虫正好适应了这种形势,立刻成为欧洲最畅销的车种,为大众公司带来了巨大的利润。拿下欧洲市场后,诺尔霍夫又巧妙地打开了已经近于饱和的美国市场。在甲壳虫的滋养下,大众汽车公司迅速发展成为欧洲第一、世界第四的汽车公司,并在国内外建立了销售和售后服务机构、大众汽车保险服务部、大众汽车信贷银行等世界首创的机构。1948年年底,大众公司的轿车年产量已接近2万辆,其产销量占德国总产销量的50%。

图3-29　甲壳虫在运往国外的火车上

　　1955年10月,大众汽车公司年产量突破100万辆大关,公司举行了汽车生产史上最盛大的庆典,14万人参加了庆祝典礼,其中包括1000位来自世界各地的记者和汽车经销商。这一年,大众汽车已出口到世界100多个国家和地区。

　　1972年2月17日,甲壳虫以15007034辆的总产量,打破了福特T型车的生产纪录。1981年已生产2000万辆。1998年,大众公司推出新款甲壳虫,它在1998年底特律国际车展上露面时受到了公众和传媒的极度关注。2002年,大众公司推出了全新款的新甲壳虫。到2003年7月30日,第21529464辆,即最后一辆甲壳虫驶下大众汽车墨西哥工厂生产线。

　　3.公司主要品牌及标志

　　1)大众

　　大众公司的德文Volkswagenwerk,意为大众使用的汽车。其图形标志(图3-30)是德文单词中的V和W两个字母的叠合,它形似3个"V"字,表示大众汽车公司及其产品"必胜—必胜—必胜"。大众汽车是德系车永恒的经典,它严谨、朴实、一丝不苟的作风和低廉的价格使它走遍了世界每一个角落。

图3-30　大众

图3-31　奥迪

　　2)奥迪

　　奥迪是一个历史悠久的豪华汽车品牌,现在是大众汽车集团下属的汽车公司,专门生产中、高档轿车及跑车,奥迪汽车标志(图3-31)的4个圆环分别代表奥迪、霍希、漫游者、迪克瓦公司,象征兄弟四人紧握手。半径相等的四个紧扣连环象征公司成员平等,互相协作的亲密关系和奋发向上的敬业精神。

　　3)西亚特

　　西亚特是西班牙最大的汽车公司,现在是德国大众汽车集团的全资子公司。西亚特成为大众的全资子公司后,不断推出新车型。1998年10月巴黎汽车展,推出托莱朵(Toledo);1999年3月,日内瓦汽车展上展示了公司的新标识;1999年5月,巴塞罗那汽车展推出新款伊贝赞思和科多巴(Cordoba);1999年9月,法兰克福汽车展推出莱昂(Leon)和艾罗莎31(Arosa31);2000年3月,日内瓦汽车展推出萨尔萨(Salsa)概念车。图3-32

图3-32　西亚特

所示为西亚特汽车的标志。

4）斯柯达

斯柯达汽车公司总部位于捷克首都布拉格北部的一个美丽的小镇布拉斯拉夫。捷克是一个夹在德国、波兰、斯洛伐克和奥地利中间的欧洲内陆国家，但捷克的工业却非常发达，化工、机械等许多行业在捷克都有悠久的历史，捷克的汽车厂其实只有一家，那便是斯柯达。与捷克复杂的历史相似，斯柯达在100多年的发展历程中，经历了多次的战乱、政变和兼并，坚忍不拔地谱写出斯柯达辉煌的历史篇章。图3-33所示为斯柯达汽车的标志，带翅膀的飞箭象征着该公司无限的创造性，表达了要实现最高目标的强烈愿望，体现出对工作认真负责和一丝不苟，外围的圆环上部增加了"Skoda"，下面增加了"Auto"。标志的底色为绿色，象征着希望，体现出重视保护环境的强烈意识，也象征着企业的无限生命力，喻示这家百年老厂将焕发青春。

5）布加迪

布加迪汽车属顶级豪华跑车，创立于1909年，原属意大利品牌，1998年被大众收购。布加迪汽车经典设计产生于20世纪20～30年代。布加迪汽车与众不同的最大特点是艺术美，它把艺术与汽车设计完美结合的程度无人能比。布加迪品牌是世界汽车设计史上一座重要的里程碑。图3-34所示为布加迪汽车的标志，英文字母即布加迪，上部为EB，周围一圈小圆点象征滚珠轴承，底色为红色。

6）宾利

宾利本来是英国品牌，在20世纪20年代是叱咤风云的赛车品牌，后融入了劳斯莱斯的尊贵血统，成为超级豪华轿车品牌，现在是大众公司的子公司。宾利汽车标志是以公司名的第一个字母"B"为主体，生出一对翅膀，似凌空翱翔的雄鹰，此标志一直沿用至今，如图3-35所示。

图3-33　斯柯达

图3-34　布加迪

图3-35　宾利

7）兰博基尼

兰博基尼诞生在美丽而狂热的斗牛之乡意大利，它属于大功率、高速度的运动型轿车，但兰博基尼几乎没有上过赛道，兰博基尼现在是大众汽车集团的一个品牌。兰博基尼品牌是激情的象征，就连它的诞生也充满了激情。兰博基尼车的标志（图3-36）是一头浑身充满力量，正向对手攻击的斗牛。这个标志体现了兰博基尼本人不甘示弱的牛脾气，寓意该公司生产的跑车功率大、速度快，诠释兰博基尼这一品牌挑战极限，高傲不凡，豪放不羁的性格。

8）波尔舍

波尔舍将自己的产品定位于最具运动气息、最快速度、最具突破精神的汽车。波尔舍标志采用斯图加特市的盾形市徽，如图3-37所示。车标的中间是一匹骏马，代表斯图加特市早在16世纪就盛产的一种名贵种马；在车标左上方和右下方是鹿角的图案，表示斯图加特曾是狩猎的好地方；在车标右上方和左下方的黄色条纹代表成熟了的麦子，喻示五谷丰登，黑色代表肥沃的土地，红色象征人们的智慧和对大自然的钟爱。这一切组成了一幅美丽的田园风景画，象征波尔舍辉煌的过去和美好的未来。

图 3-36　兰博基尼

图 3-37　波尔舍

五、戴姆勒—奔驰汽车公司

1. 概述

戴姆勒—奔驰汽车公司是德国汽车制造业的著名厂商,是世界上历史最悠久的汽车公司,也是世界公认造出第一辆汽车的公司。其中奔驰公司成立于 1883 年,戴姆勒公司成立于 1890 年,两家公司于 1926 年合并为戴姆勒—奔驰公司,总部设在德国斯图加特。公司生产梅塞德斯—奔驰高级轿车,同时生产发动机、重型货车和公共汽车。

1998 年 9 月,德国戴姆勒—奔驰公司和美国克莱斯勒公司强强联合组建了戴姆勒—克莱斯勒集团公司。2007 年 7 月 3 日,戴姆勒与克莱斯勒之间长达 9 年的联姻宣告结束。2007 年 10 月 4 日,戴姆勒—克莱斯勒正式完成分拆程序,在通过股东大会投票表决通过后,其正式更名为戴姆勒股份公司,并继续拥有克莱斯勒公司余下 19.9% 的股份。通过与克莱斯勒公司脱钩,戴姆勒公司旨在集中精力发展旗下利润相对可观的梅塞德斯 - 奔驰品牌和重型货车业务。

2. 公司发展历程

德国戴姆勒—奔驰汽车公司是汽车工业的鼻祖。世界上第一辆汽车就是德国人戴姆勒和奔驰(本茨)制成的,他们二人被公认为汽车工业之父。奔驰公司于 1893 年开始批量生产"维洛"牌小客车(图 3-38),年产量达 570 辆,到 1899 年,奔驰成为当时世界上最大的汽车制造商,累计产量超过 2000 辆。

戴姆勒公司于 1890 年开始批量生产汽车。戴姆勒同时也是汽油机的鼻祖,他和迈巴赫一起,对改进内燃机做出了贡献,使汽车的速度很快达到 40km/h,因而受到市场的重视。

在戴姆勒公司发展汽车的初期,经销商埃米尔·耶利尼克起了很大的作用。耶利尼克曾任墨西哥驻法国尼斯领事和奥匈帝国驻摩纳哥领事。他还是里昂内斯信贷银行董事,在金融界和贵族中有一定影响。此人热衷于汽车竞赛,他与戴姆勒公司联系订购大功率汽车,在 1899 年 3 月得到一辆功率为 17kW 的 4 缸发动机汽车。他用自己 10 岁女儿的名字"梅赛德斯"为这辆汽车命名(图 2-25),并驾驶这辆汽车参加赛车比赛,结果一举夺魁,于是梅赛德斯成

图 3-38　"维洛"牌小客车

了幸运的同义词。

随后,耶利尼克看到经营汽车是一项利润丰厚、很有前途的事业,就向公司大量订货,首批订单36辆车,价值55万马克。戴姆勒公司看到"梅赛德斯"非常走俏,立即决定顺应形势,把自己所生产的汽车也起名"梅赛德斯",就这样,一款名车诞生了。100多年来,梅赛德斯一直是高档豪华轿车的代名词。

1913年,爆发了第一次世界大战,对德国经济产生很大冲击。战后,德国经济陷入危机之中。戴姆勒和奔驰两个公司竞争了20多年,为了共同生存,于1926年6月21日正式合并,成立了戴姆勒—奔驰公司(Daimler - Benz)。

在第二次世界大战中,德国的工业遭到了毁灭性的打击,戴姆勒—奔驰公司生产停滞。战后由于东西方对抗,1945年戴姆勒—奔驰公司首先被允许生产载货汽车,1946年又重新开始生产轿车,并逐渐恢复了世界主要高档轿车生产商的地位。

戴姆勒—奔驰汽车质量是一流的,但在采用新技术上较为保守,然而这正是公司遵循的设计原则,决不采用任何不成熟的技术。

从20世纪60年代起,戴姆勒—奔驰汽车公司的业务向多方面发展,先后涉足宇航、航空、动力机械领域。

1991年3月4日,新款S级奔驰汽车在日内瓦车展上亮相,它在安全技术方面赢得了全世界的尊敬,被赋予了重要的安全特征。

戴姆勒—奔驰汽车公司除生产豪华轿车外,还生产载货汽车、专用汽车及大客车,同时它也是世界上最大的重型载货汽车生产厂家。

3. 公司主要品牌及标志

1) 奔驰

奔驰属高级轿车,豪华、潇洒、气派非凡,乘者悠然自得,观者赞叹不已,很受人们宠爱。奔驰是世界上最成功的高档汽车品牌之一,它具有完美的技术水平、过硬的质量标准、推陈出新的创新能力。奔驰三叉星(图3-39)已成为世界上最著名的汽车品牌标志之一。100多年来,奔驰品牌一直是汽车技术创新的先驱者。

图3-39 奔驰

2) 迈巴赫

迈巴赫品牌代表着无与伦比的优秀品质,匠心独运的制作工艺,不断突破的科技水平,以及卓尔不凡的尊贵气质,是超级豪华轿车领域的典范。无论外形的经典与优雅,奢华的车厢内部,出众的动力,经典创新的悬架系统,还是采用世界上最先进的电子控制设备,迈巴赫的豪华性、舒适性、娱乐性及人性化,都先进到了极致,丝毫不愧于1000万元人民币左右的价格。图3-40所示是迈巴赫汽车的标志,两个重叠的M用三角形围起来。

图3-40 迈巴赫

3) 斯马特

作为汽车界巨擘戴姆勒公司和瑞士钟表集团斯沃奇(Swatch)合作的产物,斯马特(Smart)又称为精灵,其中的S代表了斯沃奇(Swatch),M代表了戴姆勒—奔驰(Mercedes-Benz),而art则是英文中艺术的意思,特殊的造型、亮丽的色彩、创意十足的内装,可以完全展现个人风格。再加上M-Benz的设计功力,让smart可以保留概念车的创意,又兼具流行及实用可靠等优点。图3-41所示是斯马特汽车的标志。

图3-41 斯马特

六、日产汽车公司

1. 概述

日产汽车公司(Nissan Motor Co. Ltd)成立于1933年12月,其前身是户姻铸造公司和日本产业公司合并的汽车制造公司。日产汽车公司除生产各种汽车外,还涉足机床、工程机械、造船和航天技术等领域,是一个庞大的跨国集团公司,但是汽车的销售额占总销售额的90%以上。日产在全球范围内共拥有轿车、越野车、MPV和商用车在内的30多个系列产品。

日产汽车有两大品牌系列:日产系列和无限系列。日产公司的汽车产品分实用型(即货车、小型客货车和四轮驱动车)、豪华型轿车和普通型轿车。

1999年,雷诺公司购得日产汽车公司36.8%的股份,组建雷诺日产汽车联盟。

雷诺汽车公司创立于1898年,创始人是路易斯·雷诺(Louis Renault),总部设在法国比杨古(Billancourt)。它是以生产各型汽车为主,涉足发动机、农业机械、自动化设备、机床、电子、塑料橡胶业的垄断工业集团公司。雷诺汽车公司汽车产品十分齐全,除小客车和载货汽车外,各种改装车、特种车应有尽有。雷诺公司下设乘用车、商用车、自动化设备以及工业产品4个分部;同时也经营部分金融业务(约占10%)。

2. 公司发展历程

1) 日产汽车公司

日产汽车公司的前身改进社的创始人是田(Da)建治郎、青山(Aoyama)禄郎、竹内(Takeuchi)太郎等人。改进社在成立当年就制造出一辆轻型汽车,两年后生产DAT汽车。DAT的命名源于出资成立公司的3个人姓名字头的拼写。1919年日产的另一前身实用制造公司在大阪成立。1925年,改进社改名为达特汽车公司(Dat Motor Car Co.),第二年迁至大阪,与实用制造公司合并。1931年达特被户畑铸造株式会社买去。户畑铸造株式会社制造的第一辆达特汽车取名为Datson,意即son of DAT,DAT的儿子的意思。由于英文的Son的发音与日语中损失的"损"字相同,就改名为达特桑(Datsun)。Sun(太阳)一词象征朝气,也与车型贴切。这种汽车于1932年开始生产,达特桑这个车名一直沿用至1983年。

1933年12月26日,持有达特桑汽车公司股权的户畑铸造株式会社与日本产业株式会社合资建立汽车制造股份有限公司,从此开始批量生产汽车。1934年5月30日,汽车制造股份有限公司改名为日产汽车股份有限公司。

第二次世界大战爆发后,为适应日本战时经济体制,日产改产载货汽车、教练机、滑翔机、飞机发动机和其他军需品。第二次世界大战后,日本盟军总司令部限制日本生产轿车,日产从修理盟军的军用货车起步,逐步恢复到战前的生产水平。到1949年解除这种限制,日产汽车开始寻求国外技术帮助提升自身产品技术。

1952年,日产与英国奥斯汀汽车公司进行技术合作,开发出技术水平明显提高的达特桑210型汽车。达特桑210之后,日产又开发出一个全新的汽车产品达特桑蓝鸟310。

进入20世纪60年代,日产公司设计出自己的达特桑并进入美国市场,随着市场对轿车需求的增加,日产陆续兴建了许多专业工厂来生产特定牌号的汽车,规模不断扩大,到1969年,年产量已达100万辆。20世纪80年代中期,随着美日汽车贸易摩擦的日趋激化,日产制定了三角计划:1/3产品内销,1/3产品出口,1/3产品移向国外生产。

1981 年，日产汽车公司出口车品牌统一为日产（Nissan，过去曾音译为尼桑）。

1989 年，该公司以 237.3 万辆的年产量在世界 10 大汽车公司中列第 7 位，这是日产历史上最好的排名，从此以后，日产的经营状况便一蹶不振。在随后的整个 20 世纪 90 年代，日产只有一年没有亏损，尤其是 1998 年，日产陷入了严重的债务危机，生产规模下降，成本居高不下，财务状况日益恶化，亏损近 21 亿美元，债务达 176 亿美元。在此情况下，日产公司与法国雷诺汽车公司达成协议，雷诺出 6340 亿日元购买日产 36.8% 的股份并派遣公司副总经理卡洛斯·戈恩担任日产社长（CEO），戈恩上任后，制定了宏伟的"复兴计划"，采取了一系列改革措施使日产在短时间内迅速扭转了效益下滑的局面，逐渐走出了困境。

2）雷诺汽车公司

1898 年，路易斯·雷诺在自己家的花园中造出了第一辆雷诺汽车（图 3-42）。1898 年 10 月 1 日，年仅 21 岁的路易斯·雷诺和他的两个兄弟成立了只有 6 个工人的雷诺兄弟汽车公司。

1898 年 12 月 24 日，第一辆雷诺汽车，在一群旁观者怀疑的目光中，顺利地行驶在巴黎蒙马特高地陡峭的勒比克大街上。出乎意料的是当场竟有 12 人向雷诺订购此车，而他的初衷只是想自己享用这一劳动成果。不久订单像雪片一样飞来，一直无正当职业的雷诺，此时才找到自己真正的归宿，那就是生产汽车。于是他亲自设计汽车，让他的两个哥哥投资并参与管理。到 20 世纪初，业务已经发展到意大利、德国、瑞士乃至美国。

1939 年第二次世界大战爆发，雷诺工厂被德军接管，成为供应德国军队坦克和飞机发动机的中心。在盟军诺曼底登陆后不久的 1944 年 9 月，雷诺股份有限公司被法兰西共和国临时政府接管。根据 1945 年 1 月 16 日戴高乐将军命令，将雷诺股份有限公司国有化，取名国营雷诺汽车公司。

第二次世界大战后雷诺公司在政府资本的支持下兼并了许多小汽车公司，开发出多种汽车产品占领市场。1946 年推出了著名的 4CV 汽车（图 3-43），这种大众化的小汽车在市场十分畅销成为公司的拳头产品，1954 年 4CV 的产量达到 50 万辆，在其后 10 年还推出诸如雷诺 4、雷诺 5 等系列产品。1975 年的年产量已达 150 万辆，其中大部分出口国外，雷诺公司成为当时法国最大的汽车生产企业。

图 3-42　第一辆雷诺汽车

图 3-43　雷诺 4CV

20 世界 80 年代初雷诺汽车公司迅速发展，汽车年产量高达 200 万辆以上。然而高速发展导致债台高筑，亏损严重。1984 年汽车年产量猛跌到 30 万辆，企业岌岌可危。1985 年，乔治·贝斯受命于危难之际，接受公司董事长之职。他采取果断措施，通过裁员、剥离与雷诺主体经营无直接关系的业务，相继成功地推出了高档轿车雷诺 25 及与马特拉合作生产的多用途单厢车太空车(Espace,图3-44)。作为单厢车MPV的鼻祖,太空车的设计理念纷纷被雷诺的竞争厂家模仿。

1996年,介于太空车(Espace)和丽人行(Twingo)之间的全新风景(Scenic,图3-45)上市,标志着雷诺成为世界上第一个推出完整单厢车系列的厂家。

图3-44　雷诺太空车　　　　　　　　　　　图3-45　雷诺风景

2010年4月7日,戴姆勒公司与雷诺日产宣布建立战略联盟,成为全球第三大汽车联盟。戴姆勒获得雷诺3.1%的股份和日产3.1%的股份,雷诺和日产分别获得戴姆勒1.55%的股份。

3.公司主要品牌及标志

1)日产

"NISSAN"是日语"日产"两个字的罗马音形式,是日本产业的简称,"以人和汽车的明天为目标"。日产汽车的标志圆心中横穿NISSAN字型(图3-46),红色圆表示太阳,象征东方的旭日和诚心,蓝色的有字横幅代表着贯穿至诚的日产公司。

2)英菲尼迪

英菲尼迪作为日产旗下的豪华车品牌诞生于1989年,最先在美国上市,与雷克萨斯、宝马、奔驰在北美市场分庭抗争,并且迅速成长为北美重要的豪华车品牌。自诞生之日起,英菲尼迪便以独特前卫的设计、出色的操控表现和顶级的客户服务著称。英菲尼迪汽车标志(图3-47)中的椭圆形表示一条无限延伸的道路,象征着全世界;两条直线代表通往巅峰的道路,象征无尽的发展。

3)雷诺

雷诺汽车标志(图3-48)是四重菱形图案,它象征雷诺三兄弟和汽车工业融为一体,表示雷诺能在无限(四维)的空间里竞争,生存和发展。

图3-46　日产　　　　　　　图3-47　英菲尼迪　　　　　　图3-48　雷诺

七、标志雪铁龙集团

1. 概述

标志雪铁龙集团是欧洲第二大汽车制造厂商。1976年,标致汽车公司吞并了历史悠久的雪铁龙公司,从而成为一家以生产汽车为主,兼营机械加工、运输、金融和服务业的跨国工业集团,成为法国最大的汽车企业集团。

PSA(Peugeot Societe Anonyme)集团除拥有标致汽车公司和雪铁龙汽车公司外,还拥有标致雪铁龙集团融资银行、佛西亚公司(Faurecia)、捷富凯公司(Gefco)、标致摩托车公司及贝赛公司(PCI)。

目前标致雪铁龙集团拥有标致和雪铁龙两大品牌。标致汽车公司和雪铁龙汽车公司各自具有很大的经营独立性,它们有不同的销售网络,不同的商务运作,也有不同的产品。

2. 公司发展历程

1)标致汽车公司

标致汽车公司的总部在法国巴黎,汽车厂大部分分布在发源地弗朗什—孔泰地区贝尔福的蒙贝利亚尔市。

标致汽车公司是欧洲最老的汽车生产企业。然而制造汽车并不是标致的全部历史,标致曾涉足制造业的诸多领域。1889年,第一辆以标致命名的汽车问世。1891年,标致家族把标致兄弟公司更名为标致兄弟之子公司。

1896年,标致汽车公司成立,由阿尔芒·标致(Armand Peugeot,Peugeot,图3-49)亲自负责汽车生产。

1910年,标致汽车公司和标致兄弟之子公司合并,成立标致汽车和自行车股份有限公司。

1926年,标致汽车和自行车股份有限公司分成两个实体:标致汽车公司和标致自行车公司。

1929年10月,标致在巴黎车展上推出一款名为201的汽车,这种中间为0的车型命名法,是标致公司独创的。

图3-49 阿尔芒·标致

1974年6月24日,通过与米其林公司谈判,标致购得米其林公司掌握的雪铁龙公司90%股份。1976年4月,成立标致雪铁龙控股公司(以下简称PSA)。标致汽车公司和雪铁龙汽车公司合并前,在标致汽车公司的业务范围内,汽车占86%,自行车占6%,钢铁、工具和塑料占5%,金融和服务占3%;合并后,集团公司制造汽车的能力大大地加强了,约占营业额的90%。

1998年,标致206推出,并赢得好评。标致汽车的猫脸造型就此正式形成,此后生产的标致307、607和807都是这种前脸造型。

2)雪铁龙汽车公司

1919年,41岁的安德烈·雪铁龙(Andre Gustave Citroen,图3-50)建立了雪铁龙汽车公司,他梦想着有一天能达到日产100辆汽车的水平,真正使一般家庭都拥有经济、舒适的小轿车。

1919年5月,参照福特汽车公司T型车的成功经验,雪铁龙汽车公司在法国魁德扎瓦生产出第一辆 A 型车(即 10CV,图 3-51)。这不仅是欧洲第一辆大量生产的大众汽车,同时也是法国首辆左边驾驶的汽车。

图 3-50　安德烈·雪铁龙

图 3-51　雪铁龙 A 型车

由于采用先进技术,在雪铁龙汽车公司刚成立的第 6 个年头,雪铁龙汽车产量就突破了 100 万辆。1924 年和 1931 年,安德烈·雪铁龙组织了雪铁龙汽车亚洲之行和非洲之行,它们又称黄色旅行和黑色旅行,使雪铁龙汽车名噪世界,销量也随之大增。

1934 年 12 月 15 日,处于世界经济大萧条中的雪铁龙汽车公司,举步维艰不得不向法院递交破产申请。雪铁龙汽车公司随后被轮胎制造商米其林公司接管。米其林公司采取措施,终于使雪铁龙汽车公司在 1935 年底赢利。

1948 年 10 月,雪铁龙推出的 2CV(图 3-52),以其灵巧的工艺,夸张的造型,完美的设计,多重的用途,引起轰动,各国订单雪片飞来。该车历时 42 年长久不衰,共生产 700 余万辆,1988 年 2 月光荣地退出生产线,移往葡萄牙的雪铁龙厂继续生产,终于在 1990 年 7 月画上休止符。

图 3-52　雪铁龙 2CV

在一波波经营危机的冲击下,1976 年 4 月,标致与雪铁龙两家公司的合并最终完成,标致公司掌控了雪铁龙 90% 的股份,组成新的持股公司,称标致雪铁龙集团。但雪铁龙汽车公司仍然有很大的独立性,其经营活动仍然由自己把握。雪铁龙随后问世的 CX、BX、XM、ZX,都承袭并将雪铁龙的传统发扬光大。

3.公司主要品牌及标志

1)标致

狮子(图 3-53)是标致汽车的象征,从首饰匠最初的草图到今天,发生了许多变化。过去象征着锯条的质量,现在代表了一个追求高质量无止境的企业。

2)雪铁龙

雪铁龙汽车的标志如图 3-54 所示,由于雪铁龙公司的前身生产齿轮,为了纪念当年的齿轮厂,用人字形齿轮的两个轮齿作为该公司标志和车型商标。它象征着人们密切合作,同心协力,步步高升。

图 3-53 标致

图 3-54 雪铁龙

八、本田技研工业公司

1.概述

本田(Honda)汽车公司全称为本田技研工业股份有限公司(Conda Motor Ltd.),其前身是本田技术研究所,建于 1948 年 9 月,创始人是本田宗一郎(Soichiro Itonda,图 3-55)。

图 3-55 本田宗一郎

本田是世界上最大的摩托车生产厂家,汽车产量和规模也名列世界十大汽车厂家之列。现在,本田公司已是一个跨国汽车、摩托车生产销售集团。它的产品除汽车、摩托车外,还有发电机、农机等动力机械产品。轿车、摩托车和通用机械是本田的三大支柱产品。

2.公司发展历程

1946 年 10 月,本田宗一郎在滨松市山下町成立"本田技术研究所",主要生产纺织机械。当时,第二次世界大战刚刚结束,各种物品十分匮乏,交通也不够发达,爱观察的本田宗一郎想到可以将陆军在战争期间留下的无线电通信机上的小型汽油机安装到自行车上,来减少人们出行的不便。1947 年,本田宗一郎研制成功了 50mL 双缸 A 型自行车发动机,这就是最早的本田摩托车发动机。

1948 年 9 月,本田用 100 万日元的资金成立了本田摩托车公司,开发摩托车及其发动机。公司成立的第二年生产出第一辆名副其实的摩托车。

1954 年 5 月,因经济不景气,本田技研遭遇首次财务危机。本田宗一郎将公司的经营权交给了副总经理藤泽武夫,自己则专门研究制造,这种产销分离的产业模式使当时的本田技研所巧渡难关。

1962 年,本田开始涉足汽车生产。1963 年生产出第一辆本田汽车,先后推出了 T360 型载货汽车、S360 轿车(图 3-56)、N360 型前轮驱动小轿车等。

本田公司非常重视汽车新技术的开发,素有日本汽车技术发展的排头兵之称。本田技术研究所是本田公司的子公司。在美国、英国和德国分别设有 3 个海外研究机构,每年从公司总销售额中提取 5% 左右作为科研开发经费,以

图 3-56 本田 S360 微型车

推动科技事业发展。创新精神使本田公司在 20 世纪 70 年代就超过了马自达、三菱等一些战前就已闻名的厂家。

图 3-57　本田

3.公司主要品牌及标志

1）本田

本田系列汽车标志如图 3-57 所示。本田公司在 20 世纪 80 年代成立了商标设计研究组，从来自世界各地的 2500 多件设计图稿中，确定了现在的三弦音箱式商标，也就是带框的"H"，图案中的 H 是"本田"拼音 Honda 的第一个字母。这个标志体现出技术创新，职工完美和经营坚实的特点，同时还有紧张感和可以放松一下的轻松感。

2）阿库拉（讴歌）

阿库拉诞生在激烈竞争的汽车市场中并站稳脚跟发展成为一支主导力量，它的成功故事不仅是对公司产品的有力证明，也充分体现了企业领导者建立日系第一豪华品牌轿车的远见卓识。历史证明，阿库拉不仅对豪华车进行了重新诠释，而且还永久性地改变了豪华车的市场，使其从少数品牌的缓慢演变发展到众多品牌的激烈竞争。图 3-58 所示是阿库拉汽车的标志，它将 Acura 中的"A"转化为一个传统的卡钳样式。在机械加工中，卡钳专门用于精确测量，这正好体现了其事业部"精确"的主题。

图 3-58　阿库拉

九、其他汽车公司

1.宝马集团

1）概述

宝马集团是世界上最成功和效益最好的汽车及摩托车制造商之一，总部设在慕尼黑。宝马集团是世界上唯一专注于高档汽车和摩托车的制造商。

随着 2003 年 1 月 1 日宝马集团对劳斯莱斯品牌的接管和新劳斯莱斯幻影（PSantorn）的推出，宝马集团现拥有三大汽车品牌：宝马（BMW）、劳斯莱斯（Rolls-Royce）和迷你（Mini）。这三大品牌具有不同的传统、形象和市场定位，它们个性鲜明，各具特色。宝马集运动、高性能、完美美学和驾驶乐趣于一身，驾驶宝马就是感悟高科技、感悟创新、感悟至高境界的美；劳斯莱斯是豪华极致的代名词，它的皇家气派令人过目难忘，它精湛的传统手工工艺和最尖端的现代汽车技术的结合注定了它的永恒。迷你是对高贵而全新的现代派的诠释，是小车大手笔，是无需地位标签的真正价值，它所表达的是年轻、城市化、多姿多彩和与众不同。

2）公司发展历程

宝马始于 20 世纪初德国慕尼黑的两个飞机发动机公司，慕尼黑卡尔·拉普发动机制造有限公司和古斯塔夫·奥托飞机发动机制造厂。1916 年 3 月 7 日，在奥托飞机发动机制造厂基础上，成立了巴伐利亚飞机制造股份公司（Bayerische Flugzeugerke AG），或称 BFW。1918 年 8 月 13 日成为巴伐利亚发动机制造股份公司（Bayerische Motoren Werke AG），即 BMW AG。这就是最早的宝马，蓝天螺旋桨标志从 1917 年开始出现在宝马公司的所有产品上。

1918 年 11 月，第一次世界大战结束，德国成为战败国，根据凡尔赛公约，5 年内德国被禁止生产飞机发动机。宝马开始生产载货汽车和船用发动机，以及摩托车用的水平对置发动机。从 1924 年禁令解除到第二次世界大战结束，宝马再一次得到迅速的发展。1929 年 1 月，第一辆带有宝马螺旋桨车标的迪克西 3/15 汽车诞生了（图 3-59）。1933 年 2 月 11 日，在德国柏林车展上，宝马公司推出的 BMW303 型车采用双肾形散热器面罩，这从此以后就成了宝马标志性的造型特征。

图 3-59　迪克西汽车

1936 年，宝马公司推出 BMW 326，它定位于中上阶层的家庭，用来吸引奔驰汽车的顾客，同时它也代表宝马正朝高端市场迈进。

1939 年，第二次世界大战爆发，宝马的汽车生产逐渐停顿下来，开始广泛参与一系列高技术的军事项目，包括飞行器、喷气式飞机发动机和火箭发动机的开发。由于宝马设计和生产的飞机发动机技术好、质量上乘，德国空军获得了飞机上的技术优势。

1945 年，第二次世界大战结束，德国接受无条件投降，第二次经历战争的宝马公司，7 年之后才再次投入生产，这时的宝马公司生命力显得很脆弱。

1948 年，宝马开始重建摩托车厂，并生产战后第一辆摩托车 R24，同时着手研制 R51 摩托车的工作。战后德国物资严重匮乏，两轮和三轮摩托车无疑是最合适的交通工具。宝马公司的摩托车强烈地吸引着那些想在战后重建自己生活的德国年轻人。

1955 年，宝马推出了从意大利艾索（ISO）获得生产许可的小型车伊塞塔（Isetta，图 3-60），它装有宝马 254mL 单缸摩托车发动机。这一圆滚滚前开门的小车，曾一度受到极大的欢迎，这反映出战后德国随着人们经济收入的增长，渴望从两轮摩托车过渡到真正四轮汽车的普遍心态。

图 3-60　伊塞塔

从 1959 年开始，宝马公司危机四伏。一方面，随着汽车普及，摩托车不再作为人们日常出行的交通工具，而又远未作为运动、休闲之用，因此摩托车业务大幅下滑。另一方面，几个大型车款售价很高，销售形势非常不好，形成公司巨额亏损。宝马的大股东们逼迫公司接受戴姆勒—奔驰公司的低价收购要求。在 1959 年 12 月 9 日举行的全体股东大会上，两名销售商小股东抵制了这一要求。宝马的一个重要股东赫伯特·匡特（Herbert Quamdt）根据他们提供的情况，经过全面分析做出了一个重要决定：对宝马公司追加投资，增加自己的股份。这样匡特就成为宝马公司最大的股东，成为宝马重新崛起的基础。

1961 年，在法兰克福汽车展上推出的 BMW 1500（图 3-61）开创了宝马公司的新纪元。这款外形普通甚至略显保守的车填补了宝马大型车和小型车之间的空白，推出后就受到消费者的欢迎，成千上万的订单蜂拥而至，从此宝马走上了顺利发展的坦途。

1975 年 8 月，宝马 3 系列轿车问世；1976 年，宝马 6 系列跑车问世；1986 年，宝马 7 系列轿车问世；1987 年，宝马 5 系列轿车问世。

20 世纪 80 年代开始，全球化的汽车工业联合兼并和战略重组趋势明显。宝马集团于 1994 年 3 月分别从英国航空公司（British Aerospace）和日本本田手中获得路虎（Rover

Group)80% 和 20% 的股份,从而全资拥有了路虎集团及其所属的 4 个汽车品牌,即路虎(Rover)、兰德·路虎(Land Rover)、MG 和迷你(Mini,图 3-62)。但是尽管投入了几十个亿资金用于产品开发和更新设备,效果却不尽人意。再加上英镑对美元的汇率持续上涨造成投资成本上升和出口前景暗淡,这一切迫使宝马公司将路虎和 MG 品牌出售给英国凤凰集团,2000 年 6 月 30 日又将兰德·路虎出售给美国福特公司。1998 年,宝马公司以 6600 万美元购得劳斯莱斯品牌,于 2003 年开始生产自己得劳斯莱斯轿车。

图 3-61　BMW 1500

图 3-62　迷你

3)公司主要品牌及标志

(1)宝马。汽车公司以汽车的高质量、高性能和高技术为追求目标,汽车产量不高,但在世界汽车界和用户中享有和奔驰汽车几乎同等的声誉,宝马汽车加速性能和高速性能在世界汽车界数一数二。宝马汽车的标志(图 1-7)双圆环的上方标有 BMW 字样,中间蓝白相间图案代表蓝天、白云和旋转不停的螺旋桨,喻示宝马公司悠久的历史,又象征公司一贯宗旨和目标:在广阔的时空中,以先进的精湛技术、最新的观念,满足顾客的最大愿望,反映了公司蓬勃向上的气势和日新月异的面貌。

(2)劳斯莱斯。劳斯莱斯在人们的心目中一直是轿车家族中的极品,被誉为豪华轿车的"皇冠"。劳斯莱斯品牌现在属于德国宝马集团。它象征着昔日大英帝国的辉煌,象征着英国上流社会的风华,它是大不列颠的骄傲。劳斯莱斯制造汽车追求尽善尽美,采用最昂贵的材料、最精良的技术和最细致的做工。不求数量重质量,纯手工制作。劳斯莱斯汽车的标志图案采用两个"R"重叠在一起(图 3-63),象征着你中有我,我中有你,体现了劳斯与莱斯两人融洽及和谐的关系。

(3)迷你。迷你在不同的国家具有广泛的亲和力,顺应了人们对生活方式的追求。它低调而富有魅力,充满个性又毫不张扬,既适应了社会名流的亲民心态,又适应了普通百姓对时尚的追求。迷你汽车使用的标志是一个插上翅膀的车轮(图 3-64)。

图 3-63　劳斯莱斯

图 3-64　迷你

2.克莱斯勒汽车公司

1）概述

克莱斯勒汽车公司是美国第三大汽车公司,由沃尔特·克莱斯勒创立于1925年。克莱斯勒公司以经营汽车业务为主,主要生产道奇、顺风、克莱斯勒等品牌的汽车。除此之外还经营游艇、钢铁、艇外推进器等业务。

克莱斯勒于1998年被德国戴姆勒集团收购,成立了戴姆勒—克莱斯勒汽车集团公司,这桩被称为"大象婚姻"的结合未能缔造一个成功的全球汽车集团,相反,美国方面高昂的退休养老成本给戴姆勒—奔驰公司带来很大困扰。

2007年8月,泽普世(Cerberus)资本管理公司以74亿美元价格从戴姆勒—克莱斯勒汽车集团购买了克莱斯勒80.1%的股权。戴姆勒—克莱斯勒汽车集团公司宣布解体。

2009年4月30日,美国总统奥巴马宣布克莱斯勒正式破产,由美国政府和菲亚特接手。与此同时,克莱斯勒正式宣布与意大利汽车制造商菲亚特公司结盟。

克莱斯勒总部设在美国密歇根州奥本山市,目前有3个分部:克莱斯勒分部、道奇分部、鹰·吉普分部。克莱斯勒分部即初建时的克莱斯勒公司主体部分,1928年从克莱斯勒内部分出普利茅斯和德索托两部分,后来德索托分部被拆消。1961年普利茅斯分部和克莱斯勒分部合并为克莱斯勒—普利茅斯分部。出于戴姆勒—克莱斯勒品牌战略考虑,2001年底,普利茅斯品牌被淘汰,全部换成克莱斯勒品牌。

2）公司发展历程

1910年,瓦尔特·克莱斯勒进入别克汽车公司工作。当时,杜兰特已经脱离通用汽车公司一年多,公司的财权掌握在纽约的银行家手中。他凭借丰富的机械知识和出色的组织能力,使生产一辆别克汽车的时间由4天缩短为2天,大大提高了生产效率并降低了成本。克莱斯勒认为汽车行业能挣大钱,凭自己的能力还不如另立门户。

1920年3月,克莱斯勒离开通用汽车公司,接手濒临倒闭的威利斯-奥弗兰德公司和

马科斯威尔公司。克莱斯勒削减开支、提高质量、任用新人,使得两个公司扭转了财政危机,克莱斯勒也因此名声大振,被誉为"汽车企业的医生"。1924年,第一辆以"克莱斯勒"冠名的汽车问世(图3-65)。

1925年,克莱斯勒买下马科斯威尔公司并更名为克莱斯勒汽车公司,自任公司第一任总裁。在瓦尔特·克莱斯勒的领导下,克莱斯勒公司不断发展壮大,克莱斯勒牌汽车在各种赛事中频频夺冠。

图3-65 第一辆克莱斯勒汽车

1928年,克莱斯勒公司收购了道奇公司,同年合并了德索托和普利茅斯品牌。普利茅斯是低价位的汽车,道奇是中等价位的汽车,而克莱斯勒则是高价位的汽车。之后,又将原马科斯威尔公司改建为克莱斯勒公司的普利茅斯部,将余下的克莱斯勒品牌成立了克莱斯勒部。1929年,克莱斯勒已成为美国三大汽车制造厂家之一。

20世纪30年代,克莱斯勒公司致力于研究和开发新技术及新车型。这个阶段的代表车型有1913年型CG帝王敞篷车(图3-66)和1934年面世的"气流"汽车(图3-67)。"气

流"轿车是世界上第一辆将空气动力学知识应用于汽车设计上的汽车,也称为世界首辆流线型汽车,它对汽车造型的发展及汽车性能的改进有着非凡的贡献,是汽车发展史上的一个里程碑。

图 3-66　1913 年型 CG 帝王敞篷车

图 3-67　"气流"汽车

第二次世界大战后,克莱斯勒公司发展迅速。然而 20 世纪 70 年代中期出现的石油危机和通货膨胀等问题使公司陷入财政危机,危难之际,1978 年,李·艾柯卡(图 3-68)继任公司总裁,1979 年又升任董事长。

1979 年秋,克莱斯勒汽车公司面临着重大抉择:要么政府紧急贷款,要么宣告破产。艾柯卡采取了最大胆的决策——向政府求援,请求帮助。但是,在美国历史上,联邦政府从未援助过规模如此巨大的消费品生产厂家,也没有任何厂家敢于向政府提出这样的请求。最终,艾柯卡在争取联邦政府紧急贷款的战斗中大获全胜,卡特总统亲自签署了"克莱斯勒贷款保证书",它标志着一个崭新的克莱斯勒公司诞生了。

款项到手之后,克莱斯勒公司全力以赴投入 MPV 车的开发。1983 年 11 月,世界上第一辆 MPV 诞生(图 3-69),在接下来的 20 多年中,克莱斯勒又相继创造了 MPV 领域近 50 个"第一"。可以说,克莱斯勒代表着 MPV 车型的经典之作。1983 年,克莱斯勒重新成为美国汽车工业的第三号巨人。

图 3-68　李·艾柯卡

图 3-69　小型厢式旅行车

1987 年,克莱斯勒公司吞并了美国汽车公司,并成立鹰·吉普部。1990 年,克莱斯勒又推出了最豪华版"城市与乡村"(Town & City),它来源于 1941 年著名的厢式车"城市与乡村"。

1992 年,克莱斯勒在捷龙的基础上开发出了"大捷龙"(Plymouth Grand Voyager),这款车全面提高了捷龙系列的配置,并且使克莱斯勒 MPV 规格全系列化。

2006年9月15日,戴姆勒—克莱斯勒及其长期合作伙伴北京汽车工业控股有限公司的合资企业北京奔驰—戴姆勒—克莱斯勒汽车有限公司新工厂举行落成庆典,宣布生产克莱斯勒300C。2006年11月8日,国产克莱斯勒300C在全国上市。

2007年9月,戴姆勒—克莱斯勒公司解体,戴姆勒—克莱斯勒公司以74亿美元的价格将克莱斯勒公司出售给美国瑟伯勒斯(Cerberus)资本管理公司。

2009年4月30日,美国总统奥巴马宣布克莱斯勒正式破产,由美国政府和菲亚特接手。2009年7月24日,菲亚特汽车公司正式收购美国克莱斯勒汽车公司,菲亚特将利用克莱斯勒在北美的销售网络,逐步打开菲亚特品牌在北美的市场。

2014年12月16日,克莱斯勒改名为FCA(Fiat Chrysler Automobiles)美国有限责任公司,即"菲亚特—克莱斯勒汽车公司",此举在于跟随母公司FCA的命名规则。

3)克莱斯勒汽车公司的品牌及标志

(1)克莱斯勒。克莱斯勒汽车的飞翼标志(图3-70)包含了克莱斯勒品牌的内圆形商标,又增加了一对跃跃欲飞的翅膀,象征着克莱斯勒的欣欣向荣。克莱斯勒以制造具有创新意识、杰出工艺、设计新颖的汽车而闻名于世。诱人的浪漫情调,以人为本的精心设计且极富表现力的外观、细致入微的功能特性,长期以来不断为克莱斯勒品牌赢得业界的美誉以及汽车爱好者的关注和爱戴。

(2)道奇。道奇轿车素以价廉和大众化称著,颇受欢迎。道奇汽车的标志(图3-71)是一个五边形中有一羊头的图像,象征道奇车强壮剽悍,善于决斗,表示道奇部的产品朴实无华、美观大方。现在的标志是在"Dodge"上面加上一个代表克莱斯勒的五边形,表示道奇是克莱斯勒公司的一员。

(3)吉普。吉普车已经成为这款经典车型的代名词,是人们最熟悉的车型之一,但只有克莱斯勒公司才拥有吉普这个名称的使用权利,因为鹰·吉普部是克莱斯勒公司专门生产轻型越野汽车的分部。鹰·吉普部生产的汽车使用鹰的图案作为它的标志(图3-72),表示该部具有雄鹰的品质,迎风斗险,勇攀技术高峰。

图3-70　克莱斯勒　　　　　　　图3-71　道奇　　　　　　　图3-72　吉普

3. 菲亚特汽车股份公司

1)概述

菲亚特汽车公司(FIAT S. P. A.)是菲亚特集团的核心,它始建于1899年7月11日意大利都灵市,创始人是乔瓦尼·阿涅利(Giovanni Agnelli)。菲亚特汽车公司是世界上第一个生产微型车的汽车厂家,并以生产小型和微型汽车闻名。

菲亚特集团汽车生产约占意大利全国的95%。在这个庞大的公司有小客车部、商用和工业车辆部、农业拖拉机部、建筑机械部、钢铁部、零部件部、机床和生产系统部、土木工程和土地利用部、能源部、铁道车辆和轨道运输系统部以及旅游和运输部。此外,还设有一个财政和其他产品部、一个现代化的研究中心。在意大利这样一个人口只有5700万人的国家里,菲亚特的影响遍布工业、金融、政治、新闻、文化和社会诸领域,它不单是一个强大的国中之国,也是一种不可低估的文化力量。

菲亚特汽车公司的产品主要有菲亚特、法拉利、蓝旗亚、阿尔法—罗密欧、玛莎拉蒂等品牌,汽车品种超过 1000 种。

2)公司发展历程

1899 年 7 月 11 日,9 名意大利企业家和贵族在意大利北部工业城市都灵创建了"意大利都灵汽车制造厂"(Fabbrecs Italiana Automobili di Torino),简称菲亚特(FIAT)汽车制造厂,FIAT 是公司名称缩写的译音。1899 年,第一辆手工制造 2.2 ~ 4.4kW 的微型车 4HP 问世,菲亚特成为世界上第一个制造微型汽车的厂家。

在 20 世纪 20 年代的经济复兴中,菲亚特开发出了一系列豪华轿车和超级跑车。

1936 年,菲亚特开始生产蒂波 500(图 3-73),绰号叫陶波利诺(Topolino,即米老鼠的意思),可与英国的奥斯汀-7(Austin7)抗衡,是菲亚特销售最广的车型之一,它在许多国家以许可证方式生产。

图 3-73　蒂波 500

1955 年公司重建,当年推出的 FIAT 600 微型轿车(图 3-74)很受民众欢迎,成为意大利进入汽车时代的首选车型,连续 15 年畅销,产量超过 400 万辆。在我国改革开放初期曾大量进口 FIAT 600,西安市第一批出租汽车就是 FIAT 600。

随着实力进一步增强,菲亚特开始兼并国内的其他汽车企业。1969 年,兼并了蓝旗亚(Lancia)汽车厂,并购买了法拉利车厂 50% 的股份,把世界跑车业的第一品牌法拉利归到了自己旗下。1984 年收购了阿尔法—罗密欧(Alfa-Romeo),1993 年又收购了玛莎拉蒂(Maserati)。从此菲亚特成为一个经营多种品牌的汽车公司。

1980 年,菲亚特生产了由乔治亚罗设计的熊猫微型轿车(Panda,图 3-75),创立了小型多功能车的概念。

图 3-74　FIAT 600

图 3-75　菲亚特新熊猫

虽然菲亚特在国家的庇荫下盛极一时,背后却潜藏着与日俱增的危机,菲亚特看似没有敌手,但却意味着一种悲哀:缺少必要的竞争以刺激集团的生命力,结果必然是老化与落伍。随着欧洲一体化进程的加深以及全球化大潮的大势所趋,意大利根深蒂固的国家保护主义再也无法生根,菲亚特的核心汽车业务再也无法在国家保护下发展,因此菲亚特从 1998 年以来就连年亏损,从此陷入了债务泥潭。

从 2004 年开始,菲亚特集团开始扭亏为盈,这主要是由于集团对主要核心部门菲亚特汽车公司的经营结构进行调整,推出了系列新款车型,扩大市场占有率。

3)公司主要品牌及标志

图 3-76 菲亚特

(1)菲亚特。菲亚特品牌是菲亚特覆盖市场最广的品牌,垄断着意大利全国年总产量的 90% 以上的汽车生产量,这在世界汽车工业中是罕见的。因此,菲亚特被称为意大利汽车工业"寒暑表",菲亚特汽车被喻为"意大利车"。1999 年菲亚特汽车启用圆形标志,如图 3-76 所示。

(2)法拉利。赛车之父恩佐·法拉利说:"我最中意的赛车是我还没有造出来的赛车,我最大的成功是我还没有达到的成功。"法拉利公司在世界车坛有崇高的地位,甚至有的汽车评论家说任何跑车都无法和法拉利汽车相比。每一辆法拉利汽车,都可以说是一件绝妙的艺术品。图 3-77 所示为法拉利车的标志,其上部的绿白红三色是意大利的国旗色,下部是法拉利的意大利文。那匹腾空跃起的黑马,彪悍而有几分野性,它伴随着法拉利赛车驰骋赛场,向世界挑战。

图 3-77 法拉利

(3)阿尔法—罗密欧。阿尔法—罗密欧的标志是米兰市的市徽(图 3-78)。标志中的十字部分来源于十字军从米兰向外远征的故事,右边部分是米兰大公的徽章,关于蛇正在吞食撒拉迅人的图案有种种传说,其中之一的说法是象征着维斯康泰的祖先曾经击退了使人民遭受苦难的"龙"。这枚古老的徽章伴随阿尔法—罗密欧运动车已名扬四海。

图 3-78 阿尔法—罗密欧

(4)玛莎拉蒂。玛莎拉蒂被誉为"跑车皇后",与法拉利构成了当今车坛绝无仅有的超级跑车集团,它们继续在各自的空间里发展。法拉利崇尚双门跑车,以一级方程式最先进的技术为底蕴;玛莎拉蒂虽然和法拉利拥有相同的技术水平,但性能不会像法拉利那样极端,会更讲究舒适,逐渐演变成日用高性能舒适轿跑车。玛莎拉蒂的标志(图 3-79)是公司所在地意大利玻罗尼亚市的市徽。该车标表示马莎拉蒂汽车就像浩渺无限的大海咆哮澎湃,隐喻了马莎拉蒂汽车的快速奔驰的潜力。

图 3-79 玛莎拉蒂

(5)蓝旗亚。蓝旗亚对于国人来说是一个陌生的品牌,几乎在国内的道路上很难觅其踪影。它是菲亚特集团下主攻高档级别车型的品牌,在欧洲获得了很不错的声誉,并且还是意大利的官方用车。这个充满历史感的品牌体现了意大利汽车文化典雅和精美的风格。蓝旗亚标志(图 3-80)以长矛画面为主题,代表了企业不畏艰难拼搏精神,加上旗帜上的"Lancia",简洁地体出了"蓝旗亚"的全部意义。

图 3-80 蓝旗亚

第二节　国内主要汽车厂商发展概况

一、中国第一汽车集团公司

1. 概述

第一汽车集团公司及生产的汽车标志是由阿拉伯数字"1"和汉字"汽"两个字艺术化的组合,构成一只展翅翱翔在蔚蓝天空中的雄鹰(图3-81)。同时也是第一汽车集团公司打印在零部件上的一个产品商标。该标志既代表不断进取、展翅高飞的中国一汽精神,又表达了中国汽车工业冲出国门、走向世界的决心。

图3-81　一汽集团标志

中国一汽是中国汽车工业的摇篮,总部位于吉林省长春市,始建于1953年,毛泽东主席亲笔题名奠基。2011年6月28日,根据国务院国资委的要求,中国一汽进行主业重组,成立中国第一汽车股份有限公司。中国一汽是中国最大的汽车企业集团,主营业务板块按领域划分为:研发、乘用车、商用车、零部件和衍生经济等体系。拥有"解放""红旗"两大民族品牌,形成了"轻、中、重、轿、客、微"多品种、宽系列的产品格局。

2009年10月20日,中国第1000万辆解放J6重型载货汽车在长春下线(图3-82),中国成为名副其实的汽车大国。至今,中国一汽累计产销各类汽车2400余万辆、实现利税5000多亿元,形成了东北、华北、华南和西南四大基地,分布在哈尔滨、长春、吉林、大连、北京、天津、青岛、无锡、成都、柳州、曲靖、佛山、海口等城市。在巩固和发展国内市场的同时,不断开拓国际市场,逐步建立起全球营销和采购体系。

图3-82　中国汽车第1000万辆下线仪式在一汽解放J6生产线隆重举行

2. 公司发展历程

中国一汽集团1953年7月15日破土动工,65年以来,经历了工厂创建、成长发展、换型调整、结构调整、建设"三化"共五次大规模发展阶段,从生产单一的中型货车,发展成为中、重、轻、微、轿、客多品种、宽系列、全方位的产品系列格局。

1) 工厂创建时期

从1953年7月15日破土动工,到1956年7月15日第一辆国产解放牌汽车诞生,这是一汽的建厂时期。1950年初,毛主席和周总理在莫斯科同苏联签订的协议中,就把建设汽车制造厂作为第一个五年计划期间苏联援建的首批重点项目;同年4月,重工业部成立了汽车工业筹备组,开始了紧张的筹建工作;1953 年 6 月党中央专门为力争 3 年建设长春汽车厂发了指示;毛主席亲自为一汽奠基题词,并把一汽生产的汽车命名为"解放"。

在建厂期间,苏联为中国提供了全套的产品设计和工厂设计图样资料、80% 以上的生产设备和整套的工艺装备,派遣了一批专家来厂指导工厂建设和生产准备。一汽的建设,只用了 3 年的时间,开创了中国汽车工业的历史(图 3-83)。

图 3-83　1956 年 10 月 15 日的第一汽车制造厂外景,当天我国开始成批生产汽车

2)成长发展时期

从 1956 年开工生产到 1978 年末,是一汽的成长和发展时期。一汽有过乘"东风"展"红旗"制造国产轿车等创举,也遇到两次大的干扰和挫折:第一次是 1958～1960 年的 3 年"大跃进"期间,有过急于求成、忽视科学态度所犯的错误,造成设备失修、质量下降,企业管理严重削弱;经过 1960 年冬季开始的 3 年整顿,企业的生产秩序和管理逐步恢复正常,1965年和 1966 年,成为开工生产以来最兴旺的时期,被国家表扬为全国大庆式先进企业。第二次干扰是 1966 年下半年开始的"十年动乱",广大职工对左的错误有抵制、有斗争。1972年,贯彻周总理批示,狠抓产品质量,取得了明显成效;这个阶段,尽管遇到许多干扰和挫折,但各方面的工作仍有一定的发展。在这个时期里,一汽产汽车,出人才,为全国汽车工业和机械工业的发展培养输送了一大批干部和技术骨干;完成了包建二汽的任务;还承担了一些援外项目。

3)换型调整时期

1979～1988 年末,是一汽"解放"汽车的换型改造时期,又称第二次创业时期。在这个时期,一汽自 1980 年末到 1983 年 7 月,用了近 3 年的时间,完成了"解放"第二代产品CA1091 汽车的设计、试制、实验和定型。从 1983 年 7 月开始生产准备,又用了 3 年时间,到1987 年 1 月 1 日胜利转产,转产当年就实现了质量、产量双达标,通过了国家的工程验收。

一汽在换型改造中,不仅甩掉了"解放"车"30 年一贯制"的帽子,使老企业焕发出青春的活力,还在 1984 年与 1987 年先后两次得到中央领导同志的支持,延长了利润递增包干期限,扩大了产品自销权、外贸经营权和规划自主权;抓住了上轻型车、上中重型载货汽车以及上轿车的机遇,并同步进行了大量的扩建、新建的前期工作。

4)结构调整时期

1988～2001 年末,是一汽汽车产品结构调整时期,又称为以发展轿车、轻型车为主要标志的第三次创业时期。

改革开放以后,中国第一汽车集团公司 1981 年开始产品换型、工厂改造,1987 年 1 月CA1091 正式投产。在这个时期,通过建设一汽轿车、一汽大众两个现代化轿车生产基地,以及兼并、重组、改造轻型车生产企业,产品结构调整取得了重大突破,中、重、轻、轿并举的局面已经形成,轿车和轻型车产销量的比例已经接近 1:1,重型车已经超过了中型车的产销量。通过不断深化企业改革，一汽基本实现了由传统的工厂向集团公司体制的转变，以及由单一的国有资产向多元化资产结构的转变。通过对外合作和开拓国外市场，建立了一汽大众等一批中外合资企业，产品出口到70多个国家和地区，初步实现了从单一的国内市场向国内、国外两个市场的转变。

这个时期是生产大发展时期，公司先后建成6万辆轻型车基地、3万辆中高级轿车基地、15万辆普及型轿车基地。在汽车行业率先形成中、轻、轿车发展的战略格局，成为国内汽车产品系列最全、生产规模最大的汽车工业基地。

5）建设"三化"时期

2001年12月，一汽召开的第十一次党代会，宣布一汽第三次创业的历史使命已经完成；提出了"十五"计划时期实现汽车产销量、销售收入、利润、员工收入"四个翻一番"的目标；2002年又确立了要在五年或更长的一段时间，实现"规模百万化、管理数字化、经营国际化"的"三化"目标。从此，一汽进入了建设"三化"新的发展时期。

3. 公司主要品牌及标志

1）解放

"解放"是毛泽东主席亲自命名的我国第一个汽车品牌，更是一汽乃至中国汽车工业完全拥有知识产权和产品开发能力的民族第一品牌。新中国的汽车历史是从载货汽车开始的，第一辆解放牌载货汽车在1956年7月15日下线（图3-84）。自1956年7月第一辆解放中型载货汽车诞生以来，已形成轻、中、重型数百个车型品种。

2）红旗

"红旗"是中国轿车第一品牌，在国人心里有其他品牌所不能代替的位置。"红旗"二字已经远远超出了一个轿车品牌的含义，新中国发生的太多历史事件都与"红旗"有关。红旗牌轿

图3-84　1956年7月15日，首批解放汽车行驶在第一汽车制造厂的中央大道上

车的历史始于1958年。当年诞生的我国第一辆国产小轿车并不叫"红旗"，叫"东风"（图3-85），1958年，中央急于在建国十周年庆典上用国产高级轿车，向一汽下达了制造国产高级轿车的任务。一汽以一辆1955年型克莱斯勒轿车为蓝本，根据中国民族特色手工制成了一辆高级轿车并正式命名为"红旗"，李富春、杨尚昆、蔡畅等中央领导到一汽视察，赞扬了红旗轿车，红旗轿车从此定型（图3-86）。20世纪90年代之后的红旗始终摆脱不掉奥迪的影子，在技术上也都是依靠国外的技术，当年的风采现在已经大打折扣。

3）一汽-大众

一汽-大众公司位于吉林省长春市，成立于1991年，是我国第一个按经济规模起步的现代轿车工业基地，其奥迪品牌曾领跑中国高端轿车市场20多年，成为了中高端轿车的代名词。拥有长春、成都、佛山三大生产基地，华东基地已于2014年11月3日正式开工，2016年5月18日，一汽-大众华北基地在天津正式开工。目前一汽-大众拥有捷达、奥迪、宝来、速腾、迈腾、高尔夫、CC、蔚领等车型，其汽车产品使用标志如图3-87所示。

4）天津一汽丰田

天津一汽丰田汽车有限公司的前身是成立于2000年6月的天津丰田汽车有限公司，是

一汽集团与丰田汽车公司与 2002 年联合建立的,目前已将皇冠、花冠、威驰、锐志、卡罗拉等全系列车型打入中国市场,以其较高的性价比和燃油经济型颇受好评。天津一汽丰田生产的汽车使用的标志如图 3-88 所示。

图 3-85　我国第一部国产小轿车"东风"

图 3-86　第一辆真正的红旗牌高级轿车

图 3-87　一汽-大众汽车标志

图 3-88　一汽丰田汽车标志

5）奔腾

奔腾是一汽轿车的自主品牌,是一汽集团 60 多年造车历史的积淀、30 多年与外资合作经验的成果,是集成创新的结晶,是高起点、高品质、高性能的国内品牌代表。它使用的标志如图 3-89 所示。

6）一汽海马

一汽海马汽车有限公司是 2004 年 2 月,由一汽集团、海汽集团与海南省政府共同组建的。2001 年推出了国内首款 SMPV 普力马车型,2005 年占据国内 SMPV 市场的 80% 以上,随后又推出了福美来轿车,得到了市场和消费者的广泛认可。它使用的标志如图 3-90 所示。

图 3-89　一汽奔腾汽车标志

图 3-90　一汽海马汽车标志

二、东风汽车集团公司

1. 概述

东风汽车集团公司创立于 1969 年,东风汽车取名于毛泽东的"不是西风压倒东风,就是东风压倒西风"。东风汽车公司的前身是第二汽车制造厂。当时出于战备的考虑,选定厂址在十堰市,工厂布局也皆因战略需要而定。经过近 50 年艰苦不懈的奋斗,在国家直接投资 16.7 亿元的基础上,相继建成了十堰、襄阳和武汉三大基地,还在上海、广西柳州、江苏盐城、四川南充、河南郑州、新疆乌鲁木齐、辽宁朝阳、浙江杭州、云南昆明等地设有分支企业。同时形成全球性的事业布局,是 PSA 集团三个并列最大股东之一,在瑞典建有海外研发基地,在俄罗斯建有海外销售公司,在伊朗、南非等建有海外工厂。东风汽车集团公司业务范围涵盖全系列乘用车与商用车、新能源汽车、关键总成、汽车零部件、汽车装备及汽车水平事业等。

2. 公司发展历程

东风汽车集团公司是汽车行业重点骨干企业,是中国规模最大的载货汽车生产企业和国内最大的汽车零部件生产企业之一,也是国家重点支持的轿车定点生产企业之一。东风汽车公司经历了艰苦创业、改革发展和结构调整三个阶段。

1)第一阶段

20 世纪 60 年代末至 70 年代末期是东风汽车公司艰苦创业时期。东风汽车公司的发展历程,既带有浓郁的政治色彩又富有传奇的创业经历。说其具有浓郁的政治色彩是因为 1964 年的建厂就是基于"备战备荒为人民"的战略方针,把一个规模庞大的汽车厂硬是塞进了湖北秦巴大山深处。一个百人小镇的十堰一下子涌入了十几万人建设大军。从此所有的传奇都从这里开始。20 世纪 70 年代末期,十堰汽车生产基地初具规模。1975 年 2.5t 越野汽车投产;1978 年 5t 中型民用载货汽车投产。

2)第二阶段

20 世纪 80 年代至 90 年代初期是二汽快速发展、成就较为辉煌的时期。这一时期,二汽抓住国家改革开放的先机,大胆探索,勇于创新和实践,挣脱传统体制的束缚,使企业迅速发展壮大,经济效益连年增长,综合实力跃居行业之首,并连续多年排入全国工业企业十强的行列。二汽在 20 世纪 80 年代初,以自筹资金为主要手段,在 1983 年着手建设襄樊基地。1986 年,全厂形成年产 10 万辆民用载货汽车的能力。为适应市场经济的发展,1992 年二汽正式更名为东风汽车公司。与此同时,也解决了公司长期以来商号与商标不统一的问题。也正是在这一时期,东风汽车公司决定上轿车产品,并在 1992 年与法国雪铁龙汽车公司合资建立了神龙汽车有限公司,共同生产普通级轿车。

3)第三阶段

1999 年 5 月江泽民亲临东风视察,采取了"债转股"的政策举措,更激发了公司的经营活力。同年 7 月 1 日东风载重车公司成立,标志着企业改革趋向深化。随着 2003 年 7 月 1 日东风与日产合资成立的东风汽车有限公司正式运营,东风商用车公司也随之创立。这也开创了国内合资企业使用自主品牌的先河。2004 年,东风将旗下的东风汽车有限公司、神龙汽车有限公司、东风本田汽车有限公司、东风电动车辆股份有限公司、东风越野车有限公司等主要业务进行整合,成立了东风汽车集团股份有限公司,并于 2005 年 12 月在香港联交所上市。

3. 主要品牌及标志

1)东风

东风汽车公司的标志以艺术变形手法,取燕子凌空飞翔时的剪形尾翼作为图案基础,含义是双燕舞东风(图 3-91)。东风汽车公司原名为第二汽车制造厂。二汽的"二"字寓意于双燕之中,戏跃翻飞的春燕,外圆代表车轮,象征着东风牌汽车车轮不停地旋转。

2）东风风神

东风风神是东风汽车公司旗下的自主乘用车品牌,其总部设在湖北省武汉市,东风风神的品牌标识是椭圆形的双飞燕(图3-92),是在东风汽车公司正圆标识基础上的拓展与延伸,寄托着东风把市场基盘做大、成就世人拥车梦的理想,诠释了东风不断进取、勇于超越的精神。

图3-91　东风汽车标志　　　　　　　图3-92　东风风神汽车标志

3）东风日产

东风日产,是中国东风汽车公司与日本日产汽车公司的合资企业,创立于2003年6月9日。东风日产乘用车公司拥有广州花都、湖北襄樊、河南郑州和辽宁大连四个生产基地,产品覆盖包括小型车、中型车、大中型车、MPV、SUV等领域。其汽车产品使用的标志如图3-93所示。

4）东风本田

2003年7月16日,东风与日本本田技研工业株式会社通过改组改造原武汉万通汽车有限公司组建了东风本田汽车有限公司。与本田公司的合作项目主要有两项:①在20世纪90年代建立的东风本田发动机合资公司,为广州本田汽车公司配套;②东风与广州本田汽车集团、本田三方合资的轿车出口基地。其汽车产品使用的标志如图3-94所示。

5）东风标致

东风标致属神龙汽车有限公司旗下品牌。2002年10月,东风汽车公司与法国PSA集团(标致雪铁龙集团)签订扩大合作的合资合同,两大集团强强联手,全面展开将标致品牌引入中国,东风标致由此诞生。其汽车产品使用的标志如图3-95所示。

图3-93　东风日产汽车标志　　　　图3-94　东风本田汽车标志　　　　图3-95　东风标致汽车标志

6）东风雪铁龙

东风雪铁龙汽车产品是东风汽车公司与法国PSA标致雪铁龙集团在中国的大型合资轿车,由神龙汽车有限公司生产。东风雪铁龙轿车从1992年引入中国生产销售,始终保持与法国引进车型同步改进,并不断进行中国化道路及辅料使用环境的适配工作。其汽车产品使用的标志如图3-96所示。

7）东风悦达起亚

东风悦达起亚汽车有限公司系由东风汽车公司、江苏悦达投资股份有限公司、韩国起亚自动车株式会社按25%:25%:50%的股份结构共同组建的中外合资轿车制造企业。其汽车产品使用的标志如图3-97所示。

图 3-96　东风雪铁龙汽车标志

图 3-97　东风悦达起亚汽车标志

三、上海汽车工业(集团)总公司

1. 概述

上海汽车工业集团总公司简称上汽集团,是中国汽车工业具有代表性的大型企业集团之一。公司是目前国内领先的乘用车制造商、最大的微型车制造商和销量最大的汽车制造商。

上海汽车集团股份有限公司成立于 2004 年 11 月 29 日,旗下企业主要从事汽车和零部件的生产、销售、开发、投资及配套服务。

2. 公司发展历程

1955 年 12 月,上海市内燃机配件制造公司成立。

1958 年,上海市内燃机配件公司与上海市动力设备制造公司合并,成立上海市动力机械制造公司。同年 9 月 28 日,上海汽车装配厂试制成第一辆凤凰牌轿车,实现上海汽车工业轿车制造"零"的突破。

1960 年 1 月,上海市动力机械制造公司更名为上海市农业机械制造公司。

1964 年,凤凰牌轿车改名为上海牌轿车。

1969 年 4 月,上海市农业机械制造公司更名为上海市拖拉机汽车工业公司。

1983 年 4 月 1 日,第一辆桑塔纳轿车组装成功。同年 10 月,成立上海汽车拖拉机联营公司。

1985 年 3 月,上海大众汽车有限公司成立。

1990 年 3 月,上海汽车拖拉机工业联营公司更名为上海汽车工业总公司。

1995 年 9 月,上海汽车工业(集团)总公司成立。

1997 年 6 月 12 日,上海通用汽车有限公司成立。

1998 年 12 月,第一辆别克新世纪轿车下线。

2007 年 12 月,上汽并购南京汽车集团有限公司,南汽成为上汽的子公司,同时南汽的上级公司——跃进集团占有上汽 5.5% 的股份,上汽南汽两大汽车集团全面融合,实现一体化管理,南汽的汽车业务全面融入上汽,中国最大的汽车企业诞生了。

2009 年 1 月,上海捷能汽车技术有限公司举行揭牌仪式。5 月,上汽召开加快推进新能源汽车建设誓师大会,明确上汽新能源汽车产业化发展目标。

2015 年 3 月 13 日,上海汽车集团股份有限公司与阿里巴巴集团合作,首款互联网汽车是将 Yun OS 系统集成,在 MG 品牌的,属于中型甚至大型车。

3. 主要品牌及标志

1) 上海大众

上海大众汽车有限公司是中国最早的合资汽车公司,上海大众目前生产与销售大众和斯柯达两个品牌的产品。大众的桑塔纳代表了我国轿车工业一个时代的缩影,为桑塔纳汽车的国产化打下了中国轿车业的发展基础,是桑塔纳汽车缩短了中国与国外汽车制造业 30 年的差距,是桑塔纳汽车启动了中国的轿车市场。上海大众汽车产品使用的标志如图 3-98 所示。

2)上海通用

上海通用汽车有限公司成立于 1997 年,当时人们普遍认为,在国民收入较低的时候,私人轿车很难普及,30 多万元的别克车难有作为,但别克车一下线就出现了供不应求的局面,这不能不说是一个奇迹。今天,上海通用已拥有别克、凯迪拉克和雪佛兰三个品牌几十个车型。上海通用汽车有限公司使用的标志如图 3-99 所示。

3)上汽通用五菱

上汽通用五菱汽车股份有限公司,是由上海汽车集团股份有限公司、通用汽车(中国)公司、柳州五菱汽车有限责任公司三方共同组建的大型中外合资汽车公司,目前产品包括微型商务用车、微型厢式客车、微型双排货车、微型单排货车、微型乘用车等五大系列共 200 多个品种车型。其汽车使用的标志如图 3-100 所示,它由五个鲜红的菱形组成,形似鲲鹏展翅,雄鹰翱翔。有上升、腾举之势,象征着五菱的事业不断发展。

图 3-98　上海大众汽车标志　　　图 3-99　上海通用汽车公司标志　　　图 3-100　五菱汽车标志

4)上汽宝骏

宝骏是上汽通用五菱 2010 年创建的自主汽车品牌,"骏"源于本义良驹之意,宝骏即人们最心爱的良驹。其汽车使用的标志如图 3-101 所示,它由昂立的马首和经典盾形徽标组成,以银色金属线条为主色,辅以绿色,体现了该品牌"乐观进取、稳健可靠、精明自信"的精神。

5)上海荣威

荣威(ROEWE)是上海汽车于 2006 年 10 月推出的品牌,该品牌的汽车技术来源于上海汽车之前收购的罗孚。"荣威"取意"创新殊荣、威仪四海"。其汽车使用的标志如图 3-102 所示。

图 3-101　宝骏标志　　　图 3-102　荣威汽车标志

四、长安汽车(集团)有限责任公司

1. 概述

长安汽车(集团)有限责任公司创建于 1995 年,由原长安机器制造厂和江陵机器厂合并而成,总部位于重庆长江和嘉陵江汇合处。产业涉及整车、发动机、零部件、房地产等领域,地跨西南(重庆)、华中(江西)、华东(江苏)、华北(河北)四地,并在重庆、北京、上海建立了国内研发基地,在意大利都灵、英国伯明翰、美国底特律、日本横滨建立了4个全球研发中心,形成长安汽车"五国七地"技术研发体系。

2. 公司发展历程

长安汽车的发展经历了创立成长阶段(1862～1937年)、发展壮大阶段(1949～1982年)、军民结合阶段(1982～1995年)、资产重组阶段(1995～1998年)和国际化战略阶段(1998年至今)5个阶段。

1862年,清朝军机大臣李鸿章在上海松江创办"上海洋炮局",后来更名为"金陵制造局"是长安的前身。1937年,原长安厂迁至重庆,次年更名为"第二十一兵工厂"。1938年,原江陵厂迁至重庆,1941年更名为"第十兵工厂"。1957年,工厂定名为"长安机器制造厂",1957年改名为"江陵机器厂"。

20世纪70年代末80年代初,公司积极响应国家军转民的号召,正式进入汽车产业领域,逐步发展壮大。1993年,原长安厂与日本铃木公司合资建立长安铃木汽车有限公司。1995年,原长安厂和原江陵厂合并为长安汽车有限责任公司。1996年,重庆长安汽车股份有限公司成立,并实行军民品剥离,成立3个工厂。2001年,长安—福特战略结盟,长安—福特汽车有限公司成立,与福特合资合作生产中高档轿车。

2009年11月,长安汽车集团进行重组,长安汽车集团持有中航工业的昌河汽车、哈飞汽车、东安动力、昌河铃木、东安三菱的股权;长安汽车集团23%的股权划拨中航工业。2011年11月,长安标致雪铁龙成立,注册资金为40亿元人民币,由中国长安汽车集团股份有限公司和法国标致雪铁龙汽车集团各承担50%的股份,公司位于广东深圳市宝安区,将引入雪铁龙DS系列产品,并推出合资企业自主品牌产品。2013年11月25日,中国长安将旗下的昌河汽车(除合肥昌河)整体划转给北汽集团和江西省政府。

3. 主要品牌及标志

1)长安汽车

长安汽车经过多年发展和不懈努力,现已形成微车、轿车、客车、载货汽车、SUV、MPV等低中高档、宽系列、多品种的产品谱系,拥有排量0.8～2.5L的发动机平台。其汽车产品使用的标志如图3-103所示。

图3-103 长安汽车标志

2)长安福特和长安马自达

2006年3月,马自达汽车公司参股长安福特,公司正式更名为"长安福特马自达汽车有限公司",2012年8月27日,长安福特马自达分解为长安福特和长安马自达两家公司。其汽车产品使用的商标分别如图1-6、图3-104所示。

3）长安标致雪铁龙

长安标致雪铁龙汽车有限公司的产品将以标致雪铁龙的高端品牌以及合资公司创建的自主品牌为主,公司标志如图3-105所示。

图3-104　长安马自达标志

图3-105　长安标致雪铁龙公司标志

4）长安铃木

长安铃木从玲珑精巧的"奥拓"系列,到简洁典雅的"羚羊"系列,到与世界同步的"雨燕"系列,到全球首发的"天语SX4"系列,为广大用户提供了"科技、安全、节能、环保"的精品轿车。长安铃木汽车的标志如图3-106所示。

5）江铃

江铃汽车股份有限公司由1968年成立的江西汽车制造厂发展而来。近几年,江铃通过与美国福特汽车公司、日本五十铃汽车公司等多家企业展开合资合作,实现了销售、采购、物流、产品开发体制的不断创新。江铃汽车的标志如图3-107所示。

图3-106　长安铃木汽车标志

图3-107　江铃汽车标志

五、北京汽车集团

1. 概述

北京汽车集团有限公司是中国五大汽车集团之一,主要从事整车制造、零部件制造、汽车服务贸易、研发、教育和投融资等业务。北汽集团前身可追溯到1958年成立的"北京汽车制造厂"。先后自主研制、生产了北京牌BJ210、BJ212等系列越野车,北京牌勇士系列军用越野车,北京牌BJ130、BJ122系列轻型载货汽车,以及欧曼重型货车、欧V大客车等著名品牌产品,合资生产了"北京Jeep"切诺基、现代品牌、奔驰品牌产品。同时具有新能源汽车三大核心部件开发能力,完全实现自主生产新能源能力,并为市场提供新能源汽车产品40余款,产品种类与数量在国内均处于领先地位。

2010年9月28日,北京汽车集团及其他5家公司发起组建了北京汽车股份有限公司,北京奔驰、北京现代和北京福田都在其领导下,被称为北京汽车工业三大板块。

2. 公司发展历程

1958年6月20日,随着北京第一辆自主研发的"井冈山"轿车开进中南海,就拉开了北京生产汽车的序幕。20世纪60年代以后,BJ212越野车填补了轻型越野车的空白。

1984年1月15日,中国汽车工业第一家合资企业"北京吉普汽车有限公司"挂牌成立。

1996年8月,由北汽摩公司发起,联合全国100家法人单位成立了北汽福田车辆股份有限公司。

2002年4月29日,北京汽车工业控股有限责任公司与韩国现代自动车株式会社在北京签订全面战略合作协议。10月18日,北京现代汽车有限公司成立揭牌。

2003年9月8日,北京汽车工业控有限责任股份公司与戴姆勒—克莱斯勒公司战略合作框架协议签字仪式隆重举行。至此,北京汽车形成了包括轿车、商用车、越野车全系列产品,高、中、低端档次齐全,结构合理的整车产品体系。

2007年8月2日,北汽控股公司举行"勇士"军用越野车下线仪式,开始正式列装部队。

2009年3月13日,中国第一个新能源汽车产业联盟——北京新能源汽车产业联盟在北汽福田正式宣告成立。联盟由北汽控股公司、北京公交集团、北京理工大学等共同发起,整合了国内新能源领域的优势资源。

2012年2月18日,北京福田戴姆勒汽车有限公司成立,将生产福田欧曼中重型、重型载货汽车和戴姆勒许可的部分重型载货汽车发动机。

2013年11月25日,中国长安将旗下的昌河汽车(除合肥昌河)整体划转给北汽集团和江西省政府。

3.主要品牌及标志

1)自主品牌

北汽集团旗下自主品牌包括北汽绅宝、北京和北汽威旺。北汽绅宝是全新中高端轿车品牌,是北京汽车自主品牌的重要支柱。北京(BJ)品牌打造的是越野车产品。北汽威旺取意"威天下、旺未来",2016年北汽威旺顺利完成了布局SUV和MPV两个细分领域。其车标如图3-108～图3-110所示。

图3-108　北汽绅宝车标　　　　图3-109　北京汽车车标　　　　图3-110　北汽威旺车标

2)北京奔驰

北京奔驰引入了梅赛德斯—奔驰畅销全球的四大主力车型:C级车、E级车、GLC SUV和GLA SUV,其标志如图3-111所示。

3)北京现代

北京现代汽车有限公司是加入世贸后中国批准的第一个汽车合资企业,它用半年的时间走过了大型汽车企业10年走过的路,创下了中国汽车工业生产速度的新纪录。北京现代汽车的标志如图3-112所示。

4)北汽银翔

北汽集团西南基地(北汽银翔)创建于2010年8月,是北京汽车集团与重庆银翔实业集团合资组建的汽车整车企业。北汽银翔产品系列包括面包车、SUV、MPV、皮卡等乘用车、商用车及其衍生的新能源车型。北汽银翔汽车公司的标志如图3-113所示。

图 3-111　北京奔驰汽车标志　　图 3-112　北京现代汽车标志　　图 3-113　北汽银翔公司标志

5）昌河汽车

昌河汽车孕育于 1969 年组建的昌河军用直升机航空工业,2013 年重组进入北汽集团,定位为北汽集团第二自主品牌、南方基地、节能环保车型战略基地和新能源汽车发展基地。昌河汽车旗下拥有"昌河"和"昌河铃木"两大品牌,其汽车标志如图 3-114、图 3-115 所示。

6）北汽福田

北汽福田汽车股份有限公司是一家跨地区、跨行业、跨所有制的国有控股上市公司,旗下拥有欧曼、福田欧辉、福田风景、福田传奇、MP-X 蒙派克、迷迪、欧马可、奥铃、萨普、时代、拓路者等十一大产品品牌,所有产品全部拥有自主知识产权,其标志如图 3-116 所示。

图 3-114　昌河汽车标志　　图 3-115　昌河铃木汽车标志　　图 3-116　北汽福田汽车标志

六、中国其他汽车公司

近年来中国汽车行业发展势头迅猛,在受金融危机影响严重的 2008 年,世界其他主要汽车消费国大都面临颓势,中国市场却一枝独秀,仍然保持了很高的增长,这不仅大大促进了中国汽车自主品牌的发展,更把全世界的目光吸引到了中国,世界汽车巨头纷纷将中国市场视为重点市场。

除了三大汽车龙头企业一汽、东风和上汽外,广汽本田、奇瑞、比亚迪、吉利、北汽、长安等众多汽车企业发展也都很快。

1. 中国重型汽车集团有限公司

1）概述

中国重型汽车集团有限公司是我国重型汽车工业的摇篮,是全国最大的重型汽车生产基地,是中国第一辆重型载货汽车的制造者,也是国内第一家全面引进国外重型汽车整车制造技术和第一个与世界载货汽车巨头合资的企业。

2）公司发展历程

中国重型汽车集团有限公司的前身是原济南汽车制造总厂,始建于 1935 年,主要生产汽车零部件。该厂于 1956 年开始自主研发设计制造汽车,步入汽车制造企业。1960 年 4月试制出了中国第一辆重型载货汽车——黄河牌 JN150 型 8t 重型载货汽车(图 2-33),结束了中国不能生产重型载货汽车的历史。同年 5 月 4 日,毛泽东主席到济南视察时,参观了这辆样车,朱德元帅亲笔题写"黄河"。

中国重型汽车集团有限公司在产品开发创新上下功夫:2001 年开发出飞龙系列, 2002 年开发出斯太尔王系列,2003 年开发出黄河王子系列,2004 年开发出 HOWO-7 系列、黄河少帅和斯太尔 III 等系列整车产品,2005 年开发出 HOWO-8 系列、斯太尔豪骏系列、金王子系列、黄河将军系列,2016 年 9 月 19 日开发的首款重汽 I 代智能重型载货汽车正式面世。

3)主要品牌及标志

中国重型汽车集团有限公司有形成汕德卡(SITRAK)、HOWO、斯太尔、黄河、豪瀚、王牌、福泺、威泺为品牌的重型货车、中型货车、轻型货车、矿用自卸、特种车、客车 2000 多个车型。其标志如图 3-117 所示。

图 3-117　中国重型汽车标志

2. 广汽本田汽车有限公司

1)概述

广汽本田汽车有限公司于 1998 年 7 月 1 日成立,它由广州汽车集团公司和日本本田技研工业株式会社合资经营。广汽本田目前的产品品种有第八代雅阁(Accord)轿车、奥德赛(Odyssey)商务车、锋范(CITY)三厢轿车和飞度(Fit)两厢轿车。2009 年 7 月 1 日正式更名为广汽本田汽车有限公司。

2)主要品牌及标志

2016 年,广汽本田迎来了 Honda(本田)、Everus(理念)和 Acura(讴歌)三品牌运营的新阶段。其标志如图 3-118 ~ 图 3-120 所示。

图 3-118　广汽本田汽车标志

图 3-119　广汽理念汽车标志

图 3-120　广汽讴歌汽车标志

3. 奇瑞汽车有限公司

1)概述

奇瑞汽车有限公司成立于 1997 年 3 月,前身是安徽省汽车零部件有限公司。1999 年 12 月 18 日,首辆奇瑞轿车成功下线。因为拿不到生产目录许可,无法真正使"奇瑞"报上合法户口,因此,奇瑞通过转让 20% 股权的方式于 2001 年 1 月正式投入上汽集团的怀抱,安徽省汽车零部件有限公司正式更名为上汽奇瑞汽车公司,从此使奇瑞真正走上一条合法化生产的道路并发展成为中等家庭轿车市场的黑马。2001 年 10 月,首批奇瑞轿车出口叙利亚,开创了奇瑞出口的先河。2004 年 2 月,与伊朗 SKT 公司签订合作建厂的协议,开创了中国轿车海外建厂的先河。9 月 27 日,奇瑞和上汽双方领导向外界证实了上汽撤出奇瑞 20% 股份,奇瑞终于在名字前摘掉了"上汽"两字,从而宣告两家正式分手,奇瑞自此自主发展。2008 年,奇瑞汽车有限公司更名为奇瑞汽车股份有限公司。2012 年,奇瑞又与捷豹路虎成立合资企业，展开全面合作。

奇瑞汽车公司在芜湖、大连、鄂尔多斯、常熟以及在巴西、伊朗、委内瑞拉、俄罗斯等国共建有14个生产基地。其汽车产品覆盖乘用车、商用车、微型车领域，满足了细分市场的不同消费需求。同时，旗下两家合资企业拥有观致、捷豹、路虎等品牌。

2）主要品牌及标志

奇瑞汽车公司的自主品牌使用的标志如图3-121所示，标志的整体是英文字母CAC（Chery Automobile Corporation Limited，缩写CAC，中文意思为奇瑞汽车有限公司）的一种艺术化变形，A为一变体的"人"字，预示着公司以人为本的经营理念，同时A在椭圆上方的断开处向上延伸，寓意奇瑞公司发展无穷，潜力无限，追求无限；徽标两边的C字向上环绕，如同人的两个臂膀，象征着一种团结和力量，环绕成地球型的椭圆状。整个标志又是W和H两个字母的交叉变形设计，为"芜湖"一词的汉语拼音的声母。

观致是奇瑞汽车公司与以色列Israel公司于2007年12月联合推出的高端品牌，其车标如图3-122所示。捷豹和路虎是奇瑞汽车公司另外2个合资品牌，其车标如图3-123、图3-124所示。

图3-121　奇瑞汽车标志

图3-122　观致汽车标志

图3-123　捷豹汽车标志

图3-124　路虎汽车标志

4. 吉利控股集团有限公司

1）概述

吉利控股集团有限公司是一家以汽车及汽车零部件生产经营为主要产业的大型民营企业集团，始建于1986年，其前身是位于浙江省台州市路桥区的黄岩县制冷元件厂。最初生产摩托车，1997年进入汽车制造领域，凭借灵活的经营机制和不断的观念创新，快速成长为中国经济型轿车的主力品牌，跻身中国国内汽车制造企业的主流格局。

吉利集团总部设在杭州，旗下拥有吉利汽车、沃尔沃汽车、伦敦出租车等品牌。目前在浙江宁波、台州、宝鸡、晋中、湘潭、成都等地建有多个汽车整车和动力总成制造基地。现有博瑞、博越、帝豪系、远景系、金刚系等10多款整车产品。

1998年8月8日，第一辆吉利汽车在浙江省临海市下线。2003年1月28日，美人豹跑车下线。美人豹是我国拥有自主知识产权的第一款跑车，获得"中国工业设计创新特别奖"，并被中国国家博物馆永久收藏与展示。2003年3月吉利与香港主板上市公司国润控股有限公司合资组建了浙江吉利国润汽车公司和上海华普国润汽车公司。2010年3月28日,吉利汽车在瑞典哥德堡与福特汽车公司签署了正式收购沃尔沃的协议。吉利汽车收购沃尔沃,说明中国汽车产业实力已经显著增强,中国汽车企业已经具备走出国门参与全球并购的实力。2013年9月13日,吉利—沃尔沃联合研发中心在瑞典哥德堡开始试运营。2015年3月26日,吉利控股集团伦敦出租车工厂扩建仪式在英国考文垂举行。11月18日,吉利汽车发布"蓝色吉利行动"新能源战略。2016年10月20日,吉利汽车集团在德国柏林发布了全新汽车品牌领克(LYNK&CO)。

2)主要品牌及标志

目前吉利控股集团有限公司有吉利、沃尔沃、领克3个品牌。

帝豪系列、远景、博越、博瑞等车型都属于吉利品牌,该品牌的车标如图3-125所示。它是在原帝豪车标的基础上改过来的新黑蓝车标,内由六块宝石组成,蓝色宝石代表了蔚蓝的天空,黑色宝石寓意广阔的大地,双色宝石的组合象征吉利汽车驰骋天地之,走遍世界的每个角落。

沃尔沃车标由图标和文字两部分组成,如图3-126所示,图形为车轮形状,并有指向右上方的箭头,文字为品牌名称的拉丁文"Volvo",意思是滚动向前,整个车标寓意着沃尔沃汽车的车轮滚滚向前和公司兴旺发达。

领克(LYNK&CO)车标如图3-127所示,它由两个英文单词组合而成,LYNK意为连接、互联,代表该品牌的合作属性以及未来的智能互联发展路线,其有望加入未来移动出行服务提供商的行列;CO没有具体含义,它的意义是使得品牌名称更加朗朗上口。

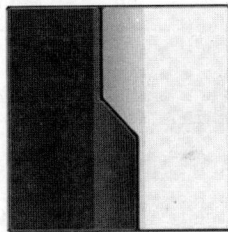

图3-125 吉利汽车的标志　　图3-126 沃尔沃汽车的标志　　图3-127 领克汽车的标志

5.比亚迪股份有限公司

1)概述

比亚迪股份有限公司创立于1995年,从一开始就把目光投向技术含量最高,利润也最丰厚的电芯生产,为其以后的成功奠定了基础。比亚迪从20多名员工的规模起步,2003年成为全球第二大充电蓄电池制造商,同年问鼎汽车工业,收购西安秦川汽车有限责任公司77%的股份,成为继吉利之后国内第二家民营轿车生产企业。

目前,比亚迪汽车已建成西安、北京、深圳、上海四大产业基地,在整车制造、模具开发、车型研发等方面都达到了国际领先水平,产业格局日渐完善。比亚迪汽车在上海建有一流的研发中心。在西安建设有国际领先水平的轿车生产线。在深圳建成现代化汽车城,并建成第二研发中心,成为比亚迪汽车中高级汽车的生产基地。

2009年7月,比亚迪收购总部位于长沙的美的三湘客车,获得客车生产许可证,并在湖南环保产业园投资设立新能源客车生产基地。长沙继西安、深圳之后,成为比亚迪第3个新能源汽车生产基地。2010年3月,在日内瓦汽车展上比亚迪与戴姆勒签订电动车和零部件领域合作备忘录,双方结合比亚迪在车用蓄电池和驱动电动机方面以及戴姆勒在传统汽车制造领域的经验开发电动车。

比亚迪目前是世界上同时掌握蓄电池、电动机、电控等电动车核心技术以及拥有成熟市场推广经验的企业之一。同时在整车制造、模具研发、车型开发等方面掌握大量核心技术。汽车产品包括各种燃油轿车、汽车模具、汽车零部件、双模电动车及纯电动汽车等。

2)主要品牌及标志

比亚迪汽车标志如图3-128所示,在2007年其标志已由蓝天白云的老标换成了只用3个字母和一个椭圆组成的标志了,BYD的意思是build your dreams,即为成就梦想。另外比亚迪SUV率先使用汉字车标"元",比亚迪新能源家族车型也率先使用"秦""宋""唐"在内的汉字车标。

图3-128　比亚迪汽车标志

6.众泰控股集团有限公司

1)概述

众泰汽车始建于2003年,总部位于浙江永康,是一家以汽车整车及汽车关键零部件为核心业务的民营企业,目前在浙江、湖南、江苏、山东布局了整车生产基地,在杭州、重庆、日本横滨和意大利都灵设立了四大研发中心。众泰汽车产品覆盖轿车、SUV、MPV和新能源汽车等领域。

众泰汽车是中国首批布局新能源汽车产业化的企业之一,是国内首家获得工信部颁布的新能源汽车整车生产公告目录的企业,曾与国家电网等单位合作开启了分时租赁和众车纷享等运营模式。

2)主要品牌及标志

众泰控股集团有限公司目前拥有众泰汽车、江南汽车两大自主品牌。

众泰汽车标志如图3-129所示,它由一个简洁明了的"Z"字组成,既结合了众泰汽车的英文ZOTYE首字母"Z",同时,也融合了"浙江""中国"首字母"Z",象征着众泰汽车不仅要立足于浙江,立足于中国,铸造能够代表中国的汽车品牌的企业目标,更蕴含着众泰汽车走向世界,屹立于全球的产业梦想。

江南汽车制造有限公司成立于2004年,是原中国兵器工业总公司下属的大型军工企业——江南机器(集团)有限公司的汽车产业经股份制改造后成立的专业制造轿车的股份制企业,是国内生产最畅销的奥拓微型汽车企业之一。2007年5月12日,众泰控股集团成功重组江南汽车,实现双雄联合,翻开了江南汽车发展史上崭新的一页,其汽车标志如图3-130所示。

图3-129　众泰汽车标志

图3-130　江南汽车标志

第三节　汽车公司文化的核心

人类文明悠久的历史如浩瀚的银河,有划时代意义的光辉壮举,恍若夜空中璀璨的星辰,交相辉映,众多知名汽车公司仅仅存在数百年,就催生出天翻地覆的巨变,这无异于一颗巨大恒星爆发的壮丽,即使这短暂的辉煌稍纵即逝,也会为后人留下永远的记忆。汽车诞生以来,就自然而然紧密地与公司相随,这个集成了众多工业部门的现代产品,借助公司的力量才得以驶遍世界的每一个角落。如今,纵然大多数汽车公司已经湮没在历史的车轮下,仍有很多人们耳熟能详的汽车公司一直延续着辉煌,即使创始人早已不在人世,即使公司几经易手,所有权和管理权历经更迭,但时光荏苒,这些公司和品牌始终深深刻在人们脑海中。是什么,让美国小镇作坊里诞生的品牌走遍全球?是什么,让一个品牌的汽车无论经过多少车型变化仍能保持其常青的品牌印象?是什么,让有数十万员工的跨国公司为同样的利益而奋斗?这就是公司文化!公司文化是一种传统,是一种气质,是一个汽车公司的灵魂,这种灵魂是这家企业的创始人所铸就的,并深刻融入到了公司的每名员工、每个运营环节中。此后,不管岁月流逝,人员更迭,这家公司灵魂永在!

汽车公司文化是汽车行业的精髓。对于一家公司而言,其公司文化是公司信奉并付诸实践的价值理念,是由全体成员共同接受、普遍享用、在公司发展过程中逐渐积累形成的,一般包括经营理念、价值观、企业精神、企业道德、经营形象和企业制度等。而汽车行业100年来如雨后春笋般迅速崛起,为社会带来了前所未有的效率、快捷和规模效应,也为公司开创了管理、竞争和创新的新局面,因此,汽车公司文化中体现出的效率文化、管理文化、质量文化、竞争文化、品牌文化和技术创新文化则成为汽车公司文化的核心。

一、效率文化

公司的创立正是人类追求效率的成果。当人们发现这种将资本集中运营并由董事会集体决策的组织体现出了无比的优越性,并借助市场经济这只无形的手大大加快了物资和资本流动的速度时,公司便迅速在全球蔓延开来。当汽车诞生时,公司的运作已十分成熟,跨国公司已在世界各地延伸开,人们生活的方方面面已不能离开公司。

汽车公司追求效率的脚步由此开始。公司诞生在一个非常自由的资本主义环境中,这种环境最大的特点就是追求利益最大化。由于劳动力市场严重供大于求,公司用很低的薪水就可以招到很多饥肠辘辘的员工,所以公司为了节省开支,对工人非常刻薄,这是19世纪末20世纪初劳资关系的真实写照。这些眼里只有钱的老板终于等到了工人的反抗,法国里昂工人起义、英国宪章运动、德国西里西亚纺织工人起义接踵而至,当工人和资本家的矛盾越来越深时,福特汽车公司做出了震惊世界的决定,把工人的工作时间减至8h,同时提供每天5美元的工资待遇,这是原先2.34美元日薪的两倍多,福特每年将为此多支付近1000万美元,而当时其年利润也刚过1000万美元。但当年年底,福特公司的利润就上升到3000万美元,因为福特清醒地看到,在利益和人道的中间还有第三条路,这就是效率,高薪水一方面召集了汽车行业的精英,使生产力和效率大大提高,另一方面避免了工人误工、偷懒的行为,凡是被招进公司的工人都要接受严格的新机器技能的训练,每天严格地执行工作量,一旦不能适应公司的要求就只能被解雇,而被解雇后又找不到比福特公司待遇更好的工作。福特睿智的决定,让公司以很小的代价就获得了生产效率的巨大提升。

福特对效率的追求当然不仅于此。汽车与其他工业产品不同,它由成千上万个零部件组成,每个总成是相对独立的部分,于是福特试着探索把每个总成分散到专门的厂家进行标准化生产,再将制造好的总成在流水线上统一组装。于是,生产福特 T 型车的流水生产线诞生了,事实上这是人类大工业生产时期创造的第一条流水生产线,是汽车工业的一大创举,它不仅大大加快了汽车生产的效率,扩大了零部件生产的规模,同时也大大降低了成本,为后来的重工业和轻工业流水生产线提供了榜样。流水生产线带来的不仅是生产时间的缩短,更重要的是汽车价格的降低,汽车真正成为了走进人们生活的交通工具。1908 ~ 1927年,福特公司一共生产了 1500 万辆 T 型车,这款令美国人甚至全世界都着迷的车更像一种指引、一种召唤,一种对新的大规模工业生产效率的追求。T 型车也成了当时世界上最廉价的汽车,是真正"每个人都开得起"的汽车,在长达 20 年的时间里,T 型车被人们称为"运载整个世界的工具",被评价为"世纪之车",福特本人也获得了"汽车大王"的称号。

历史的车轮滚滚向前,汽车也逐渐驶向了世界的每一个角落,但在广袤的东方大地上好像始终缺少些汽车的印记。终于,汽车公司等到了中国改革开放大门打开的一刻,大众、通用等汽车巨头纷纷建厂投资,1980 ~ 2011 年中国共生产汽车 1.06 亿辆,是改革开放前 30 年的 64 倍,中国成为了名副其实的汽车大国。中国汽车工业协会统计数据显示,2016 年中国汽车产销均超 2800 万辆,连续八年蝉联全球第一。汽车的普及使人们的生活节奏大大加快,人与人之间的距离大大缩短,使社会的生产和运作效率大大提高了。人们的出行更方便、更安全、更舒适了,整个社会也更和谐、更有序、更高效了。

汽车公司的历史是一个追求效率的征程。亨利·福特对提高工人效率、大规模流水线和标准化生产的探索,汽车对人类社会的生产和运作效率的改善都体现了汽车公司的效率文化。效率文化是凌驾于利益驱使之上的更能决定公司竞争力的因素,汽车公司如果没有对效率不懈的追求,终将被社会淘汰,人类社会如果没有对效率孜孜不倦的探索,也终将停滞不前,效率文化是汽车公司的动力,同时也是人类社会的动力。

二、管理文化

管理是公司的生命。即使如福特这样开创了大工业时代流水线先河的公司,如果缺乏现代、有效的管理同样会失败。1918 年,亨利·福特用流水线和 T 型车开创了美国的汽车时代,全世界行驶的汽车中有一半都是 T 型车。但 20 年代中期后,随着生活水平的提高,人们对汽车的需求也逐渐多样化,福特 T 型车的销量迅速下滑,面对严峻的市场竞争,福特坚决反对任何开发新车的建议,他的管理风格非常个人化,既不通过调查,也不依据原则,而是仅仅凭借直觉进行决策,于是福特公司一度管理非常混乱,效率很低,到第二次世界大战爆发前,福特公司的市场占有率已经从 68% 下降到 20%,公司每个月亏损达到 900 万美元,濒临破产。

相对于陷入困境的福特公司,美国另一家大型汽车公司——通用公司同样举步维艰。1916 年,威廉·杜兰特取得了通用公司的全部股权,但他忽视公司的管理和经营,各分公司产品重复,陷入危机。但通用比福特幸运的是一位职业经理人的出现,他就是艾尔弗雷德·斯隆。斯隆认识到杜兰特和亨利·福特在管理上的缺点,在通用汽车公司进行了管理制度的改革。1920 年初,斯隆将自己撰写的《组织研究》一书送到董事会,他设计了一种多部门管理制度,根据市场多样化的需求设计不同的部门为不同的消费群体服务,由不同级别的经理人员共同管理公司。斯隆管理理念的特点是把公司政策的制定和实行分开,各个基层部门是执行单位,以利润为中心各自进行独立经营活动,而各公司的经营又是在总公司的协调控制下完成的。

这样,通用公司多样化的产品使其得以迅速发展:雪佛兰是低端产品,针对的是一般人;凯迪拉克是给有钱人开的;奥兹莫比尔是给手头宽裕但个性谨慎的人开的;别克卖给处于上升期的人;庞帝克卖给没钱却爱摆阔的人。斯隆的改革使公司摆脱了过去由总裁一人说了算的局面,变为由大量不同级别、拥有不同责任和权力的经理人组成的管理团队,各司其职又相互制衡,权力不再集中在一个人手上。正如斯隆所说:"在独裁者的领导下,一个机构是不能发展成为一个成功的组织的。如果独裁者知道所有问题的所有答案,那么独裁制度是最有效的管理方式。但没有独裁者能做到这一点,将来也没人能做到。"多元化的建议和方案才是公司做出最佳决策所必须具备的资源,通用迅速超越福特,成为世界上最大的汽车公司并至今未被超越。古往今来的无数历史证明,独裁终究将导致衰落,民主和自由才是发展的肥沃土壤,公司本身就诞生于自由资本主义的环境中,也将在自由、多样化的管理体制下才能永远具有竞争力。现代管理是企业的生命,如果不根据市场需求制定相应的管理策略,终将处于失败的境地。

当欧美汽车产业如日中天时,日本人也开始探索汽车强国的道路。1950 年,丰田英二考察了当时世界上最大、效率最高的福特鲁奇工厂,他发现福特的大规模生产模式不适合日本,日本市场狭小,需求多样,缺乏资金、设备,人力资源成本又高。丰田英二开始探索目视管理法、一人多机、U 型设备布置法等方法,这种丰田生产方法后来发展成为世界闻名的日本精益生产模式。精益生产模式的核心是准时化、零浪费管理,即只在用户需要时按数量生产用户满意的产品,追求 7 零管理:零浪费、零缺陷、零库存、零停滞、零切换、零工伤、零工序间在制品,精益生产的目的是消除一切无效劳动和浪费,通过不断降低成本、增加生产灵活性、减少废品和库存成本来保持竞争力。在如今能源危机日益严重的情况下,日本的精益生产尤其意义深远,这不仅为丰田和日本汽车业赢得了汽车产业的一席之地,更为今后世界工业发展提供了一条思路。

当改革开放的春风吹遍了大江南北时,中国汽车企业也终于迈出了探索的第一步。1984 年 10 月,上海大众成立,在上海汽车人欢欣鼓舞地开始组装桑塔纳轿车时,同样也开始了轿车国产化的征程,当时桑塔纳的国产化率仅有 2.7% ,而中国零部件公司花费巨资购进国外生产和检测设备所生产出的产品却一再被德国大众认为不合格,人们开始质疑和批判德国人刻意刁难、不想让桑塔纳国产化,唯有几家公司通过不懈努力通过了质量认证,这些公司也成了中国汽车零部件产业的领军企业。事实证明:唯有虚心学习先进的管理方式,才能真正提高产品质量和企业效益。

从福特、通用对管理的探索,到日本精益生产模式的推广,管理不仅仅影响到了汽车公司日常的经营和竞争,更是一种文化,这种文化深深扎根于公司的底蕴和每一个员工心中,让每个人明白管理的最终目的是为了探索一条高效、零浪费、零污染的现代生产和竞争模式。

三、质量文化

质量是一切工业产品的根本,尤其是汽车这个直接关系到人生命安全的交通工具,如果重要的安全零件过早出现质量问题,可能会酿成不堪设想的灾难。质量和品质的好坏决定了汽车公司和品牌能走多远,经典品牌无不是质量无可挑剔的。

早期的汽车完全由手工制作,常理很难想象100年前制造的汽车现在还能行驶,而劳斯莱斯做到了,更令人难以置信的是,自1904年到现在,超过60%的劳斯莱斯仍然性能良好,这是因为劳斯莱斯对品质精益求精的追求。例如1927年出厂的幻影Ⅰ代,当时金属材料稀少,而车身的前半部分全部为最为优良的不锈钢打造,极少用到铸铁材质,车内的枫木内饰全部为天然原材料,真皮座椅在历经了将近一个世纪的岁月后依然如新。这部92岁的车至今依然能够行驶,宛若一部时光机器。直到今天,劳斯莱斯的发动机还完全是用手工制造。更令人称奇的是,劳斯莱斯车头散热器的格栅完全是由熟练工人用手和眼来完成的,不用任何丈量的工具。而一台散热器需要一个工人一整天时间才能制造出来,还需要5h对它进行加工打磨。据统计,制作一个转向盘要15h,装配一辆车身需要31h,安装一台发动机要6天,劳斯莱斯在装配线上每分钟只能移动15.24cm(6in)。制作一辆四门车要两个半月,每一辆车都要经过8047km(5000mile)的测试,所以一般订购劳斯莱斯的客户都需要耐心地等候半年以上。

当亨利·福特开创了流水线时代,手工生产的豪华汽车只能作为奢侈品存在时,探索大工业时代的汽车质量管理就成了一种必须,美国在1956年提出的全面质量管理的概念非常适合现代汽车生产,而日本则是最优秀的实践者。全面质量管理理念在日本被称为"全公司的质量管理",从高层管理人员到基层职工都参加了质量管理,除研究、设计和制造部门外,销售、备件、会计、人事甚至行政机构都参加质量管理,有这样一个故事:在丰田的汽车生产线上,每个员工面前都有一根绳子,一旦哪个员工发现了质量问题,只要拉动绳子,整个生产线都会停止生产,可见其对质量精益求精的态度。全面质量管理不仅在生产过程、原材料处理、产品设计中体现,还在业务管理和分析、解决销售、人事、行政等公司全面事务中有重要意义,可见日本全面质量管理应用的深度和广度。

随着汽车技术水平越来越高,汽车在全球的普及程度和市场化程度也越来越高了,世界需要一个统一的质量认证体系,ISO 900质量认证体系应运而生。ISO 900体系是严谨的德国人提出的,本意是建立欧洲统一的质量标准,现已成为世界统一的标准。这个标准总结了当代质量管理领域的成功经验和最先进的管理理论,包含预防、监督和自我改进的现代质量管理机制,ISO 900体系通用性强、结构简单、可操作性强,是世界上最通用、最有效的质量管理体制。经过上百年的探索,质量管理不仅是公司立足的根本,更形成了一种文化,一种追求安全、可靠、品质的公司文化。

时光荏苒,1984年上海大众成立的时候,全上海的零部件公司几乎全都是手工作坊,人们似乎很难把质量管理和上海作坊联系起来,甚至连能否生产汽车标准件都心存疑虑。但不论从政府、公司还是德国大众来说,都希望桑塔纳轿车尽早国产化,上海大众人想尽办法筹措资金,购置生产和检测设备,当零件生产出来之后再送到德国进行测试,严谨的德国人给上海大众人上了意义深远的一课,108项质量标准,全部都要通过,而且德国人对中国零件的要求比德国零件还高:一个喇叭,在德国的寿命要求是5万次,但在中国却要达到10万次。德国人严谨、古板的性格让很多人难以理解:有些海运过来的车身零件被海水侵蚀,德国人不但禁止使用,甚至用大锤把它杂碎。经过千百次的检测和实验,中国企业实现国产化的零件越来越多,中国零部件工业水平也终于随之上了一个台阶。质量管理观念能够深入中国人心中,正是受到了德国人细致、谨慎、对质量一丝不苟、吹毛求疵的态度的影响,更是德国汽车公司严谨的质量文化的熏陶,这也是戴姆勒、大众这些历史悠久的品牌之所以能驰骋天下百余年的原因。汽车公司文化像一棵参天大树,质量文化则是深厚的根基,基础不

汽车文化(第3版)

104

牢,地动山摇,质量文化是公司文化的根本,只有质量过硬,才有可能打造经典的公司品牌。

四、竞争文化

竞争是人类社会永恒的主题,从冷兵器时代的金戈铁马到殖民时代的巧取豪夺,人们才发现只有集中资金和人才,才能在激烈的竞争中取胜,可以说公司是诞生于竞争的襁褓中的,竞争是一种氛围,是一种文化,是一种公司成长的内在机制。正是在竞争中,技术不断创新,管理理念不断发展,汽车产品不断多样化,最终才铸就了百年沧桑的经典品牌,成就了五彩斑斓的汽车文化。

汽车起源于欧洲,却首先在美国普及。早期欧洲汽车公司的产品成本高、外形高雅,是为有钱人生产的奢侈品,而美国首创流水线生产后,汽车的成本直线下降,质量可靠,真正成为走进平民生活的代步工具。1908 年,T 型车的售价不足 500 美元,后又降到 300 美元,只有同类汽车价格的 1/4 甚至 1/10,T 型车得以走遍世界。而美国汽车公司的质量和技术发展也日新月异,1902 年成立的凯迪拉克汽车就以机械部件的优异质量著称,有这样一个故事:凯迪拉克曾经把三辆汽车拆开,将机械零件整体打散,再混合组装成三辆汽车,性能完全不受影响。相对于美国得天独厚的大工业发展条件,欧洲汽车品牌繁多,却缺乏规模效应,世界汽车工业的重点转移到了美国,无与伦比的低价格和优秀技术使美国汽车独步天下,到 1929 年前夕,美国三大汽车制造商通用、福特和克莱斯勒纷纷崭露头角,美国汽车销量突破 500 万辆。

直到第二次世界大战前,欧洲汽车公司还不能与美国公司抗衡,他们没有能源、原材料的优势和规模优势,难以在成本上与美国汽车厂家竞争,但欧洲汽车公司有美国缺乏的悠久历史、多样的品牌文化和特色,于是开始利用技术优势,在品种上多样化,尽量适应不同道路条件、国民爱好等要求,生产新颖的汽车与美国汽车争夺市场。第二次世界大战前,欧洲人已经不满美国汽车一统天下,针对美国汽车车型单一、体积庞大、油耗高等弱点开发出了多姿多彩的新车型和新产品。在品牌上,如严谨规范的奔驰、宝马;轻盈典雅的法拉利、雪铁龙;雍容华贵的劳斯莱斯、美洲虎;神奇的甲壳虫;风靡全球的"迷你"。在技术上,如发动机前置前驱;发动机后置后驱;承载式车身;微型车等。此外,欧盟还取消了关税,汽车可以在欧洲自由销售,欧洲成为了世界上最自由、最丰富多彩的汽车市场,1973 年,欧洲汽车产量提高到 1500 万辆,世界汽车工业又由美国转回欧洲。

欧美对汽车产业的垄断似乎合情合理,但在汽车市场的竞争中,从来就不缺乏黑马,谁能想到资源极度缺乏的日本能迅速崛起,一发不可收拾呢?日本缺乏矿产、石油、橡胶等工业原料,最大的汽车企业丰田汽车公司 1933 年才成立,20 世纪 50 年代才形成了完善的汽车生产体系。日本在发展汽车工业的道路有先天的劣势,但日本近代以来历经被压迫、统治的历史,养成了很强的岛国忧患意识,对外来事物尤其是科学技术有很强的学习和吸收创新能力,也造就了日本汽车尺寸小、性价比高、燃油经济型好的特点。而 1973 年和 1979 年的两次石油危机给了日本汽车极好的机会,石油危机极大程度上改变了美国的汽车需求结构,人们的选择热点开始由大型车转向了节省燃油的小型车,缺少小型车生产技术的美国汽车厂家逐渐失去了往日的竞争优势。日本车开始迅速占领美国市场,1980 年日本汽车产量首次突破 1000 万辆大关,占世界汽车产量的 30% 以上,一举打败美国成为世界第一。

汽车市场自由而丰富多彩,从微型车到大型轿车、从低端车到高端豪华车,从私家车到公共交通,从乘用车到商用车,市场机会和竞争无处不在,竞争机制就是提升公司生产力、提高产品科技含量和促进新的管理体制诞生的最终动力。在科技水平突飞猛进的时代，能否充分认识到自身企业的核心竞争力，发挥优势，抓住机遇，成为能否在竞争中取胜的关键因素，公司停滞不前则如逆水行舟，不进则退，如不能发现市场多样化的需求，改进现有的管理体制来适应它，公司终将被超越。正如美国的资源和规模优势、欧洲的历史和多样化优势、日本的管理方法和竞争意识、忧患意识。在中国汽车产量突飞猛进之时，也许我们更该思考的是怎样利用我们的优势来获得长久的竞争力。竞争文化是公司发展的底蕴，企业的经营实际上就是一种探索，是对如何利用自己的优势和核心竞争力在竞争者取胜的探索，竞争文化是沃土，是汽车公司成长所必需的环境。

五、品牌文化

品牌是汽车公司体现其质量和特点的载体，是消费者接触到最直接的公司形象。100多年来，汽车公司之所以能使不断更新换代的汽车产品在人们心中保持良好的形象，品牌的力量功不可没。在一个品牌的创建过程中，质量是基础，围绕市场和目标群体的品牌认同设计和品牌理念设计是主体，而持之以恒、长年累月坚持下来的品牌建设过程则是一块块砖石，只有基础牢、设计独特并坚持不懈，才能真正建立起经典的品牌。

提到汽车品牌，有太多太多的故事，太多太多的联想。每一个著名品牌背后都有一段令人回味无穷的往事和很多百看不厌的名车。提到这些著名品牌，总是能轻易地联想到该品牌的特点，这些品牌联想就像打在车辆上的标志一样，构成了人们难以改变的印象。比如奔驰的高性能、高品质，宝马的年轻、时尚，JEEP 的越野能力，大众的保守、严谨，劳斯莱斯的尊贵、典雅，兰博基尼的野性、勇猛，法拉利的速度、激情，玛莎拉蒂的刚柔并济，MINI 的小巧、精致，丰田的经济、实用……品牌就像是汽车企业的灵魂，不论经过多少岁月，经历多少人员更迭，即使公司已经濒临破产，只要品牌还在，公司就有起死回生的机会。悠久的品牌文化的积淀留给人们更多的是一种承诺，一种品质的保证，一种信任。做品牌难，把成功的汽车品牌文化持续地推广、渗透更不是一日之功。

如果说汽车的质量是公司的基础，那么品牌就是公司的上层建筑，建立起来的一切品牌要素，如品牌的名称、标识，品牌属性，品牌价值，品牌个性，品牌形象，品牌联想，品牌知名度和美誉度，品牌忠诚度等都是汽车公司文化和核心价值观在品牌建设上的集中体现。无论公司辉煌与衰落，即使公司已成为历史，品牌仍具有超越生命周期之外的极强的生命力。

如豪华汽车中的极品劳斯莱斯品牌就视质量和可靠为品牌的生命，因此劳斯莱斯建立起了高贵可靠的品牌印象，甚至让人联想到大英帝国的权力、尊贵与繁华。最初的劳斯莱斯有两大经典优势：制造工艺简单、行驶时噪声极低。1906 年的传奇之作"银色魔鬼（Silver Ghost）"，其金色钟顶形散热器引人注目，直到今天这一造型依然是劳斯莱斯不可替代的设计元素。"银色幽灵"还拥有领先的发动机技术：强制润滑；7L 六缸发动机输出功率可达48hP（1hP = 0.745kW）；最高车速达 110km/h；动力输出均匀；耐久性杰出。劳斯莱斯独特的品牌标识和联想同样居功至伟。劳斯莱斯车头上带翅膀的欢乐女神就是劳斯莱斯品牌留给人们永恒的经典。这尊女神像采用纯手工制作，每一尊女神像都是不完全一样的，是独一无二的艺术品。劳斯莱斯高贵的品格、追求完美的信仰、一丝不苟的作风、细致到苛刻的手工工艺、再加上劳斯莱斯高贵的血统，这一切决定了每一辆出厂的劳斯莱斯都是汽车中的艺术品，不论汽车技术如何进步，产品的成本变得如何低廉，劳斯莱斯汽车永远有价无市。

劳斯莱斯高贵的品牌还源自于独特的核心价值和品牌认同，它甚至奢华到了可以选择顾客的程度。有钱人不一定能成为劳斯莱斯的车主,知名的文艺界、科学技术界人士和企业家可以拥有白色,政府部长级以上高官、全球知名企业家及社会知名人士可以驾驶银色,而黑色的劳斯莱斯只为国王、女王、政府首脑、总理及内阁成员量身打造。并且劳斯莱斯早在1908年就认识到:仅靠品质和可靠来维护品牌形象还远远不够,必须向客户提供优质的服务才能进一步培养他们的品牌忠诚度,公司规定机械师要定期上门为客户进行车况检查,还建立了一个专业的驾校。劳斯莱斯超高的工艺水准和对品质无与伦比的追求使其在漫长的历史中不断塑造人类造车的经典,劳斯莱斯的品牌理念是"把最好做到更好,如果没有,我们来创造。"

相比劳斯莱斯高贵的品牌,布加迪的品牌故事可谓激情四射。其生产的超级跑车是速度、艺术和豪华的代名词,从品牌建设之初,布加迪就把跑车中的艺术品作为建设理念。布加迪是一位立体派艺术家,在他的设计中,质量是最大的敌人,他制造的发动机尺寸上并不惊人,输出却极为强劲,每台发动机都经过完全的手工调校,所有零件都要进行轻量化处理,此外,布加迪的车身本身就是一件艺术品,造型新颖、独特而且符合空气动力学的要求。因此,每辆布加迪跑车都是集澎湃的动力、优雅的艺术性和高超的科技于一身的经典,都是赛场的传奇,这铸就了布加迪难以磨灭的品牌印象。1890年的"格里内里"(Grinelli)就在米兰博览会上荣获金奖;1920年的T22型和T23型在法国莱芒24h汽车大赛和勃雷西亚车赛中夺魁;而1924年的Bugatti Type 35可谓布加迪史上最成功的赛车,它横扫车坛,共赢得2000个大小不等的冠军;从1927年的T38型车起,开始生产活顶跑车和双座赛车,1933年的T41型车被称为洛瓦亚尔的豪华大型旅游轿车,发动机为直列式八缸,排量高达14700ml,时速180km/h,大型车身重3000kg,只生产了6辆;而在2008年北京车展上,布加迪在展出后仅2h,就售出了官方意义上的中国第一台布加迪EB16.4威航。

相比具有高贵血统的劳斯莱斯和布加迪,源于德国的大众可谓是平民品牌中的经典,德国人冷静、严谨的态度和积极进取的精神铸就了大众品牌可靠、平民都开得起的品牌形象。1933年1月,阿道夫·希特勒当选德国总理后不到10天,在发表的《党的纲领》中宣称:"1939年2月10日举行的柏林国际汽车博览会上,将展出德国最经济、最便宜的小轿车。"希特勒把大众车概括为:最高车速100km/h,百千米耗油应少于7L,可乘载一家两名成人和三名儿童,售价不超过1000马克,轿车可露天停放,发动机冬季要防冻,容易起动。1934年6月,波尔舍与德国汽车协会开始对样车进行测试,用最苛刻的条件进行了16万km的试车,证明这种大众车是技术上的惊人之作。甲虫般的外壳风阻极小;采用风冷发动机便于维护;扭杆独立悬架行驶平稳;车速高、油耗少。甲壳虫汽车是永恒的经典,1972年2月17日,第15007034辆甲壳虫车出厂,比福特T型车多一辆,取得全球产销量冠军的美誉。时至今日,甲壳虫仍然拥有很高的销量,这只甲壳虫依靠它优良的品质爬遍了世界的每一个角落,它是大众品牌的缩影,正是凭借不懈地坚持质量过硬、成本低廉的品牌策略,大众才能在100年来保持常青的品牌印象。

品牌的力量犹如一件完美的埃及纯金法老面具,历经数千年品质丝毫不改变,反而随着岁月的流逝而更加熠熠生辉;又像一壶老酒,存在的时间越久,越能散发出独特的醇厚,历久弥香。创建一个品牌容易,经营一个品牌难,把品牌视为企业的灵魂,看做丝毫不能改变的信条则更是难上加难。品牌的建设需要持之以恒,需要一个企业几代员工的不懈努力,每一个著名品牌的背后都是一段公司人为之奋斗的历史,这段品牌文化深刻融入了每一个老牌汽车公司的核心价值观,它就是汽车企业的灵魂!

六、技术创新文化

自从汽车诞生以来,就伴随着各行各业科学技术的进步而不断创新,由于汽车上需要各个工业部门的零部件,比如冶金工业造出的钢铁、金属材料,机械行业将原材料冲压、焊接、加工制成金属零件,化工行业生产出的轮胎、内饰和各种运行材料,电子行业生产出的电子设备,软件行业制造出的微处理器及编制的程序……每一个行业的技术进步都能使汽车的某一方面的性能得到提高,从而提高了汽车的整体性能。每一次的技术进步意味着汽车工业的一次飞跃,而公司则恰恰是这些创新的载体。据统计,从17世纪到20世纪70年代,被经济学家认为改变了人类生活的160种主要创新中,80%以上都是由公司完成的。今天,全世界70%的专利和三分之二的研究开发经费出自跨国公司。2006年,美国政府的研发预算为1320亿美元,而公司的研发预算则达到了2000亿美元。公司的创新文化已经成为了一种习惯,一种必须,在科技水平日新月异的今天,落后就意味着失败,就意味着被市场淘汰。汽车是许多发明和技术的综合运用,是由几百甚至几千项创造发明构成的。汽车的发明和发展就是技术创新的结果,特别是现代汽车的发展和技术的进步,紧靠个人的努力是很难有所作为的,这离不开公司的力量,离不开公司的技术创新文化。下面看一下公司究竟带给汽车多少技术创新。

1887年,卡尔·本茨成立了世界上第一家汽车制造公司——奔驰汽车公司,拉开了汽车公司创新的序幕。

1900年,奔驰公司以钢材代替木材制作车架,全金属车身问世。

1901年,德国波许公司发明高压磁电机点火装置;奥兹莫比尔汽车首先使用转速表;低压磁电机点火系统被戴姆勒公司采用。

1902年,盘式制动器专利被英国人获得;鼓式制动器专利由法国人雷诺获得;后桥独立式悬架被法国人装于赛车;摩擦式减振器在英国使用;用两个前轮的转动代替轴的转动的艾利奥特转向原理开始应用。

1903年,法国研制出第一台V型发动机;美国古德伊尔轮胎公司获无内胎轮胎专利;英国生产全钢车身的轿车。

1904年,气压制动系统开始采用;凯迪拉克汽车装用防盗点火系统;美国研制出防刺漏式轮胎;英国希思发明液压制动系统。

1905年,法国研制出封闭式驱动桥;法国研制出轮胎压力计。

1906年,带弹簧的保险杠问世;前轮制动器在德国问世;扭力杆式减振器问世。

1907年,法国采用乙炔车灯。

1908年,轮胎刻纹机在美国问世;电喇叭被美国人在汽车上应用。

1911年,法国人标致设计出4轮制动器;电灯被美国人用于汽车照明。

1912年,自动起动器在卡迪拉克汽车上被首次使用;双凸轮顶置式发动机在瑞士问世;别克V12型发动机采用了铝制活塞。

1915年,可拆卸式轮辋代替了嵌入式轮辋。

1920年,雪铁龙和蓝旗公司开始采用钢板冲压盘式车轮;通用公司在车内安装顶灯。

1921年,镀镍技术被应用于散热器和车灯;四乙基铅在汽油中具有抗爆作用被发现;可调式汽车座椅问世。

1922年,空气滤清器、油量指示器被应用于汽车;橡胶悬挂装置在美国问世。

1923 年,戴姆勒公司发明自动喷漆装置;菲亚特公司推出调式转向盘。

1924 年,杜邦公司推出新型快干漆;富兰克林研制出离合器中的减振装置;莫来石瓷质绝缘体的火花塞在美国问世;波许公司开始生产电动刮水器;双丝式前照灯问世。

1925 年,供给用户的汽车附属装置有:千斤顶、停车信号灯、散热器锁盖、行李架、反光镜、烟灰盒、点烟器和温度计等。

1926 年,美国研制出汽油辛烷值测定表,使汽油的抗爆性有了衡量标准;通用公司将汽车前照灯变光开关由转向盘移到了地板上,改用脚操纵;凯迪拉克公司使用防碎玻璃。

1927 年,真空自动增压器问世;液力制动器问世。

1930 年,超低压轮胎问世,提高了汽车在松软路面行驶的性能;镀锡活塞问世;戴姆勒公司将液力耦合器用于汽车,改变了传统的机械传动方式。

1931 年,采用独立悬架的汽车问世;离心式、真空式点火提前角自动调节装置由克莱斯勒公司研制成功。

1933 年,非贯通式汽车通风系统研制成功;汽车停放收费计数器问世。

1934 年,雪铁龙前轮驱动汽车问世;半自动变速器问世。

1935 年,手动按纽式齿轮变速器问世;西门子公司开始生产氧化铝瓷质绝缘体火花塞。

1936 年,由钢制扭力杆和双管路紧急制动系统组成的新型安全装置问世。

1938 年,空调装置被美国人用于汽车。

1939 年,奥兹莫比尔汽车采用了液压-机械联合传动系统。

1940 年,克莱斯勒公司研制出安全轮辋,它可保证轮胎被刺穿后不脱离轮辋。

1941 年,四速半自动变速器及液压联轴器由克莱斯勒公司研制成功。

1946 年,后置发动机客车问世;米其林公司研制出子午线轮胎;轿车首次装用无线电话。

1948 年,无内胎式轮胎问世;奔驰轿车首次装用电动车窗。

1949 年,克莱斯勒汽车采用点火钥匙起动;福特公司推出 V8 船型轿车。

1950 年,英国人获盘式制动器专利;英国陆虎公司推出世界上第一台采用燃气涡轮发动机的汽车;第一台直喷式柴油机问世。

1952 年,转向助力器装车使用;美国人开始采用座椅安全带。

1953 年,晶体管被应用于汽车点火系。

1954 年,三角转子式发动机问世;燃油喷射式发动机问世。

1955 年,电控门锁问世。

1957 年,带冷却片的制动毂问世。

1958 年,无级变速器问世。

1959 年,控制污染的曲轴箱通气阀研制成功。

1960 年,克莱斯勒公司制成实用型汽车交流发电机。

1961 年,合成橡胶轮胎问世,其寿命比普通橡胶轮胎提高一倍以上。

1962 年,聚酯树脂轮胎线研制成功;法国研制出碘钨汽车前灯。

1964 年,旁蒂克"强力"牌轿车开创了采用涡轮发动机的新时代;福特公司采用计算机辅助设计新车型;自动变速器上的选择按纽按照"倒车-空挡-驱动-低速-高速"的顺序实现了标准化;福特公司开始采用电控喷漆新工艺;半球形燃烧室问世。

1970 年,奔驰公司研制出模拟防抱死制动系统;丰田公司建成多用汽车风洞。

1971 年,雪佛兰公司推出全铝发动机。

1973 年,克莱斯勒公司制成电子点火器。

1977 年,第一次国际电动汽车会议在美国举行,公开展出了 100 多辆电动汽车。

1979 年,巴西生产出以酒精为燃料的汽车。

1980 年,西班牙试制出太阳能汽车。

1981 年,福特公司研制出以甲烷为燃料的汽车,每升甲烷可行驶 11.5km。

1984 年,林肯公司的"大陆"和"马克 II"型轿车采用了可调整的空气悬架系统,成为美国市场上的一流轿车。

1989 年,本田可变气门控制系统问世。

1990 年,本田导航系统问世;无人驾驶汽车问世,激光、超声波、摄像机取代了人眼。

自从瓦特发明蒸汽机,开创了人类的工业时代以来,机械、化工、冶金、电子技术日趋成熟,应用于汽车上的机械零部件和电子零部件几乎已经达到了完美的程度,很难再有根本性的提升,而近年来伴随着陆上石油资源的日益紧张,不仅一些石油输出国不断爆发战争,越来越多的国家也将争夺重点放在了比陆地储存量高好几倍的海洋中,汽车行业这个烧油大户越来越感受到了能源危机的紧迫性,于是各种各样的新能源汽车不断问世:太阳能汽车、电动汽车、生物燃料汽车、液化石油气汽车、混合动力汽车、天然气汽车……

创新的力量是无穷的,面临危机公司考虑的更多地不是如何逃避它,而是如何加紧研发进程去改变它。在这方面,日本走在了世界的前列,因为从目前世界范围内的整个形势来看,日本是新能源汽车技术发展速度最快的国家之一,特别是在发展混合动力汽车方面,日本居世界领先地位。由于当前动力电池的能量密度和功率密度较低,纯电动汽车呈现明显的小型化趋势,发达国家结合城市短距离使用的特点将小型纯电动汽车作为电动汽车市场的突破口。于 2003 年 7 月 1 日成立的特斯拉公司(Tesla Inc.)是美国一家专门产销高端电动汽车的公司,是电动汽车行业的领头羊,可以说是技术创新成功的典型。

我国虽然汽车行业起步晚、技术落后,但在新兴的新能源汽车行业上却与西方发达国家相差不大。从 2001 年开始,国家"863"项目投入 20 亿元主要做电动车研发,形成了以纯电动、油电混合动力、燃料电池三条技术路线为"三纵",以动力蓄电池、驱动电机、动力总成控制系统三种共性技术为"三横"的电动汽车研发格局。共计有 200 多家整车及零部件企业、高校和科研院所,以及 3000 多名科技人员直接参加电动汽车专项研发,建成 30 多个电动汽车国家重点实验室等国家级技术创新平台。目前我国各大汽车集团都在进行电动汽车研发,一汽集团、东风集团、长安集团、北汽集团、比亚迪等近年来都有纯电动汽车和混合动力产品研发出来。比亚迪是中国新能源行业的引领者,从 2008 年开始,成功推出 F3DM、e6、K9、秦、唐、宋、元以及豪华电动车腾势(与戴姆勒合资)等新能源汽车,并且率先提出"公交电动化"战略。

危机与机遇共存,在全球能源危机的大背景下,相信汽车企业定能早日走向一条通向清洁、廉价、高效、普遍的能源汽车的康庄大道,混合动力汽车只是从汽油车、柴油车向新能源汽车转化的第一步,今后的路还很长,汽车公司已经在创新的道路上走了 100 多年,还将为了人类的未来继续走下去,这就是创新精神,这就是汽车企业的创新文化。

汽车给人快捷、可靠和品质的体验,公司则带来了管理、效率和深刻的品牌印象,毫无疑问,汽车与公司的结合注定会碰撞出火花,在这个充满激情的行业 100 多年短暂的历程中,社会的效率、管理和竞争程度大大提高,汽车的质量、科技和品质也在日新月异地发展着,汽车公司给人以前所未有的效率文化、管理文化、质量文化、竞争文化、品牌文化和技术创新文化的体验,更培育出尊贵的劳斯莱斯、宾利,狂野的兰博基尼、布加迪,优雅的法拉利、玛莎拉蒂,严谨的奔驰、大众,小巧的 Mini……汽车公司创造出一个五彩斑斓的汽车世界,并将在今后更深彻地影响人类社会,更深远地渗透进人类的文化。

复习思考题

1. 汽车在发明的漫长过程中以及为推进汽车技术进步的重要人物有何共同特点?

2. 阿尔弗莱德·斯隆对社会最杰出的贡献是什么?

3. 从英国汽车公司及汽车品牌的频繁易主说明了什么?

4. 亨利·福特对社会有何贡献?

5. 丰田汽车公司的发展历史对发展我国汽车工业有何借鉴意义?

6. 上汽通用五菱的迅速崛起对国内自主品牌的发展有何启示?

7. 就比亚迪新能源汽车谈一下国内新能源汽车的发展趋势?

第四章 汽车美学文化

如果说轰鸣的发动机、环环紧扣的传动系是汽车的内在，那么绚丽的车身、挺拔的车轮就是汽车热情洋溢的外表。汽车的车身凝聚着无数设计大师的匠心独运、鬼斧神工，从马车型、方箱型到流线型、三箱型、两箱型，造型的改变代表了每个时代汽车美学文化的发展历程，也体现了不同时期人们对汽车外形的要求和科技进步的程度。今天的汽车外形不仅符合空气动力学及人机工程学的要求，而且各具特色，富有想象力，让人一眼就能认出这是什么品牌的汽车，有极高的辨识度，汽车美学文化已成为汽车文化的重要方面。

第一节 汽车车身的造型与演进

除汽车的名称和标志所蕴含的文化内涵外，汽车的外观造型可以说是汽车文化的一面镜子。汽车造型，主要是指汽车车身的造型。可以说，汽车造型表现和传达的是汽车的功能文化与社会文化的融合。

汽车车身可以安全、可靠地容纳客、货以及保护其免受风、沙、雨、雪的侵袭与恶劣气候的影响；可以减少汽车行驶时空气的阻力；增加汽车的美观。同时汽车车身也是一种文化符号，是表现汽车文化的载体，具有功能文化的意义，也可以表现汽车消费的时尚文化和社会的审美价值取向等社会文化。

以轿车为主体的车身外形从马车形、方箱形、流线型、三箱形（船形）、鱼形到楔形的演进经历了漫长的过程。这里包含了无数设计者的心血和匠心，寥寥几个线条就可以勾勒出一个品牌的代表。

汽车外形取决于机械工程学、人体工程学和空气动力学的要求。机械工程学要求汽车动力性和操纵稳定性好；人体工程学要求汽车提供驾乘人员有足够的活动空间，舒适性好；空气动力学要求汽车行驶时空气阻力小。

一、马车车身

1885 年，卡尔·本茨将自制的四冲程单缸、水冷、0.55kW 的汽油机装在一辆三轮车上，成为世界上最早的汽车雏形。1886 年，戈特利布·戴姆勒和威廉·迈巴赫制成了一台高速四冲程单缸、风冷、0.462L、0.8kW 的汽油机，他们没有为这台发动机设计汽车，而是将它直接安装在一辆四轮马车上，成为"无马马车"。

直到 19 世纪末，汽车的零部件一直沿用马车的车身、车轮、钢板弹簧、制动器等部件，将发动机安装在座位下，就像装上了动力的马车，此时汽车的外形酷似马车。

1892 年，标致汽车公司为摩洛哥王族制造的汽车就使用了自行车车轮（图 4-1），车身也只是简单装备了开敞的车顶,但车身的制作材料、篷布与花色、车上装饰、颜色搭配等方面,却是相当考究的。

1901~1905 年,美国最畅销的奥兹莫比尔"弯挡板"汽车,座位下面有一个发动机,用一个长手柄操纵汽车转向。该车因有一块漂亮的弧形挡板而获得"弯挡板"汽车的名称。挡板在马车上是马车夫双脚前的踏板。

马车形汽车,发动机功率仅有 735.5~1471N,只能乘坐 2~3 人,为了轻便,不设门窗和车篷。

这个时期,虽然车身谈不上造型,但车身的设计也蕴涵着深厚的文化。车身用料和制作的考究,是车主身份的象征,这些都是造型文化的表现,而且此类文化元素一直影响着以后汽车的发展过程。

图 4-1　1892 年标致汽车

二、方箱形车身

由于马车型汽车的发动机装在座椅下面,维修起来很不方便,于是便把汽车的发动机从座位下面移到汽车头部,为尺寸和功率较大的发动机提供了宽阔的空间,使汽车的形状变成车头和乘员舱两个方正的部分,这就是方箱形车身造型。

真正的方箱形车是 1820 年出现的装有蒸汽机的大型公共汽车。为使客人免遭风雨侵袭,设计了车篷和车门。轿车的车篷和车门则是很多年后才出现的,主要是因为当时发动机功率太小,无法装用重质的车篷之故。1902 年,戴姆勒汽车公司生产的梅赛德斯汽车就是方箱形汽车的雏形(图 4-2),发动机布置在汽车前部。1905 年四缸发动机问世,功率提高,汽车开始使用木结构的箱体。1908 年福特公司生产出 T 型车,采用的仍是带篷的马车外形(图 4-3)。马车形的汽车速度提高到 50km/h 后,迎面风就使乘员难以忍受,并且很难抵挡风雨的侵袭。

图 4-2　方箱形汽车的雏形

由于冶金工业的发展,特别是汽车制造中大量使用的冲压和焊接技术的突破,金属板材代替了木材,车头的发动机被罩上,车厢也开始封闭,造型不仅具有较强的整体感,而且进一步改善了乘坐条件,1915 年福特 T 型车开始使用真正的方箱形汽车(图 4-4)。

随着汽车的普及和生活节奏的加快人们对车速的要求也越来越高。要提高汽车车速,有两条主要途径:一是增大功率,二是减小空气阻力。空气阻力体现在两个方面:一是由迎风面积决定的空气阻力,一是由汽车的形状决定的形状阻力。迎风面积越大,阻力越大。为了减少阻力,有两个办法减少迎风面积。

为了减少迎风面积,第一种办法是降低车的高度。一台 60hp(hp 为马力的符号,1hp = 0.745kW)的发动机,当车高为 2.1m 时,车速只能达到 80km/h,当车高降为 1.9m 时,车速可提高到 100km/h,高度进一步降为 1.3m 时,车速可达 120km/h。车高的减小对速度的提高作用是明显的。这是行之有效的办法，方箱形车的发展走的正是这条路。1900年时方箱形车几乎与马车同高，为2.7m，1910年就降到2.4m，1920年降到1.9m，而现在的轿车一般都在1.3~1.4m。

图4-3　1908年福特T型汽车

图4-4　1915年福特T型车

随着车顶高度的降低，前窗玻璃不断变窄，这样就势必影响前方的视野，乘员也感到十分憋闷。后来放弃了降低高度的办法，转而通过提高功率的办法来克服空气的阻力。这样一来，发动机由单缸变成4缸、6缸、8缸，而且汽缸是一列排开的，因而发动机罩也随之变长（图4-5）。那时曾有这种倾向，认为发动机罩越长，则功率越大，车速越高。这种"长头"汽车，始于1920年，1930年前后达到高潮之后，便很快消失了。

为了减小迎面面积，第二种办法是减少车的宽度。从减小阻力角度讲，车身越窄越好。但从实用安全角度看，还必须考虑汽车行驶中的稳定性。汽车在转弯时要受到离心力作用，它大致与车速的平方成正比。车速越高，离心力越大，转弯时越容易侧翻。因此，现代汽车没有采用窄车身，而是适当增加了车身宽度，比如从开始的1.3m增加到1.5m宽，横坐两人的汽车大体达到1.6m，横坐3人的汽车达到1.8~2m。为了尽量减小截面积，车身的横截面从初期的方形变为椭圆形（图4-6），既保证了所需的车内空间，又减少了截面积。

图4-5　1931年的梅赛德斯

四方形　椭圆形

图4-6　汽车横截面形状

汽车的形状阻力由汽车的外形引起空气涡流，从而造成阻力。在前窗玻璃、车顶、汽车后部都会产生空气涡流，因而都会产生阻力。只要前窗玻璃和车身后部与汽车行驶方向垂直，就会产生涡流，阻力就不可避免。显然这种阻力单纯靠降低车顶高度是无济于事的。解决这种阻力的办法之一就是倾斜前窗玻璃。虽然这可以部分地减小涡流的产生，但考虑到乘员舱的舒适性和视野，这个倾斜角是有限的。形状阻力的存在使车速提高受到了限制，方箱形汽车无法克服形状阻力。

方箱形汽车车体大、乘坐舒适,现在的微型车及客车,其造型依然沿用传统的方箱外形,不过棱角部分都变为圆弧状了。

三、流线型车身

当汽车行驶时,从排气管排出的白烟会在汽车尾部缭绕,这就是汽车尾部产生的涡流现象。产生空气涡流需要能量,汽车尾部产生的涡流消耗的正是发动机的功率。由涡流引起的形状阻力降低了汽车行驶的速度。应用空气动力学的原理,通过风洞试验可以减小这种形状阻力。

1883 年,英国的莱诺路兹根据对水流的观察建立了无涡流的层流理论。1911 年卡门在水中立起一根柱子,发现柱子后部会产生涡流并弄清了有多大阻力作用于柱子上。这是涡流理论研究的开端,从此涡流又被称为卡门流。

1920 年,德国保尔·亚莱用风洞对齐柏林号飞艇进行了空气阻力研究,得到空气阻力的计算公式:

$$F_W = C_x A v^2$$

式中:F_W —— 空气阻力,N;

A —— 迎风面积,m^2;

v —— 物体速度,km/h;

C_x —— 空气阻力系数。

他发现前后端方形的物体阻力最大,前圆后尖的物体阻力最小,从而找到了解决形状阻力的途径。1934 年,美国密执安大学的雷伊教授采用风洞和模型汽车测量了各种车身的空气阻力系数。不久,有更多的航空流体力学学者从事汽车车身空气阻力的研究,他们的研究成果被广泛地应用于汽车的外形设计上。

1934 年 1 月,克莱斯勒公司在纽约车展上推出了气流汽车(图 3-74)。这辆汽车采用流线形造型,整体感强,各部分线条连贯,车头圆滑,4 个翼板与车身贴合,车灯、备胎等隐入车身内,前风窗玻璃分成左右两块。虽然气流汽车创下了多项速度纪录,但它的销售并不好,究其原因,主要是它的外形设计超越了时代的欣赏能力,看惯了方箱形汽车的人们,对这一革命性的变革一时还难以接受。不过它却开创了汽车造型的新时代,并对以后的汽车造型产生了巨大的影响。1936 年,福特汽车公司吸取了气流汽车失败的教训,由单纯的实用主义转变为吸收商品学要素,研制成功了林肯·和风牌流线型轿车。该车散热器经过精心设计,使之具有动感,俯视整个车身呈纺锤形,很有特色。受其影响,以后出现的流线型汽车有:1937 年的福特 V8 型,1937 年的菲亚特和 1955 年的雪铁龙等。

流线型车身汽车大量生产是从德国的大众汽车公司开始的。1937 年,波尔舍设计的类似甲壳虫外形的"大众"汽车,形状阻力很小,成为同类车之王(图 4-7)。由于第二次世界大战的原因,大众"甲壳虫"汽车直到 1949 年才真正大批量生产,并开始畅销世界各地。大众"甲壳虫"是按照价廉、坚固、易维修这一设计思想制造的,并且有符合流体力学的车身,当然会博得用户的青睐。换句话说,重视功能与合理性的车身造型才能生命力强盛。所谓汽车造型美的本质也正在此。

图 4-7　1937 年波尔舍设计的甲壳虫汽车

但是甲壳虫形汽车也有很大的缺点。一是与方箱形车相比，乘员活动空间明显变得狭小，特别是后排乘员，头顶上几乎再没有空间，产生一种压迫感。二是对横向风的不稳定性。

如图4-8所示，方箱形汽车的风压中心在重心之后，当横向风吹来时，车身随风偏离行驶方向，随后车尾继续随风偏移，车头则转向迎风，使汽车自动回到原来的行驶方向。甲壳虫形汽车与箱形汽车相比，后部被"削"去一块，形成圆形。车身纵向截面前大后小，风压中心移至重心之前。当横向风吹来时，车身前部随风偏离原来的行驶方向，不能再回到原来的路线上，越偏越大。当时车速超过100km/h时，这种偏离就有可能引发碰撞事故。

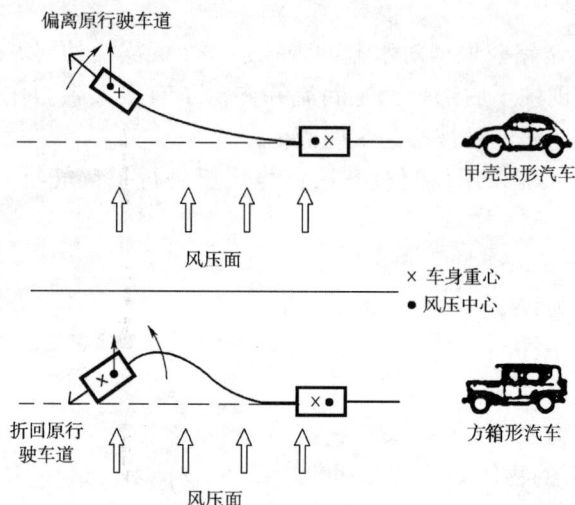

偏离原行驶车道

甲壳虫形汽车

风压面

× 车身重心
● 风压中心

折回原行驶车道

方箱形汽车

风压面

图4-8　甲壳虫形汽车和方箱形汽车的横向稳定性

20世纪40年代中期的汽车车灯已隐入翼子板内，发动机罩与汽车头部造型统一起来并开始横向伸展，然而汽车侧面造型仍然没有摆脱4个翼子板大凸包的形式，整车造型仍然酷似克莱斯勒气流牌轿车的流线型造型，1948年的别克和赫德森（Hudson）等汽车开始推出新颖的侧面。别克车的前翼子板倾斜地延伸到后翼子板上，这种造型持续了好几年（图4-9）。赫德森平顺的侧面造型显得更加雅致，采用前后直通的浮雕线和下部粗大平直的装饰条对后来的汽车造型产生了较大的影响（图4-10）。

图4-9　1948年的别克

图4-10　1948年的赫德森

四、三箱形车身

到了20世纪50~60年代，由于人们对流线型汽车看得太久了，感到流线型汽车缺乏力度，软绵无神。在20世纪50年代，以流线型为基础，吸收了方箱型的长处，以直线平面为主要造型元素，为了创造舒适、宽敞的乘坐空间，一种具有刚劲挺拔的力感，朴实、大方、轮廓鲜明、工艺性好的"三箱型"造型出现了。这种造型总的来说以大平面为主，但在车身的上部稍加斜面的变化，面与面的转折处采用了小圆弧过渡，显得刚性而略带柔性，不像方箱型那样生硬和单调，并由此成为当代轿车造型的主流。

1949 年，福特汽车公司推出新型福特 V8 汽车（图4-11）。这种汽车改变了以往汽车造型的模式，使前翼子板和发动机罩，后翼子板和行李舱融为一体，前照灯和散热器罩也形成整体，车身两侧形成一个平滑的面，乘员舱位于汽车的中部，头和尾的长度几乎相当，使汽车的侧形前后对称，明显地形成发动机舱、乘员舱和行李舱三部分，这就是现代三箱形轿车的首创，在当时称为船形或浮桥形。

三箱形汽车的重要特点是开始应用人体工程学来设计车身，把乘员舱放在振动最小的汽车中部。发动机在前部，行李舱在后部。还取消了脚踏板和单独的翼子板，扩大了汽车的内部空间。这样，同时也减小了汽车侧面的空气阻力。它是空气动力学与人体工程学的完美结合。此外，三箱形汽车也解决了甲壳虫形汽车横向风不稳的问题（由于增大了行李舱，从而增大了车身纵向截面积，使风压中心后移，与汽车重心基本重合，遇到横向风时就不会偏离行驶方向）。因此，三箱形车身受到了广泛的欢迎，直到现在还盛行不衰。

图4-11　1949 年福特 V8 汽车

五、鱼形车身

三箱形汽车尾部过分向后伸出，形成阶梯背，在高速时会产生较强的空气涡流。为了克服这一缺陷，人们把三箱形汽车的后窗玻璃逐渐倾斜，倾斜的极限即成为斜背式。由于斜背式汽车的背部像鱼的脊背，所以这类车称为鱼形汽车。

鱼形汽车和甲壳虫形汽车背部很相近，但鱼形汽车的背部和地面的角度比较小，尾部较长，围绕车身的气流也比较平顺，涡流阻力也较小。另外，鱼形汽车是由三箱形汽车演变而来，基本上保留了三箱形汽车乘员舱宽大、视野开阔、侧面形状阻力小、舒适性好的长处，并增大了行李舱容积。

图4-12　1952 年的别克汽车

最初的鱼形车是美国 1952 年生产的别克汽车（图4-12）。1964 年，美国的克莱斯勒·顺风牌轿车和 1965 年的福特·野马牌都采用了鱼形造型。自顺风牌以后，世界各国逐渐生产鱼形汽车。

鱼形汽车后窗玻璃倾斜较大、为确保后方视野，玻璃的上下宽度扩大 2 倍，强度下降，产生结构上的缺陷。同时从后窗射入的日光增加，使车内温度剧升，造成夏季车室内闷热。

鱼形汽车车身横切面近似飞机机翼的断面，在车速 100km/h 以上时，会产生一个升力，使驱动轮附着力减小，转向盘发飘。因此，有些车型将尾部截去一段，变成短尾车（图4-13），或加一个阻风板（鸭尾，图4-19），以减少升力。

风洞试验结果表明，为减小阻力，不仅要将车身后部倾斜成斜背，而且车身前部也要制成圆滑过渡的形状，这就要求汽车外形和自然界中鱼的形状完全一样（图4-14）。目前这类

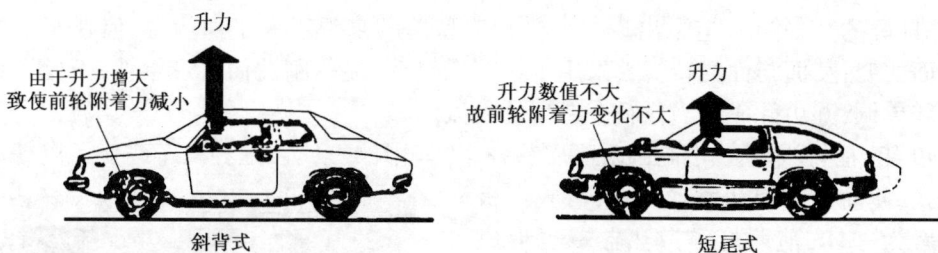

斜背式

由于升力增大
致使前轮附着力减小

升力

升力数值不大
故前轮附着力变化不大

升力

短尾式

图 4-13 短尾车身

图 4-14 20 世纪 60 年代鱼形汽车

汽车只停留在展览、试制阶段,自身存在着视野、舒适性等方面的问题,尚未达到实用阶段。实际上大自然把鱼造化成阻力很小的形状,目的并不是供人乘坐的,汽车采用鱼的外形,本也无可非议,但不能机械地原封不动地搬用。

六、楔形车身

汽车在高速行驶时会产生一种升力,它不仅限制了汽车驱动力的发挥,而且使汽车行驶处于不稳定的状态。

汽车产生升力的原理与飞机机翼产生升力的原理相同,如图 4-15 所示。飞机机翼上面隆起,下面平滑。气流流过隆起的上部时速度会加快压强减小;流过平滑的下部时速度会变慢压强增大,上下两个面所受的压强不等,整个机翼受到一个向上的托力,这就是升力。其公式为:

$$F = C_z S v^2$$

式中:F——升力,N;

$\quad S$——汽车的平面面积,m^2;

$\quad v$——行驶速度,km/h;

C_z——升力系数。C_z 随车身纵向截面的形状不同而变化(图 4-16)。

汽车升力的产生,减小了前后轮对地面的垂直压力,不仅使转向盘不能更好地控制汽车行驶的方向(驾驶人常称此为发飘),而且还会减小驱动轮的附着力。根据风洞实验,和汽车静止时比较,车速为 100km/h 时,附着力减小 1/8,150km/h 时减小 1/4,200km/h 时减小 1/2。如果汽车为前轮驱动,汽车在发飘的同时驱动力大幅下降。

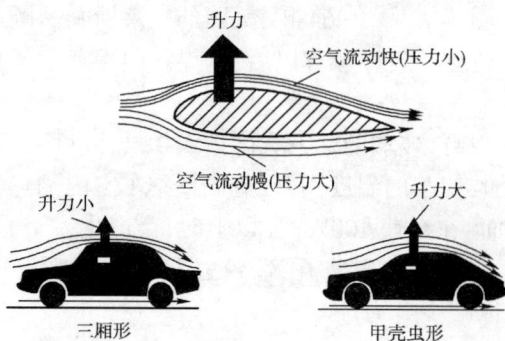

升力

空气流动快(压力小)

空气流动慢(压力大)

升力小

升力大

三厢形

甲壳虫形

图 4-15 机翼的升力与汽车的升力

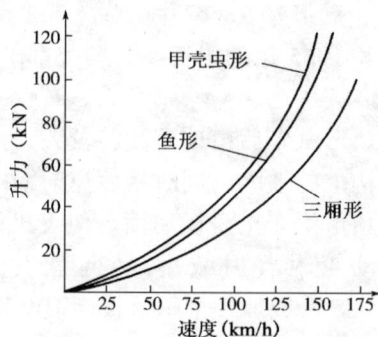

图 4-16 汽车车速与升力的关系

楔形汽车可以减小升力,它的外形设计受赛车装尾翼的启发。赛车的尾翼安装与飞机机翼相反,平面朝上,且向前倾斜,产生的作用力方向朝下,如图4-17所示。楔形汽车的车身前部呈尖形且向下(图4-18),车身后部像刀切一样平直。楔形汽车的外形清爽利落、简洁大方,具有现代化气息,不仅给人以美的享受,而且可在前轮上产生向下的压力,防止前轮发飘。车身尾部的平直形状可减小车顶向后部作用的负压,防止后轮浮起,但这种造型的卡门涡流增加了10%~20%。

图4-17　赛车上的尾翼工作原理

图4-18　1971年马塞罗·甘迪尼设计的兰博基尼·康塔什跑车

1963年,司蒂贝克公司推出第一辆楔形汽车司蒂贝克·阿本提轿车。由于这种造型超越了时代,不被人理解,销路不好,该车推出来不久,司蒂贝克公司就倒闭了。阿本提轿车诞生于三箱形汽车兴盛的时代,与通常的汽车外形形成尖锐的对立,因此,未能起到引导车身外形向前发展的作用,它与克莱斯勒·气流牌轿车的命运一样。这说明汽车外形设计也存在适应时代问题,如果太脱离实际,人们的观念和欣赏水平难以接受时,即使设计再合理,实用性再好,也无法得到普及。但随着科学技术的普及和人们欣赏水平的提高,新的合理的东西总会被人们接受。司蒂贝克·阿本提的楔形,在1966年被奥兹莫比尔·托罗纳多轿车所继承,1968年又为凯迪拉克的高级车埃尔多拉多轿车所采用。

楔形汽车速度达到200km/h以上时,后部也会产生一定的升力。为了减小楔形汽车的升力,可将其尾部砍掉一截,成为短尾车,但尾部不能"砍"得太狠,否则会影响乘坐的舒适性;也可以采用"鸭尾"(图4-19)。鸭尾的凹陷处会产生向下的作用力,从而增大了后轮的附着力。目前在公路上行驶的汽车车速一般不会超过200km/h,鸭尾并不能真正发挥其作用,很多车上保留它,纯粹是为了给人强烈的高速感罢了。

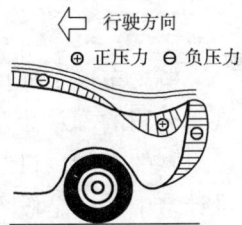

图4-19　"鸭尾"的功用

楔形对于目前所设计的高速汽车,已接近理想造型。现在世界各大汽车公司都生产出了带有楔形效果的乘用车。鱼形汽车基本上解决了空气阻力的问题,楔形继承了这一成果,并有效地克服了鱼形汽车的升力问题,使汽车行驶的稳定性得到显著的提高。

七、概念车车身

概念车由英文Conception Car意译而来。概念车一般只制作一辆或几辆,不予销售。有的概念车甚至没有发动机,只是一个真实尺寸的大模型。

概念车是汽车中内容最丰富、最深刻、最前卫、最能代表世界汽车科技发展和设计水平的汽车。概念车的展示,是世界各大汽车公司借以展示其科技实力和设计观念的最重要的方式。概念车是艺术性最强、最具吸引力的汽车。它具有超前、新奇、探索的特点。它不仅具有极高的鉴赏价值,而且还闪烁着智慧的火花。因此,世界各大汽车公司每年都花大量的人力、物力推出自己的概念车。

通用汽车公司是首先推出概念车的公司,并凭借其绝对实力,一直在概念车方面投入大量的人力物力和财力进行持续的研究与探讨,取得了较大的成效。1938 年,哈里·厄尔

图 4-20　1938 年哈里·厄尔设计的 Y – Job

（Harley Earl1）设计的"Y – Job"（图 4-20）被公认为第一款概念车,从此"概念车"成为汽车行业最重要的市场和销售工具。Y 是当时美国最先进飞机所用的字母,当时推出该车时并没有使用"概念车"这个词,而是使用"梦幻车",意思是像梦幻般美妙的未来汽车。整车线条圆滑流畅,前后翼板造型别致,侧面镶上若干水平电镀条,它对通用汽车公司后来的造型产生了较大的影响。

在 20 世纪 40 ~ 50 年代,以厄尔为首的车型设计部门推出许多概念车杰作,较著名的是 1954 年、1956 年和 1958 年推出的火鸟Ⅰ、Ⅱ、Ⅲ型概念车（图 4-21）,车身低矮,呈细长形并带有机翼和尾鳍,造型深受喷气航空时代初期的飞机火箭形状的影响。

图 4-21　1958 年推出的火鸟Ⅲ型概念车

概念车这个词首先由哈里·厄尔的继任者查克·乔丹提出。厄尔和乔丹先后担任通用汽车公司的副总裁兼首席造型师长达 40 年,对通用汽车公司汽车造型及概念车的研发做出了卓越的贡献。目前,通用汽车公司具有世界上实力最强的造型队伍,共有 1200 人,36 个设计室中 6 个是概念车设计室,每年推出几十种新颖的车型。

人们对汽车的渴望已不仅仅是把它作为一种代步工具,而且要求汽车拥有一定的情感,能够体现某种风格和某种对未来世界的期望。乔丹的概念车思维就是在这种背景下产生和形成的。概念车是创新技术的载体,是为了探索新的外观或寻求另外一种车的设计风格,甚至是为了创造另外一种与现行交通工具完全不同的模式。概念车可以最大限度地摆脱生产制造等多方面的束缚,从而使设计师迸发出潜在创作精神,尽情甚至夸张地展现自身独特的魅力。

概念车一般有三种类型:一是接近于实用化的概念车,它比较接近于批量生产,其先进技术已步入试验并逐步走向实用化,一般在 5 年左右可成为公司投产的新产品;二是未来型汽车的概念车,这是近年来时常出现的一种新型概念车,如电动汽车概念车（图 4-22）,水陆两用汽车概念车等;三是高度艺术化创意的概念车,它是汽车设计大师超常想象力的作品,把概念车的造型推到了神话般的梦境。

图 4-22　小巧的蓄电池电动汽车

第二节　世界汽车车身的造型风格

汽车是高度人性化、个性化的商品,其造型设计尤为重要。正如著名汽车造型设计师贝蒂斯塔·皮尼法里纳所说:"成功的设计是具有生命力的设计,即造型越好,就越经得起时间的考验,一辆漂亮的汽车,就像一位标致的女郎,令人百看不厌。"这句话明了地表达一辆汽车的真实宗旨和个性的设计是汽车造型中重要的一环。他说:"一个设计师就像一个酒吧的调酒师,总在寻求一种理想的组合。式样、形象和价值的组合必须适应市场的需要。"自世界上第一辆汽车诞生以来,汽车在追求美的造型设计方面都倾注了设计师们极大的热情和心血。汽车制造商们更是不遗余力,花巨额投资和技术力量进行轿车的外观和内饰改进,并与技术进行完美的结合,形成了不同汽车美学造型的流派。现代汽车造型有三大流派:欧洲风格、美国风格和日本风格。

一、美国汽车车身造型风格

美国地域辽阔,道路宽阔笔直,进入 20 世纪,特别是第二次世界大战后,美国经济的飞速发展,造就了美国汽车尺寸大、线条硬朗、富于装饰、创新意识强、善于运用流行元素的有别于其他国家的造型风格。

美国汽车的这种造型风格大体经历了福特 T 型车时期、流线型汽车时期、尾鳍汽车时期形成的。

20 世纪初,美国生产的汽车完全以实用、坚固、方便为目的,形象朴素,不拘泥于细节,无多余的装饰。这种美国式的实用主义设计思想,完全与大规模生产相适应,形成了美国 20 世纪初轿车造型的主要特征。随着美国经济的高速发展,人民生活水平的日益提高,人们不仅需要经济实用的汽车,而且还需要美观舒适的汽车,T 型车单调、简陋的造型,几乎没有什么装饰件,显然不符合这一需求,人们逐渐对 T 型车失去了兴趣。

20 世纪 20 年代汽车造型设计就曾给企业带来了效益。通用汽车公司的董事长阿尔弗莱德·斯隆对汽车造型非常重视,他认为人们的地位不同,职业不同,生活习惯不同,理应驾驶不同风格和式样的汽车。1927 年,通用汽车公司成立了一个独立的"通用汽车艺术和色彩部"专门负责汽车的造型设计,聘请哈里·厄尔为首席造型设计师,从而成为 20 世纪汽车造型的先导。哈里·厄尔设计风格大胆奔放,极富创新精神。在他 30 多年的汽车造型设计生涯中,留下了许多著名的车型。哈里·厄尔对美国乃至世界汽车造型设计产生了很大的影响,被誉为美国汽车造型之父。哈里·厄尔通过改变汽车的色彩和增加装饰等手段,使福特汽车公司持续生产19年的黑色T型汽车不得不提前退出历史舞台。实践证明,优秀的汽车造型设计不仅仅在于能刺激消费,而更能够适应消费、适应消费者不同的要求,符合消费者不同的审美意愿。

20世纪30年代,流体力学研究的中心由欧洲转移到美国,美国的许多学者将他们对汽车空气动力学研究的成果应用于汽车车身的造型设计中。流线型本是飞机飞艇的造型设计元素,将它应用到汽车的造型设计上,形成流线型风格,一方面是追求时髦的结果,另一方面是符合空气动力学原理的。克莱斯勒公司的"气流"汽车是其代表。美国的流线型汽车在符合空气动力的条件下,没有放弃宽大的车身和豪华的装备。因为美国人喜欢宽大的内部空间,汽车制造商喜欢大型汽车带来的丰厚利润。这时的美国汽车造型设计开始走上有自己特色的道路。

早在流线型汽车盛行的时代,汽车造型的更新换代速度已经逐步加快,这一方面是技术进步的结果,另一方面是竞争加剧的结果。通用汽车公司为了在竞争中处于优势,赚取更多的利润,提出了"有计划的废止制度",这一制度的核心就是加快汽车更新的速度,具体地说就是汽车的式样至少每2年有一次小的变化,每3~4年有一次大的变化,造成有计划的式样老化,这就是有计划的废止制。计划废止制度是美国独特的市场竞争方式,它的出现对美国的汽车工业影响很大,直到今天还影响着美国的汽车造型风格,同时也培养了美国人的消费习惯。丰富的社会产品和巨大的购买力是计划废止制度的基础,20世纪50~60年代是这一制度发展的鼎盛时期,尾鳍开始成为汽车造型的元素。

第二次世界大战中美国本土没受到战争的破坏,战后美国的经济空前繁荣,美国人沉迷于奢华的生活中。爵士乐,香槟酒,霓虹灯,宽大的、满身银光闪闪的、尾鳍高竖的大轿车,似乎就是那个时代美国生活的代名词。

第二次世界大战后,哈里·厄尔成为通用汽车公司副总裁兼总设计师,他任命富兰克·赫尔舍(Frank Hershey)为1949年款凯迪拉克的造型设计师。富兰克·赫尔舍是一个喜欢标新立异的青年造型设计师,新款凯迪拉克造型灵感来自于P-38"闪电"战斗机,在后翼子板尾部加了一个小小的尾鳍,模仿飞机垂直尾翼的造型,并把尾灯设在上面。虽然哈里·厄尔对这一设计持怀疑态度,可没想到经销商却看上了这一设计。在纸醉金迷的战后美国,奇特怪诞绝对是哗众取宠的最佳方法,因此这项打破常规的设计噱头立刻风行起来,一时间小小的尾鳍成了千百万人追逐的目标。1949款凯迪拉克打败了所有竞争对手,在市场上大放异彩,为通用公司带来了巨额利润,哈里·厄尔决定把其造型大加推广,数年之内通用公司无"鳍"不车。无车不"鳍"。

此后通用汽车公司的造型设计师们抓住这一契机,争相开发更新更怪异风格的汽车,其他汽车公司也纷纷效仿,美国汽车向着更大,更重,更夸张,更豪华奇特的方向驶去。1959年款的凯迪拉克埃尔德拉多(Eldolado,图4-23)更是夸张到了极致,它的车身低矮,车尾却高耸着硕大的尾鳍,尾鳍距地面1.07m,快与车顶平行了;前脸左右排开8盏前照灯,尾部两个金属圆圈环罩着火红的尾灯,模仿飞机的喷气口,四个尖尖的小灯插在尾鳍上,仿佛准备发射的火箭;车上部件几乎都镀着铬,在阳光下闪闪发光,叫人难以置信。驱动这辆2t重的大轿车,每2.8km就得消耗1L油!1959年是凯迪拉克造型的顶点,也是哈里·厄尔创造的尾鳍风格的顶峰。有人认为20世纪50年代是美国汽车造型设计最浮浅的时期,也有人认为这是汽车造型设计师最辉煌的时期,因为他们的想象力最开放,象征主义发展到了极致,汽车和当时流行文化之间的联系也发展到了顶峰。

那些华而不实的装饰除了增加成本，增加油耗之外毫无用处，再加上人们对这一造型风格的厌倦。从 1960 年开始尾鳍变矮，逐渐消失，造型简化，装饰减少，汽车造型开始向理性化回归。这一时期最耀眼的是各种跑车，其中通用汽车公司的双门跑车克尔维特，福特汽车公司的野马最具代表。

图 4-23　1959 年款的凯迪拉克

跑车的风靡，一方面是由于人们追求宽大豪华的消费习惯渐渐改变，更加追求个性和驾驶乐趣，另一方面则是欧洲进口跑车的影响。欧洲的赛车在第二次世界大战后随着经济的复苏再度方兴未艾，欧洲各汽车公司针对美国汽车市场推出了一系列符合美国要求的经典跑车，如：德国的保时捷，奔驰鸥翼 300SL，宝马 507 跑车，英国的美洲虎 XK 系列跑车、阿斯顿·马丁跑车和莲花跑车，意大利的法拉利、阿尔法·罗密欧跑车。这些跑车相继在国际赛事上夺魁，并大量出口到美国，从而改变了美国人的汽车消费观念。因此，小型跑车的热潮在美国兴起，美国本土的各大汽车公司为了应对来自欧洲的挑战，纷纷设计制造跑车。

从 20 世纪 70 年代开始，中东石油危机使美国汽车追求大功率、大排量的势头有所收敛。美国汽车的块头也开始缩水，但与其他国家相应档次的车型相比依旧大了一截。自 20 世纪 80 年代到现在，美国也开发出几种小型车，但是还是不能和日本、欧洲的小型车相比，这些车型依旧不能成为美国汽车的主流，改变不了美国汽车大块头的形象。

进入 20 世纪 80 年代后，汽车造型设计开始走向冷静，在尽情享受了奇异形态带来的乐趣后，理智再度回归。汽车造型设计虽然也提倡某种装饰，但是，其主要目的是更好地体现功能，更加符合人性。体现出一种单纯、科学的现代美。

二、欧洲汽车车身造型风格

由于欧洲历史悠久，豪华汽车的生产历史久远，直到今天，世界上顶级的豪华汽车几乎都在欧洲。由于欧洲历史悠久，街道狭窄，加上两次世界大战的摧残，欧洲造就了许多经典的紧凑实用的大众汽车，如大众甲壳虫、雪铁龙 2CV、菲亚特 500P，英国的奥斯汀、迷你（Mini）等。同时，欧洲也是一个有着赛车传统的地区，因此欧洲的跑车也十分闻名，推出了很多超级跑车。可以说欧洲汽车呈现出了丰富多彩的汽车文化，其造型设计也因此变得丰富多彩。

欧洲的豪华汽车可以说声名显赫，奔驰、宝马、劳斯莱斯、宾利、美洲虎、布加迪，款款高贵典雅，价格不菲。欧洲的豪华车，庄重，典雅，线条流畅，用料考究，性能优良，车身宽大，乘坐舒适。既不像美国豪华车那样夸张，也不像日本车那样小气，洋溢着贵族气质，再加上百年的品牌形象。因此，直到今天都是世界上顶级的豪华车，它们的地位是美日汽车达不到的。欧洲的豪华汽车为了体现珍贵，除大量使用高科技的技术成果外，讲究手工制作，这和欧洲人对奢侈品独特的价值观有着很大的关系。

当你站在欧洲的街头，到处都是各种小型汽车，气派的豪华汽车并不多见。无论是生产领域还是消费领域，小型汽车在欧洲都占有极其重要的地位。第二次世界大战前，汽车是贵族身份和地位的象征，汽车的价格比较昂贵，汽车的普及率很低。战后，欧洲到处是残垣断壁,百废待兴。有钱人纷纷破产,大多数贵族也一贫如洗,汽车制造商不得不把目光转向平民大众,因此各种大众汽车争相出笼,成为汽车进入家庭的主力军。大众汽车的排头兵当然是甲壳虫,雪铁龙2CV同埃菲尔铁塔一样成了法国的象征,菲亚特500P堪称20世纪50年代欧洲小型车的代表,迷你是平民大众心中的至爱。今天欧洲的小型车仍然是小型车市场的主力军。欧洲的小型车,设计平实又不乏新意,富有人情味,同时做工细腻,注重安全性,充满人文主义关怀,真正是以人为本的设计典范。

早期欧洲的汽车大多供王公贵族享用,赛车成了他们的消遣,因此在他们的支持下,欧洲的跑车制造技术遥遥领先于其他地区。欧洲的跑车线条圆润流畅,同时又不失贵族气息,车身低矮小巧。第二次世界大战后欧洲的跑车生产更加兴旺发达,这一方面得益于欧洲经济的复兴,另一方面也是美国市场的吸引,直到今天,美国也是欧洲跑车的最大市场。当代的欧洲跑车,设计更加精良,大量运用最先进的科技成果,外形大都在保持传统特色的同时,又不失创新风格,孕育出很多惊世骇俗又堪称经典的超级跑车,如保时捷的911系列、奔驰的300SL鸥翼跑车、法拉利的F40、兰博基尼的兰博基尼·康塔什跑车等。欧洲跑车占据了世界顶级跑车的领导地位,欧洲的跑车意味着超强的性能,完美的外形和昂贵的价格,很多跑车生产厂仍然沿用手工装配的生产方式,一方面他们要保持品牌的传统,另一方面是确保每一辆跑车的质量上乘。

欧洲风格的汽车总体上来说比较保守、内敛,比较严谨,功能性比较强,又可细分为英国风格、法国风格、德国风格和意大利风格。

英国风格的汽车稳重内向,有内涵。他们反对机械化生产,崇尚手工制品和自然植物纹路的设计,因此,汽车造型趋于保守,热衷于装饰。着意体现豪华、气魄、庄重,形态以四平八稳的三箱形为主。

德国风格的汽车冷静、深藏不露,很少哗众取宠。他们主张汽车的造型设计必须把功能放在首位,符合科学原理,具有良好的功能,适合机械化生产,反对装饰和雕琢,并且明确提出设计的目的是为了人。因此,在设计中大量采用直线与几何形体,创造了一种严谨、科学、理性的汽车造型风格。正因为如此,奔驰S级和BMW 7系列均属当今高档轿车中的佼佼者。其造型仍朴素、大方、格调清新。20世纪80年代后出现的奥迪系列轿车首创的"风洞型"造型,形象更加简洁,更加科学化、功能化,成为现代德国造型风格的代表作。

法国风格的汽车浪漫实用,个性十足,洋溢着法兰西浪漫气质。法国是现代艺术的发祥地,汽车造型也是标新立异。雪铁龙CX系列的现代流线型造型汽车体配上后部的"箭尾"式造型和包覆式后轮罩堪称典范。BX系列虽然线条更趋于干练挺拔,但仍沿用后部的造型特色,实现了技术与艺术的完美结合。

意大利风格的汽车狂野不羁,同时又是功能与造型的完美结合。意大利是文艺复兴的策源地,汽车造型注重实践和个人技艺的发挥。皮尼法里纳、乔治亚罗、博通、甘迪尼等设计大师设计的轿车遍布欧洲、日本、韩国。皮尼法里纳几乎包揽了所有的法拉利跑车的外形设计,其造型风格均以直线条构成,同时追求大的空间和最佳的宜人性,内外装饰简单,结构清晰明快。对世界轿车造型产生了巨大的影响。

三、日本汽车车身造型风格

日本的汽车工业从20世纪初出现,到20世纪30年代初具规模。日本汽车造型走的是一条先仿制再自行开发的道路。

日本汽车以小型车见长，灵活实用，造型活泼，注重细节设计，廉价省油，质量上乘。因此，20世纪70年代石油危机时，日本汽车受到美国人青睐，并大批出口到美国。短短几年，日本轿车在美国汽车市场上的份额从2%～3%上升到19%，20世纪80年代初上升到25%。但日本汽车换型太快，品牌特征不明显，过于时髦反而失去个性。近年来，受欧洲"低风阻"潮流的影响，原来的平方、直线、轻快、小巧、利落的造型开始转向圆滑、饱满的流线风格，而且更豪华、舒适、高雅。

进入20世纪90年代，全世界刮起了一股复古怀旧之风。汽车造型设计当然也不会落于人后，各大汽车公司相继推出具有复古元素的全新汽车。他们准确地抓住了消费者的心理：经历过去的人是对那一段时光的怀念，没经历过那段时光的人是对它的好奇。

历经多次的反复与曲折后，汽车造型设计走向成熟，走向国际化。自从汽车使用流线型车身以来，车的外形变得越来越圆润，这一方面是汽车生产技术的提高，空气动力学的要求，另一方面也是人们对方箱形汽车的厌倦。可是人们的审美一直在变，看惯了由柔软线条堆砌的汽车，人们反而渴望硬朗的风格了，于是汽车造型设计又掀起了直线风潮。

20世纪90年代的汽车造型（图4-24）特点：采用传统的阶梯背，具有棱线美的流线型低风阻，造型曲面以大曲率的"理智曲线"为主，车身形态构成的依据来自严格的风洞试验，保险杠与车身在形、色、质三方面均达到高度统一，外部格调清新、明快，没有任何多余的装饰，车速

图4-24　现代的汽车三厢造型

一般可超过200km/h。更加着眼于科学化、实用化、人性化，更加符合人体工程学的要求。内部装饰以真皮、天鹅绒等自然材料为主，力求创造一个和谐统一、高贵、雅致，富有居住性的空间，使人、机效率（环境质量）处于最佳状态。

第三节　汽车车身色彩

人们在看到各种汽车时，首先映入眼帘的就是汽车的色彩和外形。汽车在色彩的演绎下，呈现出千姿百态、迥然不同的韵味。汽车色彩是汽车外饰和产品风格的标志，包含着设计者、使用者和社会大众的文化心态。人们在长期的实践中，对汽车的颜色形成了一定的惯例。

第一，不同使用功能的汽车，形成了自己的惯用色彩。例如，消防车采用红色，非常醒目，让人联想到火灾的紧急情况；救护车采用白色，与医护人员的职业着装颜色一致；邮政车采用绿色，也是因为邮政行业都使用绿色作为职业色。军用车辆一般都采用墨绿色，便于安全隐蔽。不同的颜色传达出的视觉感受不一样，与不同功能的汽车联系在一起，在实际中发挥着不同作用，例如，黄色是一种高可见的色彩，辨识度高，穿透力强，因此它常被用作安全设备、交通道路标线及危险信号的色彩，工程车辆多采用黄黑相间的色彩，是运用黄色亮度高、醒目的特点，以引起行人和其他车辆注意；校车（图4-25）通体底色同样采用醒目的黄色，目的是提醒其他车辆避让，最大限度地保障校车行驶环境的安全。除依据汽车的功能选择车身颜色外，通常还采用特殊的图案功能标志，例如救护车上有"红十字"标志，冷藏车上有雪花、企鹅（图4-26）图案标志等。

图4-25 美国校车

图4-26 冷藏车

第二,不同使用地域的汽车,车身颜色取决于当地人们的颜色习惯。如北欧人喜欢青绿色,意大利人喜欢黄色和红色。在美国,以纽约市为中心的大西洋沿岸的人们喜欢淡色,而在旧金山太平洋沿岸的人们则喜欢鲜明色。拉丁美洲国家大多偏爱暖色调,在他们的客车上喜欢涂饰艳丽夺目的各式图案,或是临摹圣婴像,或是涂绘田园风景、花鸟等。阿拉伯和非洲等沙漠国家推崇绿色,认为绿色是生命之源。地处东南亚的泰国等国家则对缤纷绚丽的色彩情有独钟,透露出独特而神秘的民族风情,车身色彩与图案的选择也显示出当地人们的这一偏好,图4-27所示为泰国客车车身色彩装饰。

图4-27 泰国车身色彩

第三,汽车的色彩,通常还与人们的传统文化习惯有关。如黑色代表庄重、尊贵、严肃,也代表严谨和慎重,一直是公务车比较青睐的颜色;白色给人以明快、活泼、大方、清洁、朴实的感觉,是私家车消费者喜欢的颜色;红色表示跳跃、兴奋、欢乐,是跑车或运动型车爱采用的颜色;黄色表示欢快、温暖、活泼,是年轻白领女性车主喜欢的颜色,同时黄色最醒目,可视距离最长,成为跑车、小型车、出租车、校车及工程抢险车惯常使用颜色;银色很具动感,银色汽车比较富有人气;绿色代表大自然及春天,绿色小车是很有个性的颜色。

汽车色彩除了与汽车的使用功能、使用区域和文化习惯有关外,还与颜色的属性有关。如不同的汽车色彩,给人会产生汽车体积大小不同的感觉,对安全行车有一定的影响。通常,黄色具有放大效应,有膨胀性,称膨胀色;而同样体积的蓝色、绿色感觉会小一些,有收缩性,称收缩色。此外,汽车颜色的深浅在不同光强条件下的反射效果也有很大的差异。根据对黑、蓝、绿、银灰、白5种不同颜色轿车的视认性和安全性试验研究表明,深颜色的黑色车在清晨和傍晚时段光线不好的情况下,不易被肉眼所识别,而浅颜色的白色和银灰色则容易辨识,所以黑色车的颜色安全性较白色和银灰色车辆差,而绿色和蓝色车的颜色安全性居中。汽车内饰的颜色也同样影响着行车安全,因为不同的内饰颜色对驾驶人的情绪有一定的影响。内饰采用明快的配色,能给人以宽敞、舒适的感觉。夏天最好采用冷色,冬天最好采用暖色,可以调节冷暖感觉。暗色给人以重的感觉,明色给人以轻的感觉。

道路运输企业,一般对自己所属的营运汽车,都会规定自己的标志色,以便让被服务者识别和选择服务企业,有利于经营者创立公司品牌。但是,近年来部分城市运管局则为改善客运出租汽车外观形象,推动客运出租汽车企业品牌建设,规范了出租车企业运营标色的使用,淡化企业色而倡导行业色,例如杭州市运管局规定普通出租汽车车体造型(图4-28)分上下二段色结构,下段色钻石银,上段色青绿色,以如水曲线加以分界,使车身呈现出一个秀美的钱江潮图案,前车门两侧喷制统一的西湖三潭印月图形(图4-29)。上海出租车也将逐步倡导出租汽车车身实行统一的行业色,淡化企业色,出租车将以一体化的形象和色彩亮相,以塑造上海出租汽车行业的整体形象。

图4-28　杭州普通出租车的车身色彩

图4-29　杭州出租车营运标志

第四节　影响未来汽车造型的因素

随着"工业4.0"概念的普及,汽车产业正逐步向可持续化、高效化、数字化、智能化的方向转型,新能源汽车、智能网联汽车是未来我国汽车产业的核心发展方向。电动汽车是21世纪才开始流行的产物,智能网联汽车是近年开始研究的热点,它们的造型更多的是借鉴已经发展成熟的燃油汽车的外形。随着工业科技的进步,市场需求、消费观念和消费者审美观的不断变化,新能源汽车、智能网联汽车在造型上必将与传统汽车有较大的差别,形成自己固有的外形。影响未来汽车造型的因素有如下几个方面。

一、技术因素

1.零部件总体布置对车身整体造型的影响

目前内燃机汽车通过机械传动传递动力、机械悬架支撑车体、机械操作控制驾驶,这些系统决定了汽车造型最基本的外形。新能源汽车以电力或氢燃料电池为动力,传统的庞大发动机被小型电机所取代;新能源汽车不需要复杂的传动驱动系统,电机甚至可以直接安装在车轮上;传统的机械变速传动系统传递发动机动力、转向盘操控汽车行驶方向,有可能直接通过车载电子系统控制动力输出、操控驾驶,如图4-30所示。

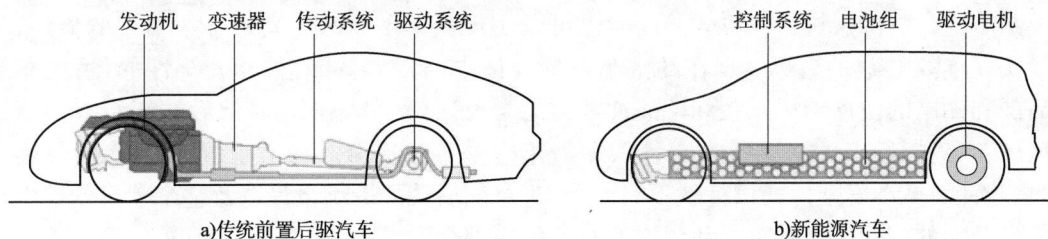

发动机　变速器　传动系统　驱动系统

控制系统　电池组　驱动电机

a)传统前置后驱汽车　　　　　　　　b)新能源汽车

图4-30　传统汽车和新能源汽车布局比较

传统汽车的机械布局方式在新能源汽车上有可能从根本上被颠覆,带来车身整体造型的更多可能性,从而使新能源汽车造型与传统汽车造型有较大的区别。

1)发动机舱的消失

庞大的发动机消失意味着电动汽车不需要在汽车前脸设计大面积的散热隔栅,仅需要

图 4-31　电动汽车前脸

对前悬结构进行包裹,因而留给汽车造型设计师的创作空间更大,如图 4-31 所示。

汽车的蓄电池和燃料电池等组件可以集成设计成一块底板或其他形状,工程师可以根据汽车风格和性能的要求把它们设计在最佳位置。例如通用汽车公司发布的 AUTONOMY 滑板,如图 4-32 所示,它将所有部件安装在一块"滑板"内,在这块"滑板"之上任何的车身外形设计都是被允许的。对生产者而言,这样的设计有利于降低成本,提高生产率。如果某几种车型可以共用同一"滑板"平台,那么只需往上安装不同的车身;对消费者而言,只需花很少的钱便可以对整车外壳进行更换,如同换了一部新车;对驾驶乐趣而言,通过调低驱动系统在底盘车架内部的高度,驾驶者可以享受到重心较低的跑车感受,却同时拥有 SUV 的宽阔视野,这是现在车体设计无法做到的。

图 4-32　AUTONOMY 滑板

2)电动轮技术的使用

将轮毂电机、悬架系统、减振器和制动器都集成在整个电动轮腔内,省去了差速器、变速器和万向节轴等,使整车有了更大的驾乘储物空间;使汽车转向更加灵活,从而节省出前轮的转向空间,意味着轮胎有可能不需要暴露,车身造型更加整体,更加符合空气动力学的要求。电动轮可以根据车轮的数量、位置变化,适应各种类型的汽车造型。

3)电子智能技术的使用

电子智能控制系统的引入,有可能使得传统的轮式转向盘操控系统转向触控、手势、声音控制等更自然的人机交互方式。同时也可以实现汽车不断减小交通事故发生的概率,并最终实现"零碰撞"的目标。现在的汽车造型设计中,有很多针对被动安全性的设计,车身前后围和侧围的防撞钢梁是缓和碰撞冲击力的主要屏障,另外在车身前后端还留有碰撞缓冲区域,在碰撞发生时能够吸收能量以保护车内乘员的安全。在实现"零碰撞"的目标之后,这些针对被动安全性的设计就不需要了,车身前后端的造型设计以及整个车身的比例都会发生较大的变化,车门、车窗和内饰的布置相应都会发生改变。从而使汽车的造型设计有了更大的发挥空间。

图 4-33 所示是通用汽车公司推出的智能联网电动车,该车是高度智能化的城市概念车,将电气化和车联网两大技术充分融合,可以和其他车辆驾驶者沟通,了解交通情况,自动规划最优驾驶路线,避免事故的发生。可以预见,智能化的电动汽车不但实现了零油耗和零排放,并最终会在未来的城市交通中消除拥堵和事故。

线控技术的应用,使得汽车的操纵系统、制动系统及其他辅助系统能够通过电子方式而不是传统的机械方式进行控制。也就是说,像转向立柱、加速踏板连接杆系、制动踏板连接杆系等刚性传动件都会消失,用导线、继电器、电磁阀等元件组成的传动系统代替刚性传动件。在这样的变化下,驾驶者既可坐在左侧或右侧,也可坐在中间,甚至坐在任意位置操纵汽车。这些技术的使用,不仅能降低车身高度、降低空气阻力,而且为汽车外观造型设计提供了更多空间。

图 4-33　通用车联网 EN-V 电动汽车

2. 车身零部件对车身造型的影响

车身外观零部件的造型是汽车造型不可或缺的一部分。如果说车身总布置影响汽车造型的整体效果,那么局部零部件的造型使汽车造型更加丰富多彩。

以灯光系统为例,汽车的灯光系统主要由前照灯总成、后照灯总成、制动灯、转向灯、雾灯等组成。灯光系统既满足汽车行驶的安全需求,也是汽车造型的重要组成部分。

目前大多数汽车的前照灯灯系统比较庞大,同时形制相对比较固定。从汽车造型设计的角度来看,无论是灯组的整体造型,还是转向灯、制动灯、日间行车灯的灯光配合的视觉效果,都受到比较大的局限。相比较而言 LED 灯能耗小,不需要庞大的发光系统,同时对于造型而言,LED 灯体积小,形式多样,有助于设计师充分发挥创意(图 4-34)。近年来,以 LED 灯为代表的照明技术在汽车造型设计中运用得越来越普遍。车灯的造型设计出现了体积变小、灯光组合形式丰富多样的趋势。从最开始的概念车型逐步运用到中高端车型,由此可见,LED 技术给车灯这一重要零部件的造型设计提供了更广阔的空间。

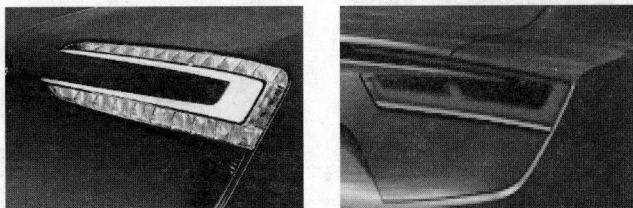

a)Audi-e-Tron前灯和尾灯

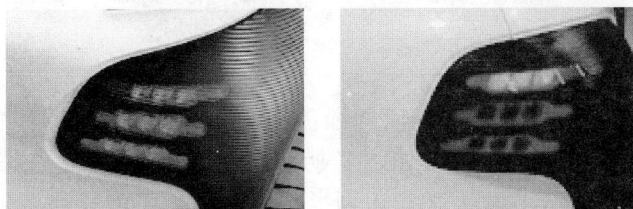

b)Citroen-Lacoste-Concept前灯和尾灯

图 4-34　灵活多变的 LED 灯组设计

二、设计理念因素

1. 有机形态设计对汽车造型的影响

人类是大自然的产物,自然之子,天生喜欢自然感觉,本身对大自然的形态、材质、色彩更加有适应感和归属感。在快节奏的时代,喧嚣的社会,人们身心高度紧张,压力巨大,对自然渴望、亲近的呼唤日益加重。有机设计的出现,正好解决了人们对自然的渴望,重新诠释了人类自身的价值。

有机形态由形象状态构成,是可以再生的,在大自然中自由的生长、延伸、不受约束,它给人舒畅、和谐、自然的感觉,但需要考虑形与本身外,也不断地发生着变化,这就是事物发生的状态。只有这样它们之间相互关系才能合理存在。"天生地造",不是人为,本身的形态是不规则的,从线型角度看均属于"曲线形态",曲线令人感到一种生生不息的力量,因而"生命感"十分显著。这是一切有机体所共有的特征,因而这种曲线形态又被称为"有机形态"。有机形态其中一点是自然形态,是在成长过程中自然形成的一种状态经过不断的生长与变化,使得自身充满生机活力。

有机形态是从有机设计中延伸出的相对于产品造型的思考,强调产品形态上的衔接与一体性,在有机形态的中,面与面之间的过渡是均匀的,让人很难用肉眼去分辨之间的接缝。曲线和直线是形态的最基本的方式。很多的设计都是围绕这两点进行的。有机形态的产品利用这些曲线,使得产品更加具有人性化,这种风格受到了越来越多的人关注、喜爱,特别是年轻人。有机形态设计用在汽车造型设计上可以使汽车造型多姿多彩,既可最大限度地满足用户个性化的需求,又可体现汽车返璞归真、追求回归自然的发展趋势。例如,图4-35的造型设计灵感来源于肌肉组织形态,肌肉的交错组成身体各个功能组织,纳米有机材料中包含细胞活体,驾驶者可以预先设定自己想要的形态,接触式的驾驶操作机构能直接把驾驶者的意愿传达给汽车,实现车外形和质感的变化,强调驾驶者和车的沟通,通过车表达驾驶者的各种想法和情绪。车不再只是一个呆板的交通工具,更多的成为驾驶者的延伸。

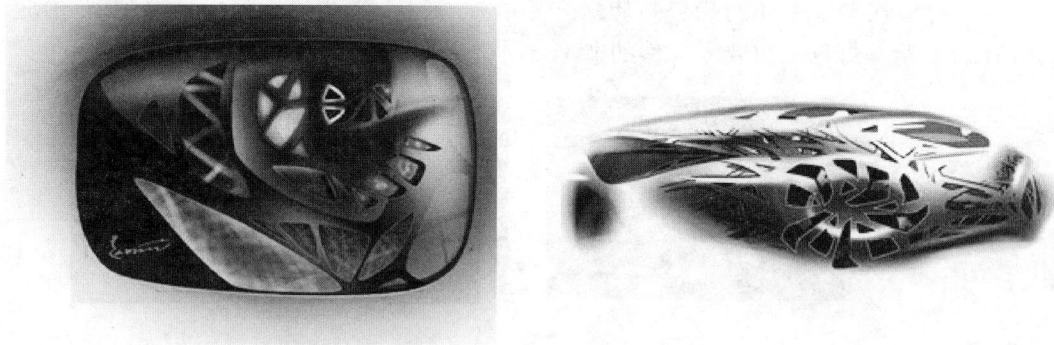

图4-35　汽车造型的有机形态设计

2. 绿色设计对汽车造型的影响

"绿色设计"风行于20世纪90年代,"绿色设计"思想产生的背景主要是因为经过人类社会的飞速发展,环境承载出现饱和,加之工业化大生产导致的环境生态被破坏。第三次产业革命的发展,高科技的产生,让人类意识到生产生活必须由消耗能源、付出代价的生产方式转为遵循自然法则、与环境生态和谐共处的生产方式。因此,在环保的大环境下,人们开始尝试对产品进行绿色环保设计,以实现最大限度地减少在生产生活中对生态环境的破坏。

"绿色设计"在汽车设计中主要体现在功能与造型上,在功能上主要是将有限能源动力转换为可再生能源动力,即电能、天然气能等环保能源。在造型上体现在:纯电动汽车对发动机舱、底盘线路布置的空间要求较少,能够更自由地在汽车外观上进行个性化装饰与造型。2014年上市的特斯拉纯电动超级跑车(图4-36)则是将"绿色设计"的思想发挥到极致。在造型上,特斯拉的纯电动车将发动机与底盘线路布置的空间大大减少,从而使造型设计的发挥不受任何空间的限制,最终使汽车整体外观饱满、圆润,底盘为完全平滑、整体的曲面,汽车行驶在凹凸不平的路面时某个零件不

图4-36　特斯拉纯电动超级跑车

会被损害。在功能上,特斯拉独创的电池组以数百个微型电池并联组成,使得在单个微型电池发生故障时,整体的电池组仍然能够继续运行,且单个的微型电池能够轻易地进行更换。特斯拉的电池组能最大程度提高汽车的续航里程与瞬间加速性能。特斯拉超级跑车另一个功能上的体现是废弃燃料集中再利用装置,它可以将废弃能源再利用,能够最大限度地节约能源。

三、制造因素

3D打印目前在汽车上的应用范围基本以车身的部分产品及体量较小的产品、装饰件为主,同时还有部分工程上的异形件和容器类结构件,如图4-37所示。

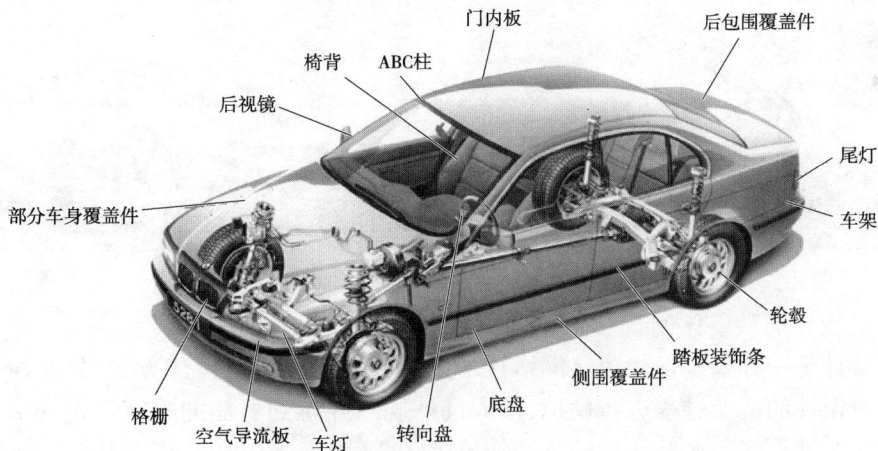

图4-37　3D打印技术在汽车制造中的应用范围

3D打印的学术名称称作"增材制造","增材"是指3D打印通过原材料的沉淀、黏合的方式将原材料逐层构成三维实体的打印方式,"制造"是指3D打印通过计算机读取数据,系统性的制造材料层。

1.3D打印技术的特征

首先,3D打印技术实现了复杂物品的低成本制造。基于3D打印技术,现代工业可以不通过机械设备和磨具,生产出设计产品。这使得样品试制、小批量生产的周期和成本大为

降低,有利于新产品开发和个性化制品的普及。

其次,3D打印技术实现了产品的生产的高精度和短周期。3D打印技术由于不需要开模过程,使作业时间大为减少,同时还减少了委外加工,在提高了核心数据安全的同时,也降低了多次加工的累积误差,有利于提高生产精度,降低生产周期。

最后,3D打印技术操作性强。传统的工业制造需要大量的经验丰富的工人操作机器,即使在信息时代也是如此。3D打印开创了新的生产模式,只要计算机获取了源文件,任何人都可操作生产,这为普通人参与产品生产提供了可能。

2.3D打印技术对汽车外观造型设计的影响

1)艺术与技术的完美融合

3D打印技术使功能与形式、技术与艺术完美融合成为可能。

在汽车造型设计领域,由于3D打印技术的出现和使用,设计师的想象力可以不受任何羁绊,在以前看来属于天马行空的想象都可以在新技术的支持下得以实现。例如,20世纪80年代以来的汽车造型较为简洁,这种同质化的设计已经不能满足新时代人们对个性化审美的追求。

2)有机设计的形态创新

在3D打印技术诞生之前,人们是无法在产品外形设计中模仿这些奇妙的自然形态的。在3D打印技术的支持下,人们对自然界的模拟能力得到了前所未有的进步,同时还可以使那些原本存在于虚拟世界中的物象具体化,打印出更加复杂的结构。在这一背景下,有机设计应运而生,给汽车外形设计增添了新的色彩。例如,宝马i8的造型理念就源于蝉翼(图4-38),这种造型设计不仅有助于降低阻力、节省燃料,同时也体现出人们对返璞归真的生态理念的不懈追求。

图4-38　宝马i8

3)生成设计的数字化创新

生成设计是一种基于现代数字网络技术支持下的一种新的设计方式,其原理是通过计算机程序对设计的演变过程进行模拟,形成设计规则并得到可能的答案供设计师选择。这种设计方法有助于突破人们在设计领域的思维定式,为未来设计的创新和多元化发展提供了更多的现实可能。

3D打印技术是生成设计思想得以实现的重要工具,以3D打印技术的为依托将生成设计思想用于汽车外观造型设计领域,可以使复杂多变的形态设计突破传统工艺技术的限制。设计师可以追求那些自由的、非标准化的自然形态,折叠、扭曲、非对称性都在3D打印技术的支持下走进汽车造型设计师的视角。当代的许多优秀的汽车造型设计就使用了生成设计理念,例如凯迪拉克Aera概念跑车(图4-39)的车架设计就利用生成设计思想设计出一种网状非对称的晶格结构,完美体现了该品牌汽车在设计上秉承的艺术与科学完美结合的设计理念。

图 4-39 凯迪拉克 Aera 概念跑车

四、用户因素

传统的汽车,人和车的交互体验主要体现在:①汽车的阶层性体验,不同阶层的用户都能找到自身的阶层体验。有人享受高端车的奢华和品味,有人满意商务车对于自身职业的体现;年轻人享受汽车的动感,中年人喜欢成熟稳重、低调的风格。②享受澎湃的动力、速度的快感,更重要的是操纵并主宰机械的自我满足感。③汽车乘坐的舒适性以及汽车运行时的平顺性。从这三点可以看出,传统汽车对于用户的体验是比较个体化、单向性的,人们主要是被动的、以单一用户体验的方式和汽车进行"人-机"对话。

这种情况随着智能信息化社会的到来正在发生改变。更多的电子化、信息化的设备,不断被汽车采用,同时人们的生活模式、消费模式也在不断发生变化。通信技术、计算机技术、互联网的发展等正在改变人们的生活,同时影响着人们的出行习惯,这使得以往汽车作为单独的个体以及显示个体社会阶层形象的特征正逐渐转向群体化、社会化。人和车之间各种互动将变得越来越频繁。汽车正从单一的、完成运载功能的机械逐步成为了一个集合信息获取、传递、交流和娱乐的交互式空间。这种用户交互影响着未来汽车的造型。

对传统的"汽车"定义趋向模糊化,特别是城市短途用车辆。为适应拥挤的城市交通,个人用的微型汽车和传统的动力助力运输工具的边界趋向融合,以满足多样化的城市出行需求,形成所谓"跨界"的风格的汽车,雪铁龙 Citroen 和时尚品牌鳄鱼 Lacoste 合作的跨界概念车,就是这样一个典型产品(图 4-40)。"交通工具"成为城市新型汽车合适的代名词。

图 4-40　Citroen-Lacoste-Concept 概念车

在新兴电子产业对人们信息互动需求的影响下,汽车成为信息内容提供的重要载体,从而影响传统汽车内饰中转向盘、仪表板、中控台等人机互动界面的设计。人和汽车的互动不仅仅局限于驾驶信息的交互,更可能包含智能化的交通引导信息、半自动或者全自动的驾驶新模式,这些改变必将产生全新的操控方式。

五、轻量化因素

相关研究指出,整车质量下降 10% 油耗就可以下降 6% ~ 8%,同时轻量化每 100km 油耗将节省 0.3 ~ 0.6L,燃油经济性将提高 3.8%,碳排放减少 4.5%。因此轻量化可以保护环境和降低能源消耗。

车身表面使用聚碳酸酯面板取代传统的薄金属板和玻璃,这种光敏新材料不仅质量轻,而且能够减少光透和热传递,这样可以减少汽车对加热和冷却系统的依赖。

另外未来汽车因为对安全装置要求的降低,车内安全气囊、内部表面垫板、座椅厚度都可以简化,汽车车身空间显著减小,进一步降低了汽车对空调系统的依赖,这些都可以使汽车更轻,能耗更低。

未来汽车造型随着电气化、智能化、微型轻量化技术的应用,逐渐向科技、运动、个性化方向发展。科技感的环保设计、运动化的多功能设计、时尚化的个性设计、各种色块的组合、体现夜晚时尚动感灯带的应用,越来越多地被广大消费者接受。

复习思考题

1. 为什么最开始的汽车车身采用马车车身?为什么车门和车篷后来才出现?

2. 方箱型车身到流线型车身的演变过程体现了人对汽车的哪些性能要求?

3. 三箱型车身、鱼形车身和楔形车身各应用了哪些空气动力学原理?

4. 试分析甲壳虫汽车横风不稳的原因?

5. 论述美国、欧洲和日本的汽车造型与国家特点的关系?

6. 地域民族文化对当地汽车的身色彩有何影响?试举例说明。

7. 随着汽车电气化、智能化、轻量化的发展,汽车造型发展的趋势如何?

第五章 汽车大众文化

自从福特发明了流水生产线,汽车的价格大大降低,汽车终于驶进人们的生活,成为大众的生活必需品。汽车作为一种代步工具和身份、地位的象征,深深地影响着人们的消费观念,还衍生出赛车运动、汽车俱乐部、车展、婚车、汽车美容装饰等五彩斑斓的汽车大众文化。尤其是赛车运动为人提供了征服和发泄的方式,轰鸣的发动机声、高难度的赛道、帅气的车手和激烈的争夺激起了每个人心中那股原始的冲动。如今,大众的生活已离不开汽车,离不开渗透到血液中的大众文化。

第一节 汽车消费文化

消费文化是消费在文化领域的渗透与发展,是人们购买和使用商品时所持有的价值观念和消费偏好。在一定的历史阶段中,消费文化是人们在物质生产与精神生产、社会生活以及消费活动中表现出来消费理念、消费方式、消费行为和消费环境的总和。汽车作为现代社会必不可少的生产资料和消费品,在消费文化中占有重要地位。可以说,汽车消费文化是汽车文化的一面镜子,有什么样的消费者,厂家就会生产什么样的车,以满足不同消费者的需求,迎合大众的汽车消费文化。在汽车文化流淌的百年长河中,汽车消费文化更是作为一种汽车文化的衍生物,反映了大众对汽车的需求与品位,形成了独特的消费文化。

一、汽车私人消费文化

由于众多的消费者受收入水平、文化素质、职业、年龄、性格、民族、生活习惯等因素的影响,汽车私人消费文化呈现出千差万别、纷繁复杂的形态,在消费需求上体现了不同的需求特性,汽车私人消费文化很难一概而论。不同国家的汽车私人消费者由于受本国历史环境和风俗文化的影响,在汽车消费方面体现了不同的价值观念和消费偏好。因而,汽车私人消费文化是由消费者在购买和使用汽车时形成、作用并影响的文化,私人汽车消费需求、消费心理、消费偏好受社会文化、个人经济条件等呈现出差异性。

具体说来,汽车私人消费者的购买行为主要受文化因素、社会因素、个人因素和心理因素等影响。私人消费者的消费行为是这些因素共同作用的结果。

1. 文化因素

文化因素对私人消费者具有广泛而深刻的影响,从而使得不同的国家、民族或地域的消费者在购买汽车时持有不同的消费观念,这种影响有时甚至是根深蒂固的,不同的文化背景孕育出了不同的汽车消费文化。

社会文化对私人汽车消费者的消费需求有一定影响。例如,美国人热衷于 SUV、皮卡等类型的大排量车,一方面受历史文化的影响,美国历史发展中的一个重要部分是西部开发史,那时哪里有机遇,美国拓荒者就往那里移居。时至今日频繁的迁移和不断地更换居所仍出现在当代美国人的生活中,使人们时常处于"流动"状态,人们需要能够方便携带行李物品的车来满足自由移动的需要;另一方面则是受生活方式的影响,美国人热爱冒险与挑战,喜欢充满刺激的野外休闲方式,需要拖曳房车或游艇等大型物体,四轮驱动的越野车在美国广受欢迎,能够满足美国人的这一需求。

社会文化对私人汽车消费者的消费心理有一定影响。例如,在中国,中国人深受社会传统文化中的"轿子文化"与"面子文化"的影响,在汽车刚进入私人消费领域时人们普遍偏爱三厢车,认为三厢车比起两厢车更加宽大,更加像传统的轿子,有派头,容易引人注目,能够承载身份和地位。这就使得某些性能先进、款式国际流行、深受外国人欢迎的"溜背式"汽车(两厢车)在20世纪90年代的中国汽车市场上遭遇到了不畅销的麻烦。

2. 社会因素

社会因素同样对消费者的消费观念和消费选择产生重要影响。一方面,社会环境和道路条件影响着汽车私人消费者的消费风格,例如,美国国土面积比较大,地广人稀,道路交通十分发达,这使得美国人喜欢尺寸大、排量也大的汽车,在石油危机来临之前,大排量车一直是美国汽车消费的主流;而欧洲则由于历史悠久、人口密集、街道狭窄而使得欧洲人偏爱体积小的汽车(图5-1),这些紧凑的小型车(多为两厢车)好处在于减轻道路压力、便于停放、降低油耗及污染,大众甲壳虫、迷你等都是欧洲街头的常见车型,经久不衰。日本的土地资源有限,同时资源也少,所有的能源都要依靠进口,从一开始的时候就发展小排量车,加之日本国民长期形成的节俭朴素的生活习惯,这使得消费者的消费首选是经济省油的小排量车型,甚至一些家庭选择微型客车作为家用车。另一方面,能源危机与环境问题的频发使得人们的汽车消费观发生转变。这一点突出表现在美国人和欧洲人汽车消费观的变化上,美国是一个传统使用大排量汽车的国家,但是经过两次石油危机

图5-1　德国街头的微型车

之后,美国的小排量车比例越来越高,日本车在美国的畅销及悍马时代的终结是这一变化的有力佐证。在欧洲,经历了环境变化带给人们的负面影响后,欧洲人的汽车消费观从追求品牌与排场,变为崇尚实用、舒适安全和节能的成熟汽车消费观,高效、低耗和低污染的"清洁汽车"成为注重健康的欧洲人的焦点。人们的环保意识正在增强,逐渐演变为一种自觉行为,影响着人们对汽车这种耐用消费品的选择。

政策法规及交通管制对人们消费的影响同样是不容忽视的,甚至改变人们的汽车消费行为,转变人们的出行方式。欧洲各国普遍加强了公共资源的管理,例如:在伦敦和斯德哥尔摩等城市,进城要缴纳拥堵费;德国部分城市联合成立了"环境区",只容许低碳的车进入;从维也纳、慕尼黑,到哥本哈根,大量街道禁绝了机动车;巴塞罗那和巴黎则把大量机动车道改建成自行车道;哥本哈根的欧洲环境署所在的办公大楼,有150多个自行车停车位,

仅有一个为残疾人保留的汽车停车位。由于这些交通政策的制定及实施,对潜在购车用户的购买需求会产生影响,甚至会给有车用户的汽车消费行为带来影响,例如:在过去十几年,欧洲部分有车一族出行首选公共交通,以避免一些不必要的麻烦;美国无车家庭比例从1991 年的5.7%上升至2013 年的9.3%,这一趋势或产生相当影响。

社会因素对私人消费者的影响除了以上说的道路环境条件、生态与能源环境、政策法规等宏观因素的影响外,还受参照群体、家庭成员及个人所处的社会地位的影响。

参照群体是对个人的态度具有直接或间接影响的群体。它可能是一个团体组织,也可能是某几个人;可能是正式的群体,也可能是非正式的群体。参照群体是人们沟通、交流、学习或效仿的对象,在缺乏消费经验的情况下,个人的消费选择往往以周边群体的标准为依据。研究表明,汽车私人购买者的购买行为容易受到相关群体的影响。比如,某单位的职工,由于最初有人购买了某款轿车,使用后感到该款轿车售价低、油耗低、质量好、方便灵活,是很实用的代步工具,受其影响,后来这个单位的职工,先后有数十人购买了该款轿车。

家庭是以婚姻、血缘和有继承关系的成员为基础形成的一种社会单元。大部分的消费行为是以家庭为单元进行的,在一个典型的现代家庭中,作为家庭成员的丈夫、妻子以及子女在购买决策中的角色各不相同,购买决策权的大小取决于家庭生活习惯、内部分工、收入与受教育程度等。家庭基本上可以分为四类:丈夫决策型、妻子决策型、协商决策型和自主决策型。在中国私人汽车的购买过程中,在买与不买的决策上,一般是协商决策型或丈夫决策型,但在款式或颜色的选择上,妻子的意见影响较大。对汽车性能的要求方面,女性比男性更看中安全性、易操作性和舒适性;男性比女性更看中动力性。

社会阶级的存在,使得汽车私人消费需求表现出层次性。消费者由于在社会上所处地位的不同,对汽车所需求的档次也就不同。个人所处的社会地位直接决定了消费者对于汽车档次的选择,而汽车的档次又无形中给汽车所有者贴上了一道标签,即在大多数人眼中汽车是有阶级的。在汽车文化成熟的国家,这种约定俗成的观念在人们的潜意识中根深蒂固,人们一般不会去破坏这一"规则"。例如,在英国人眼中,只有皇室和有爵位的人才配坐劳斯莱斯,而宾利车主则40~60 岁的行政总裁或年收入至少300 万美元的企业家。

3. 个人因素

私人汽车消费与消费者的年龄、性别、职业及经济状况、个性及自我观念等个人因素有关。可以说,车如其人,汽车在现代生活交往中就是一张个人名片。

从消费者个人的角度考察,消费者的购买行为与所处年龄密切相关。随着年龄的增加,人们对汽车产品的喜好也在改变。例如,年轻人购买汽车主要注重汽车的动力性及速度,而老年人购买汽车主要注重汽车的操纵方便性和驾驶安全性。

性别是影响消费者购车行为的一个重要因素,调查表明,男性在购车时注重汽车的动力性、性能及品牌,而女性则注重安全性、外观、燃油经济性及价格。

一个人所从事的职业在一定程度上代表着他(她)的社会地位,并直接影响他(她)的生活方式和消费行为。不同职业的消费者对汽车的购买目标是不一样的,例如,公司经理与其属下雇员所选择的车型及档次可能存在差别。

个人的经济状况对其消费选择具有重大影响,它在很大程度上决定着人们可用于消费的收入、对待消费与储蓄的态度及借贷的能力。尤其是汽车对一般人来说属于一种高档耐用消费品,个人的经济状况达不到一定程度是不可能购买汽车的;并且经济状况较好的人与经济状况一般的人所选购的汽车是有所差别的。不同经济状况的消费者选车时对价格的敏感程度不一,购买时看重因素也不同,例如,将汽车作为代步工具使用的汽车消费者,一般对价格比较关注和敏感,在购车时往往会先设定一个价格区间,然后在该价格区间里寻找自己满意的车型、颜色和品牌,往往会倾向同类价格中配置较多、性能较好的车,注重燃油经济性,同时考虑车辆的服务与使用成本,包括维修的方便性、配件和维修价格等;而将汽车作为身份和地位象征的消费者,收入较高,价格对其购车影响不大,注重品牌、安全性、技术先进性和舒适性。

个性是个人独特的心理特征,它使个人对环境做出相对一致和持久的反应。例如,有的人稳健保守,有的人则勇于冒险。个性不同会导致消费者购买行为的差异,进而影响消费者对汽车产品和品牌的接受程度和选择。自我观念与个性有关,可以理解为自我定位,它对消费行为产生影响的一个重要表现是:消费者往往会选择与他们的个性及自我定位相吻合的汽车产品。另外,自我观念在一定程度上影响着人们对未来(如收入)的预期,从而影响其现在的购买决策。进入 21 世纪,现代经济迅速发展,人们更加追求个性,思想多元化,对汽车也更加挑剔。现代人的汽车消费理念已从"代步工具"向"个性时尚"转变了,汽车不再仅仅是一种交通工具,而是更多地与人融合在一起,彰显出独特的品位与风格。不少爱车人士不惜耗费巨资对爱车进行改装,正是人们对待汽车消费理念的转变。

4. 心理因素

影响消费者购车行为的消费心理主要包括动机、知觉、学习、信念和态度。

动机是一种上升到足够强度的需要,它能及时引导人们去探求满足需要的过程和目标。有汽车购买动机的人,肯定是在生存需要(如吃、穿、住等)得到满足以后才可能去购买汽车,以满足更高层次的需要。购买汽车的人,也是根据其在社会上所处的地位及所要满足的需要,选择不同的车型和品牌。普通消费者购买汽车是为了满足其代步的需要,因此选择经济型汽车。而社会地位和经济收入较高的消费者,购买汽车的目的除了满足其代步需要外,更要体现其身份和地位,因此选择豪华型的轿车。

一个受到动机驱使的人可能随时准备行动,但具体如何行动则取决于他的知觉程度。人们是通过各种感觉器官来感知刺激的事物,同样的外部刺激对不同的消费者会引起不同的知觉,这是因为每个人感知、组织和解释信息的方式不尽相同。所谓知觉,是指人们在收集、整理、解释信息时,形成有意义的客观世界影像的过程。具体地说,人们要经历三种知觉过程:

(1)选择性注意。人们在日常生活中会接触众多刺激,但大部分会被过滤掉,只有少部分刺激会引起人们注意。例如,汽车厂商所作的汽车广告很多,但真正引起某一个即将准备买车的人注意的只有一条,因为这条广告,这位购买者可能会对该广告所宣传的车型作进一步的了解,很可能最终选择该种车型。

(2)选择性理解。每个人总是按自己的思维模式来接受信息,并趋向于将所获信息与自己的意志结合起来,即人们经常按先入为主的想法来接受信息。例如,当消费者一旦倾向于某一种汽车品牌时,即使他了解到该品牌车的某些缺点,也可能会无视这些缺点的存在,而选择该种品牌的汽车。

(3)选择性记忆。人们往往会忘记接触过的大部分信息,而只记住那些符合自己的态度与信念的信息。例如,消费者可能会对汽车厂商举办的大型公关活动或促销活动引起注意,从而使消费者对宣传的车型留下一个好的第一映像。

人们总是在实践中不断学习,学习是指由于经验而引起的思想和行为的改变。人类的行为大多来源于学习,一个人的学习是驱使力、刺激、诱因、反应和强化等互相作用的结果。由于汽车市场营销环境的不断改变,新产品、新品牌不断涌现,汽车消费者必须经过多方收集有关信息之后,才能对相应的产品或品牌做出评价,并最终做出购买决策,这本身就是一个学习的过程。同时,消费者对汽车产品的消费和使用也是一个学习的过程。汽车展销会、顾客联谊会、广告等措施正是汽车厂商为强化消费者的需要而推出的正面强化手段,使消费者对汽车产品产生了解和认识。

信念是人们对事物所持的描述性思想,并影响人们的行动态度,它可能建立在消费者的学习和实践经验上,也可能建立在传闻上。而态度则是人们对某些事物或观点所持的正面或反面的认识上的评价、情感上的感受和行动上的倾向。态度导致人们喜欢或不喜欢某些事物,它在很大程度上受信念的支配。调查显示,中国消费者对日系车、德系车、美系车和韩系车有着不同的信念。例如,认为日系车经济省油、结构紧凑、外形漂亮、价格较低,综合性价比好,但材料过于节省,安全性不够好;德系车安全性能好、做工讲究、质量可靠、品牌可信,但价格相对较高;美系车宽敞舒适、稳重大气,但车体笨重、费油、使用成本高;韩系车时尚现代、外形造型好、价格低廉,但质量不够好等。

二、汽车集团消费文化

集团组织的购买者一般不是个人,而是购买汽车的一个组织或集团,因此相对于私人消费者来说,其数量较少,但需求量往往较大,汽车集团消费呈现出一定的文化特征。

1.汽车集团消费的分类及需求特点

汽车集团消费则不像汽车私人消费那样纷繁复杂,总的说来,汽车集团消费可按购买使用特点不同,分为以下几类。

1)公共服务型集团消费者

公共服务型集团消费者主要包括企事业单位、各级各类政府机关、非营利团体组织等,这类集团消费者主要出于公务及事业活动、自备通勤的需要,偏爱稳重、大气、端庄、内敛的三厢车,颜色以深色为主(主要是黑色),一般在同级别车中是最高配置,注重舒适性。这类公务轿车的车身外部尺寸和内部空间都比普通家用车要宽大,车窗玻璃一般都贴有颜色很深的防爆膜。

不同国家的政府机关对汽车的选择都有自己的传统,也被称为"官车文化"。一般各国都选择本国产的顶级配置车,美国多选林肯、凯迪拉克;德国则为奔驰、宝马、奥迪;法国一般是雪铁龙C6、标致607。20世纪60～70年代中国的公务用车主要为红旗轿车、上海轿车、北京212轻型越野车等国产乘用车,80年代演变为合资生产的吉普切诺基、上海大众桑塔纳,如今公务用车仍以合资企业生产的乘用车为主,代表性的有一汽奥迪、上海通用别克、本田雅阁等。公务购车有一定的够买惯性,从而容易形成一种消费文化氛围,例如,在中国如若是上级政府部门长期采用某几款车型,那么其所属的下级部门也会纷纷仿效,采购同款式的车型,而且一旦这几款车在一定区域与时间段内形成了一种氛围的话,那么其他车型就很难再替代它的位置了。

机关公务购车的首要影响因素是财政资金和政策,车型和价格的选择受政策的影响很大,购买资金组成复杂,其需求数量与机构的设置模式及其数量(含领导职数)、权力制度设计及资金管理制度密切相关,对车辆的使用成本几乎不予考虑;而企业性质的集团组织,其购车需求则主要受宏观或微观经济形势和企业的经济效益影响。

2)生产经营型集团消费者

生产经营型集团消费者是将汽车作为生产运输装备或提供运输服务的工具。各种生产型企业都利用自己所拥有的汽车,进行原材料、零配件、半成品、成品、加工设备及辅助用品的运输。因为这类运输活动构成企业生产活动的一部分,所以汽车属于一种生产资料。国民经济基本建设单位、公共工程建设单位等集团组织,也把汽车作为其必不可少的运输装备使用。对从事公路专业运输、出租汽车运输、城市公共交通运输、汽车租赁、旅游业务等服务性经营活动的单位和个人来说,汽车也是作为经营资料使用的,它是运输服务的工具,这种作为经营资料使用的汽车,亦可以看作是生产资料。

生产经营型集团消费者受相关群体的影响比较大,易受圈内消费流行的影响,对于车型及品牌的选择限定在一定地区。对于集团自备运输消费者而言,购买时看重的是产品的实用性和使用价值,其次才是价格和使用成本。对于运输型集团消费者(如客运公司、货运公司等)而言,购买取决于产品的投资回收期和创造收益的能力,政策规定往往是最重要的因素。

这类集团组织购买者大多对产品功能、产品结构、产品价格、产品质量、产品交货期、备件供应和售后服务有特定要求,且采购过程复杂,采购、设备建账、财务作账等作业流程规范,一般由受过专门训练的采购人员来完成,他们在采购谈判技巧方面都较有经验和有一定的规则。

2. 影响汽车集团消费的因素

影响集团组织消费偏好的因素很多,这些因素影响着集团组织的购买行为,在汽车集团消费文化中不容忽视。归纳起来,主要有以下4类:环境因素、组织因素、人际因素和个人因素。

1)环境因素

环境因素是影响集团组织购买行为的重要外部因素。首要的环境因素是经济因素。在通常情况下,经济环境对集团组织的影响最为直接,集团组织购买者的购买行为在很大程度上受到当前经济环境和预期经济环境的影响。在经济不景气时,集团组织购买者往往会减少购买。另一个重要的环境因素就是政策法规因素,如几乎所有的依靠财政资金购买汽车的集团组织购买行为,均要符合有关政策和纪律检查制度的要求,受政策因素的影响非常明显。例如,很多地方机关公务购车往往是财政拨付部分购车资金,不足部分需要用车者从预算外或者其他渠道筹集资金;假如纪检部门规定某级别的领导用车价格不能超过20万元,那么购车者就会寻找定价为19.8万元的汽车,诸如此类现象都是政策因素所致。各地对城市客运出租行业也或明或暗地出台了车型规定。此外,集团组织购买者还会受到资源供应、技术进步、竞争环境、文化习俗等其他因素的影响。

2)组织因素

组织内部因素在一定程度上影响着集团组织购买者的购买行为,每一个集团组织购买者都有自己的目标、政策、程序、组织结构和制度,组织制度的变化调整、组织结构的重新设置等因素都会影响集团组织客户的购买行为。例如,在设有多个事业部的集团组织里,可以由各个事业部分别行使采购权,也可以由总部统一集中采购,上述两种不同情况将对购买产生直接影响。

3)人际因素

集团组织的购买中心由相互影响的众多成员组成,由于他们在组织中的地位、职权以及相互关系各不相同,因而对购买决策的影响力也不尽相同。汽车集团组织购买决策中的影响者比汽车私人消费购买决策的影响者多很多。除了具体执行购买行为的采购部门外，常常还包括技术部门、质量部门、产品使用部门、财务部门(或财政部门)等众多部门的人员参与，尤其是在购买数量较大，所需资金较多时，通常需要相关领导审批。在很多情况下，并非地位高的购买中心成员最具实质影响力。

4) 个人因素

个人因素对集团组织购买行为的影响也不可低估，尽管集团组织购买相对私人消费者购买更为专业与理性，但由于购买中心由多个感性的人组成，个人的情感因素将不可避免地体现在购买决策和购买行为中。每位参与购买决策的组织成员都对采购行动带有个人理解和偏好，这些因素又受成员年龄、受教育程度、专业、个性特征及对待风险的态度等的影响。在产品和服务同质性和替代性强，或者销售竞争比较激烈时，采购人员的个人偏好、情感因素对集团组织购买行为的影响尤为显著。

3. 汽车集团消费的采购方式

集团组织在采购过程中，常常需要选择合适的采购方式。常见的采购方式有以下两种。

1) 公开招标选购

公开招标是集团组织的采购部门通过一定的传播媒体发布广告或发出信函，说明拟采购汽车的型号、数量和有关的要求，邀请汽车供应厂商在规定的时间内投标(该过程称为招标)。有意参加招标的各供应商，各自秘密地填写招标书内容，在规定的截止日前将填写的招标书交给招标人(该过程称为投标)，招标单位在有公开或内部监督的条件下，在预定的日期揭开各供应商的投标书内容(该过程称为开标)，然后招标人根据各供应商填报的价格，并参考其他条件(供应商的产品质量、服务、交货期等)请招标专家小组进行评议(评标)，最后选择报价合适或其他方面符合要求的供应厂商作为中标单位，宣布招标结果(结标)。这种招标方式常被用于政府采购、再生产者配套件采购、重大工程项目建设单位装备采购等场合。

2) 议价合约选购

议价合约选购是集团组织的采购部门同时与若干供应厂商就某一采购项目的价格和有关条件展开谈判，最后与符合要求的供应厂商签订合同，达成交易。在符合要求的供应商数目较少时，采购方大多采取议价方式采购。汽车产品的大宗订单、特殊需求订单一般都采用此种采购方式。

第二节　赛车文化

一、概述

1. 汽车运动的起源

汽车运动是指汽车在封闭场地内、道路上或野外，比赛速度、驾驶技术和车辆性能的一种运动。

19世纪80年代，欧洲大陆出现了最早的汽车。汽车运动也随着汽车工业的发展而兴起。1887年4月20日，法国的《汽车》杂志社主办了世界上最早的汽车比赛，参赛的只有乔乐基·布顿一个人，他驾驶四人座的蒸汽汽车从巴黎沿塞纳河畔跑到了努伊伊。1888年，法国《汽车》杂志社再次举办了汽车比赛，路程从努伊伊到贝尔塞，全长 20km，结果驾驶迪温牌三轮汽车的布顿获得冠军，第二名也是最后一名为驾驶塞尔波罗蒸汽汽车的车手。

1895 年 6 月 11 日，由法国汽车俱乐部和《鲁·普奇·杰鲁纳尔》报联合举办了世界上最早的长距离汽油车公路赛，线路由巴黎到波尔多往返，全程 1178 km。路易斯·雷纳·本哈德驾驶着勒伐索制造的汽车获得比赛的第一名，共用 48 小时 45 分钟，平均车速为 24.55km/h。但是由于比赛规定车上只许乘坐 1 人，而他的车上却乘坐了 2 人而被取消了冠军的头衔，结果落后很远的凯弗林获得了冠军。此次比赛共有 23 辆车参赛，跑完全程的只有 8 辆汽油车和 1 辆蒸汽车。

在以后的汽车比赛中，为避免汽车在野外比赛时扬起的漫天尘土影响后面车手的视线，造成伤亡事件，汽车比赛逐渐改在封闭的道路赛场和跑道上进行，这就是汽车场地赛的雏形。1896 年，在美国的普罗维登斯举行了最早的汽车跑道赛。为了吸引更多的人参加汽车比赛，使比赛更富刺激和挑战性，法国的勒芒市在 1905 年举行了第一次真正意义上的场地汽车大奖赛。从此，汽车大奖赛成为世界体育舞台上一项非常重要的赛事，小城市勒芒也因此闻名于世。

第一次世界大战中，欧洲汽车运动基本处于停顿状态，战后相当一段时间才恢复起来。第二次世界大战之后，由于汽车设计制造技术的提高，汽车大赛在欧洲逐渐从法国扩展到其他国家，再后来则扩展到美洲、大洋洲的大部分国家以及亚洲和非洲的某些国家。大多数欧洲国家都建有标准的赛车场。汽车比赛已成为世界人民非常喜爱的一项运动。

每一次汽车比赛都是速度的追求，都是高科技在汽车上的体现，都是人类对自身的挑战和超越。从下面所列举的历史上汽车比赛的速度记录我们可以清楚地明白这一点。

1894 年 7 月，在法国举行的巴黎—鲁昂汽车比赛中，狄安伯爵驾驶蒸汽汽车获得第一名，参赛的汽油车均名落孙山，榜上无名。

1895 年 6 月，在法国举行的巴黎—波尔多汽车比赛，全程长 1178km，这是一次真正意义上的汽车比赛。结果第一名至第七名全被汽油车垄断。本哈德创下平均速度 24.55km/h 的记录。

1903 年，美国的福特汽车公司制造了一辆装有 4 缸 60kW 汽油机的"999"号赛车，在汽车比赛中一举夺魁，创下 146.9km/h 的时速。

1909 年，汽车速度突破 200 km/h 大关，德国的奔驰车创下了 202.7km/h 的记录。20世纪 30 年代，汽车的最高速度达到 500km/h。1964 年，美国人创造性地将一台喷气式发动机装在一辆后轮驱动的"蓝鸟二号"赛车上，车速达到了令人难以置信的"危险速度"648.6km/h（图5-2）。次年的 11 月 13 日，在美国的犹他州，这一记录被改写成 658.53km/h。此后至今再也没有人用汽油机、车轮驱动的汽车将此记录改写。

1970 年 10 月 23 日，一辆用喷气式发动机推进的"蓝焰"号特制车在美国犹他州的盐湖跑道上，创下了历史性的 1001.63km/h 的速度记录，首次突破 1000km/h 速度大关。

1983 年，还是在犹他州的盐湖跑道上，用喷气发动机推动的英国"推力 2 号"特制车速度达到了 1018.5km/h，这是至今世界上得到正式认可的最高车速记录（图5-3）。

Bloodhound SSC，中文名"寻血猎犬"是一辆时速将达到 1000mile（约 1600km/h）的超音速汽车，由英国工程师理查德·诺贝尔和安迪·格林研制（图5-4）。寻血猎犬 SSC 搭载了一款在欧洲"台风"战斗机上使用的喷气式发动机 EJ200，同时还采用了固液混合火箭，以及作为辅助动力单元的一台 750hp 2.4L 科思沃斯一级方程式赛车 V8 汽油机。EJ200 可以使寻血猎犬 SSC 的推动力达到 300mile/h(约 483 km/h),之后转换为固液混合火箭,使汽车获得每秒 9.8m 的驱动力,直到速度达到 1000mile/h(约合 1609 km/h),而 V8 汽油机,则用于推动火箭的氧化剂泵。寻血猎犬 SSC 的铅笔形外壳是由航空级铝锻造而成的,车身长为 12.8m,质量为 6.4t,直径为 0.9m 的车轮采用高强度钛合金制造,这是为了防止车轮转速太快而从车身飞出去。如果该车能达到 1000mile/h(约 1609km/h)的速度,将创造无法超越的世界纪录。

图 5-2　蓝鸟二号赛车

图 5-3　推力 2 号特制车

图 5-4　Bloodhound SSC 汽车

2.汽车运动的管理机构

早期的汽车运动由于主办单位各异,参赛者可以驾驶各种各样的汽车参加比赛,输赢在很大程度上取决于发动机的输出功率。另外随着汽车运动的发展,汽车运动种类越来越多,为推动汽车运动的发展,1904 年 6 月 10 日,在汽车运动兴盛的法国成立了国际汽车联合会(Fédé ration Internationale del' Automobile,法文缩写为 FIA,当时不用此名,1946 年改为现称),由它负责管理全世界汽车俱乐部和各种汽车协会的活动。1922 年,成立了 FIA 的一个下属机构,国际汽车运动联合会负责制定参赛车辆、车手、路线及比赛方法等相应规则,对比赛记录进行认可,调整或协调各地举行的汽车比赛。从 20 世纪 30 年代起,参赛汽车的发动机类型、排量及质量都有了规定,使比赛趋于公平。这样,汽车运动由自由参赛方式发展成为正式的体育项目,出现了所谓的"方程式"赛车运动。

国际汽车运动联合会由世界汽车运动委员会(World Motor Sport Council)的 22 人小组掌管,此委员会负责制定、监督和管理全球与赛车有关的所有事宜。在 FISA 之下还设有若干具体赛事委员会,协助世界汽车运动委员会小组处理事务。

此外,各个国家的体育运动委员会(ASN)也是 FIA 的下设机构,它们就汽车赛有关事宜和 FIA 进行接触。

中国汽车运动联合会(Federation of Automobile Sports of thePeople Republic of China,

FASC）其前身为中国摩托运动协会,1975 年成立于北京,1983 年加入国际汽车联合会。1993 年 5 月,汽车运动项目从中国摩托运动协会分离,单独组成"中国汽车运动联合会"。在全国范围内逐步形成了隶属于中汽联的 20 多个省市、自治区汽车运动协会和近 50 个地方汽车运动协会,并产生了近百个汽车运动俱乐部、车队等参赛组织。

3. 汽车运动的类型

汽车运动的类型很多,按照比赛路线划分主要类别有:长距离比赛、环形场地赛和无道路比赛。

1）长距离比赛

长距离比赛是指从一地到另一地的长距离比赛,包括拉力赛和越野赛。

汽车拉力赛的"拉力"来自英语 Rally,意思是集合,即拉力赛是将参赛的汽车集合在一起进行比赛。拉力赛是所有赛车项目中最苛刻,也最接近真实的一种比赛,所有参赛车辆都是按实际情况研制的,在全球各地最具代表性的险恶道路中行驶。

越野赛是在一个国家的公路和自然道路上举行的允许对该国进行考察的汽车比赛。经过几个国家的领土、总长度超过 10000km 或跨洲的比赛（称马拉松越野赛）。越野赛的比赛形式与拉力赛大致相同,不同的是越野赛是在荒山野岭、沙漠戈壁等条件艰苦的地域展开,增加了比赛的难度。

除国际汽联特别批准外,越野赛的赛程不得超过 l5 天,比赛必须在白天进行,采用单车发车方式,比赛每经过 10 个阶段后至少休息 18h。每阶段的行驶距离自定,但每个赛段的最大长度,越野赛规定不超过 350km,马拉松越野赛规定不超过 800 km,必须使用在国际汽联注册的全轮驱动汽车参赛。

1996 年,国际汽联首次对越野赛实行世界杯赛制,其中较著名的比赛有:巴黎—达喀尔越野赛、突尼斯国际汽车赛、巴黎—莫斯科—北京马拉松汽车越野赛、阿拉伯联合酋长国沙漠挑战赛等。

2）环形场地赛

环形场地赛是指起点和终点都在同一地点的比赛。环形场地赛分为方程式汽车赛、运动原型车赛等。

方程式赛车不注重汽车的舒适、经济、外观和费用,只注重速度。方程式汽车赛项目有 F1、F3、亚洲方程式、卡丁车方程式等。

运动原型车赛使用的汽车与通常的汽车外观相似。它是在规定的时间内看谁完成的路程长或看哪辆车行驶的圈数多来决定名次。运动原型车赛中最著名的是勒芒 24h 世界汽车耐力锦标赛。

3）无道路比赛

无道路比赛是指在泥土场地进行的比赛。这种比赛需在场地内设置一些障碍,使得场地内崎岖起伏,参赛车辆间隔出发,最后根据每辆赛车的成绩排出比赛名次。

4. 汽车运动的魅力

汽车运动是世界范围内一项影响较大的体育活动,它不断推动着各国汽车工业的技术革命,而汽车工业的日新月异变革又推动了汽车运动水平的不断提高。多姿多彩的汽车运动激烈、惊险、浪漫、刺激,使成千上万的观众为之痴迷。汽车运动的魅力表现为以下几个方面。

1)有助于改善汽车的性能

汽车比赛有助于改善汽车的性能,尤其是它的动力性。汽车诞生百年来,汽车技术得以不断发展的原因,在很大程度上是根据各种各样汽车比赛所作的大量试验。汽车比赛场是汽车技术的试验场。汽车比赛可以作为汽车新技术、新构造、新材料等试验的最重要手段。通过汽车比赛考验的赛车往往就是汽车制造厂日后生产新车型的参考样本。20世纪50年代,当日本汽车厂家决定加快汽车生产步伐时,首先选中的"基地"就是汽车比赛场。20世纪60年代,他们又将自己的赛车驶向国际赛场,向车坛霸主欧、美赛车宣战,在屡败屡战中吸收了对手的优点,找到了自己的不足,通过改进,他们不仅在赛车场获得了一席之地,而且为日本汽车工业的全面崛起奠定了坚实的基础。

2)强化的道路试验

赛车的比赛环境非常严酷,它是强化了的道路试验,它大大超过一般汽车的使用条件,能够使汽车的所有零部件处于最大应力状态下工作,对新技术、新材料这是最好的考验,将正常使用条件下几年之后才能出现的问题在短短的几小时之内暴露出来.节省了大量的时间。许多新技术、新材料就是在这种考验中不断发展成熟的。所以从某种意义上说,从汽车诞生后的百余年来,汽车技术得以发展,很大程度是依仗各种汽车大赛对汽车所做的大量试验。

3)动态的车展

汽车赛可喻为动态车展。一级方程式汽车比赛每年举行16场,分赛场遍布全世界。赛车几乎总是先进技术的结晶,今天,在汽车大赛中推出的每一部新赛车,几乎都代表着一家汽车公司甚至一个国家在汽车方面的最新技术水平。不仅如此,赛车还体现了普通汽车发展的方向。比较当代新型轿车与20世纪30年代的赛车设计,不难发现它们之间有一些共同点,如较高的发动机转速、较大的压缩比、较小的汽车质量和流线型的车身等。从某种意义来说,赛车是汽车发展的先驱。一级方程式赛车最能代表赛车的技术,福特汽车公司形象地把一级方程式汽车大赛称作高科技奥运会。在汽车大赛中推出的新型车,从设计到制造都凝聚着众多研制者的心血。

4)最佳的流动广告

汽车大赛是各大汽车公司乃至整个汽车工业的流动广告。组织得好的汽车比赛,尤其是国际性高水平大赛,能够吸引成千上万的观众。在赛场上,大到赛车,小到车手的手套,都印满了花花绿绿的广告。著名的车队和赛车是汽车制造商和赞助商的最佳广告宣传载体,可以促进产品销售,为企业带来巨大的经济利益(图5-5)。正因为如此,许多车队才高薪争聘优秀的车手,许多大的公司才慷慨解囊赞助大型车赛,提高企业的知名度。

5)促进汽车大众化

汽车比赛促进了汽车大众化。除职业性比赛外,世界各地的汽车爱好者还自行组织进行一些小型的汽车比赛,这对汽车工业的发展有着另外一层意义。许多地方性的汽车俱乐部,联系着千千万万汽车运动爱好者,其广泛性和群众性是汽车大赛所无法比拟的,地方汽车俱乐部组织的汽车比赛吸引大量参赛者和现场观众,通过比赛掀起了汽车热,把众多的人吸引到汽车上,传播汽车技术,扩大了汽车爱好者队伍,培育了潜在的汽车制造、使用、维修方面的人才和汽车市场。

6)集人与车为一体的综合较量

汽车运动是集人、车为一体的综合较量,不仅是车手个人技艺、意志和胆量的竞争,而且是汽车设计、产品质量的角逐,体现了人与科技最完美的结合,体现了人类对自然的征服能力。

汽车比赛丰富而又复杂的内涵超过了世界上任何一项体育运动。有了具有高科技产品的汽车公司做后盾,有了拥有雄厚经济实力的企业集团的资助,再加上热心汽车运动的人们的积极参与,这就是汽车运动能够经久不衰的关键所在。

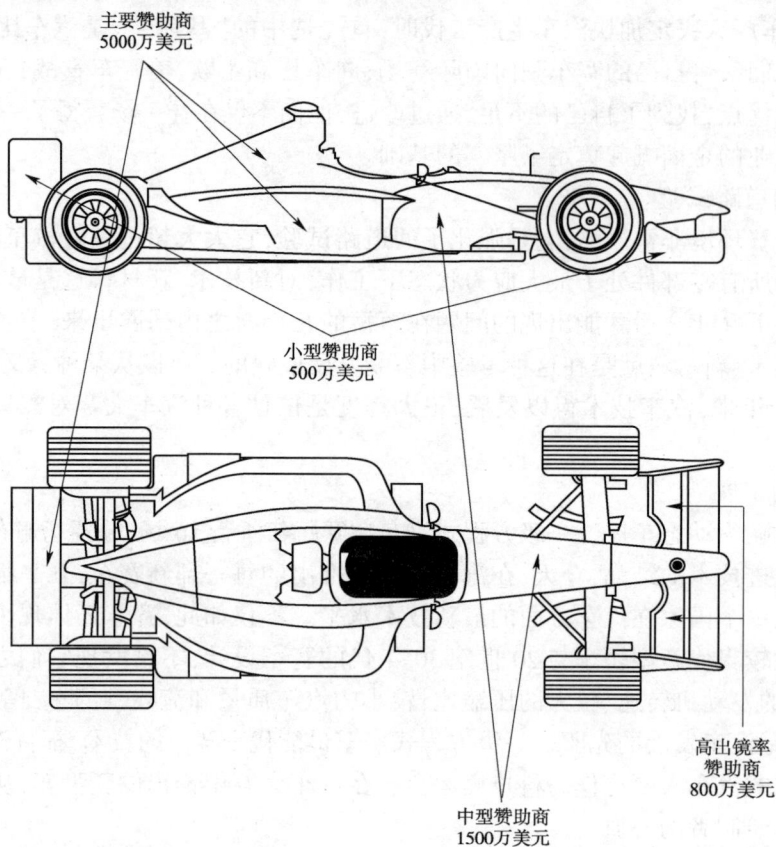

图 5-5 F1 赛车的广告价位

二、国外著名汽车运动

1. 一级方程式锦标赛

方程式汽车赛属于汽车场地赛的一种。1950 年,国际汽车运动联合会出于安全和汽车技术发展的需要,颁布了赛车竞赛规则,对汽车自身质量、车长、车宽、发动机功率和发动机排量等技术参数做出了一系列规定,使车赛趋于公平,于是便有了“方程式”(Formula)的概念,该词既有方程式的意思,也有准则、方案的含义,联系到车赛,应把它理解为规则、级别更为合理。以共同的方程式(规则限制)所造出来的车就称为方程式赛车。方程式汽车赛按发动机排量和功率分为 3 个级别:一级方程式汽车赛(简称 F1,发动机排量为 3.5L,功率为478kW,最高车速超过 315km/h。)、二级方程式汽车赛(简称 F2,发动机排量为 3L,功率为350kW。)和三级方程式汽车赛(简称 F3,发动机排量为 2L,功率为125kW。),其中等级最高者是一级方程式汽车大赛,也是所有汽车比赛中最精彩、最刺激的。

1950 年 5 月 13 日,在英国的银石赛车场举行了首届世界一级方程式汽车大赛,当时只有 7 场比赛,后来场次逐渐增加,2006 年为 18 场,2015 年为 20 场,2016 年为 21 场,2017 年为 21 场。所有比赛均由国际汽车联合会(FIA)安排,赛场遍布全球,图 5-6 所示为上海 F1 赛道。

1)F1 赛车

F1 赛车(图 5-7)主要出自德国波尔舍公司和宝马公司、意大利法拉利公司、美国福特公司和日本丰田公司等几家大公司。

发动机是 F1 赛车取胜的关键因素。一辆赛车发动机大约由 6000 个零件组成,造价 13 多万美元,而且每一场比赛用过之后就必须更换。F1 赛车走过了几十年的历程,变化最大的也是发动机的技术。在 20 世纪 50 年代,F1 赛车曾采用过增压发动机,20 世纪 70 年代,福特公司生产的自然吸气式发动机称霸一时,共获得了 55 次世界冠军。1977 ~ 1989 年,流行废气涡轮增压发动机,其输出功率为自然吸气式发动机的两倍,最高输出功率可达 880kW,赛车在直道上的速度可达 350km/h 以上,弯道速度可达 280km/h。出于安全的考虑,从 1989 年起,FIA 规定禁止使用废气涡轮增压器,一律使用排量不大于 3.5L(1995 年又限定为 3.0L)、汽缸数不超过 12 个的自然吸气式发动机(禁止使用转子发动机),并且限制进排气门的尺寸。发动机采用高标号汽油,微机控制点火装置。机油和水的冷却均靠行驶时产生的空气流进行冷却。

图 5-6 上海 F1 赛道

图 5-7 F1 赛车

F1 赛车连人带车及燃料总重不得低于 600kg,0 ~ 100km/h 加速时间为 2.3s,由 0 km/h 加速到 200km/h 再减速到 0 km/h,所需的时间也只有 12s。车速在 300km/h 以上对 F1 来说是轻而易举的。这么轻的汽车要在这么高的速度下奔驰,要求 F1 赛车车身应该具有特殊的形状。F1 赛车车身酷似火箭倒放于四个轮子之上,发动机位于中后部。它的外形是综合考虑减小车身迎风面积和增加与地面附着力,以及赛车运动规则而成形的。底盘材料采用航空航天设备用的碳素纤维板,内夹铝制蜂窝状结构板,比传统铝板质量轻一倍而强度高一倍。赛车疾驶时,迎面会遇到极大的空气阻力,为了减小空气阻力,赛车外形要尽可能呈流线型,以获得较小的迎风面积。通过减小迎风面积并采用扰流装置,借以减小空气阻力,提高速度。另外,当赛车高速前进时会产生向上的升力,使车轮与地面之间的附着力减小,导致赛车"发飘",影响加速和制动。在赛车尾部安装后翼板后,可以增加向下的压力,使赛车行驶时的附着力增大。赛车多半采用半自动变速系统,并把变速控制器安装在转向盘上。转向盘并不是固定安装在转向轴上,这使车手每一次出入都可将转向盘拆开,非常方便。

轮胎也是赛车的关键技术。为了充分发挥发动机的动力,轮胎制作得相当宽大(前轮约为 290mm,后轮约为 380mm),用以增加与地面的接触面积。根据天气的不同,赛车选用不同的轮胎。在无雨时选用干地轮胎,这种轮胎表面光滑,无任何花纹,以利于与地面良好贴合;在湿滑条件下则要选用湿地轮胎,这种轮胎具有明显的花纹,以利于排出轮胎与地面之间的积水,保持必要的附着力。比赛前,工作人员还要用特制的轮胎毯套对其进行加热或保温,使橡胶具有黏性和韧性,以获得较大的附着力,避免起动或转弯时打滑。比赛中的高速行驶及频繁的强力转向和紧急制动使轮胎磨损极快,经常需要在中途更换轮胎。赛车轮胎只有一个紧固螺栓,便于迅速拆装。

F1 的安全问题一直是公众瞩目的焦点。F1 赛车极快,为保障车手的安全,赛车、赛道和赛手的穿着都采取了相应的安全措施。赛车由高强度的材料制成,赛车前后部装有防翻滚装置,车手坐在为他量身定制的一体化驾驶舱中,驾驶舱内配备了无线电系统插头、饮料、特制灭火器及油箱。F1 赛车发生事故后,驾驶舱可以被整体移走。车手被特制安全带牢牢地固定在原位(图 5-8),头盔上的支撑装置在撞击时保护车手颈部和脊椎免受损伤(图 5-9)。车手身穿用特殊材料做成的连体防护服,其印满了赞助商的名称与商标。为安全起见,赛道两旁一般铺设宽阔的草地或沙地,以便将赛道与观众隔开,同时也可作为赛车出道之后的缓冲区。上海上字型国际赛车场的赛道采取沥青层、绿化缓冲区、沥石缓冲区、轮胎防撞墙、三肋防撞墙和铁丝防护网 5 级防护措施,以增加 F1 大赛的安全系数。

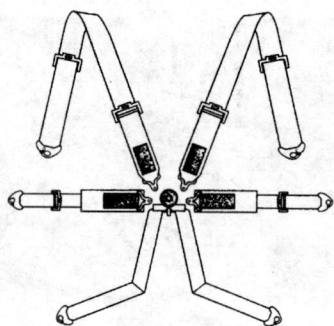

控制带
颈部支撑
肩部支撑带托

图 5-8　F1 的五点安全带　　　图 5-9　F1 头盔上的头颈支撑装置

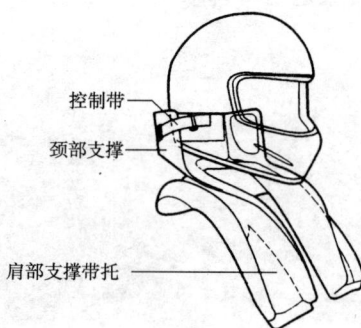

每辆 F1 赛车都有一条天线,通过它可将赛车内的所有情况显示在车队的电脑屏幕上,以便车队尽快作出应变,可以说,这条天线使车手、赛车及车队工作人员联成一体。

正是因为 F1 赛车具有如此先进的结构和装备,才使它具有了普通汽车所难以达到的良好性能,每辆赛车都是机械、电子、材料等现代高科技的结晶。

2)F1 赛车手

据国际汽车联合会(FIA)规定,参加 F1 比赛的选手,必须持有"超级驾驶执照"。而每年,全世界有资格驾驶 F1 赛车的车手不能超过 100 名。因此,为了跻身 F1 赛场,每名车手必须过五关斩六将,先是小型车赛,然后是三级方程式,接着是二级方程式;这一切都通过了,才能获得"超级驾驶执照",成为 F1 车手。

F1 车赛不仅是车速的比试,同时也是车手体能和意志的较量,所以 F1 车手必须集身体素质、车技、经验和斗志于一身。比赛中,高速行驶的赛车在转弯时产生巨大的离心力,这种离心力使人感到非常恶心,感觉五脏六腑都与身体骨架脱节;比赛中,车手一直处于神经高度紧张的状态,赛车内温度极高,车手的水分、盐分和矿物质消耗极快。因此,从某种意义上来说,F1 大赛对车手身体的摧残极大。

在 F1 大赛中要取得好成绩必须具有娴熟的驾驶技术和丰富的赛车经验。掌握拐弯时的各种战术可以说是车手取胜的法宝。在赛车拐弯前，各车手都会做好超前的准备，比较常用的方法是掌握赛车的制动以超过对方。由于 F1 赛车的车速极高，转向时最容易出现危险。

3）F1 大赛规则简介

FIA 规则规定：专用赛道均为环形，每圈长度为 3~8km，每场比赛距离为 300~320km；赛场不允许有过多过长的直道，目的在于限制高速，以免发生危险。近年来，随着赛车运动的风靡，申请主办 F1 大赛的国家越来越多。分布在全世界各地的赛场地理环境迥然相异：有的建在高原上，那里空气稀薄，用以考验车手的身体素质；有的则是街道串成的赛场，那儿路面相对狭窄曲折，车手弄不好就会撞车；有的赛车场就显得路面宽阔，但也有上下坡考验车手的技术；还有的赛场建在树木葱郁的树林中，那里跑道起伏大，车手很难控制赛车。FIA 要求各赛场的救护人员必须分布在全场的每个角落，争取在出事的一刹那，跑进现场，进行抢救。

每场比赛均分为计时排位赛和决赛两个过程。排位赛在决赛前两天进行，计得每辆赛车 60min 跑得最快的一圈所用的时间，用时最少的车在决赛中将在赛道上排在前面，其他依次类推。赛车在赛道上的排位相当重要，排在前面的将有抢先拐第一个弯的优势。通常在排位赛时有 28~30 辆赛车参加，最后只取前 26 辆赛车参加决赛。决赛当天，车手先进行 23 圈的自由练习，用以检查汽车各部分的工作情况。决赛前半小时各赛车进入排定的起跑位置。赛前 5min，开始倒计数，当剩下最后 1min 时，发动机开始起动，绿旗一挥赛车便起步，进行最后一圈热身赛，但中途不准超车，也不准更换赛车。当一圈跑完后仍按原顺序排好，几秒后，绿灯一亮，决赛正式开始。

为安全起见，每辆赛车的尾部必须安装一只红色信号灯，而且在整个比赛过程中一直开着。在赛程之中赛车可以更换轮胎（最少更换四次轮胎），可以加油，出了故障也可修理，但需占用比赛时间，所以车手在赛车发生故障时要用无线电话通知维修站事先做好准备。

2. 勒芒 24h 世界汽车耐力锦标赛

勒芒（Le Mans）位于法国巴黎西南约 200km 处，是个人口约 20 万人的商业城市。由于 1905 年在勒芒举行了世界第一次汽车大奖赛，并且自 1923 年开始（1936 年、1940~1948 年除外），每年 6 月都要在勒芒举行 24h 世界汽车耐力锦标赛，至 2016 年已经举办了 84 届。比赛一般从第一天的下午 4 点开始，一直持续到次日的下午 4 点，历时 24h。

参加世界汽车耐力锦标赛的车型主要是 C 组运动原型车（图 5-10）。此种车可乘 2 人，轮番驾驶。汽车耐力赛对汽车的性能和车手的耐力都是极大的考验，这是一项艰苦的比赛。汽车制造商不惜耗资数百万美元参加勒芒汽车大赛，利用这项大赛来显示汽车产品的优良性能，提高公司的声誉。

FIA 规定，C 组车的质量不低于 850kg，100km 赛程油耗不超过 60L，发动机为非增压式，每人连续驾驶时间不超过 4h。耐力锦标赛的赛

图 5-10　C 组运动原型车

程主要有 1000km、1610km、5000km 和 8050km 等几个级别,以时间计则分为 6h、12h 和 24h,其中以 1000km 汽车大赛和勒芒 24h 汽车耐力大赛最为著名。

勒芒环行跑道全长 13.5km,它是将当地的高速公路和街区公路封闭而成的,其中绝大部分是高速公路,赛车在其 2/3 的路段上时速达 370km/h 左右,C 组车一般只用 3.5min 左右的时间就能跑完一圈的路程。一般来说,出发 50 辆汽车,能跑完 24h 的不到半数。赛车在直道上,速度高达 390km/h,发动机在拼命地嘶叫,轮胎产生的浓烈橡胶烧焦味令人恶心欲吐,观看勒芒大赛的感觉就好像魂魄出了躯体一般。

尽管勒芒汽车大赛危险重重,但是由于它是世界上最重要的比赛之一,同时由于这项比赛给车手们的分数相当于其他世界锦标赛的 3 倍,因此不断地吸引着越来越多的赛车好手来参加。

每部赛车由 3 名赛车手分别驾驶(20 世纪 80 年代中期以前为 2 名赛车手),采用换人不换车的方法,加油、换胎和维修时间都包括在 24h 以内。最后,行驶里程最多的赛车获胜,一般一昼夜下来,成绩最好的赛车行驶的里程将近 5000km。

由于勒芒 24h 耐力赛是全球各种耐力赛时间最长的比赛,而且赛车手驾车在同一环行赛道上要不停地转上 350 多圈,比赛显得单调、乏味。不论赛车手、维修人员还是观众,在下半夜的时候都会变得疲惫不堪。因此这场比赛被称为最辛苦、最乏味的赛事。大多数观众是带着宿营车或帐篷前来观战的,赛场旁的 30 个大型停车场每次比赛都停满了 10 万辆汽车。赛场周围还有设施齐备的餐饮、娱乐和休闲场所,以及销售仿制的各大车队服装、帽子的铺位,让车迷们在这里如同过节一样。观众可以在餐厅里一边吃着可口的食物,一边观看窗外时速达到 300 多 km 的赛车飞驰而过,这也是堪称赛车界里独一无二的情景。

3. 世界拉力锦标赛

世界拉力锦标赛或世界越野锦标赛(World Rally Championship,WRC),全年赛程规划有 14 站,分别在 14 个不同的国家举行,赛季分为两部分。在上半年赛季结束之后,经过 1 个月的休息之后再进行下半年赛季,让各车队对车辆与车手做些调整。

拉力赛一般由各国的国家汽车俱乐部牵头组织,由制造商或个人参赛者提供车辆参赛。驾驶人大多数是职业车手。在比赛过程中的平均行驶速度有一定的限制,途中能够达到的最高速度并不作为考核的指标。大多数拉力赛都划分成几个路段。在各个路段里,每个参赛者都需要在某一段时间内完成比赛,然后根据在各个路段里按时到达的程度、在某个专门路段里行驶的速度以及在到达比赛终点后进行补充试验项目中的表现,依照比赛组织者规定的规则精确地打出每个路段应得到的分数,最后确定谁是优胜者。

巴黎—达喀本汽车拉力赛是世界行程最长的汽车拉力赛。巴黎—达喀尔汽车拉力赛从法国巴黎出发,乘船过地中海在利比亚登陆,在非洲干旱的沙漠、潮湿的热带雨林及各种崎岖路段比赛,途经近 10 个国家,最后迂回到塞内加尔的达喀尔,行程 13000km 左右,历时近 20 天。这一比赛行驶路线长且选择比赛路段条件苛刻。从 1995 年后,巴黎—达喀尔汽车拉力赛改为格拉纳达—达喀尔汽车拉力赛。

4. 美国印第安纳波里斯 500mile(804.7km)大赛

印第安纳波里斯 500mile 大赛始于 1911 年,它是美国车坛最重要的赛事,奖金高,现场观众多。赛道周长 4km,赛车要跑 200 圈,总赛程 500mile(804.7km),这就是竞赛名称的由来。

印第安纳波里斯赛车外形与一级方程式赛车相似，但它们的内部大相径庭。印第安纳波里斯赛车比一级方程式赛车重，它采用涡轮增压发动机，甲醇燃料，它不允许使用各种先进的电子装置，使用普通离合器、普通变速换挡装置。由于跑道较短，参赛汽车需要频繁地左转弯，汽车在离心力作用下经常向右倾侧。设计师们将赛车设计得左右结构不对称，右边两个轮胎比左边的略大一些而且右边的悬架比左边的硬。

三、中国汽车运动

速度是体育运动的灵魂，这是一个崇尚运动的新时代，生命的极致凝聚在对力量、速度和高度的不息追求之上。于是，那用激情融化时间，用速度展示运动之美的赛车竞技运动更是得到了亿万大众的青睐和痴迷。汽车运动及汽车拉力赛在国外已有近 130 年的发展历史，从 1985 年国际汽车拉力赛事进入中国举办分站赛，到 1997 年中汽联自主举办国际和国内系列汽车赛事以来，中国的汽车运动快速发展。

1985 年 9 月 15 日，从中国香港启程的香港—北京拉力赛是中国现代赛车运动起步的信号灯；1992 年，巴黎 – 莫斯科 – 北京汽车越野赛正式举办；港京拉力赛于 1993 年复办；1997 年，第一届全国汽车拉力锦标赛创办；1999 年，世界汽车拉力锦标赛（WRC）首次在中国举办分站赛；2000 年之后，全国汽车场地锦标赛（CTCC）、全国汽车场地越野赛（COC）、中国超级摩托车锦标赛（CSBK）、亚洲方程式国际公开赛等赛事相继创办，中国赛车运动的深度和广度正在不断增强。

中国的赛车运动只有 30 多年的历史，但是赛车文化却已深值国民之心。正是对伴随着速度和时间的赛车比赛情难自禁，所以讲述房车赛事的漫画《头文字 D》才会那么风靡中国，而据此拍成的电影在大陆更是盛极一时，大揽票房。

2016 年是中国汽摩运动改革元年。中国汽车运动联合会公布的 2016 年赛历显示，2016 年国内比赛共 19 项，其中汽车 15 项，摩托车 4 项；国内举办的国际比赛共 17 项，其中汽车 14 项，摩托车 3 项。

参加 CRC 的赛车大都需要改装至国际水平（如一汽-大众高尔夫、东南汽车、本田汽车、上海大众、斯巴鲁、三菱、江淮汽车等），多支厂家车队参与其中，此外还有很多私人车队同时参赛。

近几年针对中国大学生举办的汽车运动赛事发展迅速，其汽车赛事主要有中国大学生方程式汽车大赛（Formula Student China），中国汽车工程学会巴哈大赛（Baja SAE China），全国大学生智能车竞赛等。其中全国大学生智能车竞赛的重点在汽车电子方面，与传统的汽车竞速比赛不同，其结构也与传统汽车不同。

1. 中国大学生方程式汽车大赛（FSC）

大学生方程式汽车大赛（Formula SAE）由国际汽车工程师学会（SAE International）于 1978 年开办，其概念源于一家虚拟制作工厂，向所有大学生设计团队征集设计制造一辆小型的类似于标准方程式的赛车，要求赛车在加速、制动、操控性等方面都具有良好的性能和可靠性。第一届比赛于 1979 年在美国休斯敦举行，13 支队伍中有 11 支完赛。此项赛事的目的在于培养本科生和研究生设计制造小型汽车的能力，为汽车工业的发展培养领头人和工程师。经过 30 多年的发展，FSAE 已经成为世界上规模最大的综合性大学生工程赛事，每年有数百支来自全球的顶级高校车队参与其中。

我国在 2009 年引进了大学生方程式汽车大赛，2010 年在上海成功举办第一届中国大学生方程式汽车大赛。至 2017 年已经举办了八届，参与高校达到 70 多所，覆盖了国内

95%以上的汽车院校,吸引了清华大学、吉林大学、浙江大学、北京理工大学、武汉理工大学等众多国内知名学府近3500多名大学生参加,规模日渐扩大。中国大学生方程式汽车大赛是一个结合了理工科知识和实际加工以及项目管理的一个综合性比赛项目,有别于以往其他单纯的竞速类项目。中国大学生方程式汽车大赛对考察学生的理论和实际操作能力,拓宽学生在汽车领域的知识面,提高实际问题的解决能力等方面效果显著,因此得到了社会各界多方关注和国内知名汽车企业踊跃赞助支持大赛的开展。

目前,中国大学生方程式汽车大赛有3种类型:①中国大学生方程式汽车大赛,全称Formula Student China,中文简称"油车赛",英文简称"FSC",创立于2010年,是所有赛事的起点,2013年移师襄阳。②蔚来杯中国大学生电动方程式大赛,全称DIO Formula Student Electric China,中文简称"电车赛",英文简称"FSEC",赛事于2013年创立,2015年独立成赛并由蔚来来冠名,2015年移师襄阳。③AIWAYS杯中国大学生无人驾驶方程式大赛,全称AIWAYS Formula Student Autonomous China,中文简称"无人驾驶赛",英文简称"FSAC",赛事由爱驰亿维冠名,于2017年在襄阳创立。

中国大学生方程式汽车大赛每年10月份左右进行。大学生用一年的时间按照赛事规则和赛车制造标准设计、制造、测试赛车(图5-11~图5-13),然后参加比赛。在正式比赛中,要先通过安检,确定赛车符合规定,满足条件之后才能真正地踏上赛道去厮杀。比赛通过一系列静态和动态项目来评判汽车的优劣,这些项目包括:技术检查、成本与制造分析、营销报告、赛车设计、单项性能测试和良好的赛道耐久性、效率测试。通过给这些项目打分来评判汽车的性能。比赛总分为1000分,具体项目分值分配见表5-1,最后通过各项成绩累计得分总和,依次排名。

图5-11 汽油方程式赛车

图5-12 电动方程式赛车

图 5-13　无人驾驶方程式赛车

各 项 分 值　　　　　　　　　　　　　表 5-1

项　　目	测 评 内 容	分　　值
静态项目	营销报告	75
	赛车设计	150
	成本与制造分析	100
动态项目	直线加速测试	75
	8 字绕环测试	50
	高速避障测试	150
	耐久测试	300
	效率测试	100
总　　分		1000

2. 中国汽车工程学会巴哈大赛(BSC)

"Baja"是西班牙语"越野车"的意思,巴哈大赛于 1976 年起源于美国,是大学生方程式汽车大赛的前身,适合职业院校和本科低年级学生参与。参赛车队按照赛事规则和赛车制造标准,在规定时间,使用同一型号发动机,设计制造一辆单座、发动机中置、后驱的小型越野车,如图 5-14 所示。这是一项全新的技术教育和工程实践教育手段,集技术性、趣味性于一身,已成为各国发现和培养汽车产业技能型人才最重要的非教育领域的社会化公共平台和非营利社会公益事业。

图 5-14　巴哈赛车

中国汽车工程学会在 2015 年初将 Baja SAE 赛事引入我国。中国汽车工程学会巴哈大赛(Baja SAE China,BSC)结合本土情况对赛事规则做出了适应性的调整。赛事包括多种静态与动态项目测试,静态项目包括技术检查、赛车设计、成本与制造、商业营销等,动态项目包括牵引力测试、操控性测试、2h耐力测试等。

为了提高赛事的安全性,组委会制定了严格的规则。动力方面,组委会为各参赛车队免费提供一台百利通发动机,动力仅为10hp(7457W),并不得改装,同时要求比赛车速不得超过40km/h,其他方面也有明确的规定。百力通公司有专门的赛事发动机部门,从1976年美国首届Baja比赛开始,百力通(Briggs & Stratton)已连续30年为Baja SAE提供发动机和赛事支持。目前,举办巴哈赛事的国家有:美国、墨西哥、加拿大、南非、巴西、印度、韩国等。

3. 全国大学生智能车竞赛

全国大学生"飞思卡尔"杯智能汽车竞赛起源于韩国,是韩国汉阳大学汽车控制实验室在飞思卡尔半导体公司资助下举办的,以HCS12单片机为核心的大学生课外科技竞赛。组委会提供一个标准的汽车模型、直流电动机和可充电式电池,参赛队伍要制作一个能够自主识别路径的智能车,在专门设计的跑道上自动识别道路行驶,最快跑完全程而没有冲出跑道并且技术报告评分较高为获胜者,如图5-15所示。该竞赛涵盖了控制、模式识别、传感技术、电子、电气、计算机、机械等多个学科的创意性比赛,要求学生组成团队,协同工作,初步体会一个工程性的研究开发项目从设计到实现的全过程,对学生的知识融合和实践动手能力的培

图5-15　比赛现场

养,具有良好的推动作用。

全国大学生"飞思卡尔"杯智能汽车竞赛以飞思卡尔半导体公司为协办方,自2006年首届举办以来,已经成功举办了十二届。该竞赛融科学性、趣味性和观赏性为一体,得到越来越多的高校重视,现已发展成全国30个省市自治区200余所高校广泛参与的全国大学生智能汽车竞赛。

全国大学生智能汽车竞赛一般在每年的10月份公布次年竞赛的题目和组织方式,并开始接受报名,次年的3月份进行相关技术培训,7月份进行分赛区竞赛,8月份进行全国总决赛。竞赛首先在各个分赛区进行报名、预赛,各分赛区的优胜队将参加全国总决赛。每届比赛根据参赛队伍和队员情况,分别设立光电组、摄像头组、电磁组、电轨组(2016年新增)、创意组等多个赛题组别。每个学校可以根据竞赛规则选报不同组别的参赛队伍。

第三节　汽车俱乐部文化

人们对汽车的需求与企盼不仅推动了汽车生产,同时推动汽车后服务市场的发展,为了满足车主不断膨胀的服务需求,汽车俱乐部应运而生,扮演了汽车售后服务市场提供服务的主角。

俱乐部是有相同兴趣的人聚集在一起进行社会、政治、文艺、娱乐的组织团体或场所。随着人们生活水平的提高,为满足人们日益增长的精神和物质需要,各种形形色色的俱乐部相继诞生,围绕着汽车的各种俱乐部也是如此。汽车俱乐部是经营汽车文化的重要形式,它

促使汽车文化越加繁荣丰富,使汽车进一步融入人们的生活。

1895年11月1日,由《先驱者时报》主办的汽车大赛在芝加哥开幕,参加比赛的部分赛车手在一家酒店聚会,发起成立了美国汽车联盟,这是世界上最早的汽车俱乐部。18天之后,美国汽车联盟召开第二次会议,选举产生委员会并通过活动宪章,旨在利用举办报告会等形式,向会员传授汽车最新技术,通报汽车大赛动态,并为他们提供紧急救援和法律咨询服务,以保障会员的各种合法权益。同年11月12日,法国成立了汽车俱乐部。随后,欧美各国都相继成立了为车主和驾驶人服务的汽车俱乐部。

美国汽车协会(简称"AAA")是世界上最大的汽车俱乐部,是世界上第二大会员组织,也是世界上最大的"美国快速旅行支票"的销售者,现有会员超过4800万人,初级会员年费为70美元,主要在出行、金融、保险、救援等方面提供服务。

德国汽车俱乐部的全称是"全德汽车俱乐部",德语缩写为"ADAC"。ADAC在德国各地共设有18个地区性汽车俱乐部,会员数量超过1700万人,规模仅次于美国汽车俱乐部。一旦成为ADAC的成员,行驶在德国任何地方甚至在欧盟其他国家,都不用发愁汽车抛锚。

澳大利亚有7个国营的汽车俱乐部,每年提供500多万次道路紧急救援服务,其中最大的俱乐部"澳大利亚汽车俱乐部",创建于1905年,目前已发展会员超过700万人。值得一提的是,澳大利亚汽车俱乐部将保障驾车人的安全作为俱乐部的宗旨,设立了"新车碰撞试验",该实验是站在驾车人的立场上关注汽车安全性,不同年份、不同车型的新车碰撞检测的结果被公开在网站上,任何人均可以查阅。

日本汽车联合会(简称"JAF"),成立于1962年,现有会员超过1720万人,基本会费每年2000日元。他们的宗旨是为增强驾车人的安全与提高安全意识服务,努力改善驾驶安全与公共交通环境与秩序。日本汽车联合会别具特色开发了面向个体会员、家庭会员、16~17岁青少年,满足不同人群、不同需求、不同内容的服务,以兑现他们的服务宗旨。

在我国,汽车俱乐部的出现,始于1995年建立的北京大陆汽车救援中心,即现在的北京恩保大陆汽车俱乐部(CAA)。近几年,在北京、上海等一些大城市,也出现了一些比较有实力的汽车俱乐部,其功能由过去比较单一的救援、娱乐服务,变为为会员提供全方位的汽车服务,如组织会员自驾游、办理车险、代办车务等,为驾车人士提供便利与保障。除此之外,一些汽车网站也陆续成立了汽车俱乐部,为爱车人士切磋驾驶技术、交流爱车心得、结伴驾车出行、讨论修理技术、寻觅配品备件、互相救助救援等提供平台。在俱乐部发展中,外资已经开始纷纷介入汽车俱乐部,如恩保大陆汽车俱乐部就是大陆俱乐部,在2000年7月与澳大利亚NRMA保险集团共同出资的合资型俱乐部。目前我国汽车俱乐部在自驾车旅游和会员衍生经济等方面已经有了许多成功的尝试,汽车用户对这些活动的踊跃参与,展现出了汽车俱乐部市场的广阔前景。

第四节 车展文化

汽车展览(图5-16)是很多大型汽车公司发布新车型及概念车,展示新产品、新技术和企业实力的舞台。借助车展,汽车厂商极尽展示手段,目的就是要宣传产品、展现技术、传播品牌、拓展渠道、促进销售、吸引媒体和广大公众,为企业的市场竞争营造良好的氛围。在车展上,各参展商通过精心设计展台,配以训练有素的模特衬托,将自己的品牌元素、历史文化、市场定位、造车理念及参展主题等内涵传播给全社会。因此,在流光溢彩的展会背后,蕴

图5-16　汽车展览

含着丰富的汽车文化。

汽车展览会,借助名车美女,精致的展台,震耳欲聋的音乐,闪烁变换的电视背景幕墙以及五彩的烟雾等手段,营造了浓厚的汽车文化氛围,形成了汽车展会的文化风格,并吸引广大民众亲临展会现场,让人们感受到汽车发展跳动的脉搏。

一、国外著名车展

德国法兰克福车展、北美国际车展、瑞士日内瓦车展、法国巴黎车展和日本东京车展被誉为当今五大国际车展。每个世界顶级车展都有自己的不同风格特点,就如同武侠小说中江湖的名门名派一样,有着一呼百应的号召力,令人向往。

1. 德国法兰克福车展

德国法兰克福车展展览时间一般在9月中旬,每年一届,每两年举办一次,为期两周左右。它创办于1897年,1951年移到法兰克福举办,是世界最早举办的国际车展,也是世界规模最大的车展,有世界汽车工业"奥运会"之称。参展的商家主要来自欧洲、美国和日本,尤其以欧洲汽车厂商居多,此外为配合车展,德国还举行不同规模的老爷车展览。

2. 北美国际车展

拉开每年车展序幕的是北美车展,时间固定在1月5日左右开始,由底特律汽车经销商协会主办。它创办于1907年,起先叫做"底特律车展",是世界最早的汽车展览之一,1989年更名为"北美国际汽车展"。举办地在美国的汽车之城——底特律。北美车展每年总能出现四五十辆新车,展览面积约8万 m^2,会议室、会谈室近百个。北美车展办得像个大的假日集会,吃喝玩乐,热闹非凡,被誉为"最具假日风格的综合顶级国际车展",车展每年为底特律带来了可观的经济收益,年平均在4亿美元以上。

3. 瑞士日内瓦车展

瑞士日内瓦车展创始于1924年,是欧洲唯一每年度举办的大型车展,在位于日内瓦机场附近的巴莱斯堡国际展览中心举行,总面积7万 m^2,每年3月份举行,是各大汽车商首次推出新产品的最主要的展出平台。日内瓦车展以展示豪华车及高性能改装车为主,展品比较个性化,素有"国际汽车潮流风向标"之称,每年总能吸引30多个国家900多辆汽车参展。

4. 法国巴黎车展

法国巴黎车展起源于1898年的国际汽车沙龙会,直至1976年每年一届,此后每两年一届。在每年的9月底至10月初举行。作为浪漫之都的巴黎,它的车展如同时装,总能给人争奇斗艳的感觉,是新概念车云集的海洋,各款新奇古怪的概念车常常使观众眼前一亮,巴黎车展始终围绕着"新"字作文章。

5. 日本东京车展

日本东京车展是五大车展中历史最短的,创始于1954年,逢单数年秋季举办,被誉为"亚洲汽车风向标",是亚洲最大的国际车展,历来是日本本土生产的各种千姿百态的小型

156

汽车唱主角的舞台。展馆位于东京附近的千叶县幕张展览中心，是目前世界最新、条件最好的展示中心。展出的展品主要有整车及零部件，各种各样的汽车电子设备和技术也是展会的一大亮点。东京车展对于整个亚洲汽车市场有着重要意义。

二、国内车展

近年来，随着中国汽车消费市场和汽车工业的快速发展，国内已在北京和上海形成了国际车展品牌，除此之外，在广州、成都、武汉和长春等地也定期举行国际汽车展会。

1. 北京车展

北京车展创办于1990年，每两年举办一届，逢双数年举办，是全球汽车业界在中国的重要展示平台，同时也成为中国本土汽车企业展示自主知识品牌、推出最新科技成果的首选平台。北京车展在国内车展中以最具权威性、规模盛大、参展商阵容强大、知名品牌齐全、展品品质高端、国际化程度高、文化底蕴厚重、媒体关注度强及观众数量众多等鲜明特色而享誉海内外，素有"中国汽车工业发展风向标"之称。迄今为止，北京车展在国内车展中依然在参展商质量、展品档次和水平、记者、观众数量等方面保持着多项纪录，成为与世界顶级车展比肩而立的品牌汽车展会。

2. 上海车展

上海车展创办于1985年，每两年举办一届，是中国最早的国际汽车展览会，同时也是亚洲最大规模的车展。上海车展一般在单数年的四月中旬到四月下旬举办，其特点是技术先进，国际巨头的参展阵容之强大、亚洲或全球首发的车型以及概念车的数量均是国内车展少见的。全球首发车型的多少是体现车展实力的关键指标之一，在历年上海车展上，有不少车型都是全球首发或亚洲首发。2004年6月，上海国际汽车展顺利通过了国际博览联盟（UFI）的认证，成为中国第一个被UFI认可的汽车展。

3. 其他国内车展

广州车展时间一般在年底，12月左右，为的是和年初的北京上海车展错开，避免冷场。由于在国内汽车行业中影响巨大的日本三大车商纷纷扎根广州，现在广州车展影响力正日益增强。广州的优势在于汽车市场以及后市场的领先。广州的改装、音响甚至越野等汽车后市场比起其他车展来看发展得更快一些。此外还得益于其地理优势，广东境内以广州为核心放射的城市群间有便利的高速公路网，地处珠三角，临近港澳地区。这些都是广州得天独厚的优越之处。

成都车展还在发展之中，时间暂不固定，一般是三月份或九月份。成都车展辐射整个西南地区，引领了区域市场的汽车消费，是汽车厂商向西南地区乃至亚洲地区发布最新汽车信息和企业战略的平台。

除此之外，武汉、长春等地也定期举行国际汽车展会，参展规模和国际影响正变得越来越大。

第五节 婚车文化

结婚，在世界任何地方都是人生中的大事，举办一场隆重而又不失特色的婚礼将会使新人铭记终生。在西方国家，婚礼充满浪漫、纯洁、神圣的气息，而新人们的座驾自然也马虎不得,或是奢华尊贵、或是别出心裁、或是遵循传统,各式各样的婚车成为婚礼的一大看点,将新人载到教堂或指定地点的婚车拉开了婚礼的序幕,在亲朋好友的见证与祝福声中完成婚礼。而在中国传统文化与礼仪中,婚车就如同古代的花轿,无轿不成婚,既起到运输的作用又表明婚礼的规模与档次。从某种程度上说,结婚与车有着紧密的联系,婚车已经成为婚礼不可缺少的一个部分,在习俗的影响下成为了一种文化符号,折射出了当地的文化风俗与乡土人情,更是反映了社会的变迁。

一、各国婚车

世界各地的文化习俗不同,结婚时也就出现了风格迥异的婚车。

1. 讲究排场的美国和俄罗斯婚车

美国人和俄罗斯人结婚时喜欢排场,结婚时大都用租来的加长婚车,所有相关人等都坐在里面,其他人自己开车,没有车队,就一辆车搞定。在高速生活节奏的美国,这种加长车实用又高效,自然很受欢迎。常用的加长婚车有尾部软顶板的加长型悍马、加长款克莱斯勒PT Cruiser、英菲尼迪加长车、林肯加长礼宾车。这些加长婚车非常吸引人的眼球,可以增加婚礼的豪华程度,同时长长的车身可以任人们尽情装饰,贴花、挂彩带等。

2. 遵循传统的英国和德国婚车

讲究传统的英国人和德国人则认为婚车并非越贵越好,提倡用家用车作为婚车。英国丘吉尔保险基金会的调查结果显示,最受英国新人们欢迎的婚车不是奢华的劳斯莱斯而是家用型轿车蒙迪,因为他们更加看重的是生活和浪漫的情趣。除此之外,经常被选作婚车还有西方特色的劳斯莱斯、传统的马车、宝马迷你、奔驰。

英国皇室在挑选婚车时则格外讲究,有其"特殊的"传统。2011年4月29日,英国威廉王子携相恋多年的女友凯特正式步入婚姻殿堂,举办了一场新世纪"童话婚礼"。将凯特运送到教堂的婚车为产自1977年的劳斯莱斯幻影 VI(图5-17),这款劳斯莱斯古董车还曾作为威廉的父亲查尔斯王储与戴安娜王妃的婚车。结婚典礼结束后,威廉王子与凯特乘坐一辆敞篷复黄金古马车(图5-18)回到英王室住所——白金汉宫,这辆奢华的"黄金婚车"是澳洲名匠弗莱·克林顿花费6年的时间纯手工打造的,上面镶满24颗钻石、130颗蓝宝石和超过400片金叶,车身上100多块木材分别取自伦敦塔、19世纪英国海军名将纳尔逊的"胜利号"战舰以及16世纪亨利八世国王的"玛丽·罗斯号"战舰等重要王室建筑和文物,是迄今为止英国最具有历史意义的车辆之一。

图5-17 诞生于1977年的劳斯莱斯幻影 VI

图5-18 英国威廉王子与凯特婚礼当天乘坐的黄金马车

3. 浪漫怀旧的法国婚车

法国人喜欢浪漫怀旧,结婚时选择婚车热衷于复古的老爷车,新人双双坐着老爷车,在具有庄园情调的礼堂举行仪式,传统而浪漫。豪华超长版凯迪拉克老爷车是法国人婚礼常用的车款。此外,英菲尼迪的老爷车和加长车款也很受欢迎。小巧的敞篷大众甲壳虫,很受法国年轻人和新人的喜爱,既拥有老爷车的那种复古的感觉,同时又充满了现代的活力,与古董车相比,价格更容易接受。

4. 国产的澳大利亚婚车

在澳大利亚,澳大利亚本国的霍顿品牌汽车(图5-19)很多,许多澳大利亚人都以拥有一辆本国产的霍顿车为自豪。所以婚车中自然也有很多喜欢选择该品牌的。

5. 颇具时代特色的中国婚车

现在中国人结婚时,婚车的选择就意味着婚礼排场的大小。在中国许多大城市婚礼中,奥迪、宝马和奔驰车款是最受欢迎、最常见的婚车用车。因为这些车是中国大众都知道的高级车,用它作婚车比用一辆限量版的兰博基尼都更显气派。也有用豪车作为婚礼车队的,其中不乏保时捷、法拉利、兰博基尼、奔驰 SLR 超级

图5-19　霍顿汽车

跑车、宾利、劳斯莱斯等豪车。也有富有时代特征的婚车,20 世纪 60 年代的婚车是自行车,自行车作为婚车既环保又具有中国时代特色。此外还有具有职业特色的婚车,例如,山东一对新婚夫妇同是公交世家,为省钱用公交车当婚车。同样的,也有不少出租车驾驶人选择出租车车队来迎亲,颇具"职业"特色。

二、婚车的选择

婚车的挑选,不同的人有不同的喜好,完全可以根据个性、实用、经济以及语言文化的特点来选择。婚车的装饰(图5-20)也很有讲究,在西方,婚车的装饰多选用白色和粉色,象征

图5-20　装饰后的婚车

着婚礼的纯洁与浪漫。新人会在婚车后面用彩带系满易拉罐和瓶子之类的小杂物,意为告别单身汉的生活,摆脱了孤独,走上幸福路。而在中国,婚车的装饰也喜欢用白色,不仅因为白色是象征纯洁的颜色,还因为白色有"白头偕老"的寓意。此外,中国人结婚喜欢用红色来装饰婚车,象征喜庆与红红火火。在车头发动机罩上放置心形的花篮、两只小公仔或两个小新人,然后在车身周边贴上彩色领结。但如果从车头向车尾引两条绸带,在轮辋处贴上彩色领结,以

及在后视镜上挂几个粉色气球,这样会使婚车看起来更加时尚和温馨。选择婚车的外形时尽量不要选择两厢车,避免"有始无终""有头无尾"。

第六节　汽车美容装饰文化

汽车美容(图 5-21)一词源于西方发达国家,在西方国家被称为"汽车维护护理",英文名称为"Car Beauty"或"Car Care"。汽车美容就是指给汽车进行清洗、打蜡、修复、养护等各项服务,以减轻外界对车身的伤害,大致可分为车身美容、发动机外部美容和车内美容三个部分。在汽车美容的基础上,在汽车表面或室内增加或替换一些附属的物品,以提高汽车的美观性、实用性、舒适性,这种行为就是汽车装饰。

图 5-21　汽车美容

回顾汽车美容装饰的历史,西方工业发达国家汽车美容装饰业几乎是与中、高档轿车的产生同步出现的,美、英等国于 20 世纪 20 年代末、30 年代初率先产生汽车美容装饰行业,到 20 世纪 40 年代,汽车美容装饰业日益壮大并逐步形成规模。70 年代后期,由于社会消费时尚的流行,以及对事物猎奇、追求新异思想的影响,人们更加注重自己所有物品的个性化,同时随着汽车更新速度加快,二手车市场逐渐繁荣,这一行业得到了迅猛的发展。在这一时期,汽车正以大众化消费品的姿态进入人们生活,汽车美容装饰业开始走向亚洲。汽车的款式、性能以及汽车的整洁程度,无一不体现出车主的性格、修养、生活观及喜好。许多人想让自己的"座驾"看起来干净漂亮,用起来风光舒适。到 80 年代,汽车美容装饰业在全球已发展成为一支不可忽视的产业大军。而今天的汽车美容由于借鉴了人类"美容养颜"的基本思想,被赋予仿生学新的内涵,正逐步形成现代意义的汽车美容。据不完全统计,1994 年美国汽车美容业年产值达到 1170 亿美元,1999 年全美汽车美容业年产值已超过 2647 亿美元。从中不难看出,汽车美容业蕴含着巨大的社会效益和经济效益。从汽车美容装饰的发展历程来看,汽车美容装饰业是工业经济高速发展、消费观念进步以及汽车文化日益深入人心的必然产物。

我国由于汽车工业起步较晚,汽车美容装饰业长时间滞后于国外发达国家,传统的单一手工养护方法在我国延续了数十年。直到 20 世纪 90 年代初,汽车美容装饰业才在我国出现,此时的汽车美容也只不过是用洗衣粉和高压洗车机冲洗车身,打手工蜡而已,服务项目内容、质量及标准等都很不规范。进入 90 年代中后期,我国机动车保有量的不断攀升,特别是私家车保有量的加大,以及汽车消费水平的提高,汽车美容市场也随之水涨船高,其美容店遍布于城市的各个角落;另一方面,大多数私家车主对爱车的日常维护已经从以修为主逐渐转变成以养为主,这也极大地激活了我国的汽车美容装饰市场。国外一些汽车美容公司纷纷将产品投放中国市场,在全国范围内办起了连锁店,各种品牌的汽车美容用品也像雨后春笋般蜂拥而至,并造就了一支汽车美容大军,从业人数逐年增加,汽车美容业呈现出一片繁荣景象。目前我国城镇居民已经开始从汽车代步时代向享受汽车文化的时代迈进,大部分地区的城镇居民正在进入汽车消费时代,汽车已不再是人们身份和地位的象征,而成为汽车消费者对个性化、多元化文化取向的集中体现。汽车大规模地进入家庭也为汽车美容装饰行业开辟了更广阔的市场。

汽车美容现在已不只是简单的汽车打蜡、除渍、除臭、吸尘及车内外的清洁服务等常规美容护理，还包括利用专业美容系列产品和高科技技术设备，采用特殊的工艺和方法，对漆面增光、打蜡、抛光、镀膜及深浅划痕处理、全车漆面美容、底盘防腐涂胶自理和发动机表面翻新等一系列养车技术，以达到"旧车变新，新车保值，延寿增益"的功效。

作为汽车美容服务的延伸项目，汽车精品能满足驾驶人及乘员对汽车内部附属装饰、便捷服务的需求，如车用香水、蜡掸、脚垫、坐垫、座套、把套等的配置，能使汽车美容服务贴身贴心，宾至如归。

汽车装饰分为汽车的外部装饰和内部装饰。外部装饰主要是对汽车顶盖、车窗、车身周围及车轮等部位进行装饰。汽车内部的装饰主要是对汽车驾驶室和乘客室进行装饰，统称为内饰。

总之，随着我国汽车工业的快速发展，汽车文化的日益深入，以及文明程度的不断提高，汽车美容将越来越多的人所接受，并成为一种时尚，汽车美容装饰行业作为汽车服务业中的一种新兴产业正在崛起，且已成为 21 世纪的黄金产业。

第七节 其他文化

一、汽车影院

汽车影院（图 5-22），即观众坐在各自的汽车里通过调频收听和观看露天电影，这是随着汽车工业高度发达后所衍生的汽车文化娱乐方式之一。1933 年 6 月 6 日，美国新泽西州的 Richard M. Holling shead 在他家后院创办了世界上第一家汽车电影院，当时可容纳 400 辆汽车。他在院子里悬挂了一张电影幕布，银幕的面积是 12.2m×9.1m（40ft×30ft），用一台 1928 年出产的柯达投影机往幕布上投影，而声音都来源于藏在电影幕布后面的一台收音机。虽然条件简陋，但他最终在试验中成功地解决了车辆通过任何角度都可清晰看到影像的问题，由此诞生了可以载入电影史册和汽车史册的汽车电影院。之后，这种娱乐休闲方式随着汽车的普及很快风靡整个北美地区，从而成为独特的汽车文化特色之一。最高峰的1959 年，发展到 2 万座汽车影院。20 世纪 80 年代，作为汽车文化的重要标志，汽车影院已经出现在世界各地，在全世界范围内开始发展，很多发达国家的汽车电影院数量迅速增加。它们通常坐落在城市附近的干道两旁、海滨或旅游胜地。汽车影院的娱乐形式如今已显得更加清新和浪漫，是家庭和朋友聚会的新颖方式，是人们在工作之余放松心情的好去处。

国内最早的汽车影院是 1999 年 3 月建于北京的枫花园汽车影院。枫花园汽车电影院占地66000m²，能容纳 100 辆汽车，每辆车的票价是100 元。该电影院注重营造休闲环境：别具一格

图 5-22 汽车影院

的啤酒花园，轻松的背景音乐，以及燃烧的舞火，增添了野外的情趣。全钢铸造的超大屏幕，呈向前倾斜状。停车场按照科学设计，使各个角度的观众在良好的视觉中，把电影声音引进汽车内，音量大小由观众自己调节。看到精彩片段时，观众不再是报以热烈的掌声，而是汽

车喇叭齐鸣声音,气势非凡。每辆车还配给一个荧光棒,如果需要什么,可以用荧光棒向服务员示意。观众可以一边看电影,一边品尝新鲜的烧烤、老玉米、羊肉串或各式水果和中外点心。2003年,汽车电影院在我国悄然兴起,广州、上海、深圳、武汉、南京等地陆续出现了汽车影院。

如今汽车生活离我们越来越近,汽车影院也将更多地进入我们的视线,带给我们激情与梦想。

二、汽车旅馆

汽车旅馆(图5-23、图5-24),来自英文的Motel,是motor hotel的缩写,又称公路旅馆(high-way hotel),是一种"乘汽车旅行者利用的饭店"。它是随着私人汽车增多与高速公路网的建成而逐渐产生的一种住宿设施。汽车旅馆主要建在地处城市边缘主要公路或高速公路沿线或市郊,提供免费的停车场,出入方便、客人住宿手续简便、服务项目有限、价格低廉。由于汽车旅馆提供方便、卫生、经济的服务,尤其适合外出旅行的家庭,因而深受大众欢迎。汽车旅馆与一般旅馆最大的不同点,在于汽车旅馆提供的停车位与房间相连,一楼当作车库,二楼为房间,这样独门独户为典型的汽车旅馆房间设计。

图5-23 美国亚特兰大的一家经济型汽车旅馆

图5-24 加拿大班芙的汽车旅馆

在20世纪20年代初期,公路和汽车在欧美各国进入快速发展阶段,带动了旅游服务业。美国加利福尼亚州商人哈利·埃利奥特经常驱车在圣迭戈至旧金山之间的国家公路上行驶,他发现旅游汽车增多,却没有停车让游客休息的地方。于是,他就邀请建筑设计师阿萨·海因曼在这条公路附近的桑·路易·奥比斯为他修筑一幢汽车游客客栈。1924年,由阿萨·海因曼指挥建筑工人按照他设计的"加利福尼亚·西班牙复古样式",动工修建一幢备有客房、厨房、食堂、车房和电话的汽车游客客栈,并起名为"汽车游客旅馆"。次年12月12日竣工开业,吸引了不少路过此地的汽车驾驶人和游客来此投宿,有时一天来此投宿的汽车有几十辆,游客达160人,这就是世界上最早的汽车旅馆。

如今国外已出现了多种汽车旅馆,按汽车旅馆所在的地理位置可以分为公路上的汽车旅馆、市内或市周边的汽车旅馆、疗养地的汽车旅馆、飞机场边的汽车旅馆。而按照功能可分为赌场汽车旅馆、商务汽车旅馆、温泉汽车旅馆、度假汽车旅馆、野营汽车旅馆。然而,无论是哪一种汽车旅馆,均延续早期的定位原则,以中低档消费人群为主要目标,其设计标准也仅相当于国内二星级的标准,旅馆整体设计及内部装修简约至极,没有大厅,规模不大,价格低廉,且拥有固定的消费人群。例如,美国现今很多汽车旅馆仍为2~3层楼房,倾向水平方向发展,外形设计装修都十分简洁、朴素,院落为停车场,若无院落,停车场就设在旅馆一层,汽车旅馆规模一般都不大。随着市场规范和旅馆规模扩大,旅馆功能也相应地开始向娱乐化和舒适化发展:游泳池、咖啡厅、商店等逐渐成为一个完备的汽车旅馆必备的功能。如美国的 MOTEL 6 连锁汽车旅馆经过改建和装修,几乎每一家都设置了室外游泳池,注重开放性,成为美国汽车旅馆的一大功能特色,汽车旅馆其他服务也很精细贴心,如提供免费早点咖啡,以及免收当地的电话费等。目前汽车旅馆已经成为美国人生活中的一个重要组成部分。

和国外相比,我国汽车旅馆的发展速度则非常缓慢,2003 年 5 月 23 日,中国第一家汽车旅馆"莫泰 168"在上海吴中路开业,房价从 168 元至 398 元不等,提供了彩电、空调、电话、宽带等设备,省去了一般酒店中的一些设备,例如吹风机等。主要目标消费群体直指驾车出游的家庭用户和出差在外的商务驾车人士。然而近几年我国汽车工业的发展以及私家车的增多,高速公路网的不断完善,以及旅游形势的持续火爆,自驾车旅游的盛行,物流的增长,都为汽车旅馆的发展提供了合适的土壤,汽车旅馆终于在中国崭露头角。广东高速公路汽车旅馆的筹建并运行,还有河南、浙江杭州等地都把汽车旅馆作为新的发展空间。与国外不同,我国汽车旅馆的要求并不会以廉价作为判断选择饭店的主要标准,而汽车旅馆提供的客房服务可能要求更全面一些,接近于综合性服务饭店。目前国内大力发展的汽车旅馆均分布于市区繁华地带,位于市郊或高速路上的路边店或服务区旅馆从建筑形态上来讲,均不属于现代意义上的汽车旅馆,还只是汽车旅馆的早期形态。

除汽车旅馆之外,还有汽车餐厅和汽车酒吧能给驾车出行人士提供便利服务,为他们提供餐饮及休闲娱乐服务,使驾车者在劳累的旅途中有一种温馨舒适的感觉,且带动了汽车服务业的发展。

三、汽车模型

汽车模型(图 5-25、图 5-26),是完全依照真车的形状、结构、色彩,甚至内饰部件,严格按比例缩小而制作的比例模型,具有艺术、欣赏和收藏价值。据不完全统计,近 90 年来,全世界的汽车生产厂共推出数万种款式的汽车模型,逐渐发展成为一种风行于全世界的收藏和投资项目。

图 5-25　汽车模型 　　　　　　　图 5-26　小巧精致的奔驰 SSKL 汽车模型

汽车模型不仅小巧精致,而且有较高的观赏价值和装饰作用,它的每一个设计、每一个零件都可映射出当时的时代环境、科技的发展水平、设计师的风格喜好以及品牌的风格魅力,可用于装饰居室、馈送和收藏,同时也是汽车厂家的广告和礼品。

汽车模型的起源是与汽车营销分不开的。1914 年,作为一种新式的促销手段,美国福特汽车公司把新 T 型车推向市场的同时,推出了世界上第一批汽车模型。当时的本意仅是买一送一。然而出人意料的是这种被用于赠送的礼品汽车模型一经问世,便受到爱车人士的青睐。继而各汽车生产厂家竞相效仿,在推出新车的同时纷纷推出其车模型。一时间,汽车模型风靡全球。1925 年出现了别克牌迷你车模型,随即,英国、法国等欧洲国家也陆续出现了各类品牌的汽车模型,甚至出现了专门制造汽车模型的企业。直到今天,汽车模型仍然作为礼品在汽车厂家和经销商中广泛存在。

汽车模型不是玩具,它是真车的严格缩比(通常比例有 1∶12、1∶18、1∶24、1∶43、1∶64、1∶74 等),主要使用纯金属或合金材料(以锌合金为主),并辅以橡胶、塑料、木材、树脂等材料,以手工、生产线加工完成精工打造制作而成的仿真品,它有知识产权和收藏证书,有的还限量发行。制造汽车模型必须获得原厂的授权,其价位从几十元到数十万元不等,既包括轿车、公交车、商务车等客车,也包括消防车、赛车、坦克等特种车。如今,随着加工、材料、涂料和印刷工艺的进步,汽车模型制作水平也越来越高,在设计手段和生产工艺上与真车几乎一模一样,甚至汽车模型的制造也包含了真车的冲压、焊接、喷漆、总装四大工艺工序,连座椅都使用真皮或布料,达到和原车别无二致的程度。

汽车模型作为汽车历史和文化的见证者,记载汽车工业发展与人类智慧的光辉岁月。汽车模型不仅是一种按比例缩小的工业产品,而且更是一种艺术品,它含有深刻的文化艺术内涵及社会背景。从汽车模型中不仅可以欣赏艺术美,而且还可以学习汽车知识、了解汽车发展的历史。

四、自驾游

自驾游(图 5-27)是自驾车旅游的简称,简单地说就是自己驾驶汽车出游,在国内也被称作"自助游"。自驾游属于自助旅游的一种类型,可以是自主组织、旅行社组织或是汽车俱乐部或其他俱乐部组织,有别于传统的集体参团旅游。驾车者为车主或其同行者,车辆包

括汽车(主要有轿车、越野车、房车)、摩托车和自行车等,以私有为主,也可以采用借用、租赁及其他方式;驾车的目的具有多样性和随意性,主要以休闲旅游为主,车主或出行团队决定驾车出游的目的地。

自驾游兴起于 20 世纪中期的美国,后流行于西方发达国家。进入 21 世纪,汽车工业的大发展,推动了旅游业的发展,也为自驾游的推广和普及奠定了基础,使得自驾游脱颖而出。最初,人们把周末开车出游叫"Sunday drive",发展

图 5-27 悠闲惬意的自驾游

到后来成为自驾车旅游"Drive Travel"。自驾游在西方对旅游业的贡献很大,以澳大利亚为例,澳大利亚国内游 70% 以上的游客是自驾游游客。为了适应自驾游的发展,政府和私人企业在道路维护及相关配套设施及服务上进行了可观的投资。国外旅游业产生了以汽车营地、汽车旅馆为代表的汽车旅游服务,而特种旅行汽车生产及汽车改装、维修及相关户外用品行业也蓬勃发展。

我国自驾游产业的形成与发展是建立在经济飞速发展、交通状况持续改善、人民生活水平日益提高的基础之上,是"自由、个性、探索、驾驭"理念的体现,现已悄然成为我国大中城

市、有一定消费能力和消费理念的中青年人群所热爱的旅游生活休闲方式。有组织的、较正规的自驾游活动始于2000年,一些拥有汽车的旅游爱好者通过汽车俱乐部自发组织起来结伴驾车旅行。2003年由于网络、电视、电台、报纸等传统媒体开始关注这项在中国土地上兴起的休闲活动,有力促进了中国自驾游的飞速发展。到2016年,中国持有机动车驾驶证(汽车驾驶证)的人数已超过3.1亿人,轿车保有量特别是家用轿车保有量不断增加,中国自驾游正蓬勃发展,逐渐成长为一个全新的旅游新经济,像自由行一样,成为新的经济增长点。以此为背景,在全国各地由旅行社、半官方机构、个人成立了众多自驾游的机构。与美国自驾游发展的方式一样,现在在中国不仅流行开自己的车去城市周边以及更远的地方探险游,而且兴起了异地租车旅游,即飞机和当地租车相结合,不仅节约了成本,更使异地自驾游成为可能。中国自驾游活动比较成熟的地区,以东部经济发达地区的大城市为主,如深圳、广州、东莞、南京、北京、昆明等。

自驾游不是简单地把旅游的交通方式改成自己开车,不是简单的开车逛景点。"自驾"是一种运动,比如自驾穿越、自驾山路体验驾驶乐趣等,虽然不是赛车但是驾驶者也从驾驶中获得了乐趣。通过自驾的方式到达传统旅游所不能及的地方;有充裕的时间体验、感受当地的文化;寻找、品尝到当地的美食。

自驾出游前,出行者应当做好充分的准备,如:检查车况,了解路况、路线、沿途社会状况、消费状况等,制定好出行计划。出行时注意安全,切忌疲劳驾驶,保持通信状况良好。归来后及时对爱车进行清洗、检测和维护。

如今,自驾游已越来越受到人们的欢迎,是汽车文化融入人们生活的表现,体现了汽车在现代社会生活中无与伦比的自由性、灵活性和便利性,带来了深刻的经济和社会影响。

五、汽车收藏

收藏,能记录人类辉煌灿烂的文明发展史,是人类追溯文化发展历程的一种行为。而汽车作为社会进步和现代化的标志之一,自诞生之日起就注定成为社会文明的一个不可或缺的部分,百年车坛的风云变幻仿佛讲述着一个个娓娓动人的故事,为了不让文明的足迹被历史的烟尘湮没,汽车收藏由此而来,并由此诞生了追溯汽车发展的人与建筑——汽车收藏家与汽车博物馆。

汽车爱好者出于对汽车的喜爱,自发收集汽车或与汽车相关的物品。可以按品牌、汽车制造商或汽车的发展历程收集。甚至在汽车收藏文化的发展过程中还出现了收藏车标、驾照、汽车牌照、汽车喇叭、汽车模型等的一些人。这些无一例外地体现了人们对于汽车文化发展的关注与热忱,即便是汽车上的一些零部件或者附属物品,只要是和汽车相关的,便能引发人们对于汽车的兴趣。这些对汽车情有独钟的人,数十年如一日,呕心沥血地收藏与汽车有关的物品,有的成为了名副其实的收藏家。

然而,并不是每一个汽车收藏者都能成为汽车收藏家,与其他物品的收藏家一样,汽车收藏家需要的是独到的品位与眼光,并在汽车收藏的过程中深入探究汽车发展的历程。世界上最著名的汽车收藏家是比尔·哈特,哈特把收藏的1300多辆汽车,分别停放在3个足球场那么大的展厅里,并按出厂的顺序依次排列,最早的一辆是1898年制造的"奔驰"牌汽车。为了维修这些汽车,哈特还专门雇用了各种技工和10多名清洁工。据说每年到他那里参观的人数达30多万人。

而为公众展示汽车收藏的场所要属汽车博物馆了。汽车博物馆以记录汽车发展历史和

图 5-28　位于慕尼黑的宝马集团总部和宝马博物馆

传播汽车知识为目的,对各个时期生产的汽车进行收集、修护、保藏、研究和陈列,并向大众提供参观、学习和教育服务。汽车博物馆是一种服务于社会的公益型服务机构,可以开启民智,活跃社会大众的文化生活,满足人民群众精神文化的需求,传播汽车文化。

世界各大汽车公司都有自己的博物馆,如戴姆勒—奔驰汽车公司、大众汽车公司、宝马集团(图5-28)、福特汽车公司等。这些汽车博物馆集科学性、知识性、趣味性为一体,对人们进行汽车启蒙文化教育。汽车博物馆展品不仅丰富,而且展览形式多样。有些车辆被解剖开来,其内部构造一目了然。在这里人们不仅可以欣赏到不同时期的汽车产品,而且可以通过各种高科技手段,体验汽车风驰电掣带给人们的刺激。因此可以说汽车博物馆也是一个国家汽车文化的一个缩影。

中国第一家汽车博物馆于 2007 年 1 月 17 日,在上海嘉定区安亭镇上海国际汽车城开馆。从远处看,上海汽车博物馆外观酷似叠加的书本(图5-29),其传递给大众的信息是"汽车改变世界"之百年文化的精髓。

图 5-29　上海汽车博物馆

六、汽车游戏

汽车游戏是竞速游戏的一类,是指游戏玩家控制汽车进行竞速比赛的电子游戏。汽车游戏的主要游戏方式和游戏目标是玩家驾驶汽车同电脑或其他玩家比赛并试图获取胜利,游戏过程中经常营造驾驶汽车的速度感和刺激感。

最早的汽车游戏可以追溯到 1984 年,科乐美(Konami)公司推出的《公路战士》,科乐美是一家创立于 1969 年的著名游戏开发公司。这是一款纵向卷轴俯视视点的驾驶游戏,玩家要驾驶汽车避开旁边的车辆,并且要在燃油耗尽之前到达终点。

在众多的汽车游戏中,以《极品飞车》(Need for Speed)最为著名,它是由美国艺电游戏公司研发并出品的一款赛车类游戏。1994 年发行的《极品飞车》为初级产品,1995～2016年已经出品到了极品飞车19。该游戏试图在爽快的赛车比赛和车辆的拟真上找到平衡点,在世界车迷心目中占有重要地位。

《GT 赛车》(Gran Turismo) 在汽车游戏玩家的心中也占有十分重要的位置,它始创于1997 年,由 SCEJ 旗下的著名制作人山内一典领衔研发的。《GT 赛车》得到了法拉利、兰博基尼、奔驰、宝马、丰田、本田等数十家世界知名汽车制造商、HKS、KW、Nismo、Yokohama 等汽车零配件制造商和 WRC、纳斯卡、Super GT、勒芒等专业汽车赛事的授权,收录了 50 多条赛道,超过 1000 款车型,可谓"汽车博物馆"。并且游戏中的每一辆车的外观、发动机声音、性能都从真车采集数据制作,体现了每一辆车的细节差异。游戏从画面、操作驾驶时的赛道、赛车数量、真实感,系统都做到尽量完善。

七、汽车广告

汽车广告泛指汽车厂商以付费的方式,通过一定的传播媒介和传播形式直接或间接地向自己的目标顾客所开展的商品(汽车)或服务的非人员介绍和推广活动,旨在促进目标顾客实施汽车厂商所期望的行动(如购买)。因此,汽车广告如同其他的商品广告一样,具有明确的目的性。显然,作为一种促销行为或活动,汽车广告属于经济活动的范畴。

有据可查的最早的汽车广告出现在 1898 年 8 月 13 日的《科学美国人》杂志中,是一家位于俄亥俄州克利夫兰市名为 The Winton Motor Carriage Co. 的汽车制造商刊登的广告,其文案中写道:"DISPENSE WITH A HORSE. THE WINTON MOTOR CARRIAGE"。翻译过来就是"让骡子和马都歇了吧。温顿牌汽车。"如图5-30 所示。从此广告开始与汽车联系在一起,成为工业时代的象征。从此汽车广告拉开了序幕,汽车与广告如影随形,改变着生活,也改变着世界。

图 5-30 1898 年的一则汽车广告可能是史上第一个汽车广告

传统的汽车广告是"车本位"的,从品牌到服务,从外饰到内饰,从发动机到保险杠,从速度到防振等,它本身可以介绍的东西太多了。于是在传统的汽车广告中,无论是强调品牌还是诠释产品,大量的镜头都是围绕汽车展开的。

现有的汽车广告除了要告诉消费者产品好在哪里,还要告诉消费者产品能带来什么样的生活方式,现在的汽车广告更具有艺术性、故事性和观赏性,汽车广告似乎正在从营销的阴影中走出来,而消费者似乎也从被动地接受汽车广告到主动地欣赏汽车广告转变。汽车广告已经不单单是商品信息的传播者,更是意识形态的传播者。因此,广告活动的核心内容必将以提炼并传播企业价值理念、文化品位、风格个性、审美情趣等信息并以此塑造品牌形象为中心职能。

汽车广告本身一直随着时代在变化。随着技术的进步,汽车广告从黑白变为彩色;从单一的平面广告发展到户外、电视、广播、网络等各种媒体形式。而广告所运用的制作手法和艺术风格也在不断变化,最初为手绘图、手绘上色,到采用摄影技术,直至今日大量采用计算机图像技术。同时根据时代背景的不同,广告的主题也在发生变化,一些在特定历史时代中诞生的广告,也浓缩了不同的历史片段,如图 5-31、图 5-32 所示。

出色的广告语,能深深地打动消费者,能够让人印象深刻。比如劳斯莱斯有这样一则广告,在时速 60mile 时,一辆劳斯莱斯车内最大的噪声来自其电子钟。整个广告简洁有力,将劳斯莱斯优良的品质表现得淋漓尽致。丰田汽车在进入中国市场时,就很好地改用了中国的一句俗语"车到山前必有路,有路必有丰田车",从此在中国人心中树立了丰田汽车的品牌。在国产车的众多广告中也不乏佼佼者,如上海大众帕萨特的广告语:"人生是一段段的旅程,有时要加速,有时要避让,有时要纵横驰骋……"将人世沉浮的感慨蕴涵在电视画面中,轻易地引起了人们的共鸣。走下"圣坛"的红旗牌轿车一直是人们关注的焦点,因为它是国产轿车中少有的自主品牌,其代表性的广告语"坐红旗车,走中国路"简洁明了的突出了这一诉求,很好地激发了消费者关爱民族汽车工业的情节。

图 5-31　1930 年道奇广告在经济大萧条背景下突出该车的售价

图 5-32　1942～1945 年间凯迪拉克的广告突出战争主题

汽车广告原本只是服务于汽车销售,但一则好的汽车广告不仅能起到产品宣传作用,更具有欣赏价值,或是震撼、或是幽默、或是发人深思。

八、汽车电影

汽车与电影,这两个 19 世纪最伟大的发明,对人类的生活产生了巨大的影响,汽车不仅扩展了人们的交际范围,缩短了两地的距离,更是工业和现代文明的象征,是人类对智慧、速度、力量、美的诠释。而电影不仅仅给人以娱乐,它代表一种全新的艺术形式,改变着人类的精神世界。二者也同样代表了人们对生活梦想的渴望。事实上,汽车与电影自诞生以来就关系密切。终于有一天,人们坐着汽车去看电影;终于有一天,汽车出现在黑白银幕上……在反映现代生活的电影里,可以说几乎不可能看不到汽车。

随着汽车工业的发展,以汽车为题材的影视作品在不断地增加,这充分反映了汽车对人们文化生活的深刻影响。很多电影是各大汽车公司和汽车品牌宣传自己产品的媒介,电影中名车林立,各大汽车公司甚至不惜血本进行投资。

汽车与电影演绎的经典组合不胜枚举。例如,2007 年 6 月上映的《变形金刚》,汽车不仅取代演员成为影片的主角,而且影片运用先进的电脑技术,演绎了正邪两派高智慧机器人种族的斗争过程,同时雪佛兰"大黄蜂"以超强动能和极酷的外形为全球观众带来精神和视觉上的双重享受(图 5-33)。《速度与激情》《极速 60 秒》《幻影车神》《头文字 D》《极速竞赛》

图 5-33　变形金刚大黄蜂

《东京漂移》等电影演绎的则是飙车技术，片中场面惊险、壮观、刺激，深受年轻人的青睐。《车神》《车舞狂沙》《极速竞赛》等影片，则以人们关注的各种汽车赛事为背景，带给人们向往激情的驾驶感。《疯狂金龟车》《我，机器人》等电影，则是展现人们对未来汽车发展的想象，如图 5-34、图 5-35 所示。

图 5-34　电影《疯狂金龟车》中，拥有人类智慧的甲壳虫

图 5-35　电影《我，机器人》中，2035 年没有轮子的汽车

可以发现，汽车成为电影中的重要元素，电影也成为汽车宣传的绝佳途径，汽车与电影的结合产生了前所未有的冲击力，它们极大地丰富了现代人们的精神生活，留下一个又一个令人赏心悦目的传奇。

九、汽车共享

"汽车共享"最早出现于 20 世纪 40 年代，由瑞士人发明。他们在全国组织了"自驾车合作社"，这在瑞士这样的山地国家非常实用，一个人用完车后，便将车钥匙交给下一个人，比在平地国家建立网络更容易。后来日本、英国等国争相效仿，但都未形成规模。日本主要是因为汽车制造商不支持这个计划，日本人喜欢拥有一辆自己的私家车。而英国尽管获政府支持，但汽车租赁费用低廉，从而阻碍了"汽车共享"的发展。

随着人口快速成长、全球汽车保有量不断攀升，致使全球面临 CO_2 排放量逐年增加而引发气候异常，汽车增加造成都市拥堵、停车面积萎缩，汽车产业因此面临挑战，除了发展节能技术和电动汽车之外，汽车共享(car- sharing)出行模式(也称分时租赁)又蓬勃发展起来。这个新兴商业模式，对于使用者而言有很多好处，便利性胜过一般交通工具、使用时间弹性比传统租车方式更好、不需要负担保险和维护等费用，并且可以 A 地租车 B 地还车等多项优势，多人共乘的方式整体性价比也更高。因此，汽车共享这种创新的消费模式是出行方式的一场革命。

2014 年汽车共享参与者及汽车数量快速增长，其中欧洲和亚洲地区的增长动力最强。在汽车共享的主要市场中，欧洲占半数，不仅是因为汽车共享是由欧洲兴起，更重要的是汽车共享与新能源汽车的结合符合欧洲提倡的环保意识。而亚洲主要增长动力则来自中国，由于公共交通在城市地区仍有最后一千米空白，一些城市限车、限号的情况越来越严，并且汽车牌照取得不易，以及买车、养车成本越来越高，城市停车位饱和等背景下，汽车共享就成为大众短距离出行最好的替代选择。

宝马 2011 年 6 月开始在德国柏林、科隆、慕尼黑、杜塞尔多夫及美国旧金山等五大城市，与 Sixth 租车公司一起推出了名为 DriveNow 的汽车共享租赁服务。一方面为宝马 i 品牌的运作收集更多使用经验,另一方面通过民众的使用充分了解人们对汽车使用的习惯与用途,让电动汽车可以更好地满足用车需求。戴姆勒集团自 2008 年 10 月于德国乌姆(Ulm)率先使用 car2go(图 5-36)开始试运营起,获得政府与民众的积极响应,其营业规模逐年扩大,营运点遍及 60 个欧美城市区域。2011 年底法国巴黎市政厅联合博洛雷(Bolloré)公司推出 Autolib 电动车共享计划,耗资 2 亿 3500 万欧元,提供 5000 辆纯电动车以及 1400 个配有充电设备的借还车站点(图 5-37),形成连接巴黎市和周围 46 个近郊市镇的密集租赁网络。

图 5-36　戴姆勒集团的 car2go　　　　　　　图 5-37　Autolib 租车点

　　近年来,随着移动互联网技术广泛应用和新能源汽车的推广,汽车共享模式在北京、上海、广州、深圳、武汉等地兴起。据统计,目前全国有汽车共享企业 40 余家,车辆总数超过 4 万辆,95% 以上为新能源汽车。总体来看,我国汽车共享发展目前仍处于起步阶段,还存在服务能力不足、政策法规建设滞后、企业经营风险较高、汽车共享新模式发展亟待引导等突出问题,同时也与经济社会发展以及人民群众不断增长的个性化出行需求不相适应。但通过汽车共享的运营,使大型城市既不用建设太多的停车位,也能满足市民自驾出行的需求,这是适合现阶段中国实际情况的,汽车共享也必将快速发展起来。

复习思考题

　　1. 世界汽车运动由何种机构管理? 其重要赛事有哪些? 缩写是什么?

　　2. 为什么 F1 赛事禁止一些汽车技术的应用? F1 有哪些安全防护措施?

　　3. 第一次勒芒 24h 耐力锦标赛何时、何地举行? 比赛如何分出胜负? 勒芒 24h 世界汽车耐力锦标赛有何特点?

　　4. WRC 和达喀尔拉力赛有什么区别? 上网查阅中国参加达喀尔拉力赛的历程。

　　5. 中国大学生汽车赛有哪些种类? 各有何特点?

　　6. 试概括国外五大车展和国内四大车展的特点。

　　7. 为什么说汽车广告本身也随着时代在变化?

　　8. 汽车共享会对汽车销量产生什么样的影响?

第六章　汽车伦理文化

伦理是汽车科技之光，它赋予了工程师灵感与正义，让更多环保、安全而高质量的车辆服务于世人、体会到速度与激情的酣畅。伦理是汽车之魂，能平安将乘客载入温馨的家园，送达理想之地。然而汽车产品又如潘多拉魔盒，其尾气带来挥之不去的雾霾、设计缺陷带来血腥的事故，给这些梦幻般的美好蒙上了恶魔般的阴影。汽车伦理文化犹如一剂隐形的妙药和一枚无声的利器，能有效化解一切现实的困惑，助力于汽车行业的勇士们博弈于科技、利益、责任、环境、安全与正义之林。

第一节　概　　述

一、企业伦理文化的发展与内涵

企业管理首先经历了由经验管理到科学管理的演变。1769 年世界第一家现代意义上的企业在英国诞生，其标志是建立了经验管理，即凭经验对企业进行管理。1911 年科学管理诞生，将企业管理由经验变成了科学，使之逐步趋向理性，建立了健全的企业规章制度和人事安排系统。科学管理时期，杰出代表人物美国工程师弗雷德里克·温斯洛·泰勒（Frederick Winslow Taylor）被称为"科学管理之父"，法国企业家亨利·法约尔（Henri Fayol）被称为"行政管理之父"。

然而，随着社会的进步，重物轻人的科学管理理念已不能满足现代企业需求。所以以人为本的管理理念应运而生，成为现代管理主流。但以人为本的管理理念的实现单纯通过制度难以完成，它需要建立企业的价值观，并将其转变为每位员工和管理者的思维习惯，而这些需要企业文化来支持，关注其每位员工，以达到员工与企业共同的价值取向。这种以人为中心的现代管理企业文化激发了员工工作热情，给企业带来无限推动力，实现了超越制度管理的飞跃。该阶段也被称为文化管理阶段，其主要特征是"文治"，即企业文化建设。1981 年以来，世界 500 强企业相继进入了该阶段。

纵观这三阶段的管理理念演变，一个很值得关注的现象是：前两者在管理中无论是企业控制、还是激励方式都侧重于外部控制和外部激励，力求从员工外部行为上达到管理的一致；而文化管理理念则关注的是人的自我控制、内在激励的作用，更多的是从思想层面来进行有效管理，从而最终达到一种非理性和理性的完美结合。由于文化的"软"化作用，文化管理被视为一种软实力，软化过程中，"人"的地位越来越突出，人与人的行为成为企业管理的核心。

现代企业文化（Corporate Culture）被定义为是企业在一定的社会历史条件下，在生产经营活动中所创造的具有本企业特色的精神财富和物质形态,它具有相应的经营宗旨、价值观念和道德行为准则。企业全体员工需共同遵守这些约定俗成的行为规范,当然企业也需用各种方式来宣传、强化这些价值观念。《财富》杂志评出的全球500强企业都有优秀的企业文化。在全球化趋势下,这些优秀的企业文化在国际社会优势尤为明显。世界著名的心理学家、管理学家吉尔特·霍夫斯泰德(Geert Hofstede)提出国际企业首要的任务是处理好文化,即"The business of international business is culture",以获的文化协同效应,处理好企业内外各种文化和意识形态的冲突及探求共同价值观。

企业文化涵盖各个方面,如道德、行为、制度、符号、文化、产品、价值观等多层次的外显和隐性文化。其中价值观是企业文化核心,它关系到商业运作模式与决策过程。美国著名的管理理论之父切斯特·巴纳德(Chester I. Barnard)最先将文化用于企业管理,提出管理好企业的关键在于企业的价值观念。美国著名的麦肯锡咨询公司的托马斯·J·彼得斯(Thomas J. Peters)和小罗伯特·H·沃特曼(Robert H. Wortmann)在《成功之路》一书中提出,"企业文化"被认为是由企业领导者积极倡导的,由企业领导者和职工恪守的共同信念或共同的价值观,认为超群出众的企业有一套独特的文化品质,正是这种品质使它们脱颖而出,鹤立鸡群。20世纪80年代初,美国哈佛大学教育研究院教授特雷斯·迪尔(Terrence E. Deal)和麦肯锡咨询公司顾问阿伦·肯尼迪(Allan Kennedy)撰写的《企业文化——企业生存的习俗和礼仪》一书认为"强有力的文化是企业取得成功的新的'金科玉律'"。优秀的企业文化作用获得了全世界认同:如儒家思想作为一种优秀文化给很多企业带来了影响,新加坡、日本、中国等企业受儒家文化影响取得卓越成就。

近年来在价值观偏离、经济与道德剧烈冲突的两难境地中,因人为决策因素而导致企业管理丑闻或商业倒闭案例无不说明了企业文化对企业或个人伦理价值观起着举足轻重的作用。2001年底前华尔街宠儿、能源巨擘安然公司(Enron)由于会计审计丑闻倒闭,宣告破产,企业伦理道德问题再次被提上日程。当时安然的核心文化就是盈利,在安然,经营者追求的目标就是"高获利、高股价、高成长"。《财富》杂志曾撰文指出:正是由于安然公司建立了以盈利增长为核心的文化,经理们才有了很大的动力去涉险。

随着科技日新月异发展,国际多元文化逐渐融合,当今社会价值观念、道德规范、生活方式及空间联系形式等发生了翻天覆地的变化。这种前所未有的复杂环境,更直接影响着人们的各种行为,全方位冲击着各类企业及其各级员工的道德底线,导致新的伦理道德问题层出不穷,所以企业呼唤能应对这些挑战的伦理文化,主动承担社会责任,妥善协调内部成员之间以及本企业和利益相关者之间的关系。大量实践也证明最成功的企业是最能为消费者及其他利益相关者带来利益、实现营利性和道德性统一的企业。为此,很多企业自觉构建以伦理为核心的价值观和伦理文化。

文化因为具有继承性,所以"伦理"和"道德"的概念跨越时空、内涵丰富。"伦",英文翻译为"ethics",源于希腊的"ethos"。是指人、群体、社会、自然之间的利益关系等。"理"即道理、规则和原则。二者结合"伦理"就是处理人、社会、群体、自然之间利益关系的行为规范。"伦理"与善不同,不是抽象的,而是更多地展现于现实生活。

"道"与"德",英文翻译为"morality",尽管它们源于拉丁文的"moralis",但这两个概念早在中国古代就有了。"德"字的内涵有多种解读:在甲骨文中,"德"字的左边是"彳"形符号,它在古文中表示道路、亦表示行动的符号,其右边是一只眼睛,眼睛之上是一条垂直线,这是表示目光直射之意。所以这个字的意思是:行动要正,且"目不斜视",这就是"德"。

"道德"这个概念还可追溯到中国古代思想家老子的《道德经》。"道"指道路,引申为支配自然和人类社会生活的规范、准则及运行规律。从伦理学意义上说"道"是指处世为人的根本原则。"德"通"得",指人们对所谓最高原则有所得,"德"指人们在坚持行为准则的"道"的基础上所形成稳定的和一贯的品质、行为或境界。"道"是"德"的前提;"德"是"道"的归宿,认识了"道",内"得"于心,才能外施于人。

近代,西方管理学及企业伦理学关于"伦理"和"道德"的解读也体现了这些内涵。"道德"关注社会中个人和群体在规范、价值观和信仰等方面的对错。"道德"多用于人,侧重精神、意识,更含主观、主体、个体性的精神。而"伦理"关注对道德的研究,将道德理性化,且制定适用于任何情形的伦理原则及伦理规范,提供关于某种情形对错的原则和规则的理由。"伦理"更具现实性,具有客观、客体、社会性的精神。伦理规范被认为既包含具有广泛适用性的一些准则也包含在特殊领域或实践活动中被认为应该遵循的行为规范。如汽车行业相关的工程伦理就属于特殊实践活动,而其日常管理伦理就具有广泛性。在日常中作为"规范"讲时,"伦理"与"道德"概念会交换使用。这些对于"伦理文化"内涵的解读有利于了解企业伦理(business ethics)的概念。

1962 年,美国政府发布的《对企业伦理及响应行动的声明》是第一个有关企业伦理问题的文件。美国学者 P・V・刘易斯(P. V. Lewis)对 254 种关于企业伦理的文章进行了分析,给出了一个相对具有普遍性的定义:企业伦理是为企业及其员工在具体情景中的行为道德提供指南的各种规则、标准、规范或原则。伦理学者 Crane and Matten 将企业伦理定义为一项对商业状况、经营活动和个人决策在道德上对与错的研究。也有中国学者提出了广义和狭义的定义:狭义的企业道德是指导企业及其成员行为善、恶的规范,研究企业和个人在经营活动中的伦理规范;广义的企业道德是指导企业经营活动和判断参与各方行为善、恶的规范,研究范围由个人扩大到各个利益相关。这些观点强调了企业道德文化对企业和个人在伦理决策活动中的重要性,对社会因素和人的个体因素给予了足够重视。

企业伦理理念在各国企业文化中皆有体现,但针对不同的文化背景和行业特征它们表现形式各异。如美国企业文化信仰基督教的仁慈和互爱,欧洲企业文化也受此影响。日本受中国儒家伦理思想的影响,"和""信""诚"等伦理观念被广泛运用于企业管理,企业文化具有和亲一致的团队精神。中国企业从古至今便受到儒家、道家等伦理思想的影响,古代著称于世的儒商、徽商便是企业伦理精神的典型代表,他们常常怀有仁爱之心,将实践儒学道德规范作为商业理性的自觉追求,注重自身形象的树立。由于伦理文化具有继承性,在现代企业制度中,中国文化传统中的积极因素如"仁""义""诚""信"等继续与社会主义核心道德价值观一道共同构成具有中国特色企业伦理文化。

企业伦理文化(organizational ethical culture and climate)是企业文化及企业伦理的有机结合,既是企业的客观存在,也是企业的主观选择。因为企业的任何决策、任何行为都受到其所构建的价值观念影响。根据不同的价值角度企业伦理文化有不同的定义。从利益相关者角度,企业伦理文化可以看作是企业在生产经营过程中营造的、直接和间接与利益相关者之间的一种关系,并为了保持一种和谐互动的共生关系所遵循的道德规范和伦理责任的价值观。利益相关者理论由爱德华・弗里曼(Edward Freeman)于 20 世纪 80 年代提出,该理论关注与企业有关联的利益群体及他们应当履行的职责,涉及员工、供应商、消费者、投资者、政府、社会、竞争者、环境等,企业不再是独立的利益集团。

从道德评判标准角度,企业伦理文化是指在企业经营管理活动过程中,基于内外部因素影响下,所逐渐形成并贯彻执行于企业整体及其内部各构成要素之中的价值标准、行为方式和道德规范的总和,并通过提供善恶价值尺度,给企业行为以正确的价值导向。

就文化内驱力功能角度,企业伦理文化被认为是以一定的哲学思想为理论支持、约定俗成的企业所奉行的社会行为准则和道德规范,是企业文化的载体,是企业文化的重要源泉,是企业管理效率提升和持续发展的重要保证。

企业伦理文化因其重要特征在现代管理学中具有核心地位:是企业伦理行为的文化驱动力,能正确指引企业社会责任和文化建设实践;具有显性和隐性的渗透特征;在企业各项经营活动中被认为具有调节、激励、导向等重要作用;与伦理决策相互依存,一个组织的伦理文化理念和规范对伦理决策会产生深邃影响,同时伦理决策的提升也需要转换组织价值观。

企业伦理文化有利于企业变革和减少不符合伦理的行为,如伦理学家琳达·K·特雷维尼奥(Linda K. Treviño)和凯瑟琳·A·纳尔逊(Katherine A. Nelson)提出必须大力推广伦理组织文化,那些有伦理问题的组织应当采取文化变革方式来解决问题;美国伦理资源中心(The US-based Ethics Resource Center)也表明,那些能超越遵循法律和法规的伦理境界、建立企业伦理文化的企业能减少企业及其员工的不良行为。

企业伦理文化随着市场的成长、成熟而不断发展,是企业的生命力和可持续发展的核心竞争力,构成了新型企业战略决策的重要部分,成为一种新型的国际竞争力和关系企业存亡的软实力。但企业伦理文化实践中需要处理好各种要素关系。如企业伦理文化是由经济基础决定并受到民族文化和社会文化影响,因而在处理问题时需要考虑这些经济和文化要素。此外,在不同时代、不同国家,企业伦理有着不同理解,应结合不同的国家与时代背景综合考虑。同时还需要考虑企业伦理文化的层次性,尽管有符合现实的一般道德或滞后于现实的落后道德,但依旧需要尽量追求一种超越现实、与先进文化同步的高尚伦理道德。随着全球化加剧,在考虑本土文化及伦理要素时尚需要考虑全球通用的价值观和伦理理念及相互的兼容点,以达到协同效应,如西方规范伦理和儒家普世伦理的结合。具体操作中,伦理文化还需要结合不同行业、凸显行业伦理特征、审视行业发展新需求。

在西方,"商业(Business)"与"伦理(Ethics)"曾经一度被认为具有自相矛盾的嫌疑。商业因为其盈利行为被认为在某种程度上具有非伦理道德性(unethical)。但也有观点认为商业行为与伦理道德之间没有直接关联(amoral)。更多的学者就该悖论作了进一步阐述,说明企业伦理是基于商业行为或企业中个体在决策上基于道德对与错的研究,它并不探讨商业行为本质上的伦理问题,而是探讨在商业决策中如何调和矛盾,平衡各种利益关系,从内在主动思考如何做出更符合伦理的决策。该阐述和工程伦理所倡导的伦理理念也是一致的,也旨在于指导行业人员在面对复杂的工程环境和伦理问题时以最符合伦理的方式解决问题,它强调在一定境遇中如何做到伦理上更正确。

中国文化中,"伦理"也是处理人与人、人与社会、人与自然的相互关系应遵循的规则。但因为受到传统文化影响,与西方不同的是中国的伦理概念与道德概念常融为一体,成为一种约定俗成的道德伦理。我国作为儒家思想起源地,其道德伦理几千年来一直影响、指导人们的言行。古代儒商以其诚实守信的伦理道德精神及对社会的贡献著称于世,成为现代企业伦理的一种早期形式。这些伦理精髓经受了时间考验,其价值在现代企业继续沿用,如儒家的"仁""爱""和谐"人为本等道德精神。荷兰著名的文化理论家霍夫斯泰德(Greet Hofstede)提出了用来衡量不同国家文化差异的文化维度理论(Cultural dimensions theory),儒家动力论（Confucian Dynamism）就是其中之一。儒家有些思想中正面、积极的部分被广泛应用，如"关系"被视为一种高效、互惠的社交渠道，在政治哲学中这种"关系"思想可与"justice"（正义）中的"reciprocity"（互惠主义）关联，但实际应用中要排除绝对利己主义、注重社会公正。

我国企业伦理道德源于不够发达的生产力水平，但同时受到以儒家"仁、义、礼、智、信"等思想为主的民族文化、先进的社会主义精神文明和现代市场经济伦理的多重影响。在实践中还需遵循世界认同的企业伦理理念、吸纳世界其他优秀文化精髓，构建超越现实、卓越、并具有行业特色的现代企业伦理文化。

以上只是对企业伦理文化及相关联的概念做出概述，由于企业伦理文化与伦理决策紧密相关，对于汽车企业伦理文化深层次理解还需要纵观各个决策维度。美国伦理学者阿奇·卡罗尔（Archie Carroll）和安·布赫霍尔茨（Ann Buchholtz）提出了较为全面的五层次伦理决策维度，分别来自个人、组织、社会、行业和国际环境。该维度利于对具有行业敏感度的伦理问题能够做出合理讨论与判断。现实中，对于具体的企业伦理问题判断首先要诉诸相应的伦理规则，而伦理规则来源于更具根本性的伦理原则。所以为了有效提高汽车企业伦理文化和员工伦理判断力，以下章节会结合汽车行业来介绍这几个维度的普适性和针对性，含伦理立场、伦理原则及行业伦理文化的发展趋势。

二、不同的伦理立场

不同的伦理立场理论及模型为决策提供了一定道德依据。就表面而言，这些伦理决策模型似乎与工程模型很相似，能根据已知推出预期的结果，但实际上它们有很大的差异。

伦理理论通常能给伦理困惑提供好的解决途径，但并不能像工程模型一样直接运用，描述所有情形。因为工程处理的问题较为清晰，每一个设计步骤能分解为单个的问题，而这些问题能在技术上找到正确的解决途径。但伦理问题涉相比而言不可知、非理性和复杂性更强。即使应用同一理论，其具体操作会有很大差异。伦理理论有多种，对于不同种类的选择应用会产生不同的结果，而工程师只要选对模型其结果基本相同。人们并不依赖于一种理论，会在不同的情形下加以权衡综合应用。

尽管伦理理论与实际工程决策模型有如此差异，但是对于不同的伦理原则的了解能促进更好地遵循这些伦理原则，利于优选及综合应用最为合适的伦理理论及解决途径，这些理论能提高从业人员对于伦理问题的敏感度，强化可能被忽视的具有行业特色的某些重要伦理特征。同时，由于有了伦理理论依据，人们更可能在决策中兼顾全局地、始终如一地考虑，权衡好自己和他人的利益关系。

企业伦理起源于西方，故西方传统的规范伦理被广泛应用，为人们行为提供规范的道德判断依据和指导，区分商业活动哪些是伦理、应当做的，哪些是非伦理、不应当做的。规范伦理理论分为两大派别：后果论和道义论。根据这两大类又衍生出了成本—效益分析及正义论等其他理论，此外根据个人品德特征又可以从规范伦理中追溯到有代表性的美德论。有些特性应用延展到了科技领域，形成了如科技和美德论的结合。工程伦理与这些伦理理论密切相关，兼具有普适性伦理特征和很强的行业针对性。这些伦理原则给汽车工程行业从业人员提供了伦理行为的重要理论依据，具体使用时还需要考虑民族文化特征、行业发展阶段等背景。

1. 后果论

后果论理论(consequentialist ethics)根据后果评估行为、政策、实践等,该理论认为如果总体来说有好的结果便被认为是好的行为,反之便认为是坏的行为。同时,后果论将道德评价建立于某个行为的目的上,故后果论通常指"Teleological"(目的论),该词源于希腊词源"goal"(目的)。

在后果论中因为对后果关注的方式不一样而衍生出最突出的两大哲学派别,即利己主义(Egoism)和功利论(Utilitarianism)。简而言之,如果后果关注决策者本人,追求自身短期或长期利益,那么属于利己主义;如果关注更广泛的社会团体利益,尤其是大多数人利益,则属于功利论。

传统的功利主义伦理思想方法是以最大幸福原理为基础,现代的功利主义通常以人们的偏好和/或利益为原则而非快乐原则。但究其本质也是一致的,因为传统的功利主义者认为其快乐存在于每个人的利益,在利益最大化的满足中获得最大的快乐。当今大多数决策战略,如博弈论和成本效益分析(Cost-Benefit Analysis,CBA)等,都可以追溯到功利论。

功利论也被称为"功利主义""功用主义",最早萌芽于 17 世纪的弗朗西斯·培根(Francis Bacon)与托马斯·霍布斯(Thomas Hobbes)的伦理思想中,但是作为一个完整的理论体系,则由英国哲学与经济学家杰里米·边沁初创(Jeremy Bentham),因斯图尔特·密尔(Stuart Mill)而鼎盛。

功利论是一种以实际利益、功效等实质性内容作为道德价值根据的伦理思想方法。功利论是一个强有力的哲学思想,它的优势在于该理论在道德决策中心放置了一个作为经济学参数的变量-效用"utility",用以衡量行为的经济价值。因此,在某个商业决策中,分析两个可能的行为时,可以将效用分配给每个后果及所涉及的每个人。从这个方面考虑,结果论与"成本—效益"分析 CBA 有相似之处。在功利论中,成本效益分析理论应用较为广泛,它是以实际功效或者利益作为道德标准的伦理学说。功利论强调企业目标的实现,以成本效益为分析的基础,通过比较投入的总成本和所产生的总效益来判断某一决策或行为是否合乎伦理道德。企业的目标、效率和利益冲突在成本利益的功利模式中起着重要作用。

功利主义伦理对企业的经济动机提供了符合伦理的规范,有利于经济的良性发展。如在经济活动中讲究信用,尊重当事人的权益等。功利主义将"效率"作为一种经济体制,论证了它在伦理上的合理性。但功利主义有着一定的局限性。在假想后果时会导致主观性。同时在对每个情景做成本和利益分配时存在不可量化性或量化的困难性,如生命和死亡对于人类来说属于一种内在价值,已远不在量化计算之列。所以后期功利主义又细分为行为功利主义和准则功利主义。

另外行为功利主义在使用中要注意其弊端。该伦理思想是从短期角度来判断、考察某一特定的行为的总体后果。而准则功利主义则注重从长期角度来判断,注重一系列行为的后果,判断在持续遵循所规定的一套准则中产生最大净效用。比如美国伦理学家戴维 J. 弗里切(David J. Fritzsche)讨论企业是否该对顾客说谎的问题。作为一条企业伦理的准则,如果从行为功利主义看,说谎的后果对顾客来讲受益大大超过说谎带来的成本,那么被认为是道德的。但以准则功利主义看,就长期而言,谎言会产生一系列的后果,如顾客会失去信任、满意度会下降,生意会由此而受损,这样说谎就不可能达到带来最大净效用的结果了。

另一个很值得关注的要点是,无论哪种功利主义理论,如果单纯强调效率而忽视了道德动机的前提,这种盲目追求效率至上的行径会被认为漠视甚至等同于取消了公正原则。汽车行业尤其重要,因为该行业的很多决策直接关系到人的安全与生命。当前很多汽车行业的伦理探讨便与动机有关,如在自动驾驶中当遇到多个人群时,制动失灵但转向盘可控制的情况下应该撞向哪类人群,是否可以按照少数的原则,或以年龄为参照,但是否将人的生命量化计算的功利主义动机就符合人伦道德。

在应用功利主义时还需要避免将功利主义作为单纯经济学原则代替伦理道德原则而造成实际决策中伦理缺位的现象。就伦理而言"效果"是指功利主义中的功效或效用"utility",但在西方思想史的发展过程中,边沁作为伦理学理论的"快乐最大化"理论,逐步被改造成了经济学"效用最大化"理论。如边际效用学说的主要代表人物之一威廉·斯担利·杰文斯(William Stanley Jevons)说,他的理论"完全以快乐痛苦的计算为根据",甚至许多主流经济学家狭隘地把效用最大化原则解释为利润最大化原则。所以利润最大化原则成了企业决策和工程决策的首要原则甚至唯一原则,从而在现实生活中功利主义也就蜕变成为一个经济学原则而不再是一个伦理学原则。工程决策过程中动机和效果是两个重要因素,但因为以上原因就导致了工程决策中普遍出现了伦理层面缺失或伦理缺位现象。很多汽车伦理丑闻都与这种现象密切相关,如福特 Pinto 丑闻中人的生命被赤裸裸地与利益等同计算、大众铤而走险违背排放法规,都违背了功利主义最初的伦理意义。

2. 义务论

如果将道德评价建立于决策者动机之上,关注其内在道德性而非后果,且这种非结果论(non-consequentialist)在推论中关注个人权利和义务,则这样的理念就被称为道义论(deon-tology)。该词来源于希腊"义务"(duty)一词。

义务论伦理思想来源于德国哲学家伊曼努尔·康德(Immanuel Kant),主要指人的行为必须参照某种道德原则或正当性去行动。它强调道德义务和责任的神圣性和履行义务和责任的重要性,强调人们的道德动机和义务在道德评价中的地位和作用,有助于树立良好的社会道德规范和责任意识。

康德强调道德原则理性化的标准在于它是否具有普遍性,或称为绝对命令"categorical imperative"。比如"讲真相",对所有人都应该是绝对的,无论有怎样的情形和后果。因为这些行为是永远需要做到的,或在任何时候、任何人都预期做到的。反之,如果大家都随意选择自己的行为方式,那么就意味着也必须允许他人以同样的方式来行为,如此整个社会道德就难以保证。

根据对义务的不同解释,比较有影响的道义论伦理学派主要有基于权利的义务论和基于正义的义务论。基于权利的义务论行为评价原则是:一个人只有当他的道德是出于对个人正当权利尊重时,才是正确或正当的,这些权利包含获得公认的道德权利,如生命、财产、平等、自由等。但道义论不是简单地履行义务,而是追求道德行为中目的的善与行为的善相统一,成为一体。

3. 社会正义论

正义的义务论是基于权利的义务论的升华,即社会正义论(social justice)。该理论由哈佛大学伦理哲学家约翰·罗尔斯(John Rawls)于 1971 年提出,他认为"正义即公平",公平或正义的分配应该是平等或平均的分配,当一个人在道德上符合正义或公平的原则时,才是正当或正确的。每个人都应当既享有基本权利也享有社会、经济利益权利。同时,罗尔斯认为义务在任何制度下都有效,有约束力,没有选择余地,即只有做好事的和不做坏事的义务。

正义原则可分为"自由原则"和"差异原则"。自由原则前提是不影响他人行使同等权利的前提下,让社会中每位成员尽可能多地享受自由。在社会中个人需具有机会均等的基本权利,如言论、财产、选举、人身权等,同时个人也需有最大限度决定自己命运的权利,但社会需保持和谐、稳定。

差异原则关注有差异的社会底层。尽管存在社会、经济的不平等且普遍适合社会每一成员,但仍需要使社会最底层获得最大利益。故此,差异原则核心在于应使社会经济、制度等方面的安排最大限度地有利于弱者阶层,避免强者剥夺弱者或使后者处于日益恶化的社会境地。

正义原则又可分为程序正义原则(procedural justice)和结果正义原则(distributive justice)。程序正义原则指的是每个人自由地享有他们劳动所获工作报酬。结果正义原则又称为分配正义原则,指的是结果需要根据某些原则以公正方式分配,如需求和价值。

企业经营活动中,这些理论有助于道德判断。首先,自由原则保证每一位社会成员有权享受与其他社会成员一样的平等待遇、决定自己的命运,这意味着企业应充分尊重和维护消费者的权利,给予每一位消费者选择产品和服务的权利,但也同时符合程序原则和分配原则。差异性原则要求企业不能以损害他人的利益换取自身利益,将处于弱者地位人的权利纳入企业经营计划与决策中。

正义是人类社会的美德和崇高理想,"正义有着一张普洛透斯似的脸(a protean face),变幻无常、随时可呈现不同形状并具有极不相同的面貌"。虽然正义可能具有流变性,但正义的基本含义亘古不变,正如古罗马查士丁尼《民法大全》法典,"正义是给予每个人他应得的部分的这种坚定而永恒的愿望",正义是"使每个人获得其应得的东西的人类精神意向。"

4. 美德论

不同于对行为过程和结果的伦理探讨,近年来有些伦理涉及决策者的个性特征及他们的道德严谨度,这些理论主要来源于早期的美德论(virtue ethics)。美德论认为道德上正确的行为是那些有德性的人所为,故形成德性的特征是迈向道德上正确行为的第一步。美德论也被称为德性论,是伦理学的最初理论形态,在西方以亚里士多德(Aristotle)为代表,在中国则以儒家的伦理学为代表。

"德性"最先由希腊文 acete 演化而来,意味品行和才能,亚里士多德所指的美德这一说法相一致。在他的德性论理学中"美德"也称为"德性",但往往指德性中的善德和善行。所以,这一词既指美德"virtue"也指卓越"excellence"。

亚里士多德所指的美德可分为两类:一类是理智的美德(intellectual virtues),以知识、智慧的形式表现出来;另一类是道德的美德(moral virtues),以制约情感和欲望习惯表现出来,如诚实、勇敢、友谊、怜悯、忠诚、谦虚、耐心等。两者之间通过道德的践行让人达到至善。

美国著名哲学家麦金太尔(Alasdair MacIntyre)提出了"实践"的概念,认为德性是和个人生活的整体联系在一起的,是人生的精神支柱。故美德论的主要意义在于,首先强调道德践行,把主体对善的追求与具体经济工作联系在一起。美德论追求人内在的自我完善、追求卓越,是推动人的全面发展的伦理动力,能提高公民自律的职业道德素质、激发企业员工高度的敬业精神。

亚里士多德认为美德论主要在于"好的行为来自于具有良好品德的人"。所以不同于目的论和道义论,美德论强调行为者本身的道德性,它是一种发自内心纯真美好的道德理念(intrinsic goodness)。具体来说,功利论、义务论解决应该做什么的问题,而美德论解决应该成为怎样性质的人的问题。人们常常会面临后果论和目的论这两种理论形态的选择,要么计算后果以发现正确的行为路径,要么依据道德规则以肯定或否定的形式来指导行为。对于一些无法量化过程和结果的伦理困惑,美德论似乎能提供超越现实的从内在考虑的道德途径。

这种强调行为者本身的德性理念适用于企业,以"行为者"的"德性"为核心对于企业自律伦理提升有很大启发意义。企业伦理的最终实施在于企业家和员工及道德主体身上,由他们来体现经济美德。企业家伦理主要涉及诚实、公平、信任、对员工的友善、关爱等,员工伦理也涉及忠诚、诚实、廉耻等。而这些也可属于德性伦理。亚里士多德在《尼各马可伦理学(Nicomachean Ethics)》一书中尤其强调对于领导力可以通过内在德性培养达到,这点与儒家思想趋同。

这种德性也利于企业伦理文化的建设。现代以人为本的管理制度主要在于如何调动人的积极性推动企业的发展,美德作为一种力量,能作用于人的内心,具有超越性和自律性的特点。这两个特点会使企业能正确理解美德与自身利益的关系,不会局限于狭隘的私利而行动。但美德并不牺牲自身的利益,而会促进自身利益,因为自律的企业能正确理解美德与竞争的关系,不以有限、僵化的道德为原则和束缚,而是自觉、自愿地践行美德。美德也不排斥竞争,相反强调公平、健康的竞争,因为竞争既包含了才能也包含了品德、人格,在正当、公平的竞争中,参与者的智慧、人格等会得到充分的展现,从而利于提高企业的效率,实现伦理和卓越的双赢。

儒家美德论(Confucian virtues)与亚里士多德的美德论在很多地方有相同之处,尤其是更接近人的内在品德。儒家思想追求完人,就是以人的内在的道德为砥柱的。其中"仁"代表了儒家最主要的伦理思想,即"道",再由"道"推及到人的行为即人与人之间的关系准则,达到人类大同和谐的境界。这种以"仁"的思想为核心的伦理直接与人的道德品质及内在美德紧密相关。所以近代儒商、徽商的优秀品质都深受儒家思想影响,强调诚信、质量、信誉、法律等道德经商观念。儒家除了作为社会伦理的"三纲"还有作为个人品德的"五常",即用以表达儒家崇奉的五种德行:仁、义、礼、智、信。"纲常"过去泛指道德和道德规范。人的自然法则应当依循道德规范的方向,这也是文化和文明的主要内涵。

儒家价值观一直是中国民众最基本的主流价值观,"礼、义、廉、耻、仁、爱、忠、孝"等一直指导绝大部分中国人民的日常行为。中华民族礼貌友善、温良忠厚、坚守孝道、吃苦耐劳等品质,也在儒家的教化下逐渐养成。儒家思想关注"人"强调理想的性格特质(Character traits),也关注"社会现实"。当下,儒家思想转化为了一种宝贵的民族精神,达到了"先天下之忧而忧,后天下之乐而乐","家事、国事、天下事,事事关心"及"天下兴亡,匹夫有责"的企业家精神和东方文化特征。

科技美德论(Technomoral virtue ethics),是一种将德性伦理、科技和人类繁荣结合在一起的新型伦理理念。它完美地将科技伦理与德性伦理结合,以协助解决当今复杂的伦理议题。该伦理理念源于古希腊哲学家苏格拉底(Socrates)所推崇的"ethics"理念,也被称为"good life",即人类最值得的一种生活,它来自对生存的各种可能的不同生活方式的选择。作为一种应用伦理,德性的美德被用来指导科技工作者的工作实践。

现实生活中,人类的社会实践,包括道德实践,总是和科技呈现错综复杂的关系。科技实践塑造了人类的各个方面,当今社会生活也以一种无法感知的程度倚仗于科技的发展。伦理与科技相互关联,因为科技活动可以提供或引发某种思考模式、产生某种行为且可以提供一定的价值判断,既开启了人类行为新的美好,也随时可能将其弱化或终止;它们可能产生变革也可能摧毁一切的新兴科技。为此,21世纪科技的决策不仅仅是进行简单的道德选择。

伦理一直以来都根植于科技的土壤,随着发展,科技这个环境里聚合的道德选择已经影响了人类的未来。这些决策关系到科技设计的选择,如汽车领域,无人驾驶的汽车已经在程序设计中代表人类考虑如何做出伦理的行车决策,AI在汽车设计中的道德选择会影响人类未来;医学领域,自从多利羊的出现,克隆基因技术如何合法应用也对人类道德提出了新的挑战;在2017年,一位名叫Sophia的女性机器人被授予沙特国籍,开启了有关人工智能在人力、法律等方面的道德讨论。

因此,在称之为人类好生活的伦理中必须包含一种清楚的概念,就是关于如何应用科技使生活变得更好。尤其是面对史无前例的科技模糊度面前,人类如何能在科技活动中继续以严肃和有效的方式做到符合伦理。所以,人类需要一种框架,在去促进一种共同分享的道德对话,同时也能推进全球致力于对于具体科技习惯和美德的培养,以应对前所未有的挑战。德性伦理提供了内在道德品质思考的框架,在科技领域可以看作是一种对于好生活的思考方式,可以通过具体的、人类能主动从内在培养的道德特征和能力来获得,所以值得倡导。

5. 工程伦理

工程和伦理相互交融,当今几乎没有不涉及伦理考量的单纯工程实践活动。伦理在工程领域所涉及的范畴包括工程师的正直与背叛、工程投标、工程风险及安全性、工程决策、工程与环境、工程安全与隐私及社会公正等。同时也包括管理层面在员工福利、权利、可持续性、环保、安全等考虑。这些伦理问题或曾隐匿于汽车工程行业,但随着该行业的发展被逐渐放大乃至昭示于众。

和传统工程相比,现代工程行业变得越来越复杂,和相关领域相互融合,社会化、国际化也更强,伦理乃至被认为是科技和工程方面的一种核心力。现代工程项目不再仅仅是解决技术和经济问题,也应该从多个角度考虑涉及的伦理议题,如可持续性、安全、成本效应、资源、环境和生态。全球工程的整体质量已经影响了社会稳定、生态环境和个人安全。工程伦理是从"工程问题"提出来的,把这些问题提到道德高度,既有助于提高工程技术人员的道德素质和道德水平;又有助于保证工程质量,最大限度避免工程风险。工程伦理已成为国与国之间在国际工程竞争中的核心竞争力。

工程伦理的发展建立在科技哲学基础上。西方科技哲学主要源于逻各斯(Logos),作为支配世界万物的规律性或本原,强调科技的理性应用,讲究理性的规则。但因为受到不同的政治体制、意识形态、文化,及技术水平发展阶段影响,工程伦理准则在不同的文化中有着很多相通和相异之处。美国等西方工程伦理倾向于应用伦理(Applied ethics),以逻各斯理性应用为原则,按照不同方面有详细的伦理准则列举。中国侧重于抽象实践道德(Practical morality),受到来自文化和意识形态较为笼统的道德原则影响,但各个企业和行业协会以此为参照将他们转换为实际工作指导或行为规范。

科技哲学已发展为一门研究科技本身与社会影响的学科,关注科技和社会两个维度。工程伦理在受到西方的科技哲学驱动的同时,也给予其在社会人文方面的指导和推动,推动了工程师从工程科技哲学到人文科技哲学范畴的考虑,拓宽了科技哲学对工程师有关伦理维度的考虑和指导。所以工程人员也需要同时考虑社会、工程和应用技术伦理等多个维度。

工程伦理两个代表性定义为："由属于工程行业的个人或集体做出的决策和行为"或"工程实践中，工程师必须做出的伦理决策的研究"。任何一个行业即使没有明确的界定定义，但其所提供的产品、服务和价值观需要符合社会标准，其日常实践需要一定的伦理标准来规约。工程伦理准则就是用来规约指导工程行业从业人员决策的伦理准则。它涉及工程从业人员典型的伦理议题，如与管理人员的关系处理、诚实、举报（whistle blow）及对安全和利益冲突的考虑等。

目前，欧美等国家的工程行业和协会广泛制定了相应的工程伦理准则（Codes of ethics）或伦理原则（Ethical principles）。如美国的电气与电子工程师协会（Institute of Electrical and Electronic Engineers，IEEE）制定有相应的伦理准则。美国机械工程师学会（American Society of Mechanical Engineers，ASME），成立于 1880 年，现今已成为一家在拥有全球超过 125000 会员的国际性非盈利教育和技术组织，也制定有相应的伦理准则。英国有机械工程师协会（Institution of Mechanical Engineers，IMECHE）、工程理事会（Engineering Council）及皇家工程院（Royal Academy of Engineering）等，后两者联合制定了相应的工程伦理原则申明。

在实际应用中应注意原则和准则的差异。伦理原则可以宏观指导伦理决策，而伦理准则是更理性、具体化了的一些伦理行为。一方面，越是具体的伦理原则越不具备普适性，一项具体原则在移换了场景时空后就可能不再适用，所以很多原则都较为宽泛。如英国工程理事会及皇家工程院制定的"伦理原则申明"就属于该类型，简短而适用性强，分为四个部分：第一部分为准确和严格，第二部分为诚信与正直，第三部分为尊重生命、法律和公共利益，第四部分为领导力与交流。另一方面，作为一种实践性很强的工程伦理又要求越有针对性越好，因为它要面对鲜活的工程实践并解决具体问题，如国际上各大工程协会制定的伦理准则，篇幅长但很有条理、针对性强，一般可以找到对应的条款，体现了罗格斯理性原则。实际应用中需要寻求二者之间平衡点。

但是无论是准则还是原则，它们主要的伦理要点基本相似，都涉及工程师的诚信、领导力、广义的安全和环保等责任。如世界工程组织联合会（World Federation Of Engineering Organizations，WFEO）伦理准则的四个主要方面为：第一体现正直，第二能胜任专业技能，第三体现领导力，第四保护自然和创建环境，与英国工程理事会及皇家工程院制定的"伦理原则申明"有相似之处。

工程活动是一个集成性和建构性的活动，和单纯的科学技术在自然界的运用不同，在具体项目中它需要一个联合的群体共同完成，如工程师、科学家、管理者乃至使用者。工程活动也集结了多种要素，包括技术、经济、社会、自然和伦理要素等。其中伦理要素关注工程师的行为主体在工程实践中如何"正当地行事"，是工程实践顺利开展的前提和保障。工程伦理要素和其他要素往往交织在一起，如环保、安全与伦理，使问题复杂化。不管人们如何看待工程实践中的伦理冲突，也不管工程伦理学是实践伦理学还是应用伦理学，工程伦理总是要面对工程实践中的伦理冲突并解决问题。

对于伦理准则的有效性和得当性需要辩证看待。首先，伦理是对在一定的环境里刻意进行的正确或错误行为的判断，不可以简化为一个准则，实践中并非准则之外的伦理就不需考虑，或履行了准则所列举的行为并不意味着就完全做到符合伦理了。此外，实际工程伦理的判断具有一定困难性和复杂性，这些伦理准则不会给予所有伦理情形所有的答案，它们不是万应良药，只能用来指导人们的伦理意识和提供所遵循的价值观。工程师需要体现对"他人"的义务、"正当"行事，但具体什么是"他人"、什么是"正当"需要慎思，平衡各方面的利益关系。

　　伦理准则也应加以区分，它们是一些针对从业人员和公众的指导条例，用以说明职业技术人员强制和非强制的职责。在工程伦理准则里有两种类型，一种是警告(admonition)，一类是要求(requirements)。警告是用来引导工程师走向道德最高境界(moral high ground)，使工程师能在道德诚信的要求下进行日常工作，具体说明怎样成为一名好的工程师。工程师即使不遵循这些警告也不会有任何问题，但如果遵循则会成为优秀工程人员。如美国土木工程师协会(American Society of Civil Engineering, ASCE)拟订的工程伦理准则指南 Guideline 7a："工程师应当与时俱进，应该在专业领域参与工程实践，参加继续教育，阅读科技文献，参加专业会议和学术研讨。"

　　另外一类准则是工程行业人员必须履行的伦理要求，如果没有遵循这些要求会损害工程师本人及公众利益，忽视这些要求会导致非伦理道德行为的发生。比如 ASCE Guideline 1b 就属于这种类型："工程师应当审批或密封那些由工程人员评审或准备的设计文件，这些设计需要符合公共健康安全和利益且符合可接受的工程标准。"如果一位汽车设计工程师为了成本利益倾向于一份不符合汽车制动设计标准的设计，那么这位工程师就是在实施非道德行为。具体说，如果这个制动失灵，有人可能为此丧命，这位工程人员可能因为过错而面临严峻的惩罚。很多汽车行业的丑闻都与伦理要求相关，都是因为各种原因没有符合伦理要求导致事故的发生而受到惩罚。

　　汽车行业作为工程的一类，需要遵循工程伦理准则。同时由于工程伦理准则大多以责任和义务为主，在这个方面工程伦理与道义论极其相似，所以工程伦理能提高工程技术人员的道德品质，了解工程伦理对汽车行业具有实践意义。对于这些伦理立场及他们在个人、科技、工程及汽车领域的应用性有很多讨论，虽然可能最终这些讨论没有为现实道德生活实践提供具有完备解释力的道德决策，但给现实道德生活实践和优化提供了思路。对汽车企业从业人员而言，了解这些伦理立场知识虽不能立刻解决汽车行业所有伦理问题，但可以提高他们伦理意识、增强伦理敏感度、获得衡量道德的理论依据，有助于他们在实践中结合各种伦理困境进行综合思考。

三、企业社会责任

　　企业社会责任(Corporate Social Responsibility, CSR)是重要的企业伦理文化理论。对于 CSR 的理解需了解企业诸多职责：企业在法律的角度而言可以看作典型的法人，企业在理论上属于利益相关者但又独立在其之外，公司责任人和管理人员对保护利益相关者的投资有信托责任。

　　CSR 涉及企业社会角色和各种利益之间的探讨。1970 年，诺贝尔奖获得者美国经济学家米尔顿·弗里德曼(Milton Friedman)发表了一篇关于企业社会角色文章，标题为"企业的社会责任是增加利润"。与此相反的观点则认为企业除了获得利润外还应负有其他社会责任，同时享有相应权利和利益。如对社会负责任的企业会有额外更加满意的顾客来源，反之可能招致不可预期的消费者行为；员工会因为该企业负有的社会责任而受到激励从而更加投入工作；此外，对社会义务奉献会在法律上和政府方面得到更多信任和额外自主权。总之，从 CSR 角度来看，企业对社会奉献可以看作一项长期的投资，最终该企业会从中受益，从而提高稳定竞争力。

　　当前，最为普遍接受的 CSR 模型是阿奇·卡罗尔在 1979 年提出的，此后于 1991 年和

2009年得到进一步改进。卡罗尔认为CSR是一个多层概念,由四个相互关联责任部分组成:经济责任、法律责任、伦理责任和慈善责任。从企业角度考虑先后次序及重要性而言,卡罗尔认为它是金字塔形结构,经济责任是基础同时占有最大比例,法律的、伦理的以及慈善的责任依次向上递减(图6-1)。

(1)经济责任。对于企业而言,该责任是最基本也是最重要的社会责任,但非唯一责任。公司的利益相关者需要合理的投资回报,同时员工需要安全、合理的工资,顾客也需要有好质量但价格合理的产品。

(2)法律责任。作为社会的一个组成部分,社会承担生产性任务、提供产品和服务的权力,同时企业也被要求在法律框架内实现经济目标。因此,企业肩负着必要的法律责任,并被要求遵循法律和游戏规则。法律是社会价值法律化的一种形式,遵循法律标准是关于社会责任进一步推动的一项必要先决条件。

图6-1 卡罗尔企业社会责任金字塔

(3)伦理责任。虽然社会的经济和法律责任中都隐含着一定伦理规范,但是社会公众仍期望企业遵循那些尚未成为法律但约定俗成的伦理规范,从而迫使企业做到正确、公正和公平。

(4)慈善责任。古希腊语"philanthropy"意为"the love of the fellow human",即对人类的爱。社会通常对企业寄予了该企业没有的或无法明确表达的期望,是否承担这些责任完全由个人或企业自行判断和选择,这是一类完全自愿的行为,例如慈善捐赠、为员工及他们家庭谋福利、支持赞助当地学校等。

根据这个金字塔结构,卡罗尔和布赫霍尔茨将CSR定义为"企业的社会责任包括经济、法律、伦理和慈善期待,它内置于社会的每个企业"。企业文化从企业伦理的角度出发与企业社会责任紧密挂钩,CSR被视为一种融入企业经营模式的企业自律方式和途径。CSR政策功能作为企业自律机制被用以监管、确保其商业活动与法律、伦理及来自国内或国际标准一致。

弗里德曼围绕CSR提出了狭义的社会责任,侧重于股东利益至上的原则(The stockholder theory)。认为公司不应当对公众和社会履行"社会责任",因为其唯一目的是增加自身及股东利润,股东为其私有社会责任对象。该观点发表于《Capitalism and Freedom》一书。在某种程度上,该理论涉嫌牺牲利益相关者的利益显得与CSR的理念不相符合。

美国学者R·爱德华·弗里曼(R. Edward Freeman)提出了广义社会责任,侧重于利益相关者理论(The stakeholder theory)。这一理论是1984年由弗里曼在《Strategic Management: A Stakeholder Approach》一书中提出,用于解决组织管理中的道德和价值问题。他界定"利益相关者"是在一个组织中会影响组织目标或被组织影响的团体或个人,如果想要企业能实现可持续发展,那么该管理者必须制定一个能符合各种不同利益相关者要求的策略。除了注重股东权益外,必须同时关注包括员工、顾客、供应商、融资者、社区、政府、政治团体和贸易协会和工会有关的个人或团体。有些情况下竞争者也应当被纳入其中,因为他们的能力和状况会对公司和其利益相关者产生影响。这个是类似以企业拥有者为核心的一个同心

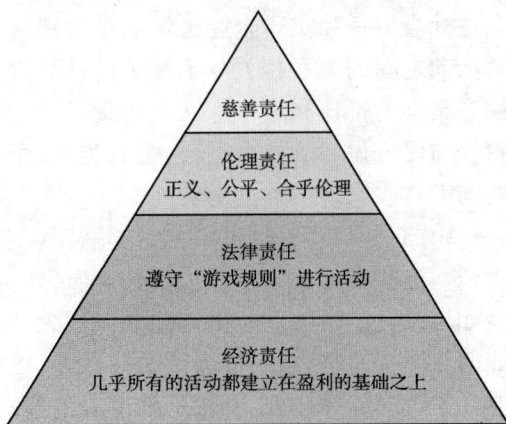

圆,社会责任层层向外扩散。

企业社会责任的内容可划分为五大类:第一类,以表现形式为准的程序和过程意义上的企业社会责任和实质企业决策的结果意义上的企业社会责任;第二类,以与企业所从事的经营活动之间的关系相关与不相关的社会责任;第三类,以受激励与约束的行为规范为准的道德意义上的责任和法律意义上的责任;第四类,以企业行为导致的结果为准牺牲盈利的社会责任与促进盈利的社会责任;第五类,以企业行为背后的动机为准的价值主义态度的社会责任任与工具主义态度的社会责任。

中国企业在飞速发展中,需要摆正企业与社会的关系,符合国际惯例,担负更多的社会责任。这些行为有利于解决各种矛盾,如资本与公众的矛盾、企业与消费者的矛盾。一个社会如果没有清晰的商业伦理和经营理念,便可能导致自私自利、相互欺诈。企业如何牟利,如何与消费者争利,不仅需要法律保障,更需要一定的思想道德境界来保障。有了 CSR,企业在是否应弄虚作假、不正当地攫取消费者的利益与生产优质、安全的产品及利润的博弈之中就有了自律的道德保障。

1997 年,国际可持续发展权威、英国学者约翰·埃尔金顿(John Elkington)结合企业可持续发展,最早提出了企业履行社会责任的三重底线,作为社会责任的核心和保障。一个企业为了能持续发展,立于不败之地,不应只考虑如何实现盈利最大化,而应始终坚持三重底线原则(Triple Bottom Line,TBL),或称作三重盈余,即企业盈利、环境责任、社会责任三者的统一,如图 6-2 所示。

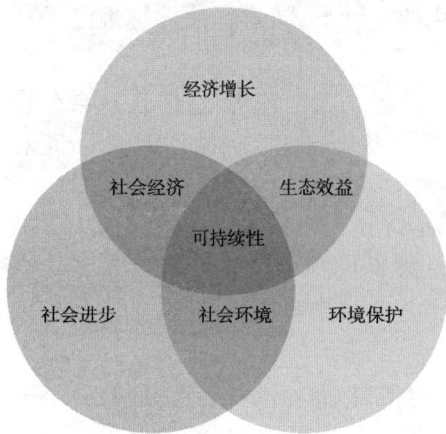

图 6-2 三重底线原则

(1)经济责任的角度。狭义的经济可持续性概念侧重于企业经济表现,企业管理的责任是为了研发、制造及推销产品,以确保企业长期盈利。而广义的经济可持续性概念包括公司所含的经济框架态度和产生的影响。有些行为,如贿赂、垄断等被认为在经济方面会导致不可持续发展,损坏了市场的长期功能。

(2)环境责任的角度。从环境的视角看,可持续发展最基本原则是对未来资源的有效管理。因为生态系统资源的有限性,可持续的人类活动必须以不危害这些体系为前提,所以人类活动不可以大肆消耗这类资源,如工业化必需的石油、煤等不可再生资源。如果任何产品的消费都是低质低效的,对资源也没有节约和循环使用,那么会对环境造成很大的负面影响,最终别说企业,人类的进步也难以为继。

(3)社会责任的角度。社会要素在企业管理范畴中的关注起源于 20 世纪 90 年代。以可持续发展角度来看,最关键的社会责任是社会公正。它不单纯是捐赠和慈善事业,它有更广泛的内涵:既包含遵守法律、善待员工,也包含提供优质的产品和服务,满足社会的需求。根据埃尔金顿提出的 TBL 理念,企业不仅仅只有一个独立的经济目标,其他拓展目标如环境和社会价值也是可持续发展的必要目标。所以,根据 TBL 理念,企业在处理各类关系时需要关注广义的利益相关者。因为单纯追求盈利,忽略社会和环境责任,企业就有可能走向消费者乃至全社会的对立面,将面临无源之水、无本之木的困境,既不可能做大,更不会做强。

根据斯坦福哲学百科辞典,企业伦理像许多应用哲学一样,来源于各种原则和知识组合,含伦理、政治哲学、经济、心理、法律和公共政策等。所以对于企业社会责任的考虑还需要从上述层面全盘考虑。CSR已经成为体现企业综合竞争力的一个重要方面,通向可持续发展道路的重要途径。

目前上市公司都提交CSR报告,很多汽车公司参与发布报告。如一汽轿车股份有限公司的社会责任报告包括:社会责任履行情况、股东权益保护、员工权益保护、利益相关者权益保护、环境保护、公共关系和社会公益事业、履行社会责任愿景等。《上海大众汽车2012-2013年企业社会责任报告》凭借在过程性、实质性、完整性、平衡性、可比性、可读性、创新性七个维度的综合表现,获评中国社会科学院经济学部企业社会责任研究中心"四星半级"领先报告,位列汽车行业第一。该报告综合参考了全球报告倡议组织《可持续发展报告指南》(GRI-G4版)和中国社会科学院《中国企业社会责任报告编制指南》(CASS-CSR),不仅对上海大众汽车的企业社会责任理念进行了阐述,更从"科学发展""质量至上""节能环保""和谐共赢"四个维度,全方位展示了近年来企业发展和社会责任方面的成果。

但需要注意的是尽管社会责任被大多数人认为是一种企业自律的伦理行为,但很多企业实际上是迫于消费者压力或政府管制而勉强实施,所以这种在企业管制下被动实施的社会责任有效性还有待探讨。伦理道德内涵及其深厚,在企业文化中有多层次、外显和隐性的特征,仅仅遵循了社会责任所规定的要求是否就真正完成了社会责任和义务也值得深思。故此,社会责任只是一种企业对社会最基本的义务,企业如果关注哲学伦理和企业文化,尤其是德性的文化,同时积极主动的将这些社会责任伦理维度纳入决策范畴,企业的员工才会自觉有效地提升道德觉悟,形成良性循环,在企业内部形成一种无形但强有力的伦理之风,推进企业伦理道德建设,促进更加符合伦理的决策。

四、汽车伦理文化的发展与特点

车文化涵盖了人文、美学、服务、技术和社会等要素,共同推动汽车的发展并服务于人类社会,也成为公司在效率、管理、竞争、品牌及技术创新方面的领先军和推动力。然而,随着这些核心车文化的发展,汽车行业作为一种独特的形态和社会的一员也需要遵循道德规则,植入伦理道德文化。

自从1886年世界上第一辆汽车诞生,汽车就受到人们的普遍重视。汽车作为现代工业文明的标志,是现代化建设和人类生活不可缺少的交通工具。目前,汽车行业已经成为了许多国家国民经济的支柱,无可辩驳地被认为是当今最大、最广、最具影响力的行业。2012～2016年全球汽车年均复合增长率为3.05%,2016年全球汽车产销量分别为9497.66万辆和9385.64万辆。汽车行业带动了社会经济的面发展,很大程度上也推动了人类文明进程。但随着汽车行业发展其所带来的伦理问题也面临着诸多挑战,如环境议题与经济利益挑战,城区排放对当地空气质量的影响、对全球转暖问题所带来的副作用及报废车辆的不当处置等。汽车整个产品的生命周期,从设计理念、原材料采购、生产、销售、供应链、到废品的回收再利用过程都与社会各个层面息息相关。

汽车行业规模大且与生命安全密切相关,其伦理文化深入汽车行业自上而下伦理环境。宏观上,汽车公司可以从全球、社会、行业等多维度思考,从决策上通过创建伦理文化、制定伦理章程、组织实施倡导企业伦理活动等,来应对该行业中出现的可持续、环保、安全等大规模的伦理问题。

微观上,汽车行业需要处理好技术和企业文化的复杂性关系。汽车作为一个特有行业在技术与工程方面也存在着重大伦理争议。为了更好地做出伦理决策,他们需要了解工程行业伦理准则及面临科技进步给汽车行业带来的巨大伦理困境和潜在威胁,如人工智能如何合理使用、自动驾驶的使用中如何考虑主动安全性,如何超越固有量化计算纳入以人为本理念、德性伦理等哲学思维。

此外,汽车企业也面临越来越复杂的伦理文化挑战。高比例合资企业所带来的空前多元文化复杂性,及来自不同文化背景员工带来不同道德价值观等,均给汽车行业伦理文化实施带来了新的挑战。各个汽车企业积极探求一种同时能接纳多元文化但又能调和矛盾、产生协同效应的途径。

汽车行业伦理的另一个挑战是需要减少管理决策对工程师的伦理选择。如从 1971 年开始的福特汽车公司的平托(Pinto)车型丑闻事件。一份曾传阅于福特汽车公司高层的备忘录里列表分析计算了改造这款被发现的有安全隐患的 Pinto 车型油箱成本:如果要生产 1100 万辆家用轿车和 150 万辆货车,那么增加附加装置导致的成本为 1,375 亿美元。而假设充其量有 180 辆 Pinto 车的车主因事故而导致死亡,另外 180 位被烧伤,2100 辆汽车被烧毁。依据当时的普遍判例,福特汽车公司将可能赔偿每个死者 20 万美元,每位烧伤者 6.7 万美元,每辆汽车损失 700 美元。那么,在不安装附加安全设施的情况下,可能的最大支出仅为 4953 万美元。对比安装油箱保护装置所要花费的 1375 亿美元,福特汽车公司决定采取省钱的方法。尽管有工程人员提出质疑,该公司管理层最终决定不做油箱安全加固改造,继续生产销售该款汽车,最终导致了众多血腥事故发生,该企业管理层伦理文化缺失,严重干扰了工程技术人员对正义的伦理选择。

其他公司如德国的"老字号"汽车生产商——大众汽车公司也于 2015 年成了"造假门"的主角。2015 年大众柴油车排放门事件中,其生产的多款柴油汽车被发现利用特殊软件在美国官方的尾气排放测试中做了手脚,而其真实排放水平严重超标。事后,几乎世界主要的汽车厂家都受到车辆排放和燃油经济更严格的审查,发现了更多的类似情况,似乎可以窥见在应对法律的游戏中大众并非唯一。冰山一角的公司不乏有日本三菱汽车公司(Mitsubishi),继大众汽车公司之后该汽车公司于 2016 年被发现"油耗造假",且数据违规行为长达 25 年。

这些汽车行业典型的伦理丑闻可以看出该行业的伦理问题不只是涉及科技、文化的复杂性,同时与个人自律和他律、利益与正义、权利与义务等有关。它们引起了人们对于常规伦理理论探讨,如简单结合结果论和道义论分析其过程或结果的伦理性,或单纯就技术层面的安全性分析探讨伦理标准;也激发人们探究一种真正高效、超越现实障碍、自律的伦理道德标准及机制。

具体如何提高汽车行业的伦理道德,一种较为普遍的方式是从企业伦理的角度,尝试在决策中从个人、组织、行业、社会及国际环境等多个维度综合考虑然后行动。如就个人维度而言,哲学伦理立场可以提升他们伦理道德意识及对于伦理问题的敏感度和综合判断力。就组织维度而言,一种有效的方式是建议伦理道德内置于企业管制的框架之下,从而建立一种自上而下的自律道德文化,强化广义的社会责任。就社会文化维度而言,可以制定策略以达到汽车行业多元文化协同效应。但汽车工程行业具有鲜明行业特色,作为科技和工程的一部分,近年来国际社会广泛应用工程伦理从理性道德层面来规范工程行业伦理行为,故工程行业普遍的伦理准则和原则有一定适用性,既适合企业也适合个人。实践中还要注意工程行业伦理文化的中、西差异。此外,一些与汽车行业特色密切相关的伦理概念和国际标准也可引进和利用,以便提高行业伦理道德。

总之,各种伦理文化对于汽车行业的发展至关重要。从业人员在伦理文化方面的提升可以促进他们在实践中更符合伦理地完成各项任务和决策。这些来自不同维度的价值观和伦理理念能有效指导工程行业工程人员及管理者的伦理行为,协助伦理文化建立,引领工程师将真和善等伦理理念融入工作,使工程人员具有伦理问题的前瞻性和敏感性。在设计等细节上为使用者安全保驾护航;在人工智能等高科技的应用中尽量考虑生命至上伦理要素;在原材料使用循环等方面长远考虑未来更可持续的发展。当前,世界各大汽车公司高度重视行业伦理文化,加强伦理文化建设,加大遵循法律力度,争相研发建立更安全、更环保的汽车品牌。各国政府也加强完善相关法律法规和监督机制。

第二节　汽车工程伦理

一、汽车工程生命周期

汽车产业因其规模大,在整个产品生命周期对其质量的追踪及对环境影响突出,故无论是质量还是环境方面的生命周期理念对该行业都有相当重要的意义。对于生命周期中有关质量和环境规范需要了解相应国际惯例。

环境管理国际标准 ISO 14000 国际标准化组织(ISO)第 207 技术委员会(TC207)于 1993 年开始由制定一系列相关标准,其中包括了含环境管理体系(EMS)、环境管理体系审核(EA)、环境标志(EL)、生命周期评价(LCA)、环境绩效评价(EPE)、术语和定义(T&D)等国际环境管理领域的研究与实践的焦点问题,向各国政府及各类组织提供一致环境管理体系、产品的国际标准和严格、规范的审核认证办法。同时,环境管理体系也是全面管理体系的组成部分。

ISO 14000 系列标准核心是 ISO 14001 环境管理体系规范及使用指南,是国际标准化组织(ISO)于 1996 年正式颁布的与环境管理体系及其审核有关的 5 个标准,企业可以通过该认证获得国际认可。它要求组织通过建立环境管理体系来达成支持环境保护、预防污染和持续改进的目标,并可通过获得第三方机构认证,向外界证明其环境管理体系的符合性和环境管理水平。由于 ISO 14001 环境管理体系可以带来节能降耗、增强企业竞争力、赢得客户、取信于政府和公众等诸多好处,所以自发布之日起即得到了广大企业的积极响应,被视为企业进入国际市场的"绿色通行证"。

生命周期是指某一产品或服务从取得原材料,经生产、使用直至废弃的整个过程。产品生命周期管理(Product Lifecycle Management,PLM)是一种企业信息化的商业战略,它专注于解决企业在可持续基础上的发展。PLM 给出一整套业务解决方案,把人、过程和信息有效地集成在一起,作用于整个企业,包括产品从概念到报废的全生命周期,支持与产品相关的协作研发、管理、分发和使用产品定义信息这一系列过程。PLM 在汽车行业被广泛应用,如对产品质量追踪,及各环节协同作用,同时也能促进上下游之间可持续发展。

为了协调国际汽车质量的系统规范,由世界上主要汽车制造商及协会成立了国际汽车工作组(International Automotive Task Force,IATF)。IATF 的成员包括以下 9 家整车厂:宝马、克莱斯勒、戴姆勒、菲亚特、福特、通用、标致、雷诺和大众。IATF 同时也包括 5 个国家的监督机构:美国国际汽车监督局(IAOB)、意大利汽车制造商协会(ANFIA)、法国车辆设备工业联盟（FIEV)、英国汽车制造与贸易商协会(SMMT)和德国汽车工业协会-质量管理中心(VDA-QMC)。

国际标准化组织 ISO 于 2002 年 3 月公布了一项行业性质量体系要求,它的全名是"质量管理体系—汽车行业生产件与相关服务件的组织实施 ISO 9001 的特殊要求",英文为IATF16949,它代表国际汽车工作组的要求。ISO/TS16949:2009 是国际汽车行业的技术规范,是在 ISO 9001 基础上,加进了汽车行业的技术规范。此规范完全和 ISO 9001:2008 保持一致,但更着重于缺陷防范、减少在汽车零部件供应链中容易产生的质量波动和浪费。该规范于 2016 年更新标准为 IATF16949:2016。

自 20 世纪 60 年代起,生命周期评估(Life Cycle Assessment,LCA)开始发展为重要的环境管理工具。按 ISO 14040 的定义,LCA 是用于评估与某一产品/或服务相关的环境因素和潜在影响的方法。LCA 是通过编制某一系统相关投入与产出存量记录,评估与这些投入、产出有关的潜在环境影响,根据 LCA 研究的目标解释存量记录和环境影响分析结果来进行的。

随着世界各国社会经济不断发展,人类生产经营活动对环境的影响越来越大,人们迫切要求获取产品和服务的有关信息,以便进行全过程控制与改进。消费者和利益团体要求知晓某种产品对环境带来的真正影响,以应对大量的环境行为及其责任投诉和争议。制造商们希望了解如何在其产品整个生命周期中减少污染的系统方法,以改善其行为对环境的压力。而政府和其他管理机构更要获得关于产品对环境影响的可靠信息,以助于制定和完善相关法律、法规和环境方案。

为此,国际标准化组织环境管理技术委员会(ISO/TC207)在开始制定 ISO 14000 系列标准时,即建立了第五分委员(SC5)制定 LCA 方面标准。其中《ISO 14040:环境管理 – 生命周期评估 – 原则和框架》已于 1997 年 6 月正式颁布为国际标准。《ISO 14041:环境管理 – 生命周期评估 – 目标与范围确定及存量分析》也已进入数据项集"Data Item Set"阶段,简称DIS。该委员会已经连续制定了 ISO 14040:1997、ISO 14041:1998、ISO 14042:2000 和ISO 14043:2000 等标准。英国标准委员会(British Standards Institution,BSI)也制定了相应标准,如 BS ISO:14044,但总体和国际标准一致。

LCA 有助于全面了解环境和物质的全面转化过程及影响。这些环境影响不但包括各种废料排放,还涉及物料和能源消耗以及对环境造成的破坏作用。将污染控制与减少消耗联系在一起,这样既可以防止环境问题从生命周期的某个阶段转移到另一个阶段或污染物从一个介质转移到另一个介质,也有利于通过全过程控制实现污染预防。LCA 的目标不仅仅是被动实现"达标排放",更是系统了解整个过程,从而主动改善产品的环境性能,使其与环境相容,到达人的活动与环境和谐共生。

具体来说,LCA 的思想原则也促进了企业推行清洁生产新的环保战略。首先,企业利用 LCA 环境管理工具认识与企业活动相联系的所有环境因素,以便正确、全面理解自己的环境责任,积极建立环境管理体系,制定合理可行的环境方针和目标。其次,企业可在 LCA协助下,去追踪、发现与产品有关的各种环境问题根源,及管理中的薄弱环节,以提高在物料和能源方面的利用率,减少污染物的排放,降低产品潜在的环境风险,实现全过程控制。生命周期评估包括以下四个阶段:

(1)目的与范围确定(Goal and Scope Definition),将生命周期评估研究的目的及范围予以清楚地确定,使其与预期的应用相一致。

(2)清单分析(Inventory Analysis),编制一份与研究产品系统有关的投入、产出清单,包含资料搜集及运算,以便量化,包括资源使用及对空气、水体及土地污染排放等。

(3)影响评估(Impact Assessment),采用生命周期清单分析结果,来评估与这些投入产出相关的潜在环境影响。

(4)解释说明(Interpretation),将清单分析及影响评估所发现的与研究目的有关的结果合并在一起,形成结论与建议。

当不考虑产品制造时,所有工业 LCA 项目都具有共同特征。LCA 的方法通常都涉及以下三步过程:清单分析——影响评价(或说明)——改善评价。目前各国汽车行业也加入了 LCA ISO 14040 环境评估体系,开展了对汽车 LCA 的研究。汽车产品的生命周期和其他产品一样涉及从原材料获取到产品的终端处理,具体如图 6-3 所示。

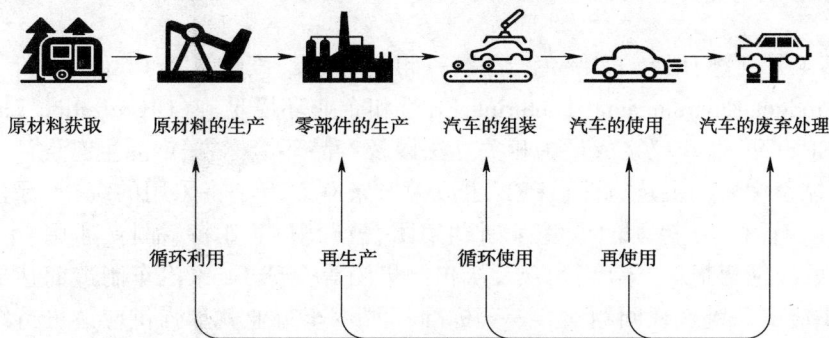

图 6-3　汽车产品的生命周期

汽车行业生命周期评价可以对汽车产品全生命周期中所涉及的环境问题及影响进行评价。LCA 指导汽车企业环保产品的研发和设计,指导汽车企业清洁生产;又可支持政府的环保部门制定汽车相关的环境政策;也可通过制定汽车产品环境标志,来指导消费者识别且考虑实行可持续消费行为。

在汽车企业,LCA 有很大的作用。LCA 可以识别汽车产品中对于环境有较大影响的工艺过程或产品系统;分析比较某一产品系统内的不同方案,将汽车产品对环境的负面影响减少到最小;开展汽车产品的绿色设计;评价产品的资源环境效益;使用环保产品和原材料;选择可替代的产品或工艺。在汽车领域,包括大众、奔驰、福特、丰田和本田在内的许多知名汽车企业都开展了对 LCA 的广泛研究。具体来说,汽车行业生命周期评价方法应用主要集中在以下几个方面。

(1)产品研发和设计。LCA 促进了汽车产品可持续研发与设计。例如,福特汽车在综合考虑环境影响和健康、经济和社会等三方面因素的基础上,制定了产品可持续发展指标(Product Sustainability Index, PSI)。指标包括生命周期环境影响、生命周期成本、可持续材料、安全、移动性能和噪声等方面;该产品的 PSI 被应用于对比前后代车型,使产品更加可持续,并规定将来所有汽车都要在 PSI 基础上开发。奥迪汽车应用 LCA 指导汽车轻量化设计,通过对比前后代车型证明一方面新轿车模型在所有环境中的表现方面优于其前身,另一方面,也需要展示环境可接受的轻量化设计方案,合理表明尽管轻量化设计需要消耗更多能源,但可由其使用阶段的环境节约量所迅速抵消。

(2)汽车产品营销。汽车产品 LCA 报告会促进汽车产品销售。如德国大众汽车公司致力于向公众提供更加生态友好的汽车产品,考虑全生命周期环境影响,同时关注对气候变化、资源保护和人类健康等方面的影响。大众汽车公司多次公开发布了汽车产品生命周期评价报告,如 Golf、Passat、Polo 等,这些报告经过权威的第三方机构认证,公众可以在购买汽车时获得这些报告,满足购买环境友好型汽车需求。

（3）汽车企业环境管理体系建立。很多企业应用 LCA 建立管理体系,强化车辆开发负责人的环保管理职能,以便通过动态管理车辆开发的全过程,更好地贯彻实施包括汽车生产、使用、报废在内生命周期评估的综合环保评价标准。如丰田汽车利用 LCA 方法建立"Eco-VAS(Eco-Vehicle Assessment System)"。

LCA 也可以用于帮助政府制定政策。例如,制定汽车环境产品标准,汽车产品的生态标准;提供能源、资源和废物处理规划的优化方案;评价汽车生产的汽车废弃管理和资源利用的综合效益;向公众通报汽车产品的环境信息;对比评价普通汽车产品与生态汽车标志产品。

2013 年 4 月,欧盟出台了"绿色产品统一市场"政策,该政策基于 LCA 评价方法的产品环境足迹(Product Environmental Footprint,PEF)和企业环境足迹(Organization Environmental Footprint,OEF)。欧盟建议在成员国相关立法以及产品环境标志、产品生态设计、绿色采购、绿色金融等体系中采用上述方法。PEF 也成为未来欧盟市场将采用的统一、绿色产品的评价方法。2014 年 3 月,宝马集团、克莱斯勒集团、戴勒姆、菲亚特、福特、通用、本田、捷豹路虎、标致雪铁龙、斯堪尼亚、丰田、大众及沃尔沃集团等全球 14 家汽车制造商达成一项重要新协议,就供应商关键责任问题建立一套标准,即"汽车行业就加强供应链可持续发展指导原则",该标准要求在汽车的全生命周期内尽可能地降低产品的环境足迹。

在汽车工业发展较早的欧美及日本,车企对环境保护和可持续发展道路的探索早已起步。例如,大众汽车公司将生命周期评价作为汽车产品开发过程中一项重要环境管理工具,并邀请外部专家根据 ISO 14040 标准对产品进行检查和鉴定。福特汽车与美国能源署以及麦格纳公司合作,运用生命周期评价手段开发复合材料轻量化概念车,并且福特公司还研发了一套名为产品可持续化指数(PSI) 的工具来提高新产品的环境、经济和社会效益。丰田汽车于 1998 年在车辆设计部门引入 ISO 14001 环境认证体系,之后于 2005 年以 LCA 为基础建立了 Eco -VAS 系统。

但对于生命周期评估需根据不同发展程度考虑。如 Mildenberger 和 Khare 曾经对发达国家和发展中国家汽车生命周期做过统计,发现发达国家的汽车生命总长普遍在 25 ~ 35 年,而在发展中国家由于较为落后的研发实力和更长的使用年限,这个数字则会达到 45 年,而这也为生命周期评估带来更多不确定因素。我国在实际 LCA 评估中也应该考虑自身发展程度。

除了 LCA,在工程行业准则里也有关于环境的考虑,可被用于汽车行业。如英国工程理事会和皇家工程协会的伦理原则申明第三条明确说明需要"考虑自然资源和人力资源的有限可用性"(Take due account of the limited availability of natural and human resources)。另外 ASCE 委员会建议在原有伦理准则基础上加入一个新的环境标准即第八标准(the Eighth Canon),"工程项目应当以一种对当今和将来子孙后代有益的方式履行服务,去节约使用世界的资源、自然及文化环境。"此后 ASCE 委员会在 1997 年对该标准进行了修正,将环境概念扩大为更宏观更广泛的可持续理念。

二、绿色供应链

在汽车行业另一个与环境伦理密切相关的理论是绿色供应链理论(Green Supply Chain, GSC),该理论与 LCM 和 LCA 密切相关,生命周期的概念贯通于 GSC 的整个过程。

GSC 最初是由美国密歇根州立大学制造研究协会于 1996 年提出,该理论基于对环境影响,从资源优化利用角度,来考虑制造业供应链的发展问题。也就是说,一个产品生命周期各个环节都会影响供应链对环境造成的负担,含从原材料的开采、制造、使用和再使用到最终的循环或处置的整个过程。所以需要从产品的原材料采购期开始,就进行追踪和控制,使产品在设计研发阶段,就遵循环保规定,从而减少产品在使用期和回收期给环境带来的危害。为了提高环境表现,很多汽车企业都实施了各种环境友好措施,如 ISO 14001 认证和实施清洁生产。

而绿色供应链管理(Green Supply Chain Management, GSCM)作为一个更系统化的综合战略,它有助于企业获得双赢,即既能赢得经济利益和市场目标也能降低对于环境的风险和对于提高生态效率的影响。绿色供应链目前仅包含了狭义的环境保护和能源节约两层含义,就是用最少的能源、最绿色的材料,制造出最环保的产品。

绿色供应链广义上指将供应商及其产品纳入与环境相关的管理,亦即将环保原则纳入供应商管理机制中,其目的是让本身的产品更具有环保概念,提升市场竞争力。在实践中,有些企业提出以环境为诉求的采购方案,作为绩效、或评估过程,让所有或大部分供应商遵循。而另一些企业则对环境有害物质种类列出清单,要求供应商使用的原料、包装或污染排放中不得含有清单所列物资。

目前所谓的绿色供应链,大都指进入 21 世纪后,欧盟倡议的绿色产品所构成的供应链效应。欧盟先进国家看到供应链间环环相扣的利益关系,积极地将一些环保诉求跳过道德劝说层面开始立法,并且制定确定要执行的时程,希望以欧盟庞大的商业市场为后盾,带领全世界制造业进入一个对环境更友善的新纪元。最受人注意的是废电机电子设备指令(Waste Electrical and Electronic Equipment, WEEE)及电机电子设备限用有害物质指令(Restriction of the use of certain Hazardous Substances in electrical and electronic equipment, RoHS)等。欧盟于 2002 年 11 月通过 WEEE 及 RoHS 指令,并于 2003 年 2 月 13 日正式公告 10 大类电机电子设备回收标准,并要求 2006 年 7 月 1 日 10 后大类电机电子设备中不得含有铅、镉、汞、六价铬、溴化耐燃剂等六种物质。具体操作中,绿色供应链内容涉及供应链各个环节,其主要内容包含六个过程,如图 6-4 所示。

(1)绿色采购。绿色采购是指生产企业应选择绿色供应商,由他们提供对环境友好原材料,另外还需实现采购过程绿色化,充分考虑环境因素,实现资源的循环利用,尽量降低原材料使用,减少废弃物产生。

(2)绿色制造。绿色制造包含绿色设计,又称为生态设计、环境设计、生命周期设计,着重考虑产品全部生命周期内环境属性,包括节能性、可拆卸性、寿命长、可回收性、可维护性和可重复利用性等。绿色制造能显著节约能源和资源,同时最大限度地避免或减少在生产过程中对人体伤害和对环境污染,包括减少辐射、噪声、有害气、液体等对人体伤害及对环境的负面影响。

(3)绿色运输。绿色运输是绿色物流的重要组成部分。绿色运输是指以节约能源、减少废气排放为特征的运输。其实施途径包括:合理选择运输工具和运输路线,克服迂回运输和重复运输,以实现节能减排的目标;改进内燃机技术和使用清洁燃料,以提高能效;防止运输过程中的泄漏及造成严重环境危害。

(4)绿色销售。企业在销售过程中能充分满足消费需求、争取适度利润和发展水平的同时,能够确保消费者安全和健康。该原则也注重在商品的售前、售中、售后服务过程中进行有效的环境保护和资源节约

(5)绿色消费。对于消费者,绿色消费有三重意义:第一是消费时主要倡导选择未被污染或有助于公众健康的绿色产品;第二是注重对产品消费中所产的垃圾及处置方式,以避免对环境污染;此外是对消费者崇尚自然、追求健康观念的引领,实现可持续消费。

(6)绿色回收。绿色回收考虑产品、零部件及包装等的回收处理成本与回收价值,对各方案进行分析和评价,确定出最佳回收处理方案。

(7)绿色物流。在整个物流活动过程中,尽量减少有害物质产生。如:降低废气排放量和噪声污染、避免化学液体等商品的泄漏对土壤和水源的污染等,尽可能减少物流对环境造成的危害,实现对物流环境的净化。并且使物流资源得到最充分的利用。绿色供应链的物流过程包括前向物流和逆向物流(图6-4)。

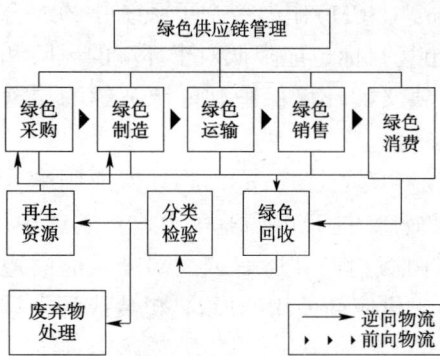

图6-4 绿色供应链管理流程

SCM 软件有时也用来调控供应链。如汽车行业,绝大部分的汽车制造商被期待能生产大量供展出的车型及按顾客定单生产新车,为了达到该目标,必须在经销商管理库存和配送中心,同时将电子商务系统与已经生产好的能匹配顾客车型的汽车定位好。SCM 软件在供应链中起着重要的作用。

此外,GSCM 也可以建议与精益管理(Lean Management)共同使用。尽管二者可能在驱动力和具体的方法上会有差异,但它们有着一定的兼容性,能产生协同效应。因为 SCM 促进了企业和供应商之间一种伙伴和战略联盟关系,这两者之间有很多实践行为可以协助管理好供应商,尤其是与上游的供应链之间的关系,这对于公司及整个供应链绩效都有重大影响。当前由于可持续方面要求加大,也有必要推进整体的供应链和三重底线可持续的关联。理论上,GSCM 与精益管理和企业的可持续发展之间也可以相互影响,对经济、社会和环境绩效产生良性影响。这种集成协助框架可以被视为企业一种较高的伦理追求,这样也能解决有的企业在 GSCM 方面只关注本企业内部环境的弊端。阿泽维多等(Azevedo et al.)提出了绿色供应链和上游精益管理在理论上的一个合成框架,如图6-5所示。

图最上面的内容表面了各级供应链的层次,其中以第一层级供应商和制造商为中心,进而实施绿色供应链和精益上游供应链管理。绿色供应链实践中有四项要求,主要针对供应商。精益上游供应链实践里有多个理论,如准时和顺序供应(Just-in-sequence)、电子数据交换(EDI)及单货源供应(Single sourcing)等。最底下是三重底线可持续评估。

目前,国内外很多企业已经意识到绿色供应链在产品生命周期的重要性。如通用汽车、福特、惠普、宝洁、耐克等许多企业就积极研究和实施了绿色供应链管理模式,其中,通用汽车还被美国环保局(US-EPA)认定为实施绿色供应链管理标兵企业。汽车行业具有巨大的规模、复杂的供应链和影响力,可以在实践中尝试以上这种集成模式,达到最佳协助效益。

这种思路也体现了企业在实践中将行业的环保要求与三重底线社会责任紧密结合的伦理思想,从企业内部和外部构成战略联盟。

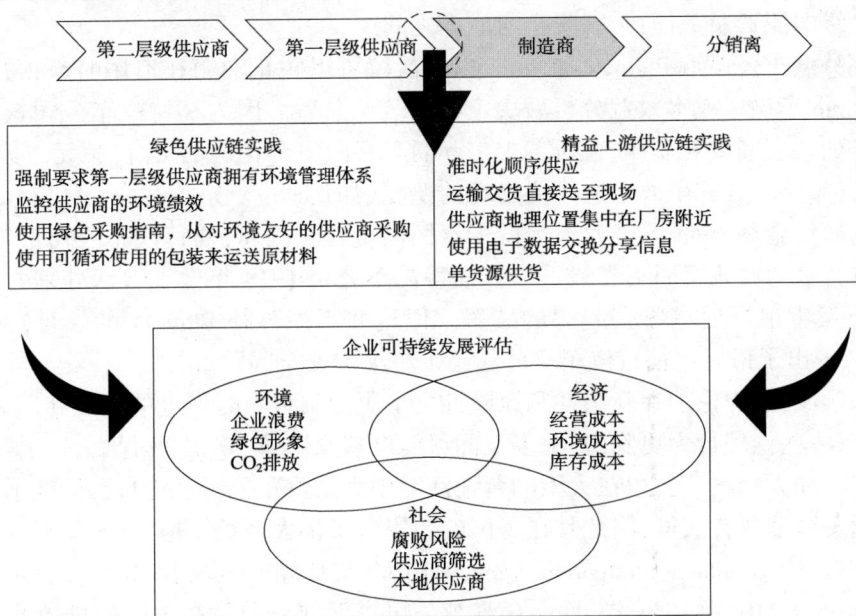

图6-5　绿色供应链和可持续发展的集成框架

总之,汽车工程行业应在发展时,应将安全、健康和可持续的伦理因素置于首要位置,尽量在履行职责时符合可持续性原则,达到人与自然和谐共生。我国汽车行业涉及面广,规模大,环境问题尤为突出,需要协调保护环境与促进发展之间的关系,在产品全生命周期尽可能减少对环境影响,做好生命周期环境保护。我国汽车起步晚,其质量也有待提高,给人们更安全的保障。

三、汽车工程伦理挑战

当今社会多元化价值标准及复杂现实生活本身,常常容易导致在具体情境之下道德判断与抉择的两难困境。工程生活本身的复杂性又加剧了行为者在反映不同价值诉求伦理规范之间的权衡。

如何进行伦理选择和决策包含很多因素,但不可以刻板地遵循某个伦理原则而简单做出决策。那么为了解决困境,是否可以简单地把个体的工作、生活、责任、义务截然分开呢?比如由 B·威廉姆斯所写的一个著名的伦理困境故事,乔治刚刚获得化学博士学位,因为找工作困难,很难维系家庭供给,他的妻子只好外出工作,但这也给照顾小孩带来了困难。于是一位老化学家给他提供了一份从事生化战争研究的体面工作。然而伦理困境由此而生,乔治将面临两种选择:要么他从事生化战争的研究,获得薪水养家糊口,但这份非道德的研究工作却让他从此经受着良心的自我扣问;要么他坚持自己的基本道德原则拒绝该工作,但清贫的生活可能让自己的孩子饿死。

实际生活中也有很多汽车伦理案例。福特汽车公司的 Pinto 车型油箱事故就是一例。1978 年 8 月 10 日,一辆福特汽车公司 Pinto 车型在美国印第安纳州公路上,由于车尾被撞,致使油箱开裂爆炸起火,导致车上三位少女因车门被烧变形无法逃出而死亡。福特汽车公司被指控的原因在于油箱设计有瑕疵,尽管当时设计人员已经意识到了这款车油箱设计问题,但管理层为了让该车以较廉价的价格上市,还是让工程设计人员采用该设计。由此可见福特汽车公司工程设计人员所面临的困境是必须在多重责任和利益之间进行取舍,如乘客利益和对上级的职责及责任;乘客安全与成本之间。

其实福特汽车公司给 Pinto 车加装一个装置,就可以防止油箱在追尾时起火,但福特汽车公司对 Pinto 车做了成本效益分析后决定不加装该装置。因为福特汽车公司核算每辆车都安装这样的装置需要花费 11 美元,1250 万辆车召回将会花费 1375 亿美元。但如 6.1.4 章节所述,如果比较计算事故中所可能出现的赔偿,如伤命、受伤、车辆损毁或召回等,那么核算得出的赔偿金额 4953 万美元远远低于召回的金额。因而,福特汽车公司最终决定,跟单个受害者打官司要比召回更省钱。尽管福特汽车公司 1978 年做了召回处理并对油箱加装了在汽车发生追尾后也不会起火的装置。但这并不能弥补 Pinto 车的名誉,在 1981 年 Pinto 车永久退出了市场。福特汽车事件超越了单纯的安全问题。

在汽车领域,工程伦理在复杂性和风险性之下也面临着与时俱进的挑战和压力,由于伦理意识缺乏,一些伦理行为更隐匿,更多丑闻可能会涉及腐败、欺诈、环保、公正、诚信及利益冲突等方面。如大众汽车公司在大型的营销活动中大众汽车公司宣传自己的柴油汽车排放低而且得到美国消费者认可,因此其在美国的销售有了很大增长。但 2015 年 9 月 18 日,美国环境保护署(Environment Protection Agency,EPA)与加州空气资源委员会(California Air Resource Board,CARB)发布公告,称大众汽车公司旗下部分产品在美国的排放测试中利用软件控制的方法进行造假,共有大约 48.2 万辆柴油车受到影响(捷达、甲壳虫、高尔夫、帕萨特、奥迪 A3)。大众汽车公司承认在美国排放测试中作弊。

美国环境保护署通过对在美国使用的大众柴油车进行调查,发现发动机排放的氮氧化合物排放超出美国允许的 40 倍以上。这是因为大众汽车公司在相关汽车上安装了一个设备,该设备放在一个固定的试验台上,在受控实验室条件下运行便进入测试模式,使发动机在正常功率和性能下运行。但汽车一旦上路行驶,发动机就不在该测试模式下运行。

大众汽车公司从此便开始笼罩在"排放门"的阴霾之下。在短短一个月内,大众汽车集团面临高层人事变动、市值蒸发、巨额罚款、百万计待召回车辆、品牌信誉下降和德国制造口碑受损等诸多问题。该丑闻并不涉及技术困境,相反反映了由于道德缺失,更隐匿地利用高科技作假的问题,这违反了大多数人的利益及公平和正义等伦理原则。

无人驾驶汽车从很多领域革新了传统观念,如汽车设计、伦理、法律职责等,同时也带来了相应的伦理问题。当前很多汽车公司和厂家就在研发无人驾驶汽车,并且已经投入试运营。然而,无人驾驶汽车真正上路,还需要解决技术、伦理、法律和管理等多方面的问题。其中,无人驾驶的关键问题可能不在技术,而在于人文伦理和社会法律,这使得该伦理问题变得复杂。因为即便无人驾驶中所有的关键技术都能解决,但无论从理论还是实践上,无人驾驶汽车还面临一种选择,即电车悖论。电车悖最早由英国哲学家菲利帕·福特(Philippa Foot)在 1967 年发表的《堕胎问题和教条双重影响》中提出,一辆失控的电车向前行驶有两种选择:一种是朝着绑了 5 名无辜的人的电车轨道行驶,另外一种是朝着绑了 1 个人的电车轨道行驶。无论哪一种选择,都有人死亡。

这样的选择可以归结为利益最大化或损失最小化,即功利主义。按利益最大化和后果最小化,多数人都会选择让 1 人死亡救 5 人。这种按照功利论伦理原则做出的决策似乎显得更为合理。但是,让 1 人死亡也是杀人了,对此也要负良心的责任,躲不过良心的谴责,且杀人从动机上是非道德的,从结论上是违法的。所以,功利论的道德效用及义务论侧重内在价值都无法解决该伦理困境。

一旦无人驾驶汽车上路,必然面临这种伦理难题,也就是让汽车在事故之前选择杀一人还是杀几人的问题,由此人工智能的设计可能会陷入无尽的矛盾中。例如,如果是以死人的多少来设计人工智能的操作程序,那么接下来是否还会根据年龄、性别、地位的高低来选择事故中的死亡对象。例如,面对一位孕妇和一位老人,汽车到底应该选择撞向谁。无人驾驶汽车就是迫使人工智能把人分等级,按人的多与少、高贵与贫贱、穷与富来选择,所以躲不开功利主义,也违背了生命面前人人平等原则。当然,这种功利主义还是人的选择,因为智能软件是人设计的。

现在,新的研究还在深入,并且无人驾驶汽车面临着更复杂的伦理选择,例如在将要发生事故时,是拯救车上的乘客还是挽救路人。法国图卢兹大学经济学院和美国俄勒冈大学、麻省理工学院的研究人员合作,在2016年6月24日的《科学》杂志上发表的研究结果中就涉及这个问题。研究报告表明,在第一项测验中研究人员在线咨询了451人,当车上只有一名乘客,并且行人也只有一名时,75%的受试者表示应该挽救乘客。但是当行人的数量增加时,受试者思维开始转变:如果有5名行人和1名乘客,50%的受试者表示应该救乘客;当行人人数达到100人,乘客是1人时,支持救乘客的受试者的比例下降到20%左右。在第二项测验中,研究人员就无人驾驶汽车是否应该设定程序以保护"人数更多的一方"询问了259人。结果以100点评级方式来衡量,受试者对这一问题的平均支持点数为70点。

这一测验结果对政策制定者和汽车公司等是一种挑战,因为他们普遍单纯地认为无人驾驶汽车是一种降低污染、挽救生命的交通工具。尽管一些人称,如果让无人驾驶汽车自主决策,道路会变得更加安全,然而提供这种安全性的程序可能会使其难以上路行驶。

在多元的诉求之下,伦理规范在应对人类复杂的社会与道德生活时,表现出了力不从心和局限性,因此对无人驾驶汽车是人为设定程序还是让其自主决策,以及电车难题是否会造成无人驾驶汽车的困境很难达成一致。不过,在讨论无人驾驶汽车的伦理难题时,有人提出了两个关键点。一是,不能把人的生命交由人工智能来处置,即无人驾驶的系统编程不应在人的生命中进行挑选,也不应该在受害者中进行抵消,但无人驾驶应秉持损害最小化原则。二是,无人驾驶汽车应避免陷入电车两难。无人驾驶汽车从设计和编程开始,就应考虑以一种具备防御性和可预期的方式驾驶,应完善技术,在危险情况下给受威胁者发出提示信号。无人驾驶汽车还可以通过"智能"道路基础设施、可控交通环境等来预防危险,最大限度地增强道路安全,避免两难局面的发生。然而,要实现这两点不太可能,同时还会陷入自相矛盾之中,例如,不应在无人驾驶汽车的编程中涉及功利主义程序,应秉持损害最小化原则,但后者本身就是功利主义选择。

无人驾驶汽车也涉及法律困境。人无论做什么事情,都要对结果负责,所以有自然人和法人的负责形式。但是,无人驾驶汽车没有驾驶人,其运营和使用出了事后谁负责呢?1968年,联合国制定的道路交通公约规定,汽车的控制者必须是人而非电脑。不过,法律是人制定的,也是随时代发展而变化的。为适应无人驾驶汽车上路行驶,美国和其他一些国家已经解冻无人驾驶汽车的法律,允许无人驾驶汽车有条件地上路行驶。无人驾驶汽车上路最大的法律基础或法理是把研发、生产无人驾驶汽车的人员和机构作为责任人(法人)。

针对于以上案例，有的似乎可以通过一定途径找到解决方法，如 Pinto 事件可以选择遵循工程诚信以质量至上，加固其油箱，保护消费者的生命。但有的无论哪种选择都避免不了伦理困境，如电车失控到底撞向谁？这些无法通过相互让步来解决，也无法通过部分有选择性地坚持来调和冲突。那么该如何面对这些道德两难呢？

尽管没有一个统一的标准和答案，当工程伦理实践出现"超越于道德的"（beyond morality）情形时，可以通过道德慎思为自己的伦理行为划分优先顺序，审慎地思考和处理几对重要的伦理关系，以更好地在汽车工程实践中履行伦理责任：①自主与责任的关系，尊重个人的自由但要明确个人对他人、集体和社会的责任；②效率与公正的关系，在追求效率的同时恰当处理利益相关者的关系，促进社会公正；③个人与集体的关系，在追求工程整体利益和社会利益的同时，充分尊重和保障个人利益的合法权益；④环境与社会的关系，在实现工程社会价值的过程中，遵循环境伦理，促进环境保护，维护环境正义。

但由于汽车工程伦理的复杂性，人们对什么是合乎道德的行为有不同的认识，对应该遵循的原则也有不同的态度。总体来说工程伦理需要遵循三个层面的基本原则，具体为工程与人、社会和自然的关系：

（1）人道主义，处理工程与人关系的基本原则，以以人为本、尊重生命、不伤害为道德底线。

（2）社会公正，处理工程与社会关系的基本原则，关注群体的人道主义。

（3）人与自然和谐发展，处理工程与自然关系的基本原则，如尽量减少对环境的破坏，注重生态环境和生态规律。

此外，汽车工程伦理可以根据其问题和要素，从更宏观的四个维度考虑。

（1）技术维度，单纯作为一种技术手段，不以人的主观意识为转移，活动遵从自然规律，人作为道德主体，应注意人的参与性及道德评价和道德干预的问题。

（2）利益维度，涉及在生产、制造过程中各种经济活动，及各种利益协调和再分配问题，需要尽量公正地协调不同利益权利的诉求、同时争取利益最大化、兼顾好效益与公平，含内部利益关系和工程与社会、自然环境之间的外部利益关系，及长期与短期、直接与间接、局部与全局等其他利益关系。

（3）责任维度，涉及主体的工程师的责任，及工程活动内部和外部在投资、决策、管理方面的相关群体和公众的责任，对整个社会负有普遍社会责任，包括环境、资源、污染等民用责任，随着工程化进程加快，延伸为与生态危机相关的自然责任。

（4）环境维度，在各个环节都需考虑减少对环境的负面性，实现人、自然与工程的可持续发展，包括安全与效益等基本准则，产品使用周期对于原材料的利用，及产品在建造过程中对环境影响等。

最后，针对这些伦理两难，还需要一种更为有效的途径，即充分运用企业伦理文化的影响力，培养个人积极主动的道德观，激发一种超越现实、内在自觉的伦理行为。同时将规范伦理尤其是美德论融入个人品德，将美德贯穿个体行为者的整个工程生活，加强反思、认识、实践，从内在提高个体的伦理道德意识和敏感度。让工程行业从业人员以企业伦理文化为依托，在伦理两难中时刻保持高度的伦理意识，在追求卓越的同时做出相对更符合伦理的决策。具体实施中还需要考虑 CSR 和 TBL 底线理论，国际惯例和实际伦理情景等，如图 6-6 所示。

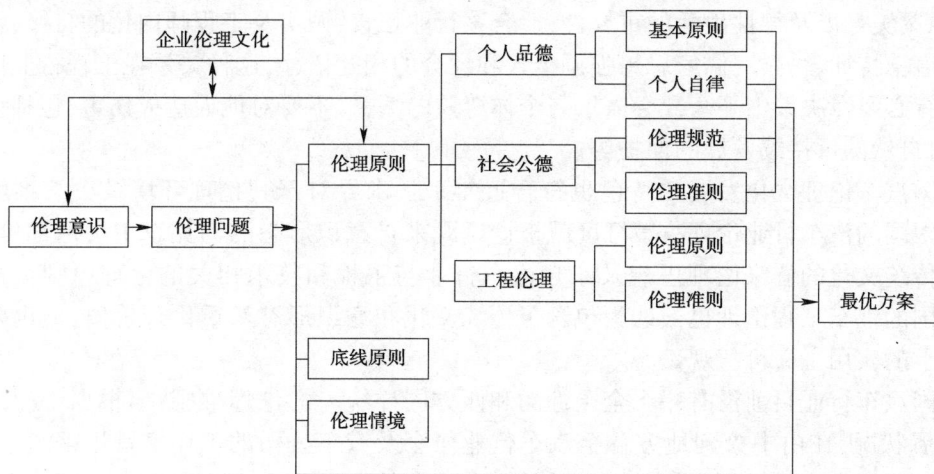

图 6-6　工程伦理问题中运用企业伦理文化的基本思路

第三节　中国汽车伦理道德文化发展

一、中国汽车伦理文化特色

随着改革开放,中国目前成为全球最大的汽车生产国。2016 年中国汽车产销呈现较快增长,产销总量再创历史新高,产销分别完成 2811.9 万辆和 2802.8 万辆,占全球汽车总产量的 20.7%。2017 年中国车市产销量以 2900 万辆的规模,连续 9 年领跑全球。随着中国汽车产业的飞速发展,当今中国汽车行业及其供应链预计将会面临最大的增长。然而,在管理、规划中,中国汽车行业及其供应链所带来的环境负担也须要慎重地思考、长远的规划,必须在经济发展、环境法规和技术变化中做出应对。为此,目前中国汽车行业伦理道德文化的建立有极大的现实意义。

汽车行业的伦理在行业特色上与工程伦理紧密相关。工程伦理教育于 20 世纪 70 年代始于美国。20 世纪后半期,工程伦理在中国大陆陆续开展。在 1999 年,工程伦理在北京科技大学被引入。同年肖平的《工程伦理学》出版,标志着我国学术界开始了工程伦理原则的探究。2004 年中国工程院（Chinese Academy of Engineering,CAE）发布了"工程伦理宣言"。

中国工程伦理和科技伦理在发展中受到了行业发展阶段及来自社会文化和意识形态的影响,中国还没有像西方社会一样明确建立全国统一规范的工程伦理准则,中国文化比较侧重一种较为抽象的道德价值。所以,中国的工程伦理教育涵盖了文化及意识形态的道德价值,如中国传统文化、人文、爱国主义、民族主义、道德情感、团队精神、创新及行为准则。中国的工程伦理文化也体现了该特色,这些道德价值对工程从业人员的价值观及诚信、创新等伦理思想行为打下了牢固的基础。

中国的工程伦理主要受到传统文化道德观的影响,中国的科技哲学强调建立于道德推理上对于科技的推理。最为明显的是来自传统儒家思想的影响。中央 2017 年发布了《中华优秀传统文化已经成为中华民族的基因》,儒家文化作为一种国学文化也成为很多企业包括汽车行业,管理培训和员工伦理提升的途径之一,很多大学管理学院及汽车工程学院开设有包含传统文化在内的伦理道德培训。对于工程伦理决策的贡献可以概括为两个方面。首先,它强调美德以及德性生活的重要性,适合该行业正直、诚实及工程师内化的自律、自我完善伦理道德特征。另外,儒家思想强调个人和社会的相互依存,这种关系在工程行业体现为工程师有必要在决策中平衡社会需求与个体尊重的关系,不要对他人造成伤害,包括设计的严谨、对自然的可持续发展的保护等。

中国汽车伦理文化发展的特色也符合近年来学术界对于其伦理环境及决策维度的探讨。如中国的汽车行业伦理决策维度就被论证既来自意识形态的马克思主义道德价值观,也来自传统文化的儒家伦理思想及来自汽车行业与工程和技术相关的伦理原则及行为准则。中国的汽车工程伦理也被认为包含了传统文化和意识形态双重伦理价值,但也要摒弃利益至上的实用主义价值观。

中国汽车行业目前没有一个全国性的和西方同样统一的伦理准则,但根据中国汽车行业的发展状况,在由中央到地方各个汽车行业协会及汽车公司的工作宗旨里都对环保、安全、可持续、社会责任、绿色供应链、产品的生命周期等汽车伦理文化概念有不同形态、不同程度的体现。当今中国汽车伦理文化在实践中主要体现在产品的质量、安全方面和环境保护上。两个有代表性的行业学会和研究中心的工作宗旨可以体现当前伦理文化的发展状况。

其一为中国汽车工程学会(Society of Automotive Engineers,SAE-China)。该学会成立于1963年,由中国汽车科技工作者自愿组成的全国性、学术性的法人团体;是中国科学技术协会的组成部分;是国际汽车工程学会联合会(FISTA)成员;是亚太汽车工程年会/APRC发起国之一。SAE-China已经成为推动汽车产业健康、持续发展的不可缺少的重要力量。弘扬汽车文化就被列为其六大建设宗旨之一,健康、可持续也成为其核心理念。

另外一个为中国汽车技术研究中心(China Automotive Technology & Research Center),简称中汽中心(CATARC)。该中心是1985年根据国家对汽车行业管理的需要,经国家科委批准成立的科研院所。CATARC以汽车安全、污染控制、节能技术和软科学研究为重点,围绕国家对汽车产品的安全、环保、节能及防盗方面的要求实施管理。作为中国唯一的汽车行业技术归口单位和国家政府主管部门的技术支撑机构,CATARC以独立、公正的定位,协助政府开展汽车行业标准与技术法规的制定和产品认证检测,如排放标准的制定等,以促进中国汽车行业与世界同步、良性和健康的发展。

中国目前汽车行业发展中还存在生产的汽车产品的安全性能和质量还有待提高。在国内,企业对绿色供应链的认识还比较陌生,缺乏"绿色"意识,绿色供应链管理尚处在起步阶段,还远远没有成为企业的自觉行为。我国通过 ISO 4000 环境管理体系认证的企业只有5000 多家,占全国企业总数的 1% 以下。我国已加入 WTO,面对越来越多国家制定的严格强制性环保技术标准,产品面临国际"绿色贸易壁垒"的严峻挑战。由此,来自各方面的压力促使产业必须向"绿色"转型。一部分具备实力且眼光长远的供应商已开始打破阻碍产品出口的绿色壁垒,实施绿色供应链管理模式。

具体我国汽车行业及其供应链也受到来自国际同行的影响和挑战。加入 WTO 意味着中国汽车行业供应链也有必要同步提升其在经济和环境表现方面的可持续性。由此,GSCM 在中国汽车行业也开始作为一种系统方法被采用。中国汽车经历了高压监管和市场压力,有很强的市场内驱力来实施 GSCM。然而,GSCM 的实施还很滞后,尤其是对于如绿色采购和侧重于环境考虑的顾客合作方面,最多考虑或者规划了企业自身的环境管理和GSCM 的实施。因此,这种 GSCM 的实施对于改善环境和运作模式的影响不大,也没有产生较大的经济效益,所受的压力并没有在实践中清晰的体现出来。但随着行业的发展,近年来,GSCM在中国逐步开始显现发展的势头。

2005年10月18日,首次在中国举办的世界环境中心"可持续发展展望"国际论坛上,世界环境中心主席、通用汽车主管能源与环境的副总裁伊丽莎白·洛瑞女士宣布:世界环境中心将与通用汽车中国公司和SAE-China合作,在中国启动"绿色供应链"示范项目,帮助汽车零部件供应商提高环保能力,减少能源和原材料的消耗。2011年3月23日,中国广西柳州—世界环境中心和通用汽车中国及其合资企业上汽通用五菱共同发起上汽通用五菱绿色供应链示范项目,为5家零部件供应商提供环保节能的相关培训和指导。该项目旨在帮助提高上汽通用五菱在华零部件供应商的环保节能能力,在能源效率、废物减少、用水量、温室气体排放、成本降低等一系列绩效方面都有显著提升,共产生和实施22项绿色绩效改进方案(GPAI)。通过该项目,供应商环境保护与节能意识有了明显的提高,并取得了明显的经济与环境效益。

LCA的理念和方法也在开始在中国推广,但还有待发展。LCA与ISO 14000、绿色制造、企业可持续发展,以及当前中国正在倡导的环境友好型社会、以及循环经济等领域有着密切关系。我国有位居世界第一的产销量,但汽车作为消耗品,在其生命周期中对环境影响也越来越大。2013年,我国工信部、发改委和环保部联合发布《关于开展工业产品生态设计的指导意见》等文件,提出要求按照LCA的理念开展汽车产品的生态设计。2014年7月,工信部发布《关于开展工业产品生态设计示范企业创建工作的通知》,组织应用LCA方法开展汽车行业生态示范企业的创建。但还处于起步阶段,中国汽车企业须加大汽车产品的LCA理念推广,大力开展相关研究,在开发定制汽车产品生命周期评价软件、以及建立我国汽车产品的生命周期数据库的基础上,和汽车的环境、成本和性能等方面的影响综合考虑,降低汽车生命周期对环境负面影响的同时降低成本并提高质量。

总之,中国汽车行业顺应国际潮流,在伦理文化方面一方面尽量发挥本土伦理道德文化的优良传统、加以转换应用于行业实践,同时也积极探求在伦理规范上与国际接轨。但还需要努力营造一种自觉自律的企业伦理文化,所以在实践方面需要加大力度、全面推与行业密切相关的伦理理念与原则实施。

二、汽车伦理道德文化发展趋势

随着现代社会发展,与汽车伦理道德文化相关各个维度的伦理提高也有效促进了汽车伦理文化和伦理决策力整体提升,涉及个人哲学伦理立场、企业管制、社会文化、与行业相关的科技、工程伦理及国际环境等。行业、高校及企业的教育与培训也促进了工程从业人员道德提高。概述如下。

1.行业个体的伦理素质是汽车伦理文化发展的重要内驱力

在汽车企业经历了一系列丑闻后,人们在惶恐不安中发现有些伦理问题的复杂性已经远远超越了外在监管的范畴。随着法律、法规的健全及科技的进步,在缺乏内在道德约束时,一些非伦理行为不仅不会止步反而会伪装得更为隐秘。所以个体内在伦理素质对于企业文化影响力开始引起关注,尤其是一些个人内在德性要素,如美德论、正义、公正及中国儒家德性伦理文化。企业及员工应该时刻提升自我,秉持正义、公平等道德观。因此,在面临复杂的伦理困境或涉及任何新型的伦理道德问题的情况下,汽车行业人员应以这些动机为前提,同时考虑各重伦理关系及适用的伦理立场和原则,尽可能在道德允许的前提下去获得预期的结果,在道德两难中选择相对更符合伦理的决策。

2. 哲学伦理思想对于汽车伦理文化提升具有引领力

在探求内在因素时,哲学思想因能赋予个人伦理的智慧、能从内在辩证考虑,所以因其无可比拟的内在道德引领力而逐渐进入了科技、企业及人们的生活。面对汽车行业复杂的伦理环境及呈现出多样化的伦理困境时,越来越多的人也开始从哲学世界里寻求解决途径。实践中,这些哲学思想前瞻性地研究和传播了企业和行业的新理念、新思想、新观点。19世纪以来,对技术与工程的批判性思考也显得越来越重要,哲学伦理思想因其思辨力而利于培养人们多维的视野和多元的研究取向及对于行业伦理的辩证思考和文化的提高。所以汽车行业由于其行业的复杂性和地位的重要性,伦理问题的探讨会越来越多地利用这种哲学的思辨力。

3. 美德伦理要素会成为提高汽车行业伦理困境的有效力

在个人要素和哲学思想中,美德伦理有着不可比拟的效力。当今汽车行业丑闻及未来汽车行业伦理困境证明有些伦理要素在面临复杂伦理问题时的无力。一些与个体品质有关的来自文化或哲学的美德伦理要素的引入会加大伦理效果,这些传统德性伦理没有结果和过程的制约,直指人的内心。科技美德论受到越来越多的企业倡导,美国电气与电子工程师协会(Institute of Electrical and Electronic Engineers, IEEE)在2014年和2016年举行的世界研讨会上,伦理与工程尤其是德性伦理与工程行业的道德提升被广泛探讨。这些德性品质就如同盲人的拐杖,它们在实践中通过道德自我完善,会成为人类最好的应对途径,会在科技极大不确定性中让科技获得更持续更繁荣的发展。未来汽车行业可以通过将美德伦理其根植于企业文化的土壤,强调真与善的价值导向,以真为依托,以善为归宿,让其真正转化成为汽车行业中解决伦理困境的核心力量。

4. 以人为本、生命至上会成为汽车科技发展的原动力

在汽车企业由于其行业特殊性,伦理问题大部分直接涉及人的生命安全,所以生命至上成为第一原则。如AI在自动驾驶的应用中最主要的伦理困惑是该牺牲谁的生命,功利论对于该困惑的无力在于人的内在价值不可以以数量相抵消,因为它首先违法了生命至上的原则。在制动质量不合格的情况下也会直接导致事故发生,对人的生命直接造成威胁。故在设计中应该首先主动考虑车辆内外人员的生命安全。只有基于这个出发点,将其作为一种工作的主要动力,才能激发更多的灵感,主动从本质上思考、设计生产出更符合伦理要求的汽车,让人们安享汽车带来的美好。

5. 汽车企业会增强对社会的责任力

除了从哲学的内驱力来增强汽车行业的伦理文化,还可以从责任意识上考虑。因为责任也是一个人重要品质,强烈的责任感是企业和个人成功的一大特点,责任意识让他们表现得更加优秀。随着国际准则日趋严格,员工责任意识增强,更多汽车企业会加入社会责任行列、履行社会责任、提交社会责任报告,社会责任将逐渐成为企业的一种自觉行为。未来,随着意识加强,慈善责任不再被视为"漂绿"(Greenwash)行为,而是一种真正利他的社会责任。企业会在发展中认识到一种强烈的义务来自觉履行社会责任,将社会责任、三重底线视为未来汽车企业的立身之本、不断发展、长盛不衰的根基。责任可以推动历史车轮滚滚向前;责任之中闪耀着人性中至真至纯的光芒。

6. 汽车企业文化会体现自律力

汽车企业会强调一种自律的道德文化,由被动遵循强制性伦理要素如法律、法规转向自觉应用更抽象的非强制性的哲学道德文化,如正义、公正、CSR 的主动实施。一些外在要素已经不能满足汽车行业日趋复杂的伦理问题,所以需要将伦理内置于企业成为一种自律文化,提高汽车行业人员道德的主动性,如西方规范伦理和中国传统文化思想。这些内化的抽象的伦理理念比固定的法律、法规有更具有弹性、普适性,且有更深层次的指导意义。在自律道德缺位的情形下,人们往往会反向利用科技进步及专业知识的掌握来与法律及伦理博弈。很多法律的制定和监管远远赶不上科技的步伐和现实的需求。故此,科技的发展及企业的繁荣需要一种更高层次的、自律的、内在的道德约束,或建立在道德上主动的道德观。只有这样汽车企业、汽车科技才能在道德的轨道上长久运行。

7. 跨文化理念会成为解决汽车行业多元文化的协同力

汽车行业大量接纳外商投资而增加了其文化多元性,所以也积极思考寻求相应的解决途径。一些来自跨文化领域的理论将会被用于汽车企业作为战略解决多元文化带来的价值观冲突,营造更和谐的企业文化,进而发挥更大的文化协调效应。如国际营销中全球本土化理论(glocolization),就可以成为解决这些文化多元性一种新的思路,即立足本土文化,同时接纳全球其他文化,但要注重兼容点。国际人力中的理论如趋同(convergence)与趋异(divergence)会被用来解决多元文化背景员工伦理价值观问题。其他国际文化理论如跨文化伦理维度也会应用,探求不同文化共同的价值观。

8. 汽车科技相关的行业伦理理念会增强普遍实施力

除了个人因素和社会因素,汽车行业还需要考虑行业特色的伦理要素。LCA 理论在汽车行业的应用会有所发展,其应用方面会不断拓展到从只关注主要环境影响到所有可持续性方面,生命周期评价模型也会增加在时间维度上的扩展,与供应链紧密结合。另外,生命周期评价会从关注生产工艺过程到关注物质的、经济的和行为之间的关系。未来生命周期评价将被广泛应用在更多汽车相关的可持续生产和消费的研究领域,成为一个跨学科的综合方法。汽车工业已经形成了完整的供应链 GSCM。汽车工业产业链相对较长,关联性相对较紧密,这个大规模协同特征的产业结构需要各级供应商配合。所以将来要改变企业只关注内部的 LAC 和 GSCM 而忽视外部各级供应商在这两个方面的行为,从企业内部和外部构成联盟整合,产生协同效应;如结合绿色供应链、精益管理和可持续三重底线。

9. 汽车行业及伦理准则会逐步走向规范具有趋同力

随着 WTO 等国际组织的建立,为了获得国际认可,各国会尽量缩小相互因为发展阶段或文化等导致的道德差异,遵循相互兼容的全球规范,促进汽车行业伦理道德文化全球互通及普及。一些具体的国际通用伦理原则,如绿色供应链和产品的生命周期评估等会更多地在全球汽车行业实施,更多的企业会参与 ISO 14001 和 IATF16949 等国际认证。国际工程伦理准则及法律法规会逐渐完善,对汽车行业更具有针对性,同时也包括抽象伦理原则具有更大的适用性。工程行业伦理实践会越来越多地在全球开展,让更多的国际汽车企业了解社会责任和工程活动中的职业道德伦理,提高他们伦理敏感度、工程价值观、伦理判断和道德意志力等,让未来全球汽车行业在工程可持续性和人类未来实践共同的利益中做出更加符合伦理的决策。

10.汽车行业决策伦理维度会逐步具有完备力

汽车公司伦理既有和其他伦理相比共性的问题,也需要根据不同文化、意识形态、行业特色和发展阶段及国际同行和规范等多维度考虑,更全面的做好伦理决策判断。随着汽车行业的发展,行业人员伦理意识提升,该行业从业人员会自觉从个人、企业、社会、行业及国际原则等多方面考虑,或从技术、利益、责任、正义和环境等考虑,平衡各个利益相关者的权利和责任,做出优化的决策。

11.汽车科技中突出的伦理议题会引起更大的关注力

汽车行业一个典型的伦理问题是在汽车发展过程中过分强调效益而忽视伦理动机,因伦理缺位而暴露出很多问题,为此,人们努力呼唤经济学与伦理学的再度结合,将缺失的伦理层面逐渐重新回归。虽然功利主义原本是一种伦理学理论,但"效用"却被改造成为了一种纯经济学理论,由"伦理学原理"变成了"经济学原理",导致在工程行业尤其是汽车工程行业在谈到效用时伦理严重缺位。在实际中应逐渐从理论和实践两个方面着手去努力改变这种现象,多从功利主义的伦理动机上考虑"效用",既不可以在理论上把工程决策等同于经济决策,也不可在实践中把工程决策仅仅当作经济决策,避免功利主义从伦理学原理向经济学原理的蜕变所产生的弊端,改变经济学与伦理学分离导致伦理缺位的现象。哲学的伦理立场及科技美德论等的应用有望缓解伦理缺位的现象。在实践方面,技术、经济、伦理、社会等因素密切相联,还要克服现实困难使伦理考量和伦理标准"进入"现实的工程决策,既有来自思想和观念上的,更可能有来自某些既得利益集团和权力集团。

汽车行业另一个伦理困境在于对于人工智能的安全、伦理、合法使用。随着伦理动机、生命至上、科技美德伦理道德意识增强,及科技水平提升,AI在汽车领域的安全、伦理的应用会有所突破。各国会逐步完善相应的法律、明确责任,让其更安全的上路。

在汽车行业,对于绕不过的"电车难题"中有争议的"死亡算法"会有新的思路。面临不可避免的碰撞,怎么能信任机器人选择最不坏的结果?自动汽车不仅把一个百年历史的产业推上了创新的前沿,它们还迫使人类面对一个愿意把多大的控制权交给机器的重大问题。尽管实践中很难突破,但由于有了生命至上、科技美德的伦理道德及对于功利主义"效益"中伦理要素的回归,汽车行业会以此为前提去积极探究如何绕过这里的伦理悖论,在不伤害生命的情况下最大效益地应用AI。

对于自动汽车上路避不开的"合法化"问题,如类似谷歌"撞车门"这样的交通事故由谁负责的问题会引起更大的关注,人们会在最终解决的道路上越走越近。克里斯·格迪斯认为"我们还没有见过类似这样的技术,重现人类在这种开放式任务中的所作所为。真的让机器人做某种目前完全由人类做的事。"因此,就自动化交通运输而言,伦理问题既事关重大,也极为复杂,需要有法律明确责任承担者。各国和各大汽车公司已开展研究:如美国,欧盟,日本等国已开始启动应对措施;戴姆勒(Daimler)和宝马(BMW)等老牌制造商,以及特斯拉(Tesla)和谷歌等已开始关注伦理问题;而菲亚特—克莱斯勒(Fiat Chrysler)等的工程技术人员也在"探索"自动驾驶的潜在影响。2016年两会上中国也有了新动态,呼吁加快自动驾驶立法,识别并着手修改阻碍自动驾驶发展的相关条款。

12.汽车行业未来会加大伦理教育和培训的影响力

随着汽车行业的发展新,伦理问题层出不穷,工程伦理教育将被认为是一种有效途径,可以提升道德敏感度和道德意识,增强行业伦理敏感度。同时,在美国,工程伦理在20世纪

70 年代作为一门学术课程和独立的学科开始兴起。此后出现于德国、荷兰、瑞典、法国、英国、加拿大、澳大利亚、日本、俄罗斯、中国和其他国家。于 20 世纪 80 年代工程伦理开始作为一个相对较新的教育和研究领域。同时,与汽车相关的行业协会、高校、企业等会越来越关注该行业的伦理培训。未来在与汽车相关的企业培训和工程教育中将会更多地将伦理作为重要的要素,让伦理教育及培训成为一种行业必需。中国汽车行业伦理道德培训要素会受到文化及意识形态的影响。

总之,汽车公司任何一个环节都既经受着企业与社会责任的考量以完成社会给予的一种信托责任,协调各种利益冲突,完成企业在经济、社会和环境等方面的责任底线;同时也在科技、法律与伦理等要素之间博弈,寻求一种超越科技、超越法律及底线更高境界的自律的道德文化,以此应对汽车科技及企业发展进程中一些棘手的道德难题,进而推动汽车文化向更可持续、更长久的未来发展。为此,有必要在汽车行业构建一种自上而下的企业伦理文化,培训该行业工作人员,将非强制性伦理理念及正义、公平、人伦、人本的观念植入汽车行业的土壤,赋予这些管理人员及工程师新的力量,让他们能在经济、社会和环境压力下,创建可持续、伦理、环保、安全的未来汽车行业。相信汽车伦理文化也会发挥出璀璨的光芒引领汽车行业随着历史的车轮走向下一个辉煌。

复习思考题

1. 举例说明学习汽车伦理文化对于解决汽车行业道德困境有何现实的指导意义?

2. 汽车行业最突出的伦理问题有哪些?请选取某个问题结合本章中的伦理立场理论加以探讨。

3. 汽车企业如何才能平衡商业利润与伦理之间的关系?

4. 你怎样认识无人驾驶汽车的伦理问题?

5. 请结合汽车行业的实际谈谈个人的道德品质对于解决行业伦理问题的有效性。

第七章　道路交通文化

自从出现人类文明,道路就形成了,"走的人多了也便成了路",道路是社会的纽带,尤其是汽车诞生以后,它为人类提供了越来越快捷、通畅的出行条件,也同样催生出安全、有序的道路交通管理文化,风驰电掣的汽车只有在和谐高效的管理下,在四通八达的康庄大道上才能给人安全又快捷的体验。道路交通文化带来的不仅是快节奏的生活,更多的是一种高效的管理、一种安全、环保、公益的文化,这与汽车文化是相辅相成的。

第一节　道路及其附属设施

一、道路的发展

纵观人类道路交通及其工具的发展情况,大致可分为三个阶段。

1. 步行道路时代

这一时代,基本上处于原始社会状态。当时,生产力极为低下,非常简单,交通往来基本上为步行,交通工具以牲畜的驮运为主。伴随着这些情况,出现了一些适用于步行和驮运的道路,图7-1所示的道路为莫亨约·达罗城街道,该城相传建于公元前3000~2000年,城市位于印度河流域,城市周长5km多,平面呈方形,约有1km²面积,估计有3万~4万人口。全城的街道按方格网布置,城市中央的南北大街宽9m,东西修成小街,宽度有5m、4m、3m三种,均为铺砖路面。城市及道路的给排水设备十分完善。

图7-1　莫亨约·达罗城街道

图7-2所示为亚苏道路。这是在古时候,地中海沿岸几个国家用于举行宗教仪拜的道路。道路路面采用块料铺砌,这种分层结构形式的块料路面和现代的块料路面十分相似。

罗马道路是世界古代著名的道路之一。早在公元前700~300年的伊拉达里亚时期,在马尔扎波多附近修建的一座古城,就出现棋盘式布置的城市道路网。罗马道路的路面结构十分完善,如图7-3所示。路面材料广泛地采用石料、砾石、砂石、砂及其混合料构成。总厚度一般为100~120cm。在使用的材料中还有在砾石和石屑中加入石灰砂浆组成的砾石混凝土,还采用了用火山灰和水硬性砂浆,这是水泥混凝土和水泥砂浆的雏形。罗马道路路面结构主要有砾石混凝土路面、石灰路面和块料路面三种。前两种为一般断面,后一种称为费拉米道路。

图7-2　古代亚苏道路结构图

1-石灰石板;2-铺在砂浆上的砖块;3-由碎石或砾石铺筑的基础

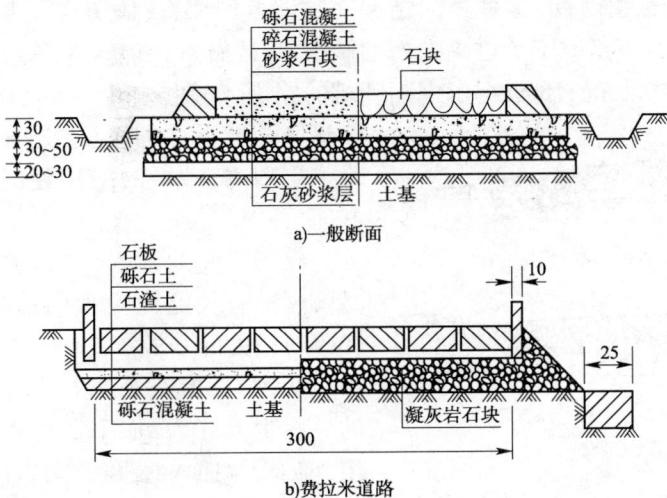

a)一般断面

b)费拉米道路

图7-3　罗马道路路面结构(尺寸单位:cm)

中国的丝绸之路是古代著名的适用于驮运的道路,大约建于汉武帝建元二年(公元前139年),由张骞出史大月氏后开通的西域道路。由于中国的丝绸沿此路线,横越戈壁荒漠,向中、西亚以及欧洲传送,故由此得名。该路东起中国的西安,经现在的陕西、甘肃、新疆等省,越过帕米尔高原,再经中亚、西亚,到地中海东岸的罗马,里程达数万千米。几个世纪以来,这条路运送了大量的商品及货物,对于促进中外商业来往和文化交流起着重要作用。到了公元5世纪,已形成数千米的商队道路。丝绸之路的生命,一直延长到今天,历经徒步、骆驼和车辆等运输工具,它是亚洲道路发达的象征。

2. 马车道路时代

车的发明改变了运输全靠人背、肩挑、棒抬、头顶的原始运输方式,是运输史上的里程碑。马车交通工具的出现,使得道路交通进入马车道路阶段,于是筑路事业开始活跃起来。马车运输对道路的技术条件,如宽度、坡度、平整度、强度以及路线布置都提出了更高的要求,使筑路技术有很大的进步,从而为现代道路的产生和发展奠定了基础。这一时期道路技术的成就主要体现在以下几个方面:

1)路面结构思想的产生和碎石路面的出现

进入马车时代后,以砂、土为材料的土路,已不能满足马车车轮的使用,因为车辙致使路面被破坏而不能顺利通车。于是,路面的强基、薄面的新概念以及一整套路面的设计、施工的新技术从实践中逐步产生。英国和法国的工程师在这方面做出了卓越的贡献,具有代表性的路面如:根据罗马形式所修筑的中世纪路面,这是法国在16~17世纪,按照罗马道路改进的路面,路面结构如图7-4所示。

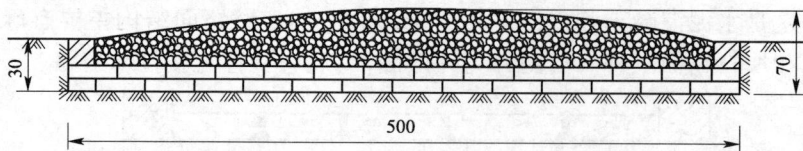

图7-4　中世纪法国修建的罗马式道路(尺寸单位:cm)

1777年法国特雷萨盖设计的路面结构如图7-5a)所示,该路的土基和路面做成上凸的双向横坡形式,这是早期的路拱;1815年英国泰尔福设计的路面采用嵌挤式结构,如图7-5b)所示,在拿破仑战争时期,这种路面结构在欧洲普遍盛行;1916年英国马克当设计的路面,如图7-5c)所示,该路改变了过去挖槽的做法,将碎石直接铺筑在升高的土基上,从而根本改变了路面的排水状况;18世纪末俄国铺筑的路面,如图7-5d)所示,该路设计中为了防止冻胀和地下水的影响,还在碎石与土基间加设一层砂层,砂层的采用使路面结构更趋合理和完善。

碎石路面的出现,比古典的砂土路面和罗马帝国的石块路面大大向前推进了一步,是现代碎石路面的开端。这种路面虽然施工时碎石加工费用高,但对马车行车十分适宜。路面上的一些尘土,在下雨后带入碎石隙,起到黏结作用,增强了路面的强度,形成了后来的泥结碎石路面。后来,随着1856年碎石机的发明以及1859年蒸汽压路机的出现,使得碎石路面技术进一步提高,路面质量得以保证,施工进度大大加快。19世纪在欧洲和美洲,这种路面相当盛行。

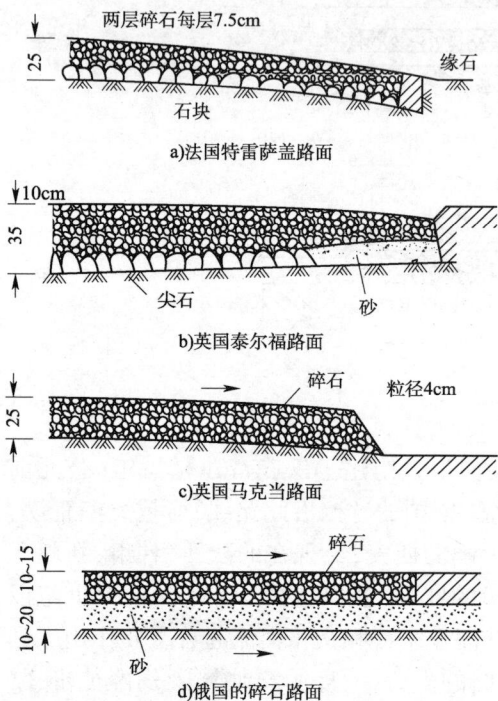

图7-5　早期的欧洲碎石路面(尺寸单位:cm)

2)块料路面的发展

在无砂石料地区,因缺乏材料,不能修筑碎石路面。1820年俄国古烈耶夫在彼得堡首次用木块铺筑了路面,其构造如图7-6所示。以后在欧、美也开始广泛采用这种结构。1839年美国开始修筑块料路面,1872年开始又修筑了砖块路面,这些路面的铺筑,使得块料路面向前跨进一步。

3)马车的改进及道路管理教育的萌芽

马车运输的发展,不仅促使道路上的驮运和担运逐渐消失,也促进了马车制造技术的不断改进。1565年在英国最早出现了单轴的双轮马车,随后又出现了双轴无弹簧的四轮马车,以后又改进加上了前面的转弯结构、弹簧、铁轮等,图7-7所示是当时改进的四轮轻便马车。马车的改进,提高了马车的速度和载质量,从而也对道路的线形、结构提出了更高的要求。

随着马车的改进和运输的发展,道路的运输管理也相应产生,英国是道路管理开始较早的国家,早在1555年就着手制定了加进赋役制度,这是最早的道路法规,并在全国范围内以各区为单位设置了管理人员,监督道路的修筑。1663年英国又制定了收费道路法,即所谓的收税路制度。根据收费道路法的规定,到1800年全英国已修建的收费站有1000多处。

在 1699 年英国还成立了第一个管理驿递马车的组织机构,负责组织和管理驿站的驿递工作。

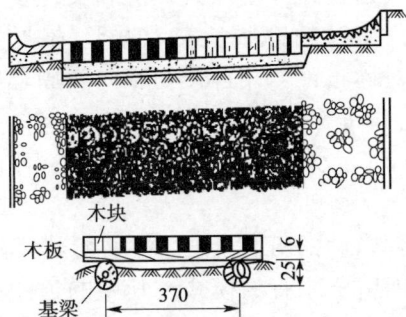

图 7-6　俄国古烈耶夫的块料路面(尺寸单位:cm)

图 7-7　四轮轻便马车

法国是开展道路工程教育最早的国家。早在路易十四年代,有个叫科尔拜尔的大臣,对道路十分重视。他认为,为了发展经济,必须修好道路,他主张极力推行筑路的各项政策。1747 年,在巴黎创立了第一所专门的道路桥梁学校,这所学校是第一所培养道路桥梁技术人才的专业学校,为社会输送了许多道路桥梁技术人员、数学家和测量工程师。

我国的道路建设在这期间也有了很大的发展和飞跃。在我国的黄帝时代,即有邑夷制作的大车,当时为了打仗辨别方向,据传黄帝还发明了指南车。这也是世界科学史上的一大创举。同时还修建了行驶大车的道路。至夏禹时代,国土分为九州,产生了道路里程的概念。商代还设置了管理车辆的车官。而至周代,已经有了明确的道路系统,并设置了负责道路守卫的交通管理人员,也叫司空官。周代城市道路经纬交叉,城的四周有环涂围绕,野涂则是离王城较远的道路。

到了春秋战国时期,为了适应诸侯王国之间政治、军事上的需要,各诸侯国均于交通大道上设置野站,并备有良马固车,以便传递官府文书,接待来往之官吏。另外,在战国时期,山区道路亦逐渐开发,出现了一种在"险绝之处,傍凿山岩,而施板梁为阁"的栈道。图 7-8 所示为广元市北明月峡和凌风峡中的古栈道遗址。

秦始皇修筑的万里长城是世界最早,且最长、最宽的超级公路。当时还修建了以国都咸阳(今陕西西安附近)为中心的两条供天子巡幸的"驰道"及"驿道"(图 7-9)。其中一条向东,通至今河北、山东芝呆(今烟台市)直达渤海边;另一条向东南,穿越河南、安徽,直抵江苏及浙江等省,此外,秦始皇还在今云、贵、川等边远地区修筑了"五尺道""子午道"以及"娇道"等。当时的驰道"道广五十步,三丈而树,厚筑其外,隐以金锥,树以育松"是古代陆上的交通干线。

图 7-8　古栈道

到了汉代,由于国力强盛,道路交通事业有了长足的发展。当时的道路交通事业方面最值得称道的莫过于通往中亚、西亚的干道,即历史上著名的"丝绸之路"。而且,世界上最早的公共交通系统也始于我国的西汉时代。

自魏、蜀、吴三国到魏晋南北朝,因战乱频繁,道路交通已不如汉时,但局部地区的道路

图7-9 秦古驿道遗址

仍具有一定规模。如在京酷建康（今江苏南京）附近,有所谓御道,即备皇帝御车行车之路。

唐代是我国封建社会经济和文化发展的鼎盛时期。当时的都城长安为方形,格局采用了中轴线对称布置。并自长安城向四周辐射而通达各州,共长5万里,称为"弹道",又名"大道",图7-10所示为唐代长安城的方格网布置的道路。

唐朝以后的五代十国,各朝所建都城的格局大多保留了原有的模式。其中的道路系统多为南北方向和东西方向纵横交叉结构,又称之为棋盘式路网。自宋朝以后,城市通往各地的道路只是在原有路网的基础上加以扩展,同时,在道路管理、养护、绿化诸多方面亦有所改进。

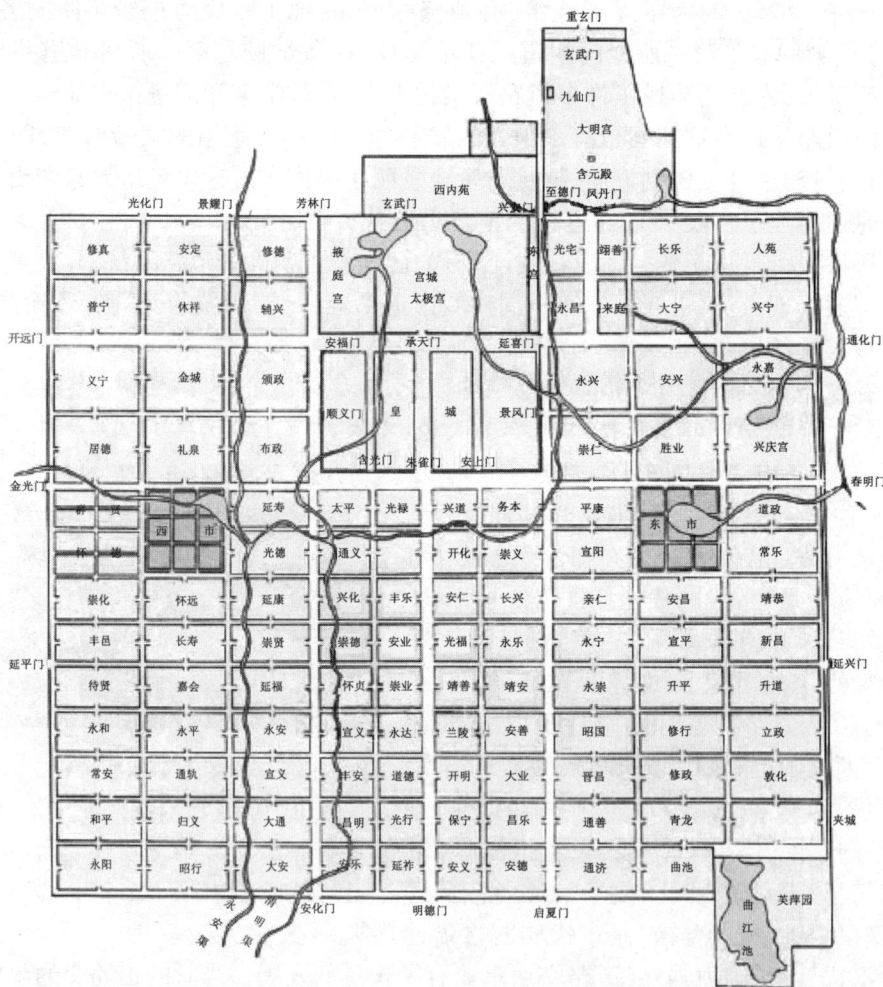

图7-10 唐长安城方格路网

明、清两代,城乡道路的规划和建设又有所改进。特别值得一提的是,清光绪年间,在广西修筑了一条从龙井(地名)到南关(地名)的"路",该路全长16200余丈,折合市里为108

里。当时已引进米制单位,始称之为"公路"。

3. 汽车道路时代

从公元1886年德国人本茨研制出第一辆汽车起,即标志着马车时代的结束,汽车时代的开始。由于汽车的出现,极大地促进了道路交通事业的发展。

1912年,湖南省于长沙至湘潭间修筑了我国第一条可通汽车的道路,当时人们戏称之为"汽车路"。但我国自1840年鸦片战争后,即沦为半殖民地、半封建国家。在帝国主义参与及投资下,修建了一些汽车公路和城市道路。可是从总体而言,那时的道路交通建设均处于无计划的盲目发展状态。至新中国成立前夕,我国仅有公路3万km,约有7万余辆的汽车亦全靠进口。新中国成立以后,我国的道路交通事业伴随着社会主义建设和国民经济的发展而突飞猛进。据《2016年交通运输行业发展统计公报》显示,截至2016年年底,全国公路总里程469.63万km,其中全国四级及以上等级公路里程422.65万km,二级及以上等级公路里程60.12万km,高速公路里程13.10万km,国道35.48万km,省道31.33万km。2016年年末农村公路里程395.98万km,其中县道56.21万km,乡道114.72万km,村道225.05万km。全国通公路的乡(镇)占全国乡(镇)总数99.99%,其中通硬化路面的乡(镇)占全国乡(镇)总数99.00%;通公路的建制村占全国建制村总数99.94%,其中通硬化路面的建制村占全国建制村总数96.69%。在各省会城市及一些主要大城市中的道路均铺设了高级路面。在高等级公路和城市干道上,均已做到标志、信号齐全,有些高速公路和城市道路,还建立了交通自控系统、收费系统等,使公路和城市道路的技术面貌有了很大的改变。

公路根据使用任务、功能和适应的交通量分为高速公路、一级公路、二级公路、三级公路、四级公路五个等级。在各类公路与城市道路中,中国高速公路里程目前居世界首位,美国位居第二。20世纪30年代西方一些国家开始修建高速公路,60年代以来世界各国高速公路发展迅速。我国的高速公路发展比西方发达国家晚近半个世纪的时间,从80年代末开始起步,如今进入快速发展阶段。高速公路是经济发展的必然产物,高速公路能够适应工业化和城市化的发展,满足汽车发展对道路基础设施的要求。各国尽管对高速公路的命名不同,但都是专指有4车道以上、两向分隔行驶、完全控制出入口、全部采用立体交叉的公路,如图7-11所示。高速公路在郊外大多为4或8个车道,在城市和市郊大多为8或12个。高速公路设计行车速度,在中国野外大多按地形的不同,分为80、100、120km/h三个等级;通常城市大多采用60和80km/h两个等级。路面现多采用磨光值高的坚质材料(如改良沥青),以减少路表液面飘滑和射水现象,路缘带有时用与路面不同颜色的材料铺成,硬路肩为临时停车用,也需用较高级材料铺成。

图7-11 高速公路

1972年,交通部公路科学研究所根据城市道路发展的需要,建立了交通信号标志研究室,开展了有关交通工程学科领域的研究工作,并先后与北京和天津公安局合作研究建立城市交通的点、线、面控制系统,与公路规划设计研究院联合研究交通量调查的方法及设备,与北京、广东、天津、辽宁等有关单位研究建立反光标志、标线、发光标志、光纤标志、可变标志以及标志牌的形式、尺寸和位置等,使得道路交通的附属设施得到了较快的发展。

汽车的出现在给人类社会的发展起到了巨大促进作用的同时,也带来一些弊端。如,交通量不断增加,各种运输工具的速度相差悬殊,道路条件不尽人意,道路交通拥挤、阻塞、事故增多等问题。为了消除这些问题,人们在改造道路的同时,应加强道路的交通管理,并设置了相应的道路交通管理机构,制定了一系列道路交通管理法规,以提高道路交通的效率及安全系数。

二、道路附属设施及标志标线

道路的附属设施除了是为交通畅通和防止事故的目的之外,还具有保护路体和为道路使用者服务的目的。主要包括护栏、视线导标、道路反射镜、道路照明等。

护栏在初期是用简易的木栅栏或混凝土块建成,这虽然也能起到一定缓冲效果,但容易被车辆破坏,使车辆冲出路外。由此有使用坚固的混凝土壁式护栏,以防止车辆冲出,但是这种护栏却使车辆遭受较大的损坏并危及乘车人员生命安全。因此,研制结合两者优点的护栏显得非常重要。今天看到的护栏,其首要的出发点是防止车辆冲出路外或冲到对向车道,并能更加积极地保护车辆和乘车人员的安全;其次是在山岭区以此提高驾驶人的警惕性,诱导其视线;再有就是在市街内保护行人,并兼有防止行人任意乱穿横道的作用。护栏设置的位置在路肩的外侧、分隔带和人行道上。

视线导标是为了表明路边及道路的线形、特别是夜间为引导驾驶者的视线,而沿着行车道的侧向设置的设施。高速公路调查协会发行的《视线导标设置标准解说》中对视线导标规定为:"受汽车前照灯照射的反射型视线导标,以及在多雪地区作为驾驶者行驶目标,或作为除雪作业目标而设置的积雪标杆,其中属于电动闪光式的,不做视线导标处理。"

道路反射镜是在路线视距不足的曲线部分、山岭区道路极小的曲线半径处、通视恶劣的交叉路口(特别是无信号的交叉路口)、铁路道口等处,为帮助驾驶者、行人对其通视受到限制的车辆、行人得以识别清楚,防止发生事故,而设置的一类道路附属设施。曾经有学者对反光镜所映出来的映像与实际的远近感不同,对是否有必要一定设置道路反光镜产生质疑。但反光镜能将另一方的车辆和行人映照出来,并且路上设置反光镜本身就具有防止事故的效果,所以在必要的地点是应该设置的。

道路照明在过去汽车交通很少的时代的主要目的是防止犯罪,在市街内也起到了繁荣商业的作用。现在的道路照明,当然还有上述的必要性,但除此之外,最首要的意义是以确保夜间通行者(驾驶人或行人)舒适安全为目的。在道路照明法中,为适应道路、交通的条件,照明分为对某一路段全部的连续照明和仅对必要地点的局部照明两种情形。

道路交通标志是用图形、符号、文字向驾驶者及行人传递特定信息,用以管制、警告及引导交通的安全设施,它在现代交通管理中发挥着重要作用。实践证明,合理设置道路交通标志,可以有效地组织交通流,提高道路通行能力,减少交通事故,预防交通拥堵,节约能源,降低公害,美化道路交通环境并提高城市品位。我国道路交通标志的分类见表7-1。

把交通标志标线看作是"道路语言",实质是对其作用的最充分的概括。道路交通标志标线和其他交通管理设施结合在一起,构成了意义性交通环境,向车辆驾驶者和行人提供各种交通信息,指引行进方向,对道路上的交通流进行调节、控制和疏导,以达到安全、畅通、低消耗的目的。现代化的道路附属设施及其标线的设计更加体现出交通是一种文化,其优美的设计风格使得人们在出行的同时,获得了美的享受。一些道路附属设施及标志标线如图7-12~图7-16所示。

标志类型	图 形	颜 色	目 的
警告标志	等边三角形,顶角向上,共42 个图形	黄底、黑边、黑图案	警告车辆和行人注意危险地点
禁令标志	圆形、顶角向下等边三角形和八角形,共 42 个图形	除个别标志外,为白底、红边、黑图案	禁止或限制车辆和行人的交通行为
指示标志	圆形、长方形、正方形,共29 个图形	蓝底、白图案	指示车辆和行人的行进方向
道路标志	除地点识别标志外,为长方形和正方形,共 146 个图形	除里程碑、百米桩、公路界碑外,一般道路为蓝底、白图案,高速公路为绿底、白图案	传递道路方向、地点等信息
旅游区标志	指引标志为长方形,旅游标志为正方形,共17 种	棕底、白字	识别旅游区的方向、距离,了解旅游项目、类别
道路施工安全标志	长方形,共有 26 个	蓝底、白字,图案部分为黄底、黑图案	报告道路交通阻断、绕行等信息
辅助标志	长方形,共 5 种	白底、黑字、黑边框	附设在主标志下,起辅助说明作用

图 7-12 指路标志

图 7-13 护栏

图 7-14 停止标志

图 7-15   现代化的桥梁

图 7-16   公路道路

道路交通标线是以规定的线条、箭头、文字、立面标记、凸起路标或其他导向装置,划设于路面或其他设施上,用以管制和引导交通的一类设施。我国道路交通标线的分类见表 7-2。

我国道路交通标线分类　　　　　　　　　　　表 7-2

标线类型	目　　的	主要线性及作用
指示标线	指示车行道、行车方向、路面边缘、人行道等设施	黄色虚线——隔双向 白色虚线——分道线、左转导向线 白色实线——边缘线,人行横道线
禁止标线	告示道路交通的遵行、禁止、限制等特殊规定,车辆驾驶人及行人需严格遵守	中心黄色双实线——严禁跨越超车和压线 中心黄色虚实线——虚线一侧可超、压,实线一侧不许 中心黄色单实线——严禁跨越超车和压线 白实线——禁止车辆变换车道和借道超车、停止线
警告标线	促使车辆驾驶人及行人了解道路上的特殊情况,提高警觉,准备采取应变措施	黄色双实线或单实线——车行道宽度渐变,接近障碍物 单(双)虚线重复三次——减速线

第二节　道路交通管理文化

交通管理的发展可以追溯到很久以前,中国早在周朝时就设有司险,即交通监督官管理交通。欧洲的古罗马时代出现了世界上最早的单向通行方式,并有过限制马车进城总数量的规定。意大利古代城市庞培市的街道设有专用的人行道和行人过路用的跳石等,这些都是交通管理的雏形。现代交通管理的基本内容是车辆检验,驾驶者考核,交通违章及交通事故处理,交通秩序的维护,交通信号指挥与控制,交通警卫、人行道、车行道及停车场所的管理,交通标志、道路交通标线、隔离墩、安全岛和护栏等道路交通安全设施的布设,交通的合理组织,交通法规的制定与执行以及交通安全的宣传教育等。在中国,城市交通由公安部门管理,其他交通由交通部门管理。

道路交通是一个庞大的系统,该系统是由交通参与者、车辆、道路、环境以及管理诸要素构成的有机组合体。道路交通管理是一门综合性学科,它的研究对象主要是人、车、路、环境和管理及其相互作用关系。道路交通管理是国家行政管理活动,其管理目标的实现,主要是采用法律的、行政的、经济的、技术的等多种手段,对人、车、路、环境及管理诸要素进行有效的组织、协调和控制。1986年道路交通管理体制改革,我国城乡道路由公安机关负责统一管理,新的道路交通安全法的颁布实施,标志着我国道路交通管理逐步走上法制化、规范化、科学化的轨道。因此,树立正确的管理思想是做好道路交通管理工作的前提保障。这些思想包括:系统思想、辩证思想、依法管理思想、信息思想、科技适用思想、双向控制思想、以人为本思想、因地制宜思想、效益至上思想等。

一、我国道路交通管理体制的发展变化

　　自新中国成立以来,道路交通管理体制不断健全,对于发展生产、便于运输、保障人民生命和财产的安全,起到了积极作用,整体发展大致可分为五个阶段。

　　1.改造与整顿阶段(1950～1956年)

　　在此期间,全国尚处于百废待兴、百业待举之局面。共产党和各级人民政府十分重视道路交通管理体制及其法规的建设。1950年2月,当时的中央人民政府政务院即做出了《关于航务、公路工作的决定》(以下简称《决定》)。该《决定》为保证当时的道路交通秩序的有条不紊发挥了重要作用。根据这一《决定》,将车辆管理这样一项统一的技术管理工作,分由交通、公安两个部门管理,但这在客观上造成了各管一方的局面。另外,在机构设置上亦不健全,这对道路交通的管理活动产生了某种程度的消极影响。

　　在这一阶段,不仅改造和整顿了道路交通管理体制、颁布了新的道路交通法规,而且还整顿改造了交通警察队伍,清除了一批不堪改造的国民党警察,吸收充实了一批工人和进步青年,批判了旧警察作风,同时,加强了对新充实的交通警察的教育训练,为建立一支有一定政治觉悟和熟悉业务的人民交通警察队伍初步奠定了基础。此外,还配合刑侦部门,严厉打击在道路上活动的各种犯罪分子,维护了社会治安,促进了道路交通秩序的好转。

　　从社会学角度言,在这一阶段,由于政治清明,党风端正,因而社会各方面恢复很快。可以说,这一阶段,我国社会处于一种初级的良性运行和协调发展的状况之中。在道路交通方面,由于各级人民政府的重视,认真贯彻了党的安全生产方针,严格执行了中央颁布的道路交通管理法规,尽管当时车辆逐年增多、运输量成倍增长,这一阶段的道路交通秩序还是比较好的。

　　2.建设发展阶段(1957～1960年)

　　在此期间,道路建设规模日益扩大,人口、车辆均大幅度地增加,从而使道路交通流量急剧上升。1954年4月,公安部在北京召开了全国城市道路交通管理工作会议,明确提出了道路交通管理的指导思想、任务及一系列管理措施。1955年在全国颁布了新的《城市交通规则》;1958年公安部交通管理局又先后在天津、武汉两地召开了城市交通管理工作座谈会,有力地推动了城市道路交通管理工作的建设与发展;1959年,交通和公安等部门对《城市交通规则》做了补充规定;1960年,交通部将《汽车管理暂行办法》修改为《机动车管理办法》和《公路交通规则》,并报请国务院批准颁布实施。

　　值得一提的是,这一阶段,道路交通的标志种类有所增加,道路交通标线的式样亦有了

统一规定。另外,规定交通警察统一使用交通指挥手势指挥交通,有些城市还采用了交通信号灯指挥交通,个别城市还设置了交通护栏等安全设施。与此同时,有关部门利用报纸、广播等宣传媒介,广泛开展道路交通安全宣传教育,从而使道路交通管理与道路交通安全教育有机地结合起来。但是在此期间,由于"左"的思潮的影响,不认真考虑实际情况,而过分夸大了人的主观能动作用,只要求驾驶人多拉快跑,而不顾驾驶人的身体状况,搞疲劳战术,只片面地抓生产,不管安全与否。尽管当时颁布了一些道路交通方面的规章制度,但未能得以充分落实,从而在某种程度上导致了道路交通秩序的混乱,交通事故亦有较大幅度地上升。

3. 调整、巩固阶段(1961~1965年)

由于"左"的不协调因素的干扰,加之自然灾害等因素交织在一起,致使我国的国民经济建设蒙受了巨大的损失。道路交通管理工作亦受其影响,车辆技术状况每况愈下,驾驶人技术考核标准亦随之降低。针对这一实际情况,党中央总结了经验教训,及时地提出了以调整为中心的国民经济建设的八字方针(调整、巩固、充实、提高)。道路交通管理工作亦认真地贯彻了八字方针,调整了道路交通管理机构,充实了道路交通监理人员。当时,在交通部内设立了安全监督局,主管全国水、陆交通安全工作。监理业务由公路总局移交该局管理,并于该局内设立监理处。与此同时,各省亦对监理机构进行了调整,有的省在交通厅内设监理处(如湖南、广东等省均设此处),从而使监理工作得以加强。同时,为了进一步提高驾驶人的素质,交通部于1963年颁布了《汽车驾驶员考试暂行规定》,1964年又颁布了《汽车运输安全生产工作试行条例》。这些措施和办法从组织上,制度上保证了安全生产。

4. 停滞和动乱阶段(1966~1976年)

1966年以后,在全国范围内,道路交通管理体制受到严重的破坏,道路交通安全工作被视为活命哲学的具体表现,道路交通规章制度被当作"管""卡""压"进行批判。道路交通管理机构遭到冲击,道路交通秩序极端混乱。有人甚至公然提出"红灯行、绿灯停""左派不能靠右行"之类的反科学谬论。由于道路交通管理工作无人问津,无政府主义极度膨胀,致使道路交通管理失去常态。许多信号灯停用,交通岗形同虚设,即使有些交通民警坚持上岗,实际上亦无法实行管理。由于派性活动中断或阻塞道路交通已司空见惯,因而导致道路交通事故接连不断,特别是重大道路交通事故直线上升。由于事故多发,问题较为严重,党中央于1970年发布了《中共中央关于加强安全生产的通知》。为了贯彻这一通知,交通部先后发了几个文件并召开了电话会议,及时传达贯彻通知精神。1972年3月,交通部又会同公安部颁发了《城市与公路交通管理规则(试行)》。接着又在同年8月,交通、公安两部在京召开了全国交通安全生产紧急会议。在这次会议上,总结了教训,提出加强监理机构和成立交通安全委员会的建议,同时,还提出了《关于加强城市、公路交通安全工作的几项措施》;1973年9月,交通部又在长春召开了全国交通安全生产经验交流会议。然而,尽管当时的党中央采取了许多措施,但由于这些措施一直没有落到实处,所以从总体而言,当时的形势,无论是社会大系统,还是道路交通这一子系统均呈现出一种恶性运行和畸形发展的态势。

5. 拨乱反正与改革阶段(1977年至今)

十一届三中全会以后,随着党的工作重点的转移和社会主义现代化建设的发展,我国城乡道路交通亦发生了巨变,机动车和自行车均大幅度增加,道路交通流量的急剧增长同道路交通的建设与管理跟不上需要的矛盾日益突出。为了加强道路交通管理工作,交通部于

1977 年上半年,即在西安公路学院举办了为期半年的全国监理干部培训班。随后,针对各国来华人员急剧增加的情况,交通部于 1977 年 11 月颁布了《关于驻华外籍驾驶员和机动车管理暂行规定》;同时,为了尽快修复动乱时期的交通状况,交通部于 1978 年印发了《交通监理工作任务和职责》(试行)的文件,对道路交通监理工作的任务和各级监理机构的职责做了较为明确的规定;1978 年,交通部会同商业部决定统一道路交通监理人员的服装、帽徽、臂章和监理证式样,具体规定了服装发放办法,并从 1979 年 1 月开始统一着装;公安部三局于 1979 年 4 月和 1980 年 9 月,先后在广州和大连召开了两次全国城市道路交通管理工作座谈会,会议提出了道路交通管理工作必须施以“科学管理”及“综合治理”的指导原则。交通部则于 1979 年 10 月,在北京召开了全国交通安全工作会议,会议中,主要研究了交通监理工作的方针政策、监理机构的设置、隶属关系以及驾驶人和公众道路交通意识的教育等。国务院于 1980 年决定将每年的 5 月定为“安全月”,道路交通部门亦乘此东风查找事故隐患,并进一步健全自身的机构。截至 1981 年年底,全国道路交通监理机构已基本健全(较“文革”时期言),其监理人员亦有所增加(约 2 万多人)。当时,除个别省外,全国有 28 个省、市、自治区交通厅(局)设有监理处;30 个(市、州、盟)设有监理所,县(市、旗)设监理站,并在一些道路交通枢纽地区设有道路交通检查站。为了进一步提高道路交通管理干部的业务素质,1981 年 9 月,交通部在济南交通学校举办了为期 2 个月的全国监理处长培训班,接着在 1982 年又举办了两期(每期 4 个月)骨干力量培训班;同年 8 月,又在青海省交通学校和黑龙江省绥化地区举办了为期一个月的法医培训班和道路交通事故及其预防师资培训班。1982 年经国务院批准,交通警察行使车辆监理的职能扩展至全国 109 个大中城市。同时决定,全国公路的交通管理以及除 109 个城市以外的市、县的车辆管理,统由交通部门的交通监理机构行使管理职权,部分地区的拖拉机的管理工作交由农机部门负责。

1983 年公安部在上海召开了全国城市交通管理工作会议,提出加速道路交通管理的科学化、现代化、正规化、革命化建设的要求。但这并没有根除多头管理,相互扯皮的问题。为了从根本上理顺道路交通管理体制,1986 年 10 月 7 日国务院发出《关于改革道路交通管理体制的通知》(以下简称《通知》)。《通知》严肃指出:“目前,我国的城乡道路标准低,质量差,人车混杂,交通管理又分别由公安、交通、农业(农机)部门负责,机构臃肿,政出多门,互相扯皮,这种多头管理体制,在城乡机动车辆大幅度增长的情况下,已愈来愈不适应我国对外实行开放,对内搞活经济的需要,亟待加以改革”。国务院决定,从 1986 年 10 月起,全国城乡道路交通由公安部门统一管理。

道路交通管理体制的改革,与我国经济体制改革及政治体制改革密切相关。新的公安交通管理体制的确立,实现了城乡道路交通管理的一体化,这在客观上亦顺应了城乡一体化的发展模式。《通知》发出后,交通、公安等部门进行了交接,原来在交通部门的道路交通管理机构移交至公安部门。公安部撤销原治安局的交通处,设立了交通管理局,其中分设车辆管理、交通秩序管理、装备、教育等业务处,各省、自治区公安厅设交通管理局或处,对外则称之为公安交通警察总队;省辖市或地区设公安交通警察支队,县(包括县级市)设公安交通警察队(或大队)。同时,从省到县的公安机关均设立了车辆管理所,有的地方则分设机动车、非机动车管理所。为了处理众多的道路交通管理业务。现今,在公安交通警察机构内部,除车辆管理所外,一般均设置了道路交通事故处理、道路交通秩序、机动勤务、宣传、装备、路改等业务部门。新的道路交通管理体制,充分地利用公安机关的有利条件,将道路交通管理与社会治安管理紧密地结为一体，从而更好地发挥其管理效能，以保证道路交通的安全畅通，为深化改革作出了应有的贡献。

我国汽车时代的道路交通管理，作为一种社会建制，是人类社会生产力得以巨大发展的产物。它的发展经历了一个从低级到高级、由简单到复杂的逐步深化的过程。它的发展与其他社会系统的发展有着极为紧密的联系。因此，这一社会建制的科学发展将深刻地影响着道路交通管理的发展，特别是社会经济的发展更是要求道路交通管理跟上其发展的步伐。而我国汽车时代的道路交通管理体制正是在与其他各种社会建制互为影响及双向选择的过程中，得以不断地向前发展的。

二、道路交通管理的效益文化

效益与效率是两个有密切联系但性质又迥然不同的概念，效率属于管理之范畴，它具有微观性质；效益属于经营的范畴，它具有把握方针政策，制定发展目标之类的宏观性质。效益等于目标乘上效率，换言之，目标正确，效率越高则效益越大；反之，目标错了，即目标为负值，效率越高则损失越大。由此可知，提高效益作为管理工作的最终目标，它的意义比提高效率更为重要。因此，如何提高道路交通管理的效益，以使道路交通更好地发挥应有的作用，便是道路交通管理中一个重要的文化内涵。

道路交通管理的效益主要表现在经济效益和社会效益两个方面。

1. 道路交通管理的经济效益

道路交通管理的经济效益涉及经济分析，而任何经济分析的基础又是对效益和成本进行比较。如实施某一高速公路管理系统时，能够预期的效益如增加汽车速度、减少行车延误、防止交通事故、降低燃油消耗和减轻污染等。建立道路交通管理系统，除了基本建设资金外，还需要大量的管理和养护资金，所以选择一套既符合社会需要，又不超出社会的承担能力，并且又能合理解决有限范围问题的低成本的管理系统显得至关重要。

在诸多道路交通管理项目中，某一控制系统的成本可能低于其他控制系统的成本。这即要求道路交通主管部门加以精心的筛选。国外一些道路交通管理效益研究表明，随着道路交通管理经济效益的增进，其结果是促使行车的平均速度提高，交通事故率降低，车辆在道路系统中的总行程所用时间减少。如在美国明尼阿波利斯市，某道路控制项目极大地改善了道路交通的总的服务水平：早高峰期北行平均速度从 44mile/h 提高到 50mile/h（1mile = 1609.344m）；晚高峰期南行平均速度则从 36mile/h 提高到 46mile/h。据估计在该市每天的道路交通高峰期，实施的控制系统大约可节省 1400 旅客小时。此外，在安全方面，早高峰事故减少 8%；晚高峰事故减少 18%。又如在美国纽约州，实施集中式驾驶人情报系统取得的经济效益为：行车延误减少 2850000 车·h，燃油节约了 2736000USgal（加仑），污染物减少了 6000000lb（磅），故事降至 200 次以下等。

上述事实表明，道路交通管理可以带来直接的经济效益，但要指出的是，道路交通管理的经济效益有一部分是潜在的。因为通常建立道路交通管理系统的支付可能要提前若干年，所以很难将道路交通管理带来的经济效益和改进管理系统时所花的费用联系起来，换言之，道路交通管理系统改进后带来的诸多经济效益可能被人们所忽略。

对于成本，想要准确地计算出道路交通管理系统的成本是不容易做到的，这是由于道路交通管理系统的规划、修建、实施及运行均处于变化之中，并且地点分散。而且劳务和安装成本的变化，以及专业人员、管理人员和技术人员薪金的可变性均是导致道路交通管理系统成本难以掌握的因素。国外的道路交通主管部门及专家对此进行了细致地研究。如美国运输部联邦公路管理局已就高速公路管理系统中的一些子系统的成本拟定出一个价格。

在确定道路交通管理系统时,应进行低成本方案的比较,以求在财政花费不大的情况下,使道路交通参与者,尤其是驾驶人得到较大的经济效益。如有的路段由于车辆发生故障而引起了延误,这可通过增加该地区交通督察的巡逻,并以能将抛锚的车辆拉至路外的设备来装备巡逻车辆,从而缓和该路段的交通拥挤问题。

诸如此类的低成本管理方案,为道路交通参与者带来了显著的经济效益。当然,每一低成本管理方案只能解决道路交通中某一特定的问题,若欲得到道路交通管理的整体经济效益,即须采用一系列的低成本管理方案。道路交通的主管部门需要解决的主要问题是在诸多带有竞争性的需求中合理分配有限的道路交通预算经费。这即需要选择那种以最低成本换取最大经济效益的管理最佳方案。因此,在选择的过程中,要认真评估每一管理方案,这不仅是工程师和道路交通规划人员的工作,而且亦是道路交通主管部门领导分内的事情。对于道路交通管理方案的评估与分析涉及各个方案的相关性、经济效益及成本等。

2. 道路交通管理的社会效益

道路交通管理的经济效益侧重于道路交通管理系统建造的成本核算和国家的经济收入;道路交通管理的社会效益则侧重于能否满足人民群众出行及其他方面的生活需要。二者较之,道路交通管理的社会效益是最根本的,因为满足人民群众的出行及其他方面的生活需要是道路交通管理建设的根本,若不讲道路交通管理的社会效益,其经济效益即成为无意义的东西。但是,讲求道路交通管理的经济效益又有助于更好地实现其社会效益,因为在国家物力、人力有限的前提下,只有选择那种低成本、高经济效益的道路交通管理方案,才能更多地优化道路交通管理,从而更好地满足人民群众的出行及其他方面的生活需要。

要想更好地发挥道路交通管理的社会效益。首先,应做到道路交通管理系统建立后,能够及时地付诸使用。考核道路交通管理的社会效益,应以投之运行为依据,而不是以其运行设施完成后为标准。

其次,在选择道路交通管理的方案时,应该选取优秀的管理方案,即既能实现道路交通的安全与畅通,又能降低道路交通公害及节约能源。

再次,在设计道路交通管理方案时,要兼顾人民群众各个方面的生活需要。如城市的公交客运要合理地布设线路网及其管理,这是城市道路交通管理方案的一个重要内容。城市道路交通线路网及其管理的布局,原则上是根据城市总体规划而定。在设计城市道路交通管理方案时,主要应考虑车辆行驶路线,道路通行能力和商业区、文化娱乐旅游区、工矿企业、机关团体、学校、火车站、飞机场、港口、码头等的分布情况以及城市居民的出行规律等诸多因素,并在此基础上合理地布设线路网及其管理。在设计城市道路交通管理方案时,要特别注意新增设的线路的管理,以求减少乘客乘车的步行距离和候车时间。另外,还应兼顾季节气候的变化及城市居民文化娱乐生活的需要。

总之,充分发挥道路交通管理的社会效益,满足了人民群众出行和其他方面的生活需要,对于促进社会的安定团结和社会秩序、社会风气的好转,以及充分调动人民群众进行社会主义现代化建设的积极性将大有裨益。

第三节　道路交通文明

一、道路交通参与者的文明

1.影响道路交通参与者的主要因素

1）道路交通参与者的动机性对其行为的影响

从行为科学角度而言，个人的行为是从需要开始的，当人产生某种需要时，即会产生一种紧张的心理状态，在遇到能满足需要的特定目标时，这种紧张的心理状态即会转化为推动人去进行某项活动的行为。

从根本上说，道路交通参与者的行为亦是由于其需要而引起的。按照道路交通参与者在道路交通活动中需要的对象的不同，可将其需要分为物质需要和精神需要。物质需要主要反映其对功利性目标的追求，如对经济效益的追求以及对酬金的追求等。精神需要主要反映其对发展和实现自己的能力、道德等所需条件的反映。当然，随着社会的发展，道路交通参与者在道路交通活动中的物质需要里亦包涵了其对精神的需求。如现代道路交通参与者对功利性目标的追求不单是为了经济效益以及酬金，同时亦是为了实现自身的价值。

从行为科学角度而言，动机与需要密切相联，两者均为人体缺乏某种东西时的反映。但两者之间又有区别，需要不一定和特定目标相联系，而动机则与待定目标相联系。如当道路交通参与者为了达到某种目的，即会有出行的需要，但只有当其向目的地走去，设法达到目的时，需要才能转化成为动机。人的动机的表现形式是多种多样的，道路交通参与者的行为动机也是如此。其中，可以表现为功利、感觉、兴趣、意图、信念、理想等各种形式。道路交通参与者的行为动机直接影响其行为，如一名出租车驾驶人，为了获得较多的收入，在行车过程中则可能超速驾驶。

从道路交通社会学角度而言，研究道路交通参与者的动机与行为之间的规律有着十分重要的意义。这是因为研究两者的关系及变化规律，对于道路交通参与者的行为分析（如道路交通肇事中是故意还是过失犯罪）均有不可低估的作用。

2）社会环境对道路交通参与者行为的影响

从社会化角度而言，社会环境对道路交通参与者的行为的影响很大，以下将从几个主要方面分析：

（1）家庭对道路交通参与者行为的影响。

在任何社会中，家庭对道路交通参与者无疑为一最重要的社会化因素。家庭在社会化过程中之所以重要，是因为它是社会化早期的全部天地。对于幼儿言，在家庭之外，他（或她）们几乎无任何经验。幼儿对于道路交通的意识，在很大程度上是从其家庭成员（包括其父母或兄姊）那里获得的。家庭在社会结构中处于一种独特的位置，这种独特的位置对于道路交通参与者的行为构成了特殊的影响。这对于成年期的道路交通参与者则更是如此。如一个和睦的家庭，对于一个驾驶人的安全行车而言，可以起到积极的促进作用。这种积极的情感乃是企业领导者或家庭以外的其他人所无法给予的。这种情感可以使驾驶人在行车过程中动作准确无误、反应迅速、思维敏捷；反之，一个充满矛盾，整日笼罩在郁闷氛围中的家庭，则会使驾驶人的反应迟钝，行为失常，这对驾驶人的安全行车极为不利。

（2）政策与措施对道路交通参与者行为的影响。

从社会控制的角度而言，国家制定的有关道路交通参与者的政策与措施，对其行为具有一定的导向作用。政策与措施得当，可以激励道路交通参与者正确和高尚的行为。如为了使道路交通活动中的某种正确和高尚的行为得以加强，社会舆论工具或道路交通管理部门应在好人好事发生后尽快地进行奖励（包括精神与物质两方面），延迟奖励只能降低强化作用。若政策与措施存在失当之处，反而能助长错误的行为。如近年来，我国的道路交通肇事逃逸案一直有增无减，当然，引起这一问题的原因很多（如肇事逃逸者法制观念淡薄等主观方面的原因）。但是，其中一个重要的客观原因即是政策与措施尚有失当之处。如对肇事逃逸者量刑较轻，起不到对其教育威慑的作用。另外，由于个别肇事逃逸案未能及时侦破，现行汽车牌照存在字数多，字号少等缺陷，这些都在客观上助长了个别驾驶人在肇事后伺机逃跑的风气。

从行为科学角度而言，客观因素与主观因素对个体行为的影响既有区别又有联系。客观因素对个体行为的影响是间接的，它往往通过主观因素对个体的行为发生作用，而主观因素对个体行为的影响则是直接的，但它来源于并强烈地受到客观因素的制约。鉴于此，应及时订正、修改和补充政策与措施中的缺陷及漏洞，以便将道路交通参与者的行为导入正确的轨道。

（3）社会舆论与风俗习惯对道路交通参与者行为的影响。

社会舆论（或称之为公众意见）是指社会上大多数人对共同关心的事情，用富于感情色彩的语言所表达出来的态度或意见的总和。所谓风俗习惯是指一定社区内多数成员较为一致的行为趋向。社会舆论与风俗习惯对道路交通参与者的行为均会产生一定的影响。

社会舆论能为交通参与者的行为指出方向。社会舆论一经形成，往往会形成多数人占优势的意见，它对参与者的行为起定向作用。研究表明，实际上社会舆论是多数道路交通参与者行为的参照系，在道路交通活动中，多数人会按照社会舆论的要求行事。这种情况，从社会心理学角度而言，被称之为从众现象。在道路交通活动中，会因社会舆论的不同而各异。如在中国，交通参与者的交通意识会因为社会舆论的不同而出现迥异的现象。如在北京和上海等大城市中，社会舆论认为，骑自行车者行至交叉路口遇到红灯而停车，绿灯亮后再通行是其起码的交通意识。在这种舆论引导及参照下，即使在无交警人员执勤的自动信号灯路口，绝大多数骑车者也能做到自觉停车等候。然而，在一些中小城市甚至省会城市，由于公众对交通意识认识不足，所以舆论导向与监督作用亦就微乎其微或者无从说起，在这种环境中，路口的信号灯对骑车者则起不到约束作用，即使有交警人员执勤，但双方亦均视而不见。

社会舆论能够强化道路交通参与者与管理者的正常行为。有调查表明，美国公众从20世纪80年代以来对于醉酒驾车问题的关心较过去一段时间变化很大。随着美国公众对醉酒驾车问题重视和关心程度的提高，美国酗酒和醉酒驾车现象有所减少。进言之，由于社会舆论的强化作用，喜欢酗酒的美国驾驶人开始自觉地控制自己的饮酒次数和数量，一些酒量小的驾驶人饮酒之后则干脆不出车。由于社会舆论有一定赞助性，所以它能使被赞助者以及参加舆论的个人受到激励、鼓舞、暗示及感染，从而产生心理上的共鸣。

社会舆论能够改变道路交通参与者与管理者对自身行为的认识。从心理科学角度而言，社会舆论会给两者心理以强烈刺激，它能敦促两者经常反省自身的行为，从而改变原来的行为方向。如在无交警人员执勤的自动信号灯路口，即使有个别的骑车者在众目睽睽之下闯了红灯，但在社会舆论的参照及监督下，其内心会感到自责，从而在以后重复出现的条件下，改变自己原来错误的行为举止。

风俗习惯能促使两者自然而然地遵从它。从心理学角度而言，道路交通参与者与管理者均有一种心理定式，即凡是公众公认的东西，个人也乐于接受。当今世界上，大多数国家的车辆都是在道路右侧行驶，而英国、印度、新西兰、巴基斯坦、印尼、澳大利亚、泰国及日本等国则与之恰恰相反。究其原因，原来是中世纪的风俗习惯对历代交通参与人行为产生过影响。当时，人们从左边上下马，上马石散放在左侧马路边，骑士们往往沿路左行。1772年，英国在颁布交通法规时继承这一传统的风俗习惯，从此立下了车辆在一切道路上靠左例行驶的规定，并影响了其他国家。再如，在欧洲的弹丸岛国马耳他，道路交通显得异常喧闹混乱。外国游客惊奇地发现，在其同一条公路上，车辆在上午靠左侧行驶，下午便转而靠右侧行驶。究其原因是，马耳他有一独特的风俗习惯，即道路交通中的车辆一律靠"有阴影"的一边行驶，久而久之，即约定俗成为其交通规则。

总之，社会舆论与风俗习惯是影响道路交通参与者行为的强大的社会力量。正向的社会舆论及风俗习惯能发扬正气、催其自奋，反向的则使其滑坡，严重者甚至给道路交通的良性运行带来障碍。

(4)价值观对道路交通参与者行为的影响。

价值观在道路交通活动中，支配着交通参与者的行为及其对他人行为举止正确与否的判断。若某交通参与者认为远大革命理想最有价值，那么，表现在其行为之中，即会是献身事业，造福于人民。在道路交通活动中即会自觉地遵守道路交通法规，并勇于向违章行为做斗争。若某交通参与者认为金钱最有价值（因为它能满足人的物质享受的需要），那么，表现在其行为之中，即可能是为了追求物质利益而违反交通规则（如驾驶人多拉快跑等）。若某交通参与者认为处理好人际关系最有价值，那么表现在其行为之中，则可能为了少惹是非，而对违反道路交通法规的现象放任不管等。

(5)社会的诱导对道路交通参与者行为的影响。

社会的诱导是道路交通参与者社会化的重要条件之一。社会除了用法规及其职业道德来规范两者应做什么以及如何做之外，还要通过精神的或物质的诱导来刺激两者的行为动机，并以此使社会对两者期望得以实现。

从精神诱导的角度而言，社会将通过多种渠道（如大众传播工具，包括电视、广播等；再如，各种形式的表彰会）来增强道路交通参与者的道路交通意识，并通过多种形式向两者灌输交通法制观念（包括守法与执法），以便其遵纪守法的信念与其在道路交通活动中的行为结合起来。如为了改善我国道路交通秩序的现状，社会要强化遵纪守法的舆论宣传，借以提高道路交通参与者的交通法制观念以及制约其行为，从而使道路交通活动得以良性运行及协调发展。事实证明，给予多年驾车无事故者的精神奖励，往往比物质诱导的效果更强，更为持久。

从物质诱导的角度而言，社会将通过各种物质奖励来刺激道路交通参与者的行为动机。以使其在道路交通活动中的行为符合社会的要求。实践证明，物质奖励乃是道路交通这一社会建制得以运转的不可或缺的润滑剂之一。从心理学角度而言，物质奖励是建立在道路交通参与者与管理者的心理特点的基础上。俗语说："重奖之下必有勇夫"，研究表明，物质奖励往往可以使道路交通参与者与管理者的工作热情更高，干劲更足。进言之，物质奖励将竞争的机制引入了道路交通活动领域，从而强化了道路交通活动的价值。事实证明，一个驾驶人由于多年驾车无事故而获得物质奖励,能使其更有信心成为这方面的优胜者。为此他(或她)们在今后的行车中会更加遵守交通规则,会更加严格地要求自己。同样,一个交通管理者由于多年廉洁奉公、恪尽职守而获得物质奖励,这会使他(或她)们在今后的工作中,百尺竿头,更进一步。

(6)饮酒以及疲劳对道路交通参与者行为的影响。

由于酒精(乙醇)对人的中枢神经产生抑制作用,所以对道路交通参与者,特别是机动车驾驶人的行为有极大的影响。研究表明,酒后能使交通参与者反应能力下降,动作失调,因此极易发生交通事故。试验证明,驾驶人在正常情况下,从发现前方危险情况至进行制动动作的反应时间,就一般而言为0.75s,而饮酒后尚能驾车的反应时间是正常情况下的2~3倍,可达2.25s。为此世界各国均将酒后驾车视为严重违反交通规则,除了对酒后驾车者重罚之外,还采取各种措施加以防范。如美国法律规定,当一个人血液中酒精含量为0.08%时驾车,被视为醉酒驾车。酒后驾车经查实,即上铐逮捕,还要列入个人档案记录。如系首次醉酒驾车,除罚款250~400美元外,还可判处坐牢6个月。倘若酒后驾车被吊销执照后仍继续驾车,则将罚款500美元或坐牢1年。酒后驾车撞人事故则被定性为二级谋杀,并面临巨额赔偿。法国规定1L血液中的酒精度达5mg时即为违规,处以135欧元和扣6点的处罚。超过8mg时,处以4500欧元的罚款并没收驾照3年。如果重犯,就要罚款9000欧元,入狱4年。在澳大利亚,对醉酒驾驶人,如系初犯,罚款10美元;如系重犯,要处10年有期徒刑。除判刑外,还要把驾驶人的姓名登在报纸上的《酒醉与入狱》大标题下示众。日本对血液中酒精浓度超过0.05%驾驶人,判2年以下劳役,罚款5万日元,吊销驾驶执照,同时追究向驾驶人供酒者的责任,车上的乘客也会连同一起被罚(即使这名乘客没有喝酒)。2011年5月1日,我国修改后的《中华人民共和国道路交通安全法》和《中华人民共和国刑法修正案(八)》正式实施,加大了酒后驾车的处罚和惩处力度,将醉酒驾驶作为危险驾驶罪而被追究刑事责任。

事故统计表明,因驾驶人疲劳驾车而发生的车祸在交通事故总数中占有一定的比例。研究表明,驾驶人由于连续行车所产生的过度疲劳,会使其视力下降,注意力降低,对交通路况及距离判断容易发生错误。调查表明,一天行车超过10h以上者或前一天睡眠不足者,事故率最高。因此,社会的有关方面要使驾驶人懂得行车安全是完成运输生产任务的前提,是提高经济效益的先决条件,要想安全行车,必须注重劳逸结合。

(7)自然环境对道路交通参与者行为的影响。

自然环境,包括刮风、下雨、下雪、高原等,对道路交通参与者的行为有一定的影响。如驾驶人在高原行车,会受到低气压的影响,这种低气压环境对驾驶人行为的影响主要表现在:当车辆开到海拔4000m以上时,由于缺氧情况进一步加重,驾驶人大脑皮层的功能从兴奋转向抑制,致使其出现嗜睡、朦胧状态。在此情况下,驾驶人的行为会出现失常。具体表现为反应迟钝和判断失误等。若产生严重的脑缺氧,可使驾驶人昏迷、丧失意识、大小便失禁、从而完全失去了驾驶能力等。

(8)社区文化和环境对道路交通参与者行为的影响。

社区文化状况对道路交通参与者的行为亦构成一定的影响。调查表明,一个社区的文化状况(包括其成员的信仰或信念、经济收入、受教育的水平、精神文明程度、价值观念、社区风气、生活方式、道德、行为规则以及禁忌、制度、语言等)的好坏直接或间接地影响着驾驶者的行为。例如,低经济收入的社区的交通工具较为低级(以自行车和电动助力车为主),所以,酒后驾车肇事者较高经济收入社区相对而言要少一些;精神文明程度较高的社区,其成员的道路交通意识较强,在道路交通活动中的行为亦较为规范;而精神文明程度较低的社区,其成员的道路交通意识亦较差,在道路交通活动中,违章者较多,有的成员甚至将道路作为娱乐及从事其他活动(如晒粮食、摆摊)的场所。

若从社区风气角度言之,社区风气则如同幽灵一样影响着道路交通参与者与管理者的行为。若某一社区拉关系走后门成风,那么道路交通参与者在违章之后,会通过各种渠道,并以各种方式来干扰交通管理者对于违章的正确处理。有关资料表明,社区的资源环境对道路交通参与者的行为亦构成一定的影响。众所周知,伴随着某种能源(石油或煤矿)或某种矿藏的开发,产品所在社区的道路交通运输会格外繁忙,这将对社区的交通参与者的行为有着明显的影响。如当搞运输能获得较高的经济收入时,该社区的不少驾驶人则见"利"而忘"法",不是超载拉客,即是超速抢行。

同时,社区的人工环境对道路交通参与者行为亦构成一定的影响。有人曾对公路行道树给予驾驶人安全行车的不利影响做过调查,经研究后发现,公路行道树对驾驶人安全行车的不利影响主要表现在:①公路的行道树限制了驾驶人观察两边的视野,而且在太阳低斜光线照射时,道路上会形成与明亮的道路相交替的阴影。光点与阴影的闪烁会使驾驶人疲乏,并增加了他(或她)们正确评定道路条件的困难。在弯道内侧植树,更会影响驾驶人转弯时的视距,从而增加了发生交通事故的危险;②路边有树,增加了驾驶人的神经紧张程度。这是因为,驾驶人要时时提防树后突然窜出人来横越公路。另外,行道树对车速有参照系的作用,国外研究资料表明,同样的行驶车速,有行道树和无行道树时感觉不同。当汽车驶入具有行道树的路段时,驾驶人的紧张情绪显著增加,脉搏从 70 次/min 增加到 120 次/min,并有 10%~20% 的提高值不会立即消失,皮肤电流反应水平也会提高。驾驶人的这种状态会延续 5~6min,然后恢复正常。研究资料表明,行道树距行车道越近,车速下降越大;③枝叶茂密,树冠大的行道树,在公路上空交织,形成绿色走廊。这样的道路环境,在酷热的夏天,路边不仅正好是人们歇凉、摆瓜摊、茶水摊的好去处,而且亦是驾驶人选择停车的好场所。这无疑对正在行车的驾驶人的正常驾驶构成影响。从心理学角度而言,上述环境必然导致驾驶人的紧张情绪。

2.道路交通参与者的行为规范

1)道路交通参与者的行为规范及其表现形式

作为道路交通活动中的特定角色的道路交通参与者,必然伴有一系列行为规范。所谓道路交通参与者的行为规范,是指其在道路交通活动中的行为准则,道路交通参与者的行为规范是维持道路交通活动秩序的工具,它在道路交通活动中表现为各种形式的规则。就整体而言,道路交通参与者的行为规范有成文或不成文的两类,它们往往通过一定的形式反映出来。

(1)体现在法律、法规、条例中。

若从我国道路交通参与者的行为规范而言,这一体现可追溯至周代。如在周代,随着道路交通活动的发展,官方规定在道路行走时,男子从右,妇女从左,车从中央以及夜间禁止通行;唐代规定:都城的街巷及人群中不准走马车,违者处罚;袁世凯政府规定:各种车辆一律靠公路左侧行驶,两车不得并行,车辆行至交叉路口和拐弯之处应减速缓行;我国现行的交通法规为 2007 年 12 月 29 日第十届全国人民代表大会常务委员会第三十一次会议通过的《中华人民共和国道路交通安全法》,2011 年 4 月 22 日第十一届全国人民代表大会常务委员会第二十次会议修改了部分内容,于 2011 年 5 月 1 日起实施。在我国的道路交通活动中,它是一切车辆及行为的行为准则。

（2）体现在道路交通参与者的行为中。

道路交通参与者的行为规范不仅体现在与道路交通活动有关的法律、法规以及条例中,而且还体现在道路交通参与者的行为中,这对其不成文的行为规范而言,则更是如此。如对于"慎独"这一行为规范,所谓"慎独",若从道路交通参与者角度言,意思是即使在交警人员看不见、听不到的时候,在独行自处的情况下,亦要谨慎自己的一举一动,自觉地遵守交通规则。"慎独"这一行为规范,在道路交通活动中是必需的,这一行为规范在道路交通活动中之所以能得以代代相传,正是依靠千百万道路交通参与者与管理者的自觉遵守和身体力行。这一行为规范并非在朝夕之间即可培养而成,它要求每个道路交通参与者与管理者,从小事做起,以积跬步而成千里,以积小流而成江海,逐渐修养而成为道路交通活动中的君子。道路交通活动之所以能够有条不紊地良性运行,在很大的程度上,则是依靠道路交通参与者与管理者对"慎独"这一行为规范的身体力行和自觉遵守。

2）我国道路交通参与者主要的行为规范

从成文的角度而言,目前我国道路参与者的行为应以我国《中华人民共和国道路交通安全法》及相关法律、法规的有关内容为准则。如汽车驾驶人的行为规范有:不酒后驾驶车辆,不带病、过度疲劳时驾驶车辆,不驾驶不符合规定的车辆;驾驶过程中,要系安全带,同时要防止因注意力分散而妨碍驾驶操作,不吸烟、不饮食、不闲谈,不在行车中戴耳机听音乐,不打手机、不与同车人嬉闹、斗气;要文明行车,不闯红灯,不超速行车,驾驶行经人行横道或车多人多的繁华街道,要减速慢行或停车避让,出车礼让三先;要安全行车,夜间行驶或者在容易发生危险的路段行驶,以及遇有沙尘、冰雹、雨、雪、雾、结冰等气象条件时,应当降低行驶速度;停放车辆要按规定,严禁乱停乱放,停发时要关闭电路,拉好制动器,锁好车门;遵守交通安全法,服从交通民警指挥,积极协助交通民警的交通管理工作;发生交通事故后,应立即抢救受害人等。针对机动车的通行规定有:机动车上道路行驶,不得超过限速标志标明的最高时速;不得超越执行紧急任务的警车、消防车、救护车、工程救险车;机动车通过交叉路口,应当按照交通信号灯、交通标志、交通标线或者交通警察的指挥通过;通过没有交通信号灯、交通标志、交通标线或者交通警察指挥的交叉路口时,应当减速慢行,并让行人和优先通行的车辆先行;机动车遇有前方车辆停车排队等候或者缓慢行驶时,不得借道超车或者占用对面车道,不得穿插等候的车辆;机动车在道路上发生故障,需要停车排除故障时,驾驶人应当立即开启危险报警闪光灯,将机动车移至不妨碍交通的地方停放等。

对于骑车者（包括自行车与三轮车）的行为规范主要有:各行其道,在没有划分车道的道路上,要靠右行驶,严谨占线;骑车人要严格遵守交通信号,按灯停走,不闯红（黄）灯,不准越线停车;骑车者应视道路情况调整车速,适当减速慢行;左转弯时应回头察明车后情况,并应伸手示意,不猛抢猛拐;左转弯通过机动车道时,应注意避让机动车;超越前车时,不妨碍被超车的行驶;不逆行,不双手离把,攀扶其他车辆行驶,行驶中不手中持物,不牵引其他非机动车,亦不被其他车辆牵引;行驶中不扶身并行,以及不在道路上互相追逐、竞驶;骑车不带物载人,不违章;车辆停放时,须在停车场或准许停放车辆的地点依次有序停放,不乱停乱放;骑车与其他车辆、行人发生矛盾或交通事故时,要文明礼貌、互相谦让、保护现场,并及时向公安交管部门报案等。

行人在道路交通活动中是重要的交通参与者,同时又扮演道路交通活动中"弱者"的角色。在《中华人民共和国道路交通安全法》的第四章第四节中对行人及乘车人的行为作了明确规定：如行人应当在人行道内行走，没有人行道的靠路边行走；行人通过路口或者横过道路，应当走人行横道或者过街设施；通过有交通信号灯的人行横道，应当按照交通信号灯指示通行；通过没有交通信号灯、人行横道的路口，或者在没有过街设施的路段横过道路，应当在确认安全后通过；行人不得跨越、倚坐道路隔离设施，不得扒车、强行拦车或者实施妨碍道路交通安全的其他行为；车辆行驶时，不准行人扒车、追车、强行拦车等。乘车人须在站台或指定地点按先后秩序排队候车，待车停稳，到站的乘车人下完后再依次上车，以保证站台秩序的正常运行；乘车时，严禁携带各种易燃、易爆的危险品，以防止危险品在车辆运行过程中发生燃烧及爆炸；机动车辆行驶时，乘车人须坐在驾驶室内或车厢内，不准将头、手或身躯伸出车外，不得向车外抛洒物品，不得有影响驾驶人安全驾驶的行为，不准中途跳车，须待车辆停稳后才可下车；在机动车道上不得从机动车左侧上下车；不得在机动车道上拦乘机动车等。

　　伴随着道路交通参与者的一系列的行为规范，不仅是其自我认识的基础，而且亦是其作为道路交通活动中的特定角色评价的依据。尽管在道路交通活动中，由于文化、传统及其他原因，不遵循某条行为规范者大有人在，但我们绝不能无视大多数道路交通参与者遵循这些行为规范的事实，更不能将这些行为规范视为"子虚乌有"。这些成文与不成文的行为规范对于保证道路交通活动的良性运行与秩序的有条不紊，对于道路交通参与者的行为导向及其行为的动力均有着至关重要的意义。

二、道路交通生态文化

　　从生物学意义上来说，"机制"的研究是关于生物体内在工作方式的探讨，包括有关生物结构组成部分的相互关系以及其间发生的各种变化过程的物理、化学和相互作用。对应生物机制研究交通文化是交通发展历史、物质和文化发展过程的总和。如同物种演替进化的过程一样，有其必然的生态作用的表现和规律称之为生态机制，它意味着对交通文化的研究从文化现象的描述到本质的说明。具体而言交通文化的生态机制是由交通设施的生态景观和交通的生态组织构成的。

图 7-17　水城威尼斯

1. 交通文化生态景观

　　交通文化生态景观是针对交通文化的显性生态系统而言，即以物质形式存在或表现的形象系统它具体包含两个方面的内容。

1）自然景观

　　自然景观由地域的地貌、植被、水文、地表状况所构成的自然交通空间系统。在交通的发展上自然景观构成了地区交通文化的一个重要特征。水城威尼斯（图 7-17）奇妙的水上城市交通就是一个明显的例子。

2）人工设施环境

　　交通设施是人类实现交通目的的物质载体，它由交通设施实体、城市空间、绿地和街路绿化等要素构成，它们的合理性组织是交通设计和规划的主要目标取向。在交通文化的发展过程中,设施环境以其不同历史阶段的形态成为交通文化发展的连续性标记。小巷窄路、土路、石板路是传统的交通文化形象,地铁、轻轨、立交桥和高速公路则代表着现代化的交通文化形式。一个合理、有序、连续的交通设施环境在交通的发展中促进着交通文化的健康发展。

自然景观和设施环境是交通文化生态景观不可分割的两个方面,二者是一对矛盾的统一体,设施环境的生长应是对自然景观适应性的发展而非对自然景观的忽视。

2. 交通文化生态组织

交通文化的生态组织是指交通参与者与交通设施、交通工具、交通形式的相互作用而形成的有利于生态发展的交通意识和交通伦理。交通意识是指交通行为人对自己的交通行为与连带性强的城市交通运行状态之间关系的认知程度和基本态度以及根据交通规则和交通行为后果的判断对出行中发生的随机过程做出的行为选择。交通伦理则依托于交通意识的自觉性具有自我规范交通行为,提出自律要求,指向"应该如何"的境界,并主动协调自身交通行为选择与道路交通运行相互关系的特征。

交通生态组织构成了交通文化发展变化的实质性因素,进而影响到生态景观的变化。同时,交通技术的创新、交通工具的改进、交通体系的增生、社会意识的变化等一系列的"积累"均会导致交通文化的变化和发展,如同物种群落构造发展过程中的更替现象一样,这是交通文化生态组织间竞争和选择的结果。在此,交通文化的发展变化过程可以理解为科技、人口和经济不断"侵入"的结果。汽车的发明和广泛应用导致交通范围的扩大和交通意识的更新,高速公路的建设使地区间的时间距离缩短,使各地区间的文化相互融合,使交通形态和交通意识发生变革。

交通生态组织构成了交通文化演化的内因,而生态景观则是交通文化演变的外在制约条件。对交通文化生态机制研究的目的是对绿色交通生态理想模式的建构,即有序和谐的交通文化生态景观和高效完善的城市生态组织。

3. 绿色交通

所谓绿色交通是指对人类的生存环境不造成污染或较少污染的交通方式。其含义包括交通工具、道路状况、车辆运行方式和交通管理措施等。它是交通文化的发展方向和目标。近几年,共享单车项目在国内掀起热潮,杭州、武汉、上海、广州等多个城市开展公共自行车出行,广大市民热情参与低碳出行。长期以来国家有关部门为保护交通环境采用了多种措施来控制交通污染,这些措施主要有:制定机动车在环保方面的标准,对机动车进行定期检验和技术改造,对旧机动车实行强制报废等。但是在用交通管理的方法来控制交通污染方面还缺少认识,做的工作也不多。从科学地管理道路交通的角度来看,对于正在道路上行驶的机动车可以通过调节交通流控制行车速度等有针对性的措施达到控制和减少交通污染的目的。绿色交通实质上是交通文化生态机制的体现,从以上分析可以看出,对于交通设施建设中的景观设计、改造和交通文化生态组织的改进,可以极大地减少交通带来的污染,从而实现绿色交通。

总之,交通不只是一种经济现象也是一种文化现象,称之为交通文化。人类运用特有的心智,按照自身的需要,不断地改变着世间万物的存在姿态使其在世界充满"人气",这样一个过程就是文化过程。交通文化不仅仅在生态机制方面对城市和交通的发展具有积极意义而且对于城市和地域的经济文化等其他方面的发展也很重要。目前很多国家和城市都非常重视绿色交通和生态交通的发展,如图7-18 ~ 图7-21所示。

图 7-18　哥本哈根街头的绿色交通

图 7-19　新能源车辆

图 7-20　东湖共享单车

图 7-21　生态交通

三、道路交通安全文化

估计在全世界范围内每年因交通事故受伤者约 1500 万人，其中 500 万人需要住院治疗，50 万人死亡。当计算寿命被缩短的原因时，交通事故与癌症和心脏病相比，在工业化国家中是最常见的死亡原因之一，图 7-22～图 7-25 所示为一些交通事故的图片。

图 7-22　一只井盖砍翻一辆车

图 7-23　一只小蜜蜂毁了一辆大奔驰

图7-24　一脚急刹竹篙变飞箭

图7-25　一脚踩错撞进售楼部

1.减少交通事故的总体策略

1）控制行驶

因为交通事故是由于人的流动而产生的,所以限制高危险性的旅行是一种特别有效的方法。这类方法大到禁止摩托车出售或大大增加石油税收以限制行驶,小到在住宅区的街道设计中使用环形道路以禁止重型车辆直接驶入。2012年8月26日,陕西省延安市境内高速公路发生一起特大交通事故,一辆双层卧铺客车与一辆大型罐车(装有甲醇)追尾,造成两车起火。事故共造成客车上36人死亡,3人逃生。根据《国务院关于加强道路交通安全工作的意见》(国发〔012〕30号）、《道路旅客运输企业安全管理规范》《关于进一步加强和改进道路客运安全工作的通知》(交运发〔010〕210号)之精神及规定禁止客运车辆在2点至5点期间运行高速公路,运行中的长途客车必须就近"停车休息"。

2）防止碰撞

车辆的设计、制造和维修,车辆使用的道路系统以及用于车辆管理的交通控制方法,都严重地影响着交通事故的发生率。

3）改变行为

在人—车—环境流动系统中,道路使用者是第三因素。部分原因是对事故发生的可能性来说行为是重要的,但主要是把过去占优势的改变行为作为防止碰撞的方法。我们已经把改变行为的方法进行了不同的分类。确切地说,改变行为应当是次要安排,与道路、车辆相比是第二类的策略。

4）控制损伤

这种非常有力的策略为碰撞发生时提供保护。采取的措施可用于车辆本身(汽车被动安全装置),环境(使用防护栏防止车辆与树木相撞后的失控),也可用于道路使用者(骑摩托车人必须戴上头盔)等。在汽车行驶中,被动安全装置的安全带经常被人们忽视,正确系好的安全带可使乘员保持正确的坐姿,可显著降低人体的动能,因此可减小一部分能量并降低受伤危险。交通事故统计证明,按规定系好安全带可降低受伤的危险且在严重交通事故中可提高生存概率。

5）伤后处理

提供给无法完全防止的事故和因此而发生的不可避免的损伤。复苏、治疗和康复的方法可以缩小问题影响的范围。

没有一种策略本身是完全充分的(除非选择控制行驶的方法十分极端,以致对人的流动进行严格的限制),通过从每一种策略中选择的综合的方法,可以产生平衡的交通安全方案,这些方法要考虑到当地条件的可行性和有效性。

2. 减少交通事故的措施及文化内涵

提高交通安全水平,减少和避免交通事故的具体措施不仅包括建筑措施,而且包括交通管理措施,而更重要的是将这两种措施协调统一在一起,实现和谐交通环境下用路者的安全。这些管理措施包括行人的管理、车速的管理、人和路、人和标志的管理等。具体的措施如下。

1) 保证行人的安全

与行人有关的交通事故,有着很严重的后果,因为在大多数情况下,都会导致伤亡。为了减少行人交通事故的数量,可以采取的措施如:修建一边或两边带人行道的道路;通过把过境交通转移到行车较少,小车与货车分开的平行道上去的途径,减少街道的交通量;把当地的交通从公路上转移到平行的街道或行车道上去;根据公共汽车站、商店、学校、俱乐部等的位置,安排专门的人行道地点等。

对于穿过大城市的干线型路段,以及大量行人定期横穿道路的地点,例如通过工厂或火车站附近,采用地下通道效果最好。虽然人行过街天桥的建筑造价比较低廉,但是使用不便。例如,苏联彼得格勒公路的希姆卡与驶向莫斯科飞机场地多莫杰多沃,绝大多数行人都不走人行天桥,只有当车流量饱和时,人行天桥才发挥作用。在道路交通量很小的情况下,尽管有人行过街天桥,还是会发生许多不幸的事件。英国的一项观测表明,如果用人行天桥跨越道路所必需的时间超过直接跨越道路的时间,人们就避免利用人行天桥跨越;地下通道则只有在它的穿越时间不大于直接穿越大陆所需时间的20%时,才被利用;而"斑马型"的人行横道,在国外一般只有在行人据它的距离小于100m的情况下才会使用,在国内,这个距离将更短。为了有效地解决这些问题,把人行道与行车部分分割来的护栏设施具有良好的效果。有资料表明,这种护栏可以减少道路行人交通事故的30%~40%。但是这种护栏的设计应考虑造型美观,并尽可能与路带的草地配合。

2) 行车速度的管理

只有在限制车速是有根据的,并且驾驶人能够严格地遵守限速标志要求的前提下,限速措施才能降低道路交通事故数量。但是,这时候还要考虑到这会不可避免地降低汽车运输的效率,这就迫使人们不能不把个别路段上较大的限制行车速度当作是消除引起道路交通事故主要原因以采取的临时措施。根据事故率系数图和交通安全系数图,在系数值超过正常交通条件下相应值的前面路段上设置限速标志则是最有理由的做法。改建路段与交通管理的综合措施,应力求使安全系数值不低于0.6,最好不低于0.8。

由于许多驾驶人常常没注意到或忽视道路标志的指令,因而使得其有效性降低。因此,在特别危险的地方,限速标志的指令可以采用其他方式。根据安全的理由,必须减速的路段上可以把良好的路面人为地做成减速的不平整表面。当汽车驶过人为不平整表面时,会引起噪声与颠簸,迫使驾驶人降低车速。而且由于车轮碰到不平整表面时,振动与速度的平方成正比,所以行车速度越高,颠簸车道的影响就越大。

3) 驾驶人调节利用路面宽度

大多数国家认为,标志线是交通安全与确切地组织交通流的必要条件,因为标志线能够保证驾驶人对路面宽度的正确利用。因此,标志线的设置对提高交通安全、减少交通事故具有重要的作用。据验证,苏联莫斯科某公路上,在路面上画出实的中心线与纵向的虚标志线后,道路交通事故的数量减少6倍;匈牙利的某条路面上画了标志线后,事故数量降低了

12%。英国认为,增加视距与划标志线的共同作用,在某些情况下可以减少事故数量75%。

4)设置标志预告驾驶人道路的条件

设置预告道路标志的有效性,几乎未加评价。无疑,它的作用对于初次在某路上行驶的驾驶人来说,要比熟悉此路的驾驶人大得多。例如,根据英国运输与道路研究实验室的资料,在30条次要道路与公路干道连接道口的前面,设立"停车后通过"与"主要道路"的标志牌后,这些地点的事故数量降低了80%。与此同时,还有足够多的证据可以证明,设立道路标志牌也还不能保证它的指令会被驾驶人注意,很多试验表明,驶过标志0.5~1 km后,在很多情况下驾驶人已经不能记起曾经旁边驶过的道路标志。因此,在危险地地点,标志的指令应通过重复设置、不标准的大幅墙画使驾驶人的感官信息加强,从而有效降低交通事故的发生概率。

5)驾驶人与道路条件和交通状况的有效信息的关系

在道路的使用过程中,道路的状况在实时发生变化,因此,把这些信息及时有效地告知驾驶人可以有效地减少交通事故。这些通告的信息如:发生交通阻塞、雪堆、薄冰以及道路交通事故引起的某一条或某几条道路停止行车等。

四、道路交通道德

交通道德作为一种社会意识,既反映一定社会交通生产力的发展水平,又受一定社会经济基础或经济关系的影响,并且总是随生产力和经济关系的发展变化而不断扬弃旧的形式,增添新的内容。考察交通道德的历史演变,应着重围绕交通生产力和社会经济关系这两条基本线索展开分析。

1. 古代的交通及其道德

古代的交通道德可以从以下两个时代的角度来分析。

1)步行时代

步行时代相当于远古时期的原始社会。那时的生产力极其低下,人们的交往主要依靠步行。原始交通的出现,客观上要求有一个共同的社会规范来约束人们在交往中的行为,于是逐步形成了"扶老携幼""路不拾遗""同舟共济"等原始的交通道德观念。这些规范在当时与其他原始道德一样,只是一种并未被人们自觉意识到而又为全体氏族成员所共同遵守的传统习俗。它作为原始社会朴素道德观念的一部分,鲜明地反映了原始公有制经济基础的特点和要求。

2)马车时代

马车时代跨越奴隶社会和封建社会这两大历史时期。马车时代的交通道德,受"劳心者治人,劳力者治于人"的剥削阶级道德的影响,处处渗透着歧视交通职业人员的伦理观念。封建统治阶级对交通职业人员要求十分苛严,驾驭车马的人如四年不能胜任,就要被免职并服徭役四年;如驾驶不当而使马匹受伤,或未及时卸套等,都要酌情予以处罚。尽管封建统治阶级每次出行都离不开交通职业人员为其驾车、背纤、抬轿、挑行李,然而他们的社会地位却极其低下,社会上甚至流传着"车船店脚牙,无罪也该杀"的职业偏见。交通从业人员几乎到了不容生存的地步,这不能不说是历史标准和道德标准的全然颠倒。同时也应肯定,在马车时代,水陆交通的发展,使交通运输作为一种独立的职业被分化出来,已经有了千千万万的车夫、船夫、纤夫、车夫、脚夫等交通运输职业人员,已经形成了"货畅其流,人便于行""安全畅通、避碰退让",对运输工具的精心养护、对驾车技能的严格要求等道德观念。

交通道德已经明显具有职业道德的性质,其合理成分为近现代的交通职业道德奠定了基础。这些交通职业道德的历史遗产,撇开其封建伦理的糟粕,是完全可以为我们所吸收和继承的。

2.近代的交通及其道德

随着资本主义生产方式的建立、生产力的发展和科学技术的进步,以蒸汽机、电力为标志的两次技术革命给近代交通带来了能量巨大的机械力,使运输方式产生了根本性的变革。用历史唯物主义的观点来看,运输方式的革命性变革和交通生产力的迅猛发展是交通道德进步的根本动力。近代运输能力的提高和社会化运输方式的形成,促进了商品经济的发展,开阔了人们眼界,提高了人类的素质,同时也造就了一代崭新的交通职业大军。这种职业需要不断地改变着交通从业人员的职业品质,不仅克服了小生产者的狭义性、保守性、自私性和散漫性,而且锤炼出了这些运输方式本身所要求的"安全、正点、准确、及时、殷勤服务、节油保车"等一系列进步的职业道德和铁的纪律。蒸汽机、内燃机的应用使交通工具的效率迅速增长了许多倍,而且大大提高了交通工具的质量,使快速、便捷、重载、舒适成为近代交通工具不断改进的目标。近代资本主义交通运输业要参与自由竞争,就必须千方百计地采用新技术,降低运输成本,实行严格的运输管理;要减少交通拥挤、堵塞和混乱,避免交通事故和交通公害,客观上也形成了一系列管理制度、行车规则、交通法规、交通公共道德等交通行为规范。这些出行的基本规范客观上都蕴涵着交通道德的意义,对我们不无可鉴之处。

3.现代的交通及其道德

现代交通已经发展成为航空运输、铁路运输、水路运输、公路运输、管道运输五大运输方式组成的综合运输体系,在技术上主要表现为新材料、新能源和电子计算机的广泛采用,并日益向智能化和环保化方向发展。

在激烈的市场竞争中,交通运输业不仅在技术装备上要现代化,而且必须在服务态度和工作水准上也应达到现代化的要求,才能立于不败之地。同时,现代交通是一种立体、交叉、互补的交通,各种运输方式之间的合理分工、同步协调十分重要。这同样既有技术问题,又有道德问题。运输手段的现代化并不是将人的因素降低为零,恰恰相反,现代运输方式更加需要只有较高专业技术素质和道德素质的人去操纵。例如,现代高速公路虽然实现了全封闭、全立交,路面平整度高,自动监控和通信设备完善,通过能力强,车速高,克服了以前混合交通下的拥挤、堵塞和混乱状况。客观上减少了交通事故的诱发因素,大大提高了公路运输效率。但是,如果运输管理人员与驾驶人员安全行车的道德责任感不强烈,安全意识不牢固,仍然可能引发大规模、甚至更大规模的汽车追尾相撞的高速公路车祸。如1975年,在美国加利福尼亚至纽约的高速公路上就发生了300多辆汽车相撞,1000多人死伤的世界上最大的道路交通事故。据统计,2012年1~10月,我国平均每天2.6人死于闯红灯肇事,86人死于违反道路标志线肇事。高速公路上的应急车道往往是生命通道,但因为各种原因,经常被占用,甚至导致悲剧发生。例如,2015年10月1日上午,沈海高速往温州方向燕居岭隧道附近发生追尾事故,一名驾驶人被卡驾驶室内。事故导致道路拥堵,一些私家车违法占用应急车道行驶,将这条生命救援通道堵死,救护车无法及时赶到,导致被困人员不治身亡。悲剧的发生令人感到愤怒与惋惜,驾驶人具备基本的交通道德意识与行为,这些悲剧是可以避免的,因此,现代交通运输业的发展,一方面需要建立一整套完善的交通规则以维持正常的交通秩序,另一方面,需要切实提高交通职业人员的道德素质,使其真正从职业情感、职业信念、职业义务、职业良心等一系列个体内在的道德要求出发,形成适应交通现代化发展要求的自觉意识,从而推动交通职业道德的建设和发展。

同时,由于世界经济一体化的形成,各国经济、文化交流日益频繁,现代交通越来越超越国界,因此,现代交通职业道德也具有更加广泛的社会性和国际性。尽管当代世界各国的政治制度、意识形态、宗教信仰、文化传统不尽相同,但在"安全、畅通、迅速及时、尊客爱货、方便舒适、追求运输过程的美感享受"等方面的基本要求却是一致的。又如,交通的发展使交通污染成为全球性的社会公害,由于交通生态环境使全社会而不是哪一部分人受益或受害,这就使保护交通生态成为所有国家、阶级、阶层、社会团体和社会成员都必须遵守的基本社会道德。在世界各国,人们强烈地要求政府采取果断措施,限制和减少交通污染,如日本每年因交通污染而投诉到法院的案件就达 20 多万起。这些说明"防治交通公害、控制交通污染"已经得到了全人类的认可和严重关注。此外,有些交通道德原则,如"海难救助""惩治动机犯罪"等也体现在一系列国际交通公约中,成为代表全人类共同利益的相关国家协同遵守的行为准则。此外现代交通职业道德还与日益健全的交通规则相互渗透、密切结合,并通过对交通规则的强制性执行,确保交通职业道德基本原则在交通职业实践中的认可和有效贯彻。

4. 交通道德的本质

交通道德是由一定社会交通生产力水平所决定的,是社会交通经济关系的反应。纵观几千年的人类交通史,可以看到:①交通道德随交通生产力发展而发展,历史上每一件新的交通工具的出现,每一次运输设施的更新和运输方式的革命,都会引起交通道德观念的更新,促使新的交通道德规范的产生,使交通道德的内容不断丰富;②交通道德作为一种特定的社会意识形态,属于上层建筑,必然反映一定社会经济基础与统治阶级的利益与要求,不同的社会经济关系,不仅决定交通道德的阶级特质,而且决定交通道德的某些原则和规范。这就是交通道德发展演变的规律。在不同所有制所规定的经济关系下,交通职业人员与运输需求者具有不同的利益关系,交通道德所维护的利益客体也绝然不同,它集中表现为:是把少数人乃至个人的利益摆在第一位,还是把多数人或社会的利益摆在第一位的问题。在私有制社会里,统治阶级以个人或本集团的利益为出发点来规范交通职业行为,必然宣扬体现与维护自己利益的交通道德观念;而在公有制社会里,集体利益高于个人利益,社会利益高于运输企业的利益,交通关系所表现出来的是整个社会的利益。一旦交通堵塞、中断或发生车祸,社会生产和人民生活都会受到严重影响,从这个意义上说,社会主义交通道德是由社会主义交通生产力所决定的、公有制为主体、多种所有制经济共同发展的社会主义交通经济关系的反映。因此,在社会主义市场经济条件下,交通运输业应当以社会主义集体主义为职业道德的基本原则,以"人民交通为人民"为道德的核心,应当比其他任何社会都更加重视职业道德的建设,更加关注旅客、货物的生命财产安全,更加优质、文明地做好运输服务工作。

复习思考题

1. 从步行时代进入马车时代后,人们对道路的要求有哪些提高?
2. 我国第一条可通汽车的道路是哪条? 目前我国道路交通发展情况如何?

3. 我国道路交通标志分哪几类？其作用各是什么？

4. 为什么要提高道路交通管理水平？怎样提高？

5. 道路交通参与者的行为会受到哪些因素的影响？

6. 结合自身经历谈谈，怎样促使社会提高遵守道路交通规范的意识？

参 考 文 献

[1] 张国方.汽车营销学[M].2版.北京：人民交通出版社股份有限公司,2017.

[2] 彭国平,曾建强.汽车文化[M].武汉：华中科技大学出版社,2016.

[3] 国外汽车共享.[EB/OL].http://mt.sohu.com/20151225/n432558638.shtml

[4] 汽车轻量化.[EB/OL].https://wenku.baidu.com/view/2f92f62f2e3f5727a4e9620d.html?pn=51

[5] 当前世界新能源汽车发展现状.[EB/OL].http://www.docin.com/p-336413158.html&s=A8B5FF85691B7AF860A9FF80A1451D80

[6] 于海波,吴必虎.国外自驾游研究进展[J].旅游学刊,2011(3):55-61.

[7] 李治毅.电动汽车车身造型的研究与设计[J].数字通信世界,2017,(3):105-108.

[8] 诸葛晓宇.电动汽车车身造型设计研究[D].武汉理工大学,2013.

[9] 晏合敏,徐秋莹.未来汽车造型发展趋势研究[J].包装工程,2011,32(08):72-74+108.

[10] 于开航,张涛安,刘晓峰.当代汽车设计的造型因素分析[J].艺术科技,2016,29(12):255.

[11] 赵淑影.3D打印技术对汽车外观造型设计的影响[J].汽车与驾驶维修(维修版),2017,(05):145.

[12] 王宇,张雷.运用3D打印技术下的交通工具设计机会研究[J].工业设计,2015,(6):87-92.

[13] Virtue ethics and Confucianism [M]. Routledge, 2013.

[14] Cao G H. Comparison of China-US engineering ethics educations in Sino-Western philosophies of technology [J]. Science and engineering ethics, 2015, 21(6): 1609-1635.

[15] ZHU, Q. & JESIEK, B. K.. Confucianism, Marxism, and pragmatism: the intellectual contexts of engineering education in China. International Perspectives on Engineering Education. Springer,2015.

[16] 陈默,肖礼彬.当代应用伦理学"原则之争"的三个论域及其伦理启示[J].昆明理工大学学报：社会科学版,2017,17(3):32-36.

[17] 彭斐.大众"尾气门"引发蝴蝶效应[J].汽车与配件,2015(6).

[18] 刘峰涛.东方哲学与企业文化[M].北京：北京大学出版社,2012.

[19] Oldenkamp R, van Zelm R, Huijbregts M A J. Valuing the human health damage caused by the fraud of Volkswagen [J]. Environmental Pollution, 2016, 212: 121-127.

[20] 李正风,丛杭青,王前.工程伦理[M].北京：清华大学出版社,2016.

人民交通出版社汽车类本科教材部分书目

书 号	书 名	作 者	定 价	出版时间	课 件
一、"十三五"普通高等教育规划教材					
1. 车辆工程专业					
978-7-114-10437-4	●汽车构造（第六版）上册	史文库、姚为民	48.00	2017.07	
978-7-114-10435-0	●汽车构造（第六版）下册	史文库、姚为民	58.00	2017.07	
978-7-114-13444-9	●汽车发动机原理（第四版）	张志沛	38.00	2017.04	有
978-7-114-09527-6	★汽车排放及控制技术（第二版）	龚金科	28.00	2016.07	有
978-7-114-09749-2	★汽车检测技术与设备（第三版）	方锡邦	25.00	2017.08	有
978-7-114-09545-0	★汽车电子控制技术（第二版）	冯崇毅、鲁植雄、何丹娅	35.00	2016.07	有
978-7-114-09681-5	汽车有限元法（第二版）	谭继锦	25.00	2015.12	有
978-7-114-09493-4	电动汽车（第三版）	胡 骅、宋 慧	40.00	2012.01	有
978-7-114-09554-2	汽车液压控制系统	王增才	22.00	2012.02	有
978-7-114-09636-5	汽车构造实验教程	阎 岩、孙 纲	29.00	2012.04	有
978-7-114-11612-4	★汽车理论（第二版）	吴光强	46.00	2014.08	有
978-7-114-10652-1	★汽车设计（第二版）	过学迅、黄妙华、邓亚东	38.00	2013.09	有
978-7-114-09994-6	★汽车制造工艺学（第三版）	韩英淳	38.00	2017.06	有
978-7-114-11157-0	★汽车振动与噪声控制（第二版）	陈 南	28.00	2015.07	有
978-7-114-10085-7	汽车车身制造工艺学	钟诗清	27.00	2016.02	有
978-7-114-10056-7	汽车试验技术	何耀华	28.00	2012.11	有
978-7-114-10295-0	汽车专业英语（第二版）	黄韶炯	25.00	2017.06	有
978-7-114-12515-7	汽车安全与法规（第二版）	刘晶郁	35.00	2015.12	有
978-7-114-10547-0	汽车造型	兰 巍	36.00	2013.07	有
978-7-114-11136-5	汽车空气动力学	胡兴军	22.00	2014.04	有
978-7-114-09884-0	★专用汽车设计（第二版）	冯晋祥	42.00	2013.07	有
978-7-114-09975-5	汽车车身结构与设计	曹立波	24.00	2017.02	有
978-7-114-11070-2	汽车电器与电子控制技术	周云山	40.00	2016.12	有
978-7-114-12863-9	新能源汽车原理技术与未来	陈丁跃	36.00	2016.05	有
978-7-114-12649-9	汽车油泥模型设计与制作	黄国林	69.00	2016.03	
978-7-114-12261-3	汽车试验学（第二版）	郭应时	32.00	2018.02	有
978-7-114-13454-8	汽车新技术（第二版）	史文库	39.00	2016.12	
2. 汽车服务工程专业					
978-7-114-13643-6	★汽车电子控制技术（第四版）	舒 华	48.00	2017.03	有
978-7-114-11616-2	●汽车运用工程（第五版）	许洪国	39.00	2017.06	有
978-7-114-13855-3	★汽车营销学（第二版）	张国方	45.00	2017.06	有
978-7-114-11522-6	★汽车发动机原理（第二版）	颜伏伍	42.00	2016.12	有
978-7-114-11672-8	★汽车事故工程（第三版）	许洪国	36.00	2018.03	有
978-7-114-10630-9	★汽车再生工程（第二版）	储江伟	35.00	2017.06	有
978-7-114-10605-7	汽车维修工程（第二版）	储江伟	48.00	2016.12	有
978-7-114-12636-9	汽车新能源与节能技术（第二版）	邵毅明	36.00	2016.03	有
978-7-114-12173-9	汽车检测与诊断技术（第二版）	陈焕江	45.00	2016.11	有
978-7-114-12543-0	汽车服务工程（第二版）	刘仲国、何效平	45.00	2016.03	有
978-7-114-13739-6	汽车服务工程专业英语（第二版）	于明进	28.00	2017.06	有
978-7-114-10849-5	工程热力学与传热学（第二版）	李岳林	32.00	2017.04	有
978-7-114-10789-4	汽车检测诊断与维修	王志洪	45.00	2013.12	有
978-7-114-10887-7	旧机动车鉴定评估（第二版）	鲁植雄	33.00	2018.04	有
978-7-114-10367-4	现代汽车概论（第三版）	方 遒、周水庭	28.00	2017.06	有
978-7-114-11319-2	交通运输专业英语	杨志发、刘艳莉	25.00	2014.06	有

书　号	书　名	作　者	定　价	出版时间	课件
978-7-114-10848-8	道路交通安全工程	刘浩学	35.00	2016.12	有
978-7-114-14022-8	汽车维修企业设计与管理（第二版）	胡立伟、冉广仁	31.00	2017.09	
978-7-114-13389-3	汽车保险与理赔（第二版）	陬海林	32.00	2016.12	有
978-7-114-13402-9	汽车试验学（第二版）	杜丹丰	35.00	2016.12	有
978-7-114-14214-7	汽车电器与电子技术（第二版）	塞小平、麻友良	48.00	2017.10	
二、应用技术型高校汽车类专业规划教材					
978-7-114-13075-5	汽车构造·上册（第二版）	陈德阳、王林超	33.00	2016.08	有
978-7-114-13314-5	汽车构造·下册（第二版）	王林超、陈德阳	45.00	2016.12	有
978-7-114-11412-0	汽车液压与气压传动	柳波	38.00	2014.07	有
978-7-114-11281-2	汽车电气设备	王慧君、于明进	32.00	2015.07	有
978-7-114-11279-9	汽车维修工程	徐立友	43.00	2017.08	有
978-7-114-11508-0	汽车电子控制技术	吴刚	45.00	2014.08	有
978-7-114-13147-9	汽车试验技术	门玉琢	33.00	2016.08	有
978-7-114-11446-5	汽车试验学	付百学、慈勤蓬	35.00	2014.07	有
978-7-114-11710-7	汽车评估	李耀平	29.00	2014.10	有
978-7-114-11874-6	汽车专业英语	周靖	22.00	2015.03	有
978-7-114-11904-0	新能源汽车	徐斌	29.00	2015.03	有
978-7-114-11677-3	汽车制造工艺学	石美玉	39.00	2014.10	有
978-7-114-11707-7	汽车 CAD/CAM	王良模、杨敏	45.00	2014.10	有
978-7-114-11693-3	汽车服务工程导论	王林超	25.00	2017.06	
978-7-114-11897-5	汽车保险与理赔	谭金会	29.00	2015.01	有
978-7-114-14030-3	汽车零部件有限元技术	胡顺安	23.00	2017.09	
978-7-114-11905-7	汽车诊断与检测技术（第四版）	张建俊	45.00	2017.05	有
三、教育部 财政部职业院校教师素质提高计划职教师资培养资源开发项目系列教材					
1. 车辆工程专业					
978-7-114-13320-6	汽车发动机构造与拆装	黄雄健	32.00	2017.01	有
978-7-114-13312-1	汽车底盘构造与拆装	廖抒华、陈坤	32.00	2017.01	有
978-7-114-13390-9	汽车电气设备与维修	楼江燕、江帆	42.00	2017.01	有
978-7-114-13473-9	汽车车身底盘电控技术与检修	张彦会、曾清德	42.00	2017.01	有
978-7-114-13313-8	汽车检测诊断实用技术	熊维平、许平	26.00	2016.12	有
2. 汽车服务工程专业					
978-7-114-12195-1	汽油发动机管理系统故障诊断与修复	申荣卫	35.00	2017.05	有
978-7-114-13520-0	汽车检测与故障诊断技术	闫光辉	36.00	2017.02	有
978-7-114-13669-6	汽车营销	黄玮、高婷婷、台晓红	29.00	2017.04	有
978-7-114-13652-8	汽车专业教学法	关志伟、阎文兵、高鲜萍	25.00	2017.04	有
978-7-114-13746-4	汽车服务技能训练	刘臣富、杜海兴	40.00	2017.07	有
四、成人教育汽车类专业规划教材					
978-7-114-13934-5	汽车概论	李昕光	25.00	2017.08	
978-7-114-13475-3	汽车运用基础	韩锐	32.00	2017.01	有
978-7-114-12562-1	汽车电控新技术	杜丹丰、郭秀荣	32.00	2017.04	有
978-7-114-13670-2	物流技术基础	邓红星	28.00	2017.04	有
978-7-114-13634-4	汽车保险与理赔	马振江	26.00	2017.03	有
978-7-114-13808-9	汽车服务信息系统	杜丹丰	32.00	2017.07	有
978-7-114-13886-7	汽车运行材料	吴怡	28.00	2017.05	有

●为"十二五"普通高等教育本科国家级规划教材、★为普通高等教育"十一五"国家级规划教材。咨询电话：010-85285253、85285977；咨询QQ:64612535、99735898。